中央编译局文库出版工作领导小组（编委会）

主　　任：贾高建
副 主 任：俞可平　魏海生　陈和平　柴方国　杨金海
委　　员：崔友平　沈红文　杨雪冬　季正聚　陈家刚
　　　　　赖海榕　郗卫东　张文成　刘明清

中央编译局文库出版工作领导小组办公室

主　　任：薛晓源
成　　员：徐向梅　苗永姝

中央编译出版社文库编辑中心编辑小组

刘明清　薛晓源　谭　洁　董　巍　贾宇琰
冯　章　曲建文　苗永姝　邓　彤　杜永明
盛菊艳　李媛媛　薛迎春　董　妍

国家"十二五"重点图书

马克思主义研究资料

第33卷

主　编　杨金海
副主编　冯　雷（常务）　薛晓源

马克思恩格斯列宁生平与事业研究Ⅲ

本卷主编　李　慕

《马克思主义研究资料》顾问委员会

贾高建　俞可平　宋书声　殷叙彝　詹汝琮　张钟朴
李洙泗　冯文光　赵家祥　严书翰　梁树发　郭建宁

《马克思主义研究资料》编辑委员会

主　编：杨金海

副主编：冯　雷（常务）　薛晓源

编　委（按姓名拼音排序）

陈喜贵　冯　章　黄晓武　江　洋　李百玲　李义天
李媛媛　林进平　刘仁胜　刘　英　刘元琪　吕增奎
马　瑞　苗永姝　彭萍萍　盛菊艳　史清竹　武锡申
姚　颖　苑　洁　郑　锦　郑天喆　周艳辉

参加本卷编辑出版工作的有

李媛媛　苗永姝　冯　章

总　序

呈献给读者的这套《马克思主义研究资料》丛书，旨在服务于我国正在实施的马克思主义理论研究和建设工程，积极吸收和借鉴国外马克思主义研究成果，对改革开放以来中央编译局编译的有关国外学者研究马克思主义的成果，以及少量相关的国内学者的研究成果整理出版，为我国马克思主义研究提供基础性的参考资料。本丛书计划出版37卷，三年内陆续完成编辑和出版工作。

编译国外学者关于马克思主义的研究成果，并对相关问题展开深入探讨，是马克思主义经典著作编译研究的基础性工作。中央编译局作为马克思主义经典著作编译研究的专门机构，历来十分重视这项工作。20世纪50年代以来，特别是改革开放以来，中央编译局的同志们编译了大量国外学者关于马克思主义的研究文献，也发表了不少自己的相关研究成果。这些成果曾经在中央编译局编辑的《马列著作编译资料》、《马列主义研究资料》、《马克思主义与现实》等刊物公开发表，或在内部刊物《马克思恩格斯研究》、《列宁研究》等刊载。这些成果对于推进马克思主义经典著作的编译和研究工作发挥了重要作用，时至今日，一些学者仍然把它们当做研究马克思主义的珍贵资料。

然而，随着近年来中央实施马克思主义理论研究和建设工程的深入推进以及马克思主义学科建设的快速发展，这些研究资料的留存情况已经远远不能适应形势发展的需要了。《马列著作编译资料》和《马列主义研究资料》早已停止出版，很多人难以找到原有资料；《马克思恩格斯研究》等内部刊物刊载的文章没有公开面世，也难以为人们广泛使用；而新编译的文献资料又很零散。因而，希望中央编译局提供马克思主义研究资料的呼声越来越高。

为了继承前辈的事业，适应学界的需要，尽可能全面系统地收集整理中央编译局近几十年来编译的国外学者关于马克思主义的研究成果以及相关的国内学者的研究成果，中央编译局专门成立了《马克思主义研究资料》丛书课题组，并对该项工作提供了基金资助。课题组不仅在局内组织力量进行工作，而且争取到社会力量的支持。经过课题组同仁两年多努力，已经形成一批编辑成果，还将继续补充、完善并陆续推出。这套《马克思主义研究资料》丛书就是这些成果的集中体现。

本丛书力求体现如下四个特点，这也是丛书编辑工作所力求遵循的四条原则：第一，保证文献性。本丛书主要收集改革开放以来中央编译局刊物发表的有关马克思主义理论编译和研究方面的成果，这些刊物包括公开出版的《马列著作编译资料》、《马列主义研究资料》、《马克思主义与现实》、《当代世界与社会主义》、《经济社会体制比较》、《国外理论动态》等，也包括内部刊物《马克思恩格斯研究》、《列宁研究》、《斯大林研究》、《马克思恩格斯列宁斯大林研究》等；少量收集其他杂志发表的中央编译局学者编译或撰写的有关文章；个别收集与中央编译局长期合作的其他学者的相关文章；对所收商榷性文章涉及的其他学者的成果，也作为附文收入，以示对相关学者的尊重，也便于读者在阅读正文时参考。收集整理这些学术成果的目的主要是为学界研究马克思主义提供参考资料,同时帮助人们了解马克思主义研究的历史进程和思想脉络。因此,本丛书所收文献力求保持其历史原貌,包括其中的人名、地名、术语、引文等,都不作改动,以便读者进行文献考证之用,只对个别错漏文字等进行校正,对于文中可能产生歧义的地方,以"本丛书编者注"的方式加以说明。其中读者特别应当留意的是译名、术语的不统一问题,例如关于《马克思恩格斯全集》历史考证版,就有多种表达方式:原文版、国际版和MEGA版,其中,往往又以"老"、"新"、"MEGA^1"、"MEGA^2"、"MEGA1"、"MEGA2"等来区分历史考证版第1版和第2版。第二,突出编译性。本丛书所收文献中,以国外学者的成果为主,包括国外学者关于马克思主义经典作家的著作、思想、生平事业,乃至书信往来、工作生活等方面的研究文献,凡比较有资料价值的,均在收集之列。如上所述,国内学者的相关考证性成果,包括经典著作翻译、版本、传播、重要术语考据等文献,凡具有资料价值的,也一并收入,但这部分内容所占比例较小。第三,力求系统性。上述几十年来形成的这些编译研究资料繁茂芜杂,十分零散,使用起来很不方便,编辑整理就更为困难。为把这些宝贵文献整理面世,使之更好地发挥作用,编辑人员下了很大功夫。在收集整理中,我们力图分门别类,尽可能将同类资料按照一定逻辑顺序编排,使之呈现一定的系统性,以便读者全面掌握有关资料。第四,力争权威性。本丛书力争选编国内外在相关研究领域具有一定权威性的专家学者的具有代表性和影响力的文献。为保证文献的权威性和准确性,我们对文献的引文进行了校订,特别是对有关马克思主义经典著作的引文进行了原版原文核对,并对注释尽可能地作了规范化处理,以便读者更准确地了解引文及其出处。

基于上述考虑,本丛书的编排体系大体分四个部分。第一部分是经典著作研究,包括关于《共产党宣言》、《资本论》等手稿、创作、版本、传播诸方面的研究文献;第二部分是基本理论研究,包括哲学、政治经济学、科学社会主义以及政治学、法学等方面的研究文献;第三部分是版本和传播、编译以及生平事业研究;第四部分是国外马克思主义研究。每一部分包括若干卷。每一卷都有本卷编辑说明,对本卷编辑的思路、内容和有关技术问题作简要交代。各卷内容按照逻辑顺序进行编排,在此基础上再按照时间顺序编排。各卷内容一般要作分类,并加分类标题,以便读者阅读研究。

需要说明的是,由于本丛书是整理编辑已有的文献,而且主要限于整理编辑中央编译局学者编译和研究的部分成果,这就决定了本丛书不可避免地存在一些缺憾。一是这些文献中有的观点不一定正确。选编这些文献并不意味着编者赞同其中的观点,我们的目的仅仅在于为人们研究马克思主义提供参考资料,其中正确的思想成果可以作为我们研究借鉴的思想资源,而错误的观点可以作为我们研究批评的对象。例如,对有关马恩对立论的观点,我们是不赞成的,但为了让研究者了解、研究和批评这种观点,也收入了相关文章。所以,谨请读者在使用这些文献时注意辨别是非。二是这些文献存在质量参差不齐的情况。由于这些文章的作者、译者水平不同,写作时间、背景、针对的问题、产生的影响以及发表的刊物等不同,其质量也就有一定差别。例如,有的概念和译文在今天看来不一定科学、准确,有的文献曾经很有价值而在今天看来最多只有学术史的价值。在选编过程中,我们尽量收入那些分量较重、影响较大的文献,但为了比较全面地反映学术史的原貌并提供尽可能详细的研究参考资料,也收入了一些篇幅较短、影响不大但有一定资料或史料价值的文献。另外，有少量比较重要的文献，由于作者或译者不同意收入，也不得不忍痛割爱。三是这些文献的系统性、规范性不太强。尽管我们努力按照上述编辑原则工作，对这些文献进行了分类整理，力求全面系统地提供给读者相关方面的文献资料，但由于这些资料十分繁杂，彼此之间的关联性不强，有的方面资料较多，有的较少，且发表的刊物、时间等不同，体例也很不统一，整理起来难度极大，加之各位编者的研究角度不同，水平各异，所以，每一卷书的结构、篇章、内容、观点等都不尽相同，其规范程度也不尽一致。对本丛书存在的以上不足或缺憾，谨请读者鉴谅；对其中可能存在的疏漏和错误之处，谨请读者批评指正。

  本丛书在编写和出版过程中，得到了各个方面的大力支持。中央编译局对此项工作高度重视，始终给予鼎力支持。国家出版基金将本丛书列入2013年度资助项目。中央编译出版社为本丛书申报国家出版基金项目并最终立项，以及为丛书出版做了大量工作。本丛书所收文献的译者、作者和出版者，凡已联系上的，均给予我们大力支持，同意使用这些文献；对尚未联系上的，我们将尽力联系，也请相关同仁主动联系我们。丛书顾问委员会的专家对丛书的编写工作给予热情指导，编委会成员和课题组同仁为丛书的编写付出了辛勤劳动。在此一并致以衷心的谢意！

《马克思主义研究资料》

编辑委员会

2013年12月10日

编辑说明

本卷所收录的文章主要是有关马克思和恩格斯1839年至1879年政论活动的研究资料。

这些资料分为六个时间段：一、1839年至1843年3月，马克思和恩格斯为《莱茵报》《德意志电讯》等撰稿，反对封建专制，争取民主。二、1843年4月至1844年6月，马克思与卢格一起出版《德法年鉴》，彻底批判普鲁士的半封建状况；恩格斯为《新道德世界》等撰稿，宣传社会主义和共产主义运动。三、1844年7月至1845年1月，马克思和恩格斯为《前进报》撰稿，使之成为共产主义刊物。四、1848年至1851年6月，马克思和恩格斯创办《新莱茵报》，指导德国人民的反封建斗争；还为《民主评论》等撰稿。五、19世纪50年代，马克思和恩格斯为《纽约每日论坛报》撰稿，抨击各国反动政府，声援各国人民革命；还为《人民报》等撰稿，传播革命思想。六、1877年2月至1879年3月，恩格斯为《人民报》撰稿，宣传工人阶级的政治斗争。这些资料展示了马克思和恩格斯的政论历程，有助于我们对马克思和恩格斯的生平与事业进行更加深入的研究。

为保持文献性，本丛书的注释尽量保持原貌，不作改动；但对原注释有错误或有遗漏的，我们尽可能查阅了有关文献，作了必要的规范和完善；对有些查找不到的，保留原来的内容和格式。

目 录

关于马克思和恩格斯的政论活动（1839—1844年） ………… 1
  为《德意志电讯》撰稿情况 ………………………………… 4
  版本说明 ……………………………………………………… 10
  为科塔出版社的报纸撰稿情况 ……………………………… 14
  刊登在《知识界晨报》上的文章 …………………………… 15
  版本情况 ……………………………………………………… 19
  刊登在《总汇报》上的文章 ………………………………… 20
  版本说明 ……………………………………………………… 24
关于马克思和恩格斯的政论活动（1839—1844年） ………… 26
  为《莱茵报》撰稿情况 ……………………………………… 26
  寄自柏林的文章 ……………………………………………… 28
  版本说明 ……………………………………………………… 31
  寄自曼彻斯特的文章 ………………………………………… 35
  版本说明 ……………………………………………………… 37
  为《瑞士共和主义者》撰稿情况 …………………………… 40
  版本情况 ……………………………………………………… 47

关于马克思和恩格斯的政论活动（1839—1844年）……… 49
  为《新道德世界》撰稿情况 ……………………………… 49
  版本说明 …………………………………………………… 56
  为《德法年鉴》撰稿情况 ………………………………… 56
  版本说明 …………………………………………………… 61
  为《前进报》撰稿情况 …………………………………… 62
  版本说明 …………………………………………………… 65
  为《北极星报》撰稿情况 ………………………………… 65
  版本说明 …………………………………………………… 70

关于马克思和恩格斯的政论活动（1842年初—1843年3月）……… 74
  绪言 ………………………………………………………… 74
  为《德国科学和艺术年鉴》和《德国现代哲学和政论界轶文集》
    撰稿 ……………………………………………………… 77
  为《莱茵报》撰稿——担任编辑 ………………………… 81
  《卡尔·马克思文集》重新发表政论文章的情况 ………… 93
  版本问题 …………………………………………………… 96

关于马克思和恩格斯的政论活动（1843年3月—1844年3月）… 103
  《德法年鉴》的出版情况：马克思对出版《德法年鉴》的构想
    和付出的努力 …………………………………………… 103
  关于出版《德法年鉴》的实际筹备情况 ………………… 111
  拟议中同法国人的合作 …………………………………… 115
  《德法年鉴》第1期的筹备工作——《年鉴》的编辑情况 … 122
  直接的影响 ………………………………………………… 131
  《德法年鉴》的停刊——为继续出版杂志所作的尝试 …… 133

关于马克思和恩格斯的政论活动（1849年底—1852年12月）…… 142
　一、1849年底—1851年6月 …………………………… 142
　　《新莱茵报。政治经济评论》出版情况 ………………… 142
　　　杂志的政治地位 ……………………………………… 142
　　　有关杂志的筹备情况 ………………………………… 144
　　　把杂志改办成报纸的尝试 …………………………… 146
　　　有关杂志在汉堡的技术印刷情况 …………………… 148
　　　把科伦作为出版地的建议 …………………………… 151
　　　杂志的撰稿人 ………………………………………… 152
　　　第1期 …………………………………………………… 155
　　　第2期 …………………………………………………… 156
　　　第3期 …………………………………………………… 156
　　　第4期 …………………………………………………… 157
　　　关于杂志休刊的情况 ………………………………… 158
　　　第5—6期合刊 ………………………………………… 160
　　　杂志推销和传播的情况 ……………………………… 161
　　　杂志在当时产生的直接影响 ………………………… 163
　　　为继续出版《评论》所作的努力 …………………… 166
　　为宪章派机关刊物《民主评论》、《红色共和党人》、《人民之友》、
　　　《寄语人民》撰稿 …………………………………… 167
　　　《民主评论》 …………………………………………… 167
　　　《红色共和党人》 ……………………………………… 171
　　　《人民之友》 …………………………………………… 173
　　　《寄语人民》 …………………………………………… 175

二、1851年7月—1852年12月 …………………………… 180
　为《纽约论坛报》撰稿 ………………………………… 180
　关于这家报纸到1851年时的发展状况 ………………… 181
　马克思和恩格斯与《纽约论坛报》的最初接触 ……… 184
　开始为《纽约论坛报》撰稿 …………………………… 187
　关于为宪章派报纸《寄语人民》和《人民报》撰稿情况 ……… 194
　《寄语人民》的创办和发展 …………………………… 196
　马克思和恩格斯的支持 ………………………………… 197
　《人民报》到1852年底为止的发展情况 ……………… 209
　马克思为《人民报》撰稿 ……………………………… 212
关于马克思和恩格斯的政论活动
　（1851年7月—1852年12月）………………………… 227
　《革命》 ………………………………………………… 227
　创刊前的情况和政治地位 ……………………………… 227
　《革命》周刊 …………………………………………… 232
　马克思和恩格斯的撰稿 ………………………………… 237
　其他同盟盟员的撰稿 …………………………………… 239
　"不定期刊物"《革命》 ………………………………… 242
　马克思和恩格斯对《体操报》、《纽约刑法报》和美国其他
　　报刊的影响 …………………………………………… 246
　《体操报》 ……………………………………………… 247
　《纽约刑法报》 ………………………………………… 257
　其他报纸 ………………………………………………… 262

关于马克思和恩格斯的政论活动（1853年1—12月） ……… 267
　马克思、恩格斯和他们的战友在1853年的政论活动 ……… 267
　马克思和恩格斯为《纽约论坛报》撰稿情况 ……………… 270
　《纽约论坛报》及其性质和意义 …………………………… 271
　马克思充任《论坛报》驻伦敦通讯员 ……………………… 274
　马克思和恩格斯对《论坛报》编辑部的对外政策问题观点
　　的影响 ………………………………………………………… 281
　马克思和恩格斯同《论坛报》内部敌对影响的斗争 ……… 286
　版本情况 ………………………………………………………… 291
　马克思和他的战友为左翼宪章派机关报《人民报》
　　撰稿情况 …………………………………………………… 295
　《人民报》的作用及其政治倾向 …………………………… 295
　马克思为《人民报》撰稿情况 ……………………………… 298
　马克思同厄内斯特·琼斯的合作 …………………………… 300
　马克思的战友们为《人民报》撰稿情况 …………………… 310
　版本情况 ………………………………………………………… 315
　马克思和恩格斯与纽约《改革报》 ………………………… 315
　《改革报》的创立和克路斯与魏德迈的初期撰稿活动 …… 316
　克路斯和魏德迈围绕《改革报》的方向所作的斗争 ……… 318
　马克思和恩格斯对克路斯和魏德迈在《改革报》上的政论活动
　　给予的帮助 ………………………………………………… 322
　马克思和恩格斯的战友们作为《改革报》撰稿人展开的活动 … 328
　版本情况 ………………………………………………………… 331

关于马克思和恩格斯的政论活动（1854年1—12月） …… 332
    马克思、恩格斯和他们的战友在1854年的政论活动 …… 332
    马克思和恩格斯为《纽约论坛报》撰稿 …… 334
    《纽约论坛报》的性质和意义 …… 335
    马克思和恩格斯充任《纽约论坛报》撰稿人 …… 339
    版本情况 …… 349
    马克思、恩格斯和他们的战友为左翼宪章派机关报《人民报》
      撰稿情况 …… 353
    《人民报》在1854年的发展 …… 354
    马克思和恩格斯为《人民报》撰稿情况 …… 356
    马克思和恩格斯的战友们为《人民报》撰稿 …… 363
    发表在《人民报》上的文章的版本情况 …… 365

关于马克思和恩格斯的政论活动
    （1859年10月—1860年12月） …… 367
    为《纽约论坛报》撰稿 …… 367
    恩格斯为《志愿兵杂志》撰稿 …… 382

关于马克思和恩格斯的政论活动
    （1877年2月—1879年3月） …… 385
    为《人民报》撰稿 …… 385

关于马克思和恩格斯的政论活动
（1839—1844 年）*

在 1839—1844 年中这段时期，恩格斯紧张地从事政论活动。这一活动对他的政治思想和世界观的发展极其重要，他就是以这些活动积极投入了当时的思想争论。正如他的许多文章引起的反响所证明的，他在自己那些形式各异的政论文章里探讨各种现实问题。恩格斯后来对自己的早期政论文章缄口不提，他只是偶尔谈到自己的早期活动，例如他为科尼斯堡的《普鲁士王国国家、军事和和平日报》撰稿的情况，①或者十分淡然地答复对此问题的直接询问。②

恩格斯这一时期的政论文章都在德国、瑞士、英国和法国的十四家报刊杂志上发表。文章的范围包括游记、风景描述、对政治性报纸的专栏和时事通讯的文学评论直到探讨主要的政治、社会及世界观问题。

这些政论文章证明了恩格斯从事的直接政治活动和对当时现实问题的探讨。文学性的政治评论使他有可能对宗教进行批判和对文学—哲学

---

* 本文选自《马克思恩格斯研究》1992 年总第 8 辑。
① 《马克思恩格斯全集》第 1 版第 36 卷第 694 页。
② 参看《马克思恩格斯全集》第 1 版第 39 卷第 451 页。

的有争论的问题发表意见，探讨形形色色的政治和社会课题。他从青年德意志的一位政论家发展成为公开支持工人阶级的解放和参加在理论上论证社会主义的政论家，这是清楚明确的。从恩格斯那些刊登在英文报刊，首先是《德法年鉴》及《前进报》上的文章中可以明显看到这一结果。他就是以写这些文章投身政论活动的。这些文章显然表明他对当时的阶级斗争开始有了科学的认识并从中得出社会主义的结论。

1838年8月恩格斯到达不来梅后不久，首先发表了一些诗歌。诗歌《贝都英人》① 是在《不来梅日报》的附刊《不来梅杂谈》上匿名发表的。他在《不来梅城市信使》周报上用泰奥多尔·希尔德布兰德的笔名发表了几篇讽刺和嘲笑这家报纸的文章。其中《致敌人》②、《书本知识》③ 和《致市信使报》④ 这三首诗保存下来了。

1839年3月和1841年12月期间恩格斯为在汉堡出版的《德意志电讯》写了一些文章，首先是寄自不来梅和柏林的文章。《爱北斐特日报》上发表了他的答复信《致爱北斐特的龙克尔博士先生》。⑤ 1840年3—5月，他在《知识界午夜报》上发表了两篇文章。⑥ 从1840年6月起他开始为《知识界晨报》撰稿，1840年8月起从事为奥格斯堡《总汇报》写通讯的活动。恩格斯在为这两家报纸写的文章里开始以写通讯的方式对日常政治事件表明看法，他的政论文章因而有了新的重点。

---

① 《马克思恩格斯全集》第1版第41卷第3—5页。
② 《马克思恩格斯全集》第1版第41卷第6—7页。
③ 《马克思恩格斯全集》原文版第1部分第3卷第53页。
④ 《马克思恩格斯全集》第1版第41卷第8、9—10、61—89页。
⑤ 《马克思恩格斯全集》第1版第41卷第9—10页。
⑥ 《马克思恩格斯全集》第1版第41卷第61—89页。

1841年9月至1842年9月恩格斯在柏林逗留期间参加了柏林青年黑格尔派与之有联系的一些报刊杂志的工作。1841年12月，他在青年黑格尔派的杂志《雅典神殿》①上发表了《漫游伦巴第。1.翻越阿尔卑斯山!》②一文。1842年7月《德国科学和艺术年鉴》上发表了他的文章《评亚历山大·荣克的〈德国现代文学讲义〉》。③他在柏林从事政论活动的主要报刊是《莱茵报》。1842年12月恩格斯也以英国的国外通讯员身份给这家报纸投稿。在苏黎世出版的《来自瑞士的二十一印张》于1843年才发表恩格斯的文章《普鲁士国王弗里德里希—威廉四世》。④他是为在出版前已遭查禁的《来自瑞士的德意志通报》杂志写这篇文章的。⑤

1843年他在苏黎世出版的报纸《瑞士共和主义者》上发表了以《伦敦来信》为题的好几篇文章。恩格斯在1844年8月同马克思会晤前，他的《国民经济学批判大纲》⑥一文和发表在《德法年鉴》和巴黎《前进报》上的一组文章《英国状况》是他的政论活动的顶峰。从1843年10月起恩格斯在曼彻斯特第一次用英文为欧文派的周报《新道德世界》、1844年5月起为宪章派报纸《北极星报》分别写了一些文章。

---

① 《马克思恩格斯全集》原文版第1部分第3卷附录第938—939页。
② 《马克思恩格斯全集》第1版第41卷第184—196页。
③ 《马克思恩格斯全集》第1版第1卷第519—534页。
④ 《马克思恩格斯全集》第1版第1卷第535—543页。
⑤ 《马克思恩格斯全集》原文版第1部分第3卷第1032—1033页。
⑥ 《马克思恩格斯全集》第1版第1卷第596—625页。

为《德意志电讯》撰稿情况

1839年3月和1841年12月期间,恩格斯的政论活动在《德意志电讯》(青年德意志的风格独异的文学杂志之一)上找到了自己重要的论坛。

《德意志电讯》在这段期间,达到了自己发展的顶峰。编辑卡尔·谷兹科夫是在同1835年12月10日联邦议会决议给青年德意志代表的政论活动设置的障碍,而首先是给他本人设置的那些障碍进行了顽强的斗争以后创办了这家杂志的。① 谷兹科夫为获准用自己的名义以《电讯、生活、艺术和科学报》或《法兰克福电讯》为刊名出版杂志而付出的一切努力,都毫无结果。直到1837年杂志才在法兰克福(美茵河畔)出版,编辑部人员几经变换,只有当汉堡的霍夫曼和康培出版社承担出版发行《德意志电讯》为刊名的杂志,而且谷兹科夫于1832年年底迁居汉堡时,他才能目标明确地使它成为具有青年德意志风格的杂志。

担心《电讯》在汉堡只能是一家"高贵的地方刊物,别无其他"②,这是没有根据的。该刊物在德国很快就获得引人瞩目的地位。出版商康培1838年4月4日写信给海涅说,可以肯定,"《电讯》是德国最有生气的刊物"③。

---

① 参看《马克思恩格斯全集》原文版第1部分第3卷附录注释第47.22—24。
② 1837年12月24日奥古斯特·列伐尔特致亨利希·海涅的信,载于《海涅一百周年纪念版》第25卷第99页。
③ 1837年12月24日奥古斯特·列伐尔特致亨利希·海涅的信,载于《海涅一百周年纪念版》第25卷第130页。

在汉堡，具备了相对有利的条件出版资产阶级反对派的文献。可以不经许可出版文学性的报刊、杂志，《德意志电讯》就是作为文学性杂志注册的。然而其他德意志各邦的书报检查当局从一开始就监视这份杂志。考虑到有可能被查封，不是由谷兹科夫而是让出版社来负责，每期封底均印有"出版社负责编辑出版"的字样。谷兹科夫从1841年10月第164期起才作为责任编辑具名。但是对出版者，他有独立的地位。谷兹科夫不负责把付印前的稿件交给他。康培在1840年9月19日给海涅的信中说："《电讯》是我出资出版的，但在付印前我未见到过一行字。根据联邦决议，谷兹科夫不该以自己的名义编辑任何杂志，因此解决的办法是由出版社来对书报检查机关和国家负责。"① 在德国，《德意志电讯》的发行工作相当困难；在巴伐利亚不可通过邮局订阅《电讯》，在奥地利及普鲁士它只供一定的人使用。自《德意志电讯》1838年度第1期出版以来，普鲁士最高书报检查评议会就竭力在普鲁士予以查禁。1841年12月8日，霍夫曼和康培的出版社因发表奥古斯特·亨利希·霍夫曼·冯·法勒斯累本的《非政治歌曲》第2部分和弗兰茨·丁盖尔施泰特的《世界政治的守夜人之歌》而遭到查禁时，1841年每期500份的《德意志通讯》在普鲁士也一度不准订阅。

谷兹科夫一贯代表资产阶级的附庸文学的纲领。在青年德意志作家的政治的政论活动受到限制的条件下，《德意志电讯》模范地发挥了一种不错过自己目的的政治评论。在这份杂志里政治和文学问题高度有机地结合起来。其他一些文学杂志和报刊正面衬托出《德意志电讯》的这一成绩。

---

① 1837年12月24日奥古斯特·列伐尔特致亨利希·海涅的信，载于《海涅一百周年纪念版》第25卷286页。

谷兹科夫本人从不超越支持和维护立宪主义的资产阶级自由主义的立场。1840年，当革命气氛在德国重新复苏，反封建的抵抗运动中的民主主义倾向比以往更加强烈时，他也不背离这种立场。1838年以来，《德意志电讯》发表了一些超出谷兹科夫自己的政治立场和包含着坚定的民主主义观点的文章。这些文章比编辑的文章更激进地批判宗教和国家。《德意志电讯》这里发表的文章有革命民主主义者格奥尔格·毕希纳遗著中的部分文章，毕希纳克服了资产阶级反对派文学的世界观——美学界限，代表了一种就其征兆来看属于超越资产阶级的阶级目的的历史观。《德意志电讯》上还发表了以激进的政治要求出现的青年黑格尔派的文章，文章中强调了黑格尔哲学对理解当代问题的意义。

恩格斯在1838年8月前往不来梅之前可能已经知道而且看过了《德意志电讯》。不过他估计乌培河谷对青年德意志及其文学的意义知之不多。[①] 可能恩格斯是在不来梅才了解青年德意志运动和它的报刊杂志的。从他1839年初给弗里德里希·格雷培和威廉·格雷培的信件中可以看出，那时他对谷兹科夫及其在青年德意志中的地位已经有固定的看法。

从1839年年初起恩格斯就为他在一首讽刺短诗[②]里第一次提到的《德意志电讯》撰稿。显然他书面请求谷兹科夫，请他发表他的《乌培河谷来信》。[③] 可能是谷兹科夫在1839年的《试刊》上征求投稿的话促使恩格斯这样做的，他在《试刊》上说："让我们由衷地把年轻有为、才华横溢的人介绍给我们的读者，而那些年老、受人尊崇的名人的大

---

① 参看《马克思恩格斯全集》第1版第1卷第512页。
② 《马克思恩格斯全集》第1版第41卷第445页。
③ 《马克思恩格斯全集》第1版第1卷第493—518页。

作，与其说让编辑部感到欣喜，不如说使编辑部感到难堪。"①

恩格斯很可能是在寄出自己的《德国民间故事书》一文②后，于1839年秋得到谷兹科夫的书面保证：他很欢迎恩格斯的文章。③ 这激励了恩格斯继续写作。

恩格斯政治观和世界观的迅速发展使他在1839年底就对谷兹科夫采取更多的批判态度。恩格斯曾支持这样的观点：青年德意志各代表之间公开和异常激烈的论战有损于进步力量反对反动势力的斗争。④ 由于谷兹科夫的独断独行，恩格斯本人也违心地被卷入这场论战。⑤ 另外，恩格斯通过对黑格尔的宗教和历史哲学的研究以及对青年黑格尔派对这一哲学的阐释的研究同谷兹科夫持批判的保留态度。从1840年春夏起恩格斯也利用其他的出版机会。对青年德意志的各种倾向之间的争论持中立态度的《知识界午夜报》，发表了恩格斯的《现代文学生活。I 剧作家卡尔·谷兹科夫》⑥ 和《现代文学生活。II 现代的论战》⑦ 的文章。后来，恩格斯也开始为《知识界晨报》撰稿。

谷兹科夫对恩格斯的批评意见的反应鲜为人知。各种报纸（其中也有在莱比锡出版的《铁路》杂志）都怀疑谷兹科夫本人曾用奥斯渥特的笔名写东西。《德意志电讯》在《简报》上用简讯对此作出反映："我们注意到莱比锡《铁路》杂志上的弗里德里希·奥斯渥特并不是该

---

① 卡尔·谷兹科夫：《1839年电讯》，载于《1839年德意志电讯试刊》。
② 《马克思恩格斯全集》第1版第41卷第14—23页。
③ 参看《马克思恩格斯全集》第1版第41卷第542—543页。
④ 《马克思恩格斯全集》第1版第41卷第89页。
⑤ 《马克思恩格斯全集》原文版第1部分第3卷注释77.13—14。
⑥ 《马克思恩格斯全集》第1版第41卷第61—74页。
⑦ 《马克思恩格斯全集》第1版第41卷第74—89页。

杂志所认为的那个人，而是不来梅的一位青年作家。"① 谷兹科夫在1840年6月9日致列文·许金的信中谈到恩格斯："我本人不认识奥斯渥特，他提到过《电讯》？可能是他那篇论倍克的文章。——对这些青年德意志店员们关心我们的活动和我们的要求，无需作什么评价。我觉得就现在情况来说，他们的关心是友好的，但他们在这方面却令人受不了：他们对昙花一现的事物浪费了滔滔不绝的长句。我怎能容忍对卡·倍克抱这种店员式的热情？如果每个新手都这样倾倒于自己第一次批判的呕吐物，那么谁该在这正派的报纸上发表这黄绿色的东西呢？"② 恩格斯尽管对谷兹科夫持批评态度，仍继续为《德意志电讯》撰写文章。该刊1841年度的预告中，在"《电讯》目前的撰稿人"栏中第一次提到"弗里德里希·奥斯渥特"。③

恩格斯的撰稿从政治上给一个时期处于日趋尖锐的争论中的《德意志电讯》编辑部以宝贵的支持。谷兹科夫在1840年最后一期上有计划地驳斥在莱茵危机时期④以民族主义方式反对法国政治成果的正在壮大的反动势力。他认为有必要在新的一年里着手"了解祖国目前和文学政治状况"⑤。

---

① 1840年1月《德意志电讯》第16期。

② 摘自米夏埃尔·克尼里姆：《论弗里德里希·恩格斯，私人、公开和官方的情况。同时代人的陈述和见证。》，载于《来自恩格斯故居的消息》1979年乌培河谷版第2册第40页。

③ 1840年11月《德意志电讯》第181期、1840年12月第201期，载于《电讯的第5年集》。

④ 参看《马克思恩格斯全集》原文版第1部分第3卷注释220.37—221.1页。

⑤ 卡尔·谷兹科夫《最后一期……》，载于1840年12月《德意志电讯》第208期。

1841年1月第1—8期上发表的由3篇文章构成的一组文章《当代德国》阐明了这个意图。其中编入了恩格斯的《恩斯特·莫里茨·阿伦特》①一文，把恩格斯的文章编在谷兹科夫的《当代德国》这组文章中的两篇文章之间，这表明恩格斯给《德意志电讯》撰稿所占的地位。很可能谷兹科夫事前没同恩格斯商量就把恩格斯1840年12月写的《恩斯特·莫里茨·阿伦特》一文收进了他的这组文章。关于1841年对《德意志电讯》的政治立场具有重要意义的文章的写作情况，没有直接的说明。可以设想，恩格斯和谷兹科夫的文章是各自独立写成的。当谷兹科夫在《德国公众生活。1838—1842》文集中按原样发表了他的题为《当代德国。1841》两篇文章时，却未涉及恩格斯的《恩斯特·莫里茨·阿伦特》一文。②这只有当两位作者在题目和部分内容上意见一致的条件下才有可能。然而文章却是彼此独立写成的。1842年，当谷兹科夫的《杂录》发表时，谷兹科夫不仅改变了对恩格斯的态度，而且恩格斯对青年德意志的看法也有了很大变化。

1841年4月恩格斯结束了在不来梅的居留，也就暂时停止给《德意志电讯》撰稿，1841年12月，他在《德意志电讯》上发表了他寄自柏林的第一篇探讨弗里德里希·威廉·谢林的柏林讲演的文章《谢林论黑格尔》。③到此恩格斯暂时结束为《德意志电讯》撰稿。1842年6月，恩格斯在刊载于《德国科学和艺术年鉴》的《评亚历山大·荣克的〈德国现代文学讲义〉》④一文中彻底清算了青年德意志。谷兹科夫是青

---

① 《马克思恩格斯全集》第1版第41卷第144—160页。
② 参看卡尔·谷兹科夫：《杂录》1842年莱比锡版第1卷第240—254页。
③ 《马克思恩格斯全集》第1版第41卷第197—205页。
④ 《马克思恩格斯全集》第1版第1卷第519—534页。

年德意志代表中"头脑最清晰最聪明的人"——恩格斯认为这具有重要意义——和卢道夫·文巴尔克一样,"他也最确切地表明了自己的思想方式"。恩格斯强调说,但是作为新闻记者,他只有这样才能保持这个地位,那就是"他必须领会关于宗教和国家的最新哲学观点,并使自己的'电讯'(据说他准备重新恢复这份杂志)完全为当代伟大运动服务。假如他也让那些根本成问题的文学习作在他的杂志上占主要分量,他的杂志就会落得与其他文学刊物同样的下场。而这些文学刊物可以说是些不三不四的东西,登的全是枯燥无味的故事,顶多有人翻一翻,而就整个内容来说——也是在公众的眼里——比过去任何时候都要贫乏"①。

版本说明

恩格斯从不来梅总共为《德意志电讯》正版写了15篇文章(其中有3首诗)。1841年12月初他从柏林写了另一篇文章——《谢林论黑格尔》。除了《乌培河谷来信》外,所有文章都以奥斯渥特为笔名或署名,而且有如下一些写法:弗·奥斯渥特、弗里德里希·奥斯渥特、弗里德里希·奥。1839年11月《德意志电讯》第178期,在《寄自爱北斐特》② 一文中首次出现奥斯渥特的笔名,不过这个笔名不是F.奥斯渥特,而是S·奥斯渥特。显然这个"S"是排字工人或编辑的辩认错误,其根据是"F"和"S"在恩格斯的书写中相似。③ 至于选用奥斯

---

① 《马克思恩格斯全集》第1版第1卷第528页。
② 《马克思恩格斯全集》第1版第41卷第12—13页。
③ 《马克思恩格斯全集》第1版第41卷第13页。

渥特为笔名，尚提不出根据。

　　恩格斯在《德意志电讯》的《简讯》（通常有简讯和短文）上发表了一篇《关于阿纳斯塔西乌斯·格律恩》的短文。该文署名"弗·奥"。① 还有一篇未署名的简讯《弗·威·克鲁马赫尔关于约书亚的讲道》② 也出自恩格斯的手笔。《资料卷》的"题注"部分提供了证明这篇简讯的作者身份的依据。③ 不排斥恩格斯给编辑部寄过为《简讯》写的其他通讯。编辑部、尤其是谷兹科夫从寄自德国许多城市的通讯中组成这个栏目。从1838年1月第5期起《简讯》的每一篇简讯前都标注有一个小星花（以前是标注一条小杠）。这个小星花不是通讯标记。少数简讯或文章则标一数码或标上署名的起首字母。还有一些简讯上标注"（书信）"等字。最后，在有些情况下编辑用一句话强调指出，这则报道是寄给编辑部的。《马克思恩格斯全集》原文版第1部分第2卷里也认为《简讯》一栏中的《弗·威·克鲁马赫尔的两篇讲道稿》④ 是出自恩格斯的手笔。该文的内容以及同时发表的类似论述都让人觉得作者可能是恩格斯，编辑部指出简讯来源的错误以及《德意志电讯》其他同仁对克鲁马赫尔的这篇讲道的评论，都不认为恩格斯的作者身份是有根据的。因为对恩格斯的作者身份没有把握，所以把这篇文章放在附录里发表。

　　在《简讯》里有其他几篇寄自不来梅的文章，从内容来看，作者可能是恩格斯。显然《德意志电讯》在不来梅有一位或好几位通讯员，

---

① 《马克思恩格斯全集》第1版第41卷第90页。
② 《马克思恩格斯全集》第1版第41卷第11页。
③ 参看《马克思恩格斯全集》原文版第1部分第3卷第762页。
④ 《马克思恩格斯全集》第1版第41卷第124—125页。

他们早自1838年2月起，即在恩格斯到达不来梅之前，就为《德意志电讯》写通讯。①无法明确地认为《简讯》中那些未署名的或者不作为投稿标注的文章是出于一位作者。

恩格斯的文章——可能在不同程度上——是由谷兹科夫编审的。就《乌培河谷来信》来说，谷兹科夫和恩格斯都证明了这一点。恩格斯写道："评论弗莱里格拉特的意见想必是好的，否则谷兹科夫就会把它们删去。"②关于恩格斯的《卡尔·倍克》一文，谷兹科夫在1840年6月9日给列文·许金的信里间接地证明了这一点。谷兹科夫1842年12月6日给亚历山大·荣克的信中这样说道："可惜把**弗·奥斯渥特**引入文学之门这个不幸的功劳应归于我。几年前一位名叫**恩格斯**的店员从不来梅给我寄来关于乌培河谷的来信，我修改了这些信，我删去了一些过分尖刻的人身攻击部分，并发表了这些信。此后，他又寄过不少文章，我不得不经常修改这些文章。"③因为恩格斯为《德意志电讯》写的文章的手稿没有保存下来，所以无法更详细地确定谷兹科夫插手改动的范围和方式。

书报检查机关同样也对恩格斯的文章施加一定的影响。恩格斯自己认为，汉堡的书报检查机关是自由主义的。因此，因书报检查而造成的改动不可能是很大的。这一点恩格斯在谈到《德国民间故事书》一文时明确地说："其实，汉堡的书报检查机关是自由主义的，我最近在《电讯》上发表的关于德国民间故事书的文章，就对联邦议会和普鲁士

---

① 参看1838年2月《德意志电讯》第26、27、29期。
② 《马克思恩格斯全集》第1版第41卷第464页。
③ 摘自古斯达夫·迈耶尔：《弗里德里希·恩格斯的笔名》，载于《社会主义和工人运动史文献》1914年莱比锡版第4年卷第88页。

书报检查制度极其尖锐地挖苦了一番，可是文章一个字也没有被删去。"① 恩格斯谈到《恩斯特·莫里茨·阿伦特》一文的发表情况时也间接地说过类似的话。② 书报检查机关插手了《乌培河谷来信》和《齐格弗里特的故乡》③ 一文，这是有据可查的。在这些情况下，书报检查委员会（它对有争议的书报检查案作出决定，而且出版商康培的朋友、法律顾问卡尔·济费金在书报检查委员会里占有一定地位）取消书报检查官弗里德里希·罗伦兹·霍夫曼决定的不准付印，然而却介绍对不满之处的改动。这些异议何在、编辑都是如何顺应这样异议的，都没有保存下来。《资料卷》的"题注"里介绍了证明书报检查机关插手干预文章的文献。

正如有些情况已明确证明的，《德意志电讯》的实际出版日期被提前了。因为编辑部资料（能够详细查明文章到达编辑部的情况）没有保存下来，所以，凡是在恩格斯给朋友的信中没有表示过或书报检查委员会没有按语的情况下就不得不根据间接的证据来说明写作时间。《资料卷》的"题注"对此作了答复。④

恩格斯使用过的和上面提及的一些资料无法查明，无法确定恩格斯用过的其他资料——特别是一些德国民间故事书——是哪些版本，这些书是根据参考书确定的，在相应的注释里会有提示。

用于出版的正文，1839 年度的文章使用了柏林大学图书馆的《德意志电讯》的原件（书目号 Yg80436），1840 和 1841 年度的文章使用

---

① 《马克思恩格斯全集》第 1 版第 41 卷第 543 页。
② 参看《马克思恩格斯全集》第 1 版第 41 卷第 592 页。
③ 《马克思恩格斯全集》第 1 版第 41 卷第 138—143 页。
④ 参看《马克思恩格斯全集》原文版第 1 部分第 3 卷第 738 页和 886—887 页。

了耶拿的弗里德里希·席勒大学的大学图书馆的原件（书目号 4Hist Lit XV46[ab]）。

为科塔出版社的报纸撰稿情况

1840年6月和8月以来恩格斯为已迁至斯图加特的著名南德意志科塔书籍出版社的两家报纸撰稿。两家报纸是：在斯图加特出版的文学日报《知识界晨报》和最有影响并拥有最广泛读者的德文报纸之一——奥格斯堡《总汇报》。这两家报纸都是约翰·弗里德里希·冯·科塔创办的，他是弗里德里希·冯·席勒和约翰·沃尔弗冈·冯·歌德著作的出版者。1832年后，这两家报纸由他的儿子约翰·格奥尔格·冯·科塔继续经管。40年代初，这两家报纸都没有拥护一定的政治路线，这种观望态度实际上代表了一种保守立场，这种立场，遵循办报方针，在《总汇报》上已清楚地表现出来。这两家报纸上也适度地容忍自由主义的观点。鉴于德国各邦的书报检查，三月革命前的进步政论家依靠的是这两家广泛传播的报纸，尽管他们抱怨这两家报纸的保守性和政治上的冷淡态度。

恩格斯显然在一封信中向《知识界晨报》编辑部表示他愿意投稿。复信的不是报纸的编辑海尔曼·豪夫，而是出版者科塔。在这封信的复印件中写道："阁下从您所在的城市给晨报编辑部寄来了一些通讯报道，想必您已在这一期报上看到了这些报道文章，我为约·格·科塔出版社的报刊寻觅一位通讯员的时间越长，越是徒劳无益，我对这些报道的感激之情就越深。"① 在同一封信里，科塔还建议恩格斯为《总汇报》撰稿："正如我没想成功地为其余的科塔报刊找到通讯员一样，我也不可能为不来梅总汇报找一位通讯员。因此，我冒昧地询问您是否答应不时从不来梅给奥格斯堡总汇报寄些通讯报道。您可能十分熟悉该报的精神和目的，所以我无须给所提到的报道的内容作任何指示……"② 恩格斯接受了这个建议。

刊登在《知识界晨报》上的文章

1807 和 1835 年《知识界晨报》曾以《知识阶层》晨报为刊名出版。该报——如适用于 1840 和 1841 年度的出版计划所注明的——是一份消遣性报纸。该报编辑部以此向自己提出了任务，"作为机关报应为祖国文学，尤其是文学的各个分支中的诗歌服务，其次是尽可能多方面地报道有关人民生活、社会运动和发展方面的文学、科学和艺术中的普遍进步"。两份附刊，即刊登文学评论文章的《文学报》和刊登有关造型艺术报道的《艺术报》，均由独立的编辑部出版。沃尔夫冈·门采尔编辑的《文学报》由于青年德意志、尤其是卡尔·谷兹科夫的小说《瓦莉，多疑的女人》③ 和青年黑格尔派，特别是大卫·弗里德里希·施特劳斯的《经过批判整理的耶稣传》一书的告发而声名狼藉。

《知识界晨报》编辑部从 1810 年起设在斯图加特。从 1828 年起由

---

① 约翰·格奥尔格·冯·科塔1840年7月8日给恩格斯的信，载于《马克思恩格斯年鉴》第 1 卷第 330 页。

② 约翰·格奥尔格·冯·科塔1840年7月8日给恩格斯的信，载于《马克思恩格斯年鉴》第 1 卷第 330 页。

③ 参看《马克思恩格斯全集》原文版第 1 部分第 3 卷第 780 页注释 70.8。

海尔丝·豪夫领导,该报竭力争取在选择撰稿人方面的独立性。它坚持创办人——约翰·弗里德里希·冯·科塔——的意图,把报纸办成向许多人提供许多东西的大众化的消遣性报纸,题目和形式都多样化的文章服从这一目的。政治性题目的文章和通讯,编辑部都立即删去,奥格斯堡《总汇报》会保留这些文章和通讯。豪夫的编辑部在三月革命前呼吁,在各个方面代表温和的自由主义立场。编辑部考虑应避免走极端,应显示不偏不倚。这也涉及对撰稿人的选择,1840年的撰稿人有雅科布·费奈迭、罗伯特·普鲁茨、弗兰茨·丁盖尔施泰特、列文·许金、爱德华·博伊尔曼,不过也有亨利希·莱奥。亨利希·海涅曾谈到过"晨报的温和"①。1837年起由古斯塔夫·普菲策尔主办《诗歌》栏目,鉴于来自德国的消息相当可观而于1840年加以扩充并由豪夫本人主编的固定栏目《通讯—消息》,按照出版者的广告,包括"一些最重要地方的有关社会和文学关系、艺术、舞台、音乐方面的连续报道"。

恩格斯在1839年1月20日给弗里德里希·格雷培的信中曾以贬低的口吻表示过对《晨报》的看法:"你早上读过了我,晚上未必还能记得起,你面前是无字的白纸还是印上字的报纸。"② 恩格斯关于自己为这家报纸撰稿的一些看法没有保存下来。

作家许金(1840年6月18日前恩格斯在闵斯德同他见过面)可能曾建议恩格斯撰稿。1840年1月以来许金是《知识界晨报》的撰稿人。恩格斯同他曾谈过共同的计划。③

---

① 亨利希·海涅1842年11月7日给亨利希·劳贝的信,载于《海涅一百周年纪念版》第22卷第37页。

② 《马克思恩格斯全集》第1版第41卷第445页。

③ 《马克思恩格斯全集》第1版第41卷第551—553、553—555页。

1840年7月至1841年1月期间，这家于1840年底每期出版1800份的报纸，在《通讯—消息》栏内发表了恩格斯的3篇文章《不来梅通讯：剧院。出版节。刊物》①、《不来梅通讯：唯理论和虔诚主义。航行规划。剧院。军事演习》②和《不来梅通讯：教会论争。和文学的关系。音乐。低地德意志方言》。③另外，头版上发表了诗《悼伊默曼之死》④。这些文章是恩格斯在1840年7月至12月期间在不来梅写的，写于1840年夏天并且随后直接寄给报社的《不来梅通讯：不来梅港纪行》⑤，编辑部在1841年8月才发表。1841年春恩格斯已离开不来梅。1841年4月的《声明》，⑥恩格斯在巴门就已经写好，编辑部未予发表。

恩格斯对于1840年8月间不来梅虔诚主义者和唯理论者之间日益尖锐的论争所表明的看法，引起报社的争论。这些看法有的发表在文章和小册子里，有的发表在给编辑部的信里。恩格斯在1840年12月的通讯里强调了唯理论者和虔诚主义者之间的论争是徒劳的并认为两派代表是学术上业已陈旧的观点的追随者。特别是这篇文章引起了不来梅的神学唯理论的代表之一卡尔·帕尼埃尔的抗议。帕尼埃尔在用菲利普·格拉本霍斯特的名字写给报社编辑部的信中要求："希望**立即作出**"答复。⑦他在第2封信中重复了他的要求并指出谁使用了弗里德里希·奥

---

① 《马克思恩格斯全集》第1版第41卷第100—105页。
② 《马克思恩格斯全集》第1版第41卷第130—135页。
③ 《马克思恩格斯全集》第1版第41卷第177—183页。
④ 《马克思恩格斯全集》第1版第41卷第126—129页。
⑤ 《马克思恩格斯全集》第1版第41卷第114—123页。
⑥ 《马克思恩格斯全集》原文版第1部分第3卷第240—243页。
⑦ 卡尔·帕尼埃尔1841年2月14日给海尔曼·豪夫的信，马尔巴赫（内卡河畔）德国文献——席勒国家博物馆。

斯渥特这一笔名:"我们必须更迫切地催办这一申请,因为我们在这段时间里发现了您的规矩的通讯员的名字。这是个不到20**岁的店员**,名叫**恩格斯**。这个大胆的小伙子是当地最虔诚的虔诚主义者之一、克鲁马赫尔父子的亲密朋友洛伊波尔德领事的一家商行的办事员。此外,恩格斯来自不来梅,并且通过他的家庭结识那里的狂热信仰者克鲁马赫尔。最后他住在虔诚派首领特雷维腊努斯牧师家里。可见,他从各个方面都有理由为他的朋友做出贡献。"① 同时,帕尼埃尔威胁编辑部,如果编辑部继续拒绝发表所投寄的文章,他就揭露使《知识界晨报》出丑的通讯员。此后不久,编辑部发表了《**不来梅**,3月。教会论争》的答辩。② 如从按语中可得知,编辑部同答辩的作者不一致并且坚决拒绝发表不来梅唯理论者的其他文章。③ 编辑部通过自己的调查,确认不来梅的一些牧师是出于个人的诡计而利用这场论争,便断然拒绝帕尼埃尔的每一个敲诈企图,并许诺发表现有的材料,其中就有恩格斯的通讯。④ 但是,编辑部也没采用恩格斯1841年4月从不来梅寄给他们的《声明》。这份材料留在了编辑部。参与不来梅教会论争的人给《知识界晨报》编辑部的那些信件证实,恩格斯的一些文章在这家报纸上所产生的影响,当然只是间接的和片面的,对恩格斯的文章的争议以及他的《声明》未予发表这一事实,可能使恩格斯借此机会不再继续撰稿了。

---

① 卡尔·帕尼埃尔1841年3月23日给海尔处·豪夫的信,马尔巴赫(内卡河畔)德国文献——席勒国家博物馆。
② 《知识界晨报》1841年4月7日第83号,1841年4月8日第84号,1841年4月9日第85号。
③ 参看《马克思恩格斯全集》原文版第1部分第3卷第935页注释240.2—5。
④ 海尔曼·豪夫1842年3月2日给卡尔·帕尼埃尔的信,马尔巴赫(内卡河畔)德国文献——席勒国家博物馆。

版本情况

恩格斯在《知识界晨报》上发表的文章的作者身份已确切证明。《不来梅通讯：剧院。出版节。刊物》以及《不来梅通讯：唯理论和虔诚主义。航行规划。剧院。军事演习》的署名都是用笔名起首的大写字母弗·奥，诗作《悼伊默曼之死》署名"**弗里德里希·奥斯漫特**"。匿名在该报发表的《不来梅通讯：教会论争。和文学的关系。音乐。低地德意志方言》也保存了原稿。"**弗·奥斯渥特**"这一署名在付印时被删去。《不来梅通讯：不来梅港纪行》已确切证明其作者是恩格斯，文章也是匿名发表的，但恩格斯可能仍用自己的笔名署名。①

编辑部很可能在所有通讯中都插手修改恩格斯的文字。保存下来的、1840年12月底的通讯手稿都表明有改动，在其他通讯中也可推断出编辑修改的范围和方式。改动了恩格斯注明的日期，使之接近报纸的出版日期。另外，编辑部加了中间标题，把各篇通讯分为几个部分，这在出版的正文里都保留了。然而，编辑部对用词和标点有所删减和校正。此外，编辑部删丢了一些主要的，明显地与他们的观点不一致的表述。② 在《不来梅通讯：不来梅港纪行》中很可能编辑部也插手作了修改。恩格斯预示有一篇《关于不来梅港和不来梅社会状况》的报道。然而只是对文章题材提了一笔。

恩格斯使用过的和上面提及的一些资料无法查明。在相应的注释里会有提示。

---

① 《马克思恩格斯全集》原文版第1部分第3卷第853—854页。
② 《马克思恩格斯全集》原文版第1部分第3卷第925页注228.5—17。

用于出版的正文，使用了莱比锡大学图书馆的《知识界晨报》的原件（书目号德国杂志581）。

刊登在《总汇报》上的文章

1840年夏，恩格斯应约翰·格奥尔格·冯·科塔的要求，还为科塔出版社的最大报纸《总汇报》写寄自不来梅的通讯报道，这在短时间内为恩格斯的政论活动开辟了一个新的领域。恩格斯第一次写了一些短篇的时事通讯，他在这些通讯里报道了具体的政治事件。

1837年以来，古斯达夫·科尔布是1798年创办、1810年命奥格斯堡（巴伐利亚王国）出版的《总汇报》的主编，负责该报的政治部分。正如科尔布1840年2月27日给亨利希·海涅的信中所说的，1840年该报印数达9000多份。① 1840年底上升到10000多份。

报纸首先提供国外信息，这是报纸进一步畅销的原因之一。报纸每天发表该报通讯员从许多欧洲国家，如西班牙、大不列颠、法国、意大利、瑞士、比利时、丹麦、俄国、波兰、土耳其等国，以及其他各洲的国家，特别是从美利坚合众国发来的各个方面的、事实材料丰富的报道。该报在国外拥有著名的、有经验的通讯员，他们首先善于撰写事实报道。来自德意志联邦各州的通讯报道同国外的报道相比并不是那么丰富的，当来自奥地利和普鲁士的报道总是在各个国家的栏目里发表时，来自德国各州的报道却有《德国》专栏可供使用。该报编辑部往往让政治家或其代表在自己的原则性文章里对重要的政治问题表态。同时代的人知道该报对奥地利政治表示同情，对普鲁士则持批判态度。出版者

---

① 《海涅一百周年纪念版》第25卷第246页。

和编辑对他们重视的通讯报道装出某种不偏不倚的样子。出版社的计划是保持表达上的臆想的平衡，遵循一种避免编辑部方面任何明确的政治表态的路线。

因此，30年代和40年代初，该报主要代表一种政治上保守的路线，但有时也让自由主义观点有说话的机会。进步的自由派和民主派一般对这家报纸持批判态度。马克思也代表这样一种立场。1842年马克思在给《莱茵报》撰稿时在许多文章里批判地探讨了《总汇报》对《莱茵报》的攻击，马克思对《总汇报》的形式和内容的批判以及关于《总汇报》靠自己以往的声誉生存的论断，都要从它们同这个论战的联系来理解。① 马克思谴责这家报纸几乎不研究德国的现实，"如果它偶尔也触及类似的东西，那么它必然会把空想当作现实，把现实当作空想"②。马克思在另一篇文章中写道，对《总汇报》来说，自由从未提到议事日程上。③

撇开《总汇报》许多通讯员的保守立场不说，它在客观上有助于有关国外和德意志各邦的重要政治事件的消息的传播，并导致三月革命中孤立的进步力量之间的联合。1830年7月革命后该报发表的来自法国的报道对此起了特殊作用。海涅唯独在这家德语报刊上发表了许多来自法国的系列文章。1833年，他在汉堡的霍夫曼和康培出版社出版了1831年12月至1832年9月期间发表的、因奥地利政府的策动而提前中断的第一组文章，题目是《法国状况》，附有前言。了解这家报纸的政治立场的海涅在文章中说，他之所以还会利用《总汇报》发表自己的

---

① 《马克思恩格斯全集》原文版第1部分第1卷第338—339页。
② 《马克思恩格斯全集》第1版第40卷第328页。
③ 参看《马克思恩格斯全集》原文版第1部分第1卷第294页。

报道,"正是由于该报有声望而且销路非常广"。它是"一份适合于只有意于理解当前而发表的报道的报纸"。它无愧于"世界著名的权威",堪称"欧洲的总汇报"。① 1840 年 2 月,仅仅在恩格斯开始撰稿前几个月,海涅仍以这个观点为准则,重新从事为《总汇报》写通讯的活动,到 1843 年,他已提供了数量可观的关于法国的报道,此后。在 1854 年,他用法文和德文发表了这些报道,题为《路特奇亚》。

了解《总汇报》并把它当作消息来源加以利用的恩格斯,到 1844 年的这段时间对该报没有详细的评价。1844 年 2 月,恩格斯把该报称作"德国《泰晤士报》"②,这同海涅的看法一致,也许是指该报的传播和报纸的消息内容而言。恩格斯对该报的政治路线几乎不抱什么幻想。

1840 年 1 月,该报已报道了不来梅对德国关税同盟的立场的报道,题为《德国关税同盟和不来梅的备忘录》③。该报用标有地名"＊威悉河"的通讯标志发表了一些有关不来梅对德国海外贸易的意义的详细文章,如文章题目有:《不来梅——巴伐利亚、维尔腾堡、图林根和黑森的天然港》④ 和《巴伐利亚王国的天然海港不来梅。第 2 篇文章》⑤。这些也被其他报纸转载的文章,都出自不来梅政治家和商人阿尔诺德·杜克维茨的手笔。后来他又写了一些文章。汉撒各城市的巴伐利亚特使霍尔迈尔男爵把许多文章收入他的"片断",他写道:"许多文章甚至意

---

① 《海涅一百周年纪念版》第 7 卷第 69 页。
② 《马克思恩格斯全集》第 1 版第 1 卷第 594 页。
③ 1840 年 1 月 18 日《总汇报》第 18 号,附刊。1840 年 1 月 10 日第 19 号,附刊。
④ 1840 年 4 月 8 日《总汇报》第 99 号,附刊。
⑤ 1840 年 4 月 12 日《总汇报》第 103 号,附刊。

思雷同，虽然不是很确切"。① 1840年秋用"⁺**不来梅**"的标记发表的通讯《⁺**不来梅**，11月16日，报纸的宗旨是什么……》②，《⁺**不来梅**，12月1日，我们杰出的造船大师……》③ 和《⁺**不来梅**，12月1日，刊登在……上的出色文章》④ 都出自约瑟夫·冯·霍尔迈尔手笔，这些通讯的作者赞同恩格斯的一些报道。

科塔给恩格斯的信件副本的日期对确定恩格斯开始为奥格斯堡《总汇报》撰稿的日期很重要。虽然这个副本注明的日期是"7月8日"⑤，但在登记出版社来往信函的《学者通讯稿登记薄，I》中该信的日期是1840年7月28和30日之间。恩格斯为《知识界晨报》写的第一篇通讯是在1840年7月30日第181号和7月31日第182号上才发表。这一情况和事实使人更容易认为，这封信，尽管注明的日期是1840年7月8日，却是在1840年7月30日以后，即这篇通讯发表以后才寄出的。而科塔的信恐怕也是在这篇通讯发表前发出的。《学者通讯稿登记薄》中复制的信件往往不按年月顺序，恩格斯这篇第一次在《总汇报》上发表的通讯大概在1840年7月底、8月初才写成。1840年8月20日至1841年2月9日期间，该报发表了恩格斯寄自不来梅的5篇文章，其中4篇作为报道发表于"德国"栏，⑥ 1篇是题为《螺旋桨船及其在德国

---

① 阿尔诺德·杜克维茨：《1841—1866年我的公开生活的回忆录》1877年不来梅版第35页。
② 1840年11月24日《总汇报》第329号。
③ 1840年12月13日《总汇报》第348号。
④ 1840年12月14日《总汇报》第349号。
⑤ 《马克思恩格斯年鉴》第1卷第330页。
⑥ 《马克思恩格斯全集》原文版第1部分第3卷第147、148、208、209、239页。

和美国的轮船交通上的使用》，① 发表在附刊上。

恩格斯的一些时事通讯报道了有关对不来梅来说是现实的政治问题。恩格斯关于不来梅手工业关系②、关于不来梅关税关系③、以及关于航运中实施技术革新④发表的看法，不仅对不来梅而且对德意志联邦的其他各邦来说也都有意义。他的文章是否就是对编辑科尔布或巴伐利亚书报检查机关的批判，尚无法证明。

恩格斯的通讯报道在德国甚至法国报刊上引起的反响，反映出人们普遍要求获得有关三月革命前德意志各邦各种问题的消息。《资料卷》中将对各篇文章引起的这种反响作出说明。

版本说明

通过科塔书籍出版社各种文件所记的内容证明，以标有地名"＊＊不来梅"的通讯标志发表的5篇文章的作者是恩格斯。在《总汇报》的出版社样本中，所有5篇文章都用铅笔或红笔标上"恩格斯"的名字。⑤ 在科塔出版社档案中也有《总汇报》1839—1843年稿酬登记簿。在第419页，"不来梅恩格斯先生"名下看到对所写通讯有如下说明：年、月、报纸期号、付印通讯的篇幅及稿酬。1841年2月17日算出1840年在该报发表的4篇文章的稿酬，1842年9月10日算出1841年写的一篇通讯

---

① 《马克思恩格斯全集》原文版第1部分第3卷第192—198页。
② 《马克思恩格斯全集》原文版第1部分第3卷第208页。
③ 《马克思恩格斯全集》原文版第1部分第3卷第147页。
④ 《马克思恩格斯全集》原文版第1部分第3卷第209页。
⑤ 奥格斯堡《总汇报》编辑部样本，马尔巴赫（内卡河畔）席勒国家博物馆，科塔文献（《斯图加特报》捐赠）。

的稿酬。在《学者通讯稿登记薄。II》里，在1841年2月20日和1842年9月12日的日期下登记有寄给恩格斯的汇票数额。稿酬数总额高于《总汇报》预计的稿费，这笔款项可能也包括了为《知识界晨报》所写文章的钱。

在该报通讯部分发表的4篇文章的标题是根据《总汇报》的内容概况从编辑上加以修改和补充的。

该报所载那几篇文章的日期可能是恩格斯当时注明的。所注日期也许与文章寄出的日期相应。然而不能排除编辑部使通讯的日期稍微接近发表日期。

本卷出版的正文使用了柏林国家图书馆所藏奥格斯堡《总汇报》的原件，书目号Ztg1948^8。〔待续〕

（原载《马克思恩格斯全集》原文版第1部分第3卷第665—680页）

（胡慧琴 译）

关于马克思和恩格斯的政论活动

（1839—1844 年）*

为《莱茵报》撰稿情况

恩格斯 1842 年的政论活动在为《莱茵政治、商业和工业日报》撰稿时达到了新的阶段。他的撰稿可分两个阶段。1842 年春天和夏天他从柏林写稿。同年年底，即 1842 年 11 月和 12 月，他从曼彻斯特写稿。马克思为该报发展成为日益坚定的革命民主主义报纸作出了决定性贡献，关于该报的产生和所起作用的历史，在《马克思恩格斯全集》（原文版）第 1 部分第 1 卷已有说明。①

1842 年 1 月 1 日起，该报作为莱茵省自由资产阶级的政治反对派的报纸在科隆出版。自由资产阶级在经济和社会地位壮大后，寻找一个代言人，以达到它们能共同参与决定国家和政治大事的要求。除知识分子成员外，工业资本和商业资本的许多代表转向并断然参加反封建的反对派阵营。这赋予反对派以鲜明的实践政治的特征，《莱茵报》考虑了这个特征。报纸直接得到卢道夫·康普豪森和奥托·康普豪森、古斯达

---

* 本文选自《马克思恩格斯研究》1992 年总第 9 辑。
① 《马克思恩格斯全集》原文版第 1 部分第 1 卷第 967—983 页。

夫·梅维森、亨利希·梅尔肯斯等人的支持，这些人在以后几年内成为德国资产阶级的主要代表。

这时一部分已有很大意见分歧的青年黑格尔派力图有一家日报成为对现实政治问题进行哲学批判的论坛，特别是长期以来在日报上对青年黑格尔主义的批判。参与该报的筹备和创建并起了决定性作用的格奥尔格·荣克和莫泽斯·赫斯支持这个企图。

为《莱茵报》撰稿的人有莱茵省自由资产阶级的著名代表如梅维森、康普豪森兄弟以及同他们观点相近的自由知识分子亨利希·克拉森。还有参加30年代初的人民起义而被判处多年监禁的自由派，如卡尔·亨利希·勃律盖曼和格奥尔格·弗里德里希·柯尼希也投寄文章。著名诗人、文学家和三月革命前时期的出版者，他们中有格奥尔格·海尔维格、奥古斯特·亨利希·霍夫曼·冯·法勒斯累本、罗伯特·普鲁茨、沃尔弗冈·冯·弥勒·科尼希斯温特尔、弗兰茨·丁盖尔施泰特、阿道夫·施塔尔和卡尔牛施塔尔、尤里乌斯·弗吕贝尔和海尔曼·皮特曼曾在《莱茵报》上发表文章。塞巴斯提安·载勒尔、奥古斯特·贝克尔和其他在瑞士和法国的正义者同盟的盟员也是该报的撰稿人。

1842年2月初，阿道夫·鲁滕堡经马克思推荐加入编辑部后，青年黑格尔派给报纸的撰稿增加。青年黑格尔派的阿尔诺德·卢格、格奥尔格·荣克、莫里茨·弗莱舍、布鲁诺·鲍威尔和鲁滕堡等人成了报纸的固定撰稿人。埃德加尔·鲍威尔、麦克斯·施蒂纳、路德维希·布尔、卡尔·瑙威尔克、卡尔·科本、爱德华·梅因和爱德华·弗洛特韦尔则从柏林写来稿件。从1842年4月起恩格斯也是这个在观点上绝不是始终一致的撰稿人小组的撰稿人之一。1842年5月以来该报发表了马克思的一些文章，这些文章由于所探讨的对象的现实性、由于对现存关系的彻底批判和从政治和理论上论证民主的目的而对报纸的进一步发展具有决定性意义。

寄自柏林的文章

恩格斯可能是以《北德意志自由主义和南德意志自由主义》① 一文开始给《莱茵报》撰稿的，该文发表于1842年4月12日。从柏林寄给《莱茵报》的最后一篇文章可能是6月底写成的《〈刑法报〉停刊》一文。② 恩格斯没有直接谈过他在柏林期间开始和停止给《莱茵报》撰稿的情况。1895年4月18日恩格斯答复了理查·费舍的相应问题："我自己的文章——其中最好的已被检查机关毁掉——以至我自己用过的代号，我已经都记不起来了；比较长的文章，即比普通的时事通讯长一些的文章，大部分登在附刊或小品文栏。"③

恩格斯开始撰稿的时间，也许能用他那篇反对谢林的启示哲学一文来说明，文章于1842年4月初才完稿。恩格斯在柏林期间终止为《莱茵报》撰稿的原因是他决定，"一段时间里完全放弃写作活动，而更多地进行学习"。④ 这一表示是直接指他为《德国科学和艺术年鉴》撰稿而言的，但是显然对他的全部政论活动有意义。

1842年4月12日至7月14日期间恩格斯在报上发表的9篇文章，同柏林其他青年黑格尔派的通讯相比，总数不算多。例如在同一时期，

---

① 《马克思恩格斯全集》第1版第41卷第248—251页。
② 《马克思恩格斯全集》第1版第41卷第274—275页。
③ 《马克思恩格斯全集》第1版第39卷第451页。
④ 《马克思恩格斯全集》第1版第27卷第431页。

埃德加·鲍威尔写了38篇文章，麦克斯·施蒂纳至少发表了18篇文章。

恩格斯寄自柏林的文章是从青年黑格尔主义的立场写的，他在不来梅时就已了解青年黑格尔主义。从爱德华·弗洛特韦尔给约翰·雅科比的一封未注明日期的信中可以推知，从1841年深秋恩格斯个人就同弗洛特韦尔、爱德华·迈耶尔、路德维希·布尔和施蒂纳结识了。① 他为迈耶尔编辑的《雅典神殿、德意志知识界杂志》撰稿也可证实他同柏林青年黑格尔派的联系。恩格斯从柏林给《莱茵报》撰稿是柏林青年黑格尔派撰稿的组成部分，1842年柏林青年黑格尔派已经是一个有很大意见分歧的小组。

同青年黑格尔派在1842年春天和夏天的大多数文章中强调的一样，恩格斯也强调有必要从理论上论证政治要求并彻底批判弗里德里希·威廉四世的反动政策。恩格斯在一些文章中揭露了历史学派企图用各种方法为现状辩护的观点。他的文章重复出现了往往在柏林通讯中已经探讨过的题目——批判德国形形色色的自由主义。1842年春，恩格斯强调北德意志自由主义的优势，他是把北德意志自由主义对科学、理论，首先对青年黑格尔派解释的黑格尔哲学的态度认作这种优势的。与柏林其他青年黑格尔派，尤其是埃德加·鲍威尔在文章中所阐述的批判不同，恩格斯对不坚定的流派的批判没有并否定温和的自由主义的历史作用。《普鲁士出版法批判》② 一文证明恩格斯对东普鲁士的自由主义，特别是对雅科比的一致态度。此外，文章表明，恩格斯把他对普鲁士国家和普鲁士立法的批判同具体的政治要求结合起来。

---

① 《雅科比通信集》第150—151页。
② 《马克思恩格斯全集》第1版第41卷第323—331页。

然而，恩格斯没有认识到一些柏林青年黑格尔派有时所作的抽象批判产生的危险。当布鲁诺·鲍威尔被免去波恩大学编外讲师职务后，这些人开始作为"自由人"小组聚集起来。埃德加尔·鲍威尔1842年6月和8月期间在《莱茵报》上发表的《论中庸》一组文章清楚表明有种种危险，对反封建的反对派运动中各种流派的合作来说，这组文章隐藏着一种抽象的、否定一切的批判。马克思在1842年7月9日给卢格的信中认为鲁滕堡不能胜任报纸的编辑，① 这种无能表现在他对柏林青年黑格尔派的文章采取批判的态度。马克思利用埃德加尔·鲍威尔的文章来表达他给达哥贝尔特·奥本海姆所写的一封信（约写于1842年8月中旬至9月下旬）中关于报纸的性质的想法。按照他的意见，报纸不应对国家问题进行一般的理论讨论，而"只有当问题成了现实国家的问题，成了实际问题的时候"② 报纸才应该讨论这类问题。他在同一封信里说明了他对报纸编辑部的任务的看法，这段时期他在报上发表了一系列把理论问题同对社会政治状况的具体分析相结合的文章。《莱茵报》的其他撰稿人对马克思论述柏林青年黑格尔派文章的意见也有相同的看法。

1842年6月和7月恩格斯同埃德加尔·鲍威尔合写了讽刺叙事诗《横遭灾祸但又奇迹般地得救的圣经，或信仰的胜利》③ 根据他们两人勾勒的青年黑格尔学派的形象，与埃德加尔·鲍威尔相比，恩格斯体现了柏林青年黑格尔派最激进的一翼。《莱茵报》上发表的恩格斯的文章不足以证明这种描述；不过恩格斯后来证明，书报检查机关不准许发表他的一系列文章。

---

① 《马克思恩格斯全集》第1版第27卷第431页。
② 《马克思恩格斯全集》第1版第27卷第434页。
③ 《马克思恩格斯全集》第1版第42卷第332—387页。

版本说明

收入本卷的肯定出自恩格斯手笔的9篇文章，是以下述理由说明其作者身份的。《普鲁士出版法批判》一文是通过恩格斯的原稿保存下来的。给编辑部用作稿样的第1页原稿上既有通讯标志——恩格斯在该报的文章就是在这种通讯标志下发表的，又加上"恩格斯"的名字。① 其他3篇文章署有他的笔名起首的大写字母 F.O.："《一个旁听生的日记。I》,②《时文评注》③ 和《一个旁听生的日记。II》④。此外，《资料卷》中对单篇文章予以说明的内容背景也可证明恩格斯是这些文章的作者。其他4篇文章《莱茵省的节日。I》⑤、《同莱奥论战》⑥、《〈施本纳报〉的自由思想》⑦ 和《〈刑法报〉停刊》⑧，则通过间接的证据说明他们的作者是恩格斯。所有这些文章都有标注着柏林地名的通讯标志 ＊×＊（一个乘号介于两个有垂直轴线的星花之间）发表。这个标志是编辑部在《普鲁士出版法批判》一文的原稿上加的。《北德意志自由主义和南德意志自由主义》⑨ 一文发表时用的标志同《普鲁士出版法批判》一文

---

① 参看《马克思恩格斯全集》原文版第1部分第3卷第377页的插图。
② 《马克思恩格斯全集》第1版第41卷第298—301页。
③ 《马克思恩格斯全集》第1版第41卷第308—312页。
④ 《马克思恩格斯全集》第1版第41卷第301—304页。
⑤ 《马克思恩格斯全集》第1版第41卷第305—307页。
⑥ 《马克思恩格斯全集》第1版第41卷第313—316页。
⑦ 《马克思恩格斯全集》第1版第41卷第319—520页。
⑧ 《马克思恩格斯全集》第1版第41卷第321—322页。
⑨ 《马克思恩格斯全集》第1版第41卷第294—297页。

使用的标志极为相似。但是两个星花的轴线不是垂直的,而是水平的,而且星花之间的距离不同。在《资料卷》对单篇文章写的"题注"里予以说明的内容背景已经查实,而只有在内容背景的基础上才能认为恩格斯的作者身份已得到证实。

该报还有其他文章也用标有地名柏林或未标地名的上述两种通讯标志发表。无法同样肯定地证明这些文章的作者是恩格斯。正如《莱茵报》上发表的马克思的文章的情况一样,通讯标志不是肯定作者身份的可靠证据,但不妨视为一种帮助辨认的记号。① 可以证实的是,对一位作者来说往往在报上使用各种不同的通讯标志。变换通讯标志有时是有意的(例如,由于书报检查机关的缘故),有时是无意的。这种情况并不少见。

在科隆市历史档案馆查阅《莱茵报》的档案材料时查明下面一些情况:1. 在作者的手稿中有卡尔·科本的《莱奥的革命史》一文。编辑部给该文加上了&标志。② 这篇文章刊登在《莱茵报》上,③ 通讯标志是‡‡。2. 麦克斯·施蒂纳的《艺术和宗教》一文手稿在科隆市历史档案馆,书号1085,第40号。除了署名外(署名没有被删去),编辑部在第2页上标有通讯标志 Ω。这篇文章在该报用施蒂纳的名字④发表⑤。

1843年1月18日,塞巴斯提安·载勒尔就编辑部晚些时候使用的

---

① 参看《马克思恩格斯全集》原文版第1部分第1卷第980页。
② 科隆市历史档案馆。
③ 1842年5月19日《莱茵报》第139期,5月21日第141期,5月22日第142期。
④ 施蒂纳大多用"np"署名。
⑤ 1842年6月14日《莱茵报》第165期副刊。

通讯标志一事写信给威廉·魏特林说:"明天我要再次写信给《莱茵报》。我不得不忌讳这家报纸,因为它时而给我的被审改的文章加上一个的∽,时而加上两个××,时而加上⚔,时而又加上三个***,而贝克尔的标志是⚠⚠,只有一次改为♯。"① 查阅报纸的结果是,首先,报纸不标明地名的标志或标有各种地名的标志均在同一时间里用于各种通讯。这不仅适合为埃德加·鲍威尔的文章使用的通讯标志(△*许和○),而且也适合为路德维希·布尔的文章使用的标志(○○)。

对作者身份的研究得出如下结果:《参加巴登议会的辩论》② 一文是作为存疑篇收进本卷附录的。但不排除这里改变了通讯标志。《资料卷》里的"题注",③ 说明了理由。这一篇文章第一次用恩格斯的名字发表在《马克思恩格斯全集》(俄文第 2 版)第 41 卷第 270—271 页上。④

1842 年 7 月 26 日以后在该报用两种通讯标志中的一种标志发表的那 3 篇文章也收入附录中,因为不能肯定地证实恩格斯的作者身份,这 3 篇文章是《柏林杂谈》⑤、《弗·威·安德烈埃和〈德国的高等贵族〉》⑥ 和《集权和自由》⑦。在上面提到的《资料卷》的"题注"里提

---

① 《共产主义者同盟文件和资料》中国人民大学出版社 1989 年版第 1 卷第 1008 页。

② 《马克思恩格斯全集》第 1 版第 41 卷第 317—318 页。

③ 《马克思恩格斯全集》原文版第 1 部分第 3 卷第 1251—1252 页。

④ 《马克思恩格斯全集》第 1 版第 41 卷第 317—318 页。

⑤ 《马克思恩格斯全集》第 1 版第 41 卷第 390—391 页。

⑥ 《马克思恩格斯全集》第 1 版第 41 卷第 88—389 页。

⑦ 《马克思恩格斯全集》第 1 版第 41 卷第 392—397 页。

供了作出这一决定的根据①。当《集权和自由》一文第一次用恩格斯的名字发表在《马克思恩格斯全集》（俄文第2版）第41卷第321—326页时，其他两篇文章自《马克思恩格斯全集》（原文版）第1部分第2卷发表以来，已收入所有恩格斯著作的版本。

不能肯定地排除恩格斯曾用其他通讯标志，可能在1842年4月12日以前，在报上发表过文章。到1842年3月和4月为止，那些从青年黑格尔主义的立场出发，写自柏林的文章的作者还不为人知，并且只在1842年1月和2月用于柏林通讯的那8个不同的通讯标志还未译解出来。而使用从1842年3月起出现的通讯标志写柏林通讯的作者，大部分已知道。可能由于书报检查的缘故必须普遍改变柏林通讯的标志，因此书报检查委员会在这一时期首先企图镇压报纸。

那些明显寄自柏林的文章数目，从1842年1月的12篇增加到1842年5月的40多篇。1842年6月和7月发表了30多篇。此后，文章的数目显著下降。1842年10月只发表了24篇大半是短篇的通讯报道。1842年1月和9月期间，该报发表的只在极少情况下才署名的来自柏林的文章超过230篇，所有文章几乎用了33个不同的通讯标志。至今为止，这些通讯标志仅有三分之一没有译解出来。

出版的正文使用了柏林德国国家图书馆的原件，书目号Ztg1647，科隆大学和市图书馆的原件（书目号Ztg.6）——马克思在1851年为发表自己的文章而用以作为稿样加以编审——可作比较。在恩格斯寄自柏林和曼彻斯特的文章里没有亲笔按语。②

---

① 《马克思恩格斯全集》原文版第1部分第3卷第1255、1258—1261页。
② 《马克思恩格斯全集》原文版第1部分第1卷第977页。

寄自曼彻斯特的文章

1842年12月，《莱茵报》上发表了恩格斯寄自曼彻斯特的5篇文章。这是他第一次以国外记者的身份出现。这些寄自英国的通讯是在马克思充任该报编辑时发表的；他于1842年10月15日加入编辑部。恩格斯可能在1842年10月7日，即马克思到达科隆前。第一次访问该报编辑部。莫泽斯·赫斯在几个月后写道："去年，即我准备前往巴黎时，他从柏林途径科隆；我们谈论了时事问题，他，首属一指的革命者同我这个最热情的共产主义者分开了"。① 1842年11月16日恩格斯再次逗留科隆。他在动身去英国前直接访问了编辑部。这次他同马克思会面了。1895年4月底恩格斯在给弗兰茨·梅林的信中谈到第一次会晤："11月底我赴英国途中又一次顺路到编辑部去时，遇见了马克思，这就是我们十分冷淡的初次会面。马克思当时正在反对鲍威尔兄弟，即反对把《莱茵报》搞成主要是神学宣传和无神论等等的工具，而不作为一个进行政治性争论和活动的工具；他还反对埃德加尔·鲍威尔的清谈共产主义，这种共产主义仅仅以"极端行动"的愿望作为基础，并且随后不久就被埃德加尔的其他听起来颇为激烈的言辞所代替。因为当时我同鲍威尔兄弟有书信来往，所以被视为他们的盟友，并且由于他们的缘故，当时对马克思抱怀疑态度。"②

尽管这是一次冷谈的会见，可以假定，恩格斯接受了从英国为《莱

---

① 莫泽斯·赫斯1843年6月19日给倍尔托特·奥艾尔巴赫的信，载于《赫斯通信集》第103页。

② 《马克思恩格斯全集》第1版第39卷第452—453页。

茵报》撰稿的具体任务。可能在同赫斯和马克思的会面时探讨了对英国状况的看法和评价。

在马克思的政治领导下，该报成为日益坚定的革命民主主义报纸，在马克思的一些文章里这条路线表现得最明显，现在几乎不排除这些文章是作为社论发表的，但是，整个报纸也是根据这些原则来办的。该报因此提高了政治影响，报纸的订户数目增加也表明了这一点；该报从1842年8月的885份增加到1842年11月的1820份，到1843年1月上升到3300份。

恩格斯寄自曼彻斯特的文章都发表于"大不列颠和爱尔兰"栏目，该报从一开始就每天刊登这些文章。文中主要复述来自英国报纸的消息和看法，它们在第一星期是直接作为"新闻一览"编排的。这些概况大多是伯恩哈德·腊韦汇编的。附有评论和一般评价的通讯就比较少。从1842年秋天起，《莱茵报》显然是在马克思的影响下增加了来自法国和英国的报道。1842年12月，赫斯作为固定通讯员前往巴黎。紧接着发表了对英国的政治运动和争论有所评论和评价的文章。这些文章主要是关于反谷物法同盟的活动、关于宪章派的活动、论托利党和辉格党的政策以及执政党内的分化过程，关于召开新议会会议，关于英国的出版自由和言论自由关于英国圣公会教会和天主教教会、同弗里德里希·李斯特论英国的文章的论战以及同英国对从乔治·威廉·弗里德里希·黑格尔直到布鲁诺·鲍威尔的德国哲学的观点的论战。

以两种标注有不同地名（"*×*"伦敦和"*+*"郎卡郡）的通讯标志发表的恩格斯寄自英国的通讯有助于在马克思担任编辑工作期间贯彻该报日益坚定显示出来的革命民主主义路线。恩格斯的通讯活动的独立作用首先反映在他的做法上，如他试图从科学的历史考察的立场出发来评价具体的政治事件和社会关系，客观地评价宪章运动。

1842年12月，恩格斯停止为《莱茵报》撰稿，书信和其他文献都没有对停止撰稿的原因提供回答。需要透彻细致地研究英国关系、英国社会主义和宪章运动，可能这是中断撰稿的原因，也许他还写了其他文章，然而由于日益严厉的书报检查而未能发表。至于假设马克思的观点和恩格斯在自己通讯中所表述的观点之间有分歧，这是没有根据的。

这段时期，编辑部的工作越来越多地忍受"最可怕的书报检查的折磨，忙于同部里通信，对付总督的指控、省议会的责难、股东的埋怨等等"①。最后，政府镇压了这家坚定地反对普鲁士的政治关系、反对普鲁士国家及其机构，以彻底的民主主义观点来维护人民利益的报纸。②

版本说明

这些文章第一次用恩格斯的名字发表在《恩格斯早期著作》第243—254页上。为确定恩格斯的作者身份，调查了在"大不列颠和爱尔兰"栏目中发表的所有通讯。1842年10月15日和1843年3月31日期间，该报在这个栏目中总共用9种不同的通讯标志发表了31篇文章。两篇文章显然写于德国。11月份发表的其他两篇文章可能出自一个通讯员手笔，他用这两篇文章终止了他在1842年3月开始的撰稿。用"＊＊伦敦"的标志发表的文章有8篇，7篇是在1842年11月21日至12月14日期间发表的，1篇短文是在1843年2月13日发表的。完全赞赏拉夫·莱阿克埃的反谷物法同盟、对宪章派的批判以及过高评价英

---

① 《马克思恩格斯全集》第1版第27卷第437页。
② 《马克思恩格斯全集》原文版第1部分第1卷第973—976页。

国的新闻出版自由和言论自由——包含着批判德国的新闻出版状况，这就排除了作者是恩格斯。从1842年12月23日至1843年3月1日，《莱茵报》用"♂♂伦敦"的标志发表了10篇文章，用"♂伦敦"的标志发表了1篇文章。文章的议题是谷物税、反谷物法同盟的活动、托利党和辉格党两党范围内的分歧、英国的言论自由和新闻出版自由以及1843年2月2日议会会议的召开。有一篇通讯是谈英国一家周报《观察家》对黑格尔、谢林以及路德维希·费尔巴哈和布鲁诺·鲍威尔的德国哲学的批判。对同盟和英国新闻出版自由的态度以及报道方式使人不难想到，可能是上述用"＊＊伦敦"标志发表的通讯的继续。这个报道的内容同样也排除了作者是恩格斯。从1843年1月30日至3月3日用"♂♂伦敦"的标志发表了3篇文章，这些文章都是关于反谷物法同盟以及英国、苏格兰和爱尔兰圣公会教会和天主教教会内部的争论的。报道的内容及其特征（主要是消息）排除了作者是恩格斯。

为校对正文使用了柏林德国国家图书馆、科隆大学和市图书馆、波恩大学图书馆、耶拿的弗里德里希·席勒大学的大学图书馆和莫斯科马列主义研究院图书馆的《莱茵报》原件。关于恩格斯的通讯的正文，在前三个图书馆的原件中没有区别，但与后两个图书馆的原件相比有一些差别。而这表明这些原件有一点不一致的地方。从编辑部的报告得知，还在复印时就对正文进行了校对。可以概括地说，耶拿和莫斯科的原件是原始印刷品，柏林、科隆和波恩的原件是该报修改的文本。有几处更正：印刷错误和印刷不清的地方、姓名书写方法的变化和来自英语的德语化概念、日期和通讯标志的变更及内容梗概不一致。在版本介绍中详细证实了这些不一致的地方。出版的正文是以该报编辑部校正的原件，更确切地说是以柏林的德国国家图书馆的原件为基础的。耶拿和莫斯科的原件文本在个别地方表明，这里显然可能涉及恩格斯稿样的文本。对此应详加注意。

恩格斯的文章是用""×* 伦敦"和"*+* 郎卡郡"的标志发表的。《莱茵报》第343期的保存下来的各种文本在第2篇文章的起首有不同的标志。显然这些不同的标志是校正的,可能按顺序是:"*×*"为"×"、"×"。

很可能可以这样假定,通讯标志是该报编辑部加的,而地名是恩格斯注明的。可以肯定地推断,这个标志是说明"郎卡郡"的。显然头两篇通讯是恩格斯在曼彻斯特时写的而不是在伦敦。(他在1842年11月19日到达伦敦)估计只作短暂逗留时写的。首先,第2篇通讯的最后一段证实了这个假定。为《瑞士共和主义者》写的《伦敦来信》也是在曼彻斯特写的。由此可见,伦敦的地名可能是恩格斯注明的,也可能是编辑部的校正。

写在通讯前面的日期可能是编辑部写的。两篇手稿证明,恩格斯在两篇手稿上只写明地点和月份。但是没有充分的根据可以完全排除具体的日期是恩格斯注明的。同一期报纸上总共5篇通讯,不过其中有3篇通讯每篇都有不同的发表日期。从中可以推断,第二个日期肯定是编辑部写的,编辑部想使报道的日期更接近于发表的日期。只有第一个日期有可能是恩格斯本人写的。因此,出版的正文里也就采用了第一个日期,第二个日期则收入《资料卷》供参阅。

在说明写作时间时,撰稿的最后日期总是以从曼彻斯特到伦敦的邮期为根据,这段时间约5天左右。

恩格斯可能只写了两篇通讯,一篇写于1842年11月29—30日,第2篇写于1842年12月15、20日。写下的东西即第1、2、3、4篇和第5篇文章在时间上的直接接近也证明了这一点,这是从提出写作时间的根据中得出的。编辑部可能把通讯报道分为2或3篇通讯。就

第 2 篇通讯报道来说，也有可能是恩格斯按其他顺序写的。在这种情况下，本卷中文章的排列均以该报发表文章的时间为准。

为《瑞士共和主义者》撰稿情况

恩格斯以 1843 年 5 月 16 日至 6 月 27 日在《瑞士共和主义者》上发表的 4 篇文章继续他在英国时的政论活动。

《瑞士共和主义者》一度（1842 年 12 月 2 日至 1843 年 6 月 27 日期间）由尤利乌斯·弗吕贝尔任编辑，1843 年上半年在苏黎世和温特图尔由文献书刊社每周出版两期（周二和周五）。弗吕贝尔是这个书刊社的共有者和该社图书的经理人，1842 年 12 月，恩格斯和埃德加尔·鲍威尔写的讽刺诗《横遭灾祸但又奇迹般地得救的圣经》①和 1843 年 6 月刊登恩格斯的文章《普鲁士国王弗里德里希－威廉四世》②的集子《来自瑞士的二十一印张》都是在这个书刊社出版的。

接管该报（在此以前，它是苏黎世自由党的机关报）编辑部后，弗吕贝尔被视为年轻化的激进党的创建人、编辑部改组后，该报最初几期已经清楚地表明编辑关心的是使报纸具有民主主义的方向。正如《我们的政治形势和自由党在议会中的最近任务》这篇社论中所说的，这首先明确地针对苏黎世的问题。③弗吕贝尔介绍说，这篇文章"同时是共和主义者的新编辑部的纲领"。这家报纸不仅反对反动派，而且也反对

---

① 《马克思恩格斯全集》第 1 版第 41 卷第 332—387 页。
② 《马克思恩格斯全集》第 1 版第 1 卷第 535—543 页。
③ 1842 年 12 月 2 日《瑞士共和主义者》第 96 期。

苏黎世自由党的温和政策，反对"中庸及其摇摆制度"。① 在另一篇文章《自由党和宗教》② 中，弗吕贝尔明确表示拥护使人民普遍参与社会生活的民主制。他特别强调教育和效应相结合，即结合报纸的实际，反对报纸只限于"历史和理论的观点"。③

该报一开始就有"外国消息"栏目，从 1843 年 1 月 27 日第 8 期起为"国外"栏目。起先这个栏目的内容并不是特别丰富的。从 1843 年 3 月 10 日第 20 期起，对这一栏目的重视程度起了变化，这是由于下述原则性的说明："可见完全有必要在我们这里传播关于国外政治发展状况的正确观点，可是报纸对外部事件提供一般的消息是无助于这一点的。因此，共和主义者的任务是在自己关于外国的报道中尽可能多地密切注视……国外政治思想的发展过程……"首先，有一封信指称有关国外的一些文章是非瑞士的文章，《瑞士共和主义者》在复信中明确说明："我们认为当前没有……**地方党派**。党派是**世界党派**，斗争是**世界斗争**，如果此地此时的事件无法鼓舞我们，那么请允许我们在一定的时间和空间里拥有远见，并且利用它。"④ 来自国外的报道和通讯的数量迅速上升。

1843 年 5 月中旬，根据该报办国外报道的方针，这一栏目又有了变化。在 1843 年 5 月 16 日第 39 期的第 1 页上，编辑部预告说，他们将经常刊出来自英国、法国和德国的杰出的政治作家撰写的报道。这些

---

① 1842 年 12 月 2 日《瑞士共和主义者》第 96 期。
② 1842 年 12 月 6 日《瑞士共和主义者》第 97 期。
③ 尤利乌斯·弗吕贝尔：《论我们的党派之争》，载于 1842 年 12 月 13 日《瑞士共和主义者》第 99 期。
④ 《目前的编辑部……》，载于 1843 年 2 月 21 日《瑞士共和主义者》第 15 期。

报道应首先"提供关于上述这些国家中民主主义政党的命运的消息……"上述这些国家中民主主义、社会主义和共产主义的观点和运动受到了重视。

与这一已经改变了的关于国外报道的方针相适应,不同国家中民主主义运动有待处理的问题都是按照问题而且是不再仅仅以时事通讯的形式来探讨的。伴随这种改变的是报纸对共产主义采取了新的立场,这种立场在关于瑞士共产主义,特别是关于威廉·魏特林的工人共产主义的讨论中表现出来。

弗吕贝尔至迟从1843年初起同瑞士的魏特林的追随者取得联系。1843年3月他写信给奥古斯特·贝克尔说:"替我向魏特林致意并告诉他,我还不知道我会在多大程度上同意共产主义流派的各种思想,但是目前我还关心着这件事。我把人分为利己主义者和共产主义者,如果这样理解的话,我就属于后者。未来将表明这是**多么**清楚,将明白我**所**同意的这件事。"① 同时他请贝克尔留意"洛桑、纽沙特尔、如果可能的话瓦里斯等地的**优秀**通讯"。② 1843年3月和4月,他研究了1842年12月在瑞士出版的魏特林的《和谐与自由的保证》一书。后来弗吕贝尔当然否认自己同瑞士共产主义者的联系并以低调评价共产主义者。③ 1843年5月中旬起《瑞士共和主义者》在一些短篇通讯里报道了关于

---

① 尤利乌斯·弗吕贝尔1843年3月5日给奥古斯特·贝克尔的信,载于约翰·卡斯帕尔·布伦奇里:《瑞士的共和主义者,根据在魏特林那里发现的文件》1843年苏黎世版第63—64页。

② 尤利乌斯·弗吕贝尔1843年3月5日给奥古斯特·贝克尔的信,载于约翰·卡斯帕尔·布伦奇里:《瑞士的共和主义者,根据在魏特林那里发现的文件》1843年苏黎世版第63—64页。

③ 尤利乌斯·弗吕贝尔:《经历》1890年斯图加特版第1卷第142页。

所有制问题、贫困和教育的探讨。从6月2日起该报发表了一篇内容丰富的论述共产主义的文章。文章作者利用在受约翰·卡斯帕尔·布伦奇里影响的《瑞士东部的观察家》中评论共产主义的机会阐述共产主义观点。作者强调："……现在共产主义成了全世界的问题，对这个问题没有一个政治家可以长期置之不理，也不能由少数人用纯粹的权力加以压制。"① 这篇文章的第2和第3部分以＊＊＊通讯标记和《共产主义》为标题发表于1843年6月6日《瑞士共和主义者》第45期和1843年6月13日该刊第47期。作者在文章里深入讨论了温和的自由派对共产主义的否定。他在共产主义和激进主义之间、共产主义和德国哲学之间确立一种联系并宣称，即将面临的是把民主主义贯彻到底的"世界历史性的变革"。② 1843年6月9日夜，魏特林被捕。③ 人们要求编辑部对共产主义直接表态。

弗吕贝尔在一篇注明日期为"苏黎世，1843年6月11日"的《声明》里说，他从"为期六个星期的德国旅行"④ 归来。正如他在卡尔·奥古斯特·福伦的协助下撰写的《共和主义者纲领》这个出版物证明的那样，他试图为这家报纸辩护，抵制人家说它是共产主义报纸的指控。纲领强调指出该报坚定的民主主义方向，并且表明，公开讨论当代共产主义是很必要的，这并不是把自己同共产主义等同起来。纲领用十一条确定了社会进步的重要问题的立场；该报赞成完善的民主主义、宗教信仰自由、教会和国家分离，承认基督教有实际—伦理的一面，另外

---

① 《观察家的最后一期……》，载于《瑞士共和主义者》1843年6月2日第44期。
② 《共产主义。3》，载于1843年6月13日《瑞士共和主义者》第47期。
③ 参看《马克思恩格斯全集》原文版第1部分第3卷注释506.24—27。
④ 1843年6月13日《瑞士共和主义者》第47期。

该报反对废除财产、反对任何不自由的财产公有。《瑞士共和主义者》代表了"渗透于整个社会、在实际的国家机构中显现出来并且又被它们在生活中持续不断地保持下来的集体精神的统治。本着这种精神,一切财产都被视为一块由社会交给每个人的封地并被使用,而各人同时应该用这块封地为他人和自由造福并管理这块领地。"① 只有在这个意义上可以把该报理解为共产主义的。按照这个观点,无产阶级的贫困应该通过国家措施来克服。另外,一系列关系到国民学校发展的观点得到解释,又提出了一些有关经济发展的建议。然而由于对编辑部施加的压力越来越大,该报的纲领没有全部发表。弗吕贝尔遭到编辑部和自由党中昔日朋友们的攻击。他们这些人竭力使报纸重新掌握在自己手中并与弗吕贝尔商谈。② 弗吕贝尔曾以1843年6月27日《瑞士共和主义者》第51期刊载的《〈共和主义者〉告人民,首先是告苏黎世人民书》,使已经具有政治倾向的报纸的继续出版要取决于预订数从700份增加到1843年7月中旬的1000份。这一数目没有达到。为此他交出了该报编辑部。报纸不再在文献书刊社出版。1843年6月27日第51期是弗吕贝尔负责编辑的最后一期。正如弗吕贝尔自己证明的那样,放弃编辑部是鉴于有必要使"文献书刊社不要过多纠缠于当地的党派斗争"③。

恩格斯的四封《伦敦来信》正好是在这种争论日益尖锐时发表的。随着对瑞士共产主义者的打击以及弗吕贝尔被怀疑是共产主义的代表,这种争论达到了极点。

---

① 《共和主义者纲领》,载于1843年6月13日《瑞士共和主义者》第47期。
② 参看尤利乌斯·弗吕贝尔:《经历》1890年斯图加特版第1卷第141页。
③ 尤利乌斯·弗吕贝尔1843年7月13日给格奥尔格·海尔维格的信(原苏共中央马列主义研究院中央档案馆)。

可以假设，与恩格斯有书信来往的莫泽斯·赫斯曾介绍恩格斯给《瑞士共和主义者》撰稿。直接的证据却没有。《莱茵报》遭到查禁后，1841年已经同弗吕贝尔相识的赫斯打算迁居苏黎世，并直接给《瑞士共和主义者》撰稿："在德国没有一家报纸聘用赫斯，而他为之撰稿的《莱茵报》已经完了，因此，他要去投奔弗吕贝尔"。① 正如这封信所证实的，赫斯和巴黎正义者同盟的关系虽然间或有之，确实还是存在的。1843年春，赫斯也读了魏特林那本书，1842年菲菲斯版的《和谐与自由的保证》；他对该书作出了同盟盟员所能承受的评论，从而加强了他的影响。计划移居苏黎世一事显然是同弗吕贝尔商量好的。此事虽然未能成行，赫斯对该报的形成确有影响。关于国外报道的路线，在赫斯和弗吕贝尔之间——他们还有书信来往——可能是没有分歧的。这一点是通过分析1843年5月初至6月底在《瑞士共和主义者》上发表的赫斯的"＊＊来自**法国**"的书信，包括1843年5月出版的、极有可能是弗吕贝尔来自德累斯顿和柏林的书信②得以证实的。"＊＊来自**法国**"的书信探讨了法国在它对社会状况，如各党派对选举改革的态度、民主主义观点以及法国社会主义和共产主义学说等关系中的内部政治关系。赫斯的作者身份是通过把这篇报道同《莱茵报》载有的来自法国的通讯作一番比较而证实的。1843年5月16日后也发表了一组来自法国的文章

---

① 海尔曼·艾韦贝克1843年5月15日给威廉·魏特林的信，载于《共产主义者同盟文件和资料》第1卷第114页。

② ＊＊德累斯顿，5月8日。我在这里……载于1843年5月16日《瑞士共和主义者》第39期，＊德累斯顿，5月9日。如我在最后一封信里……载于1843年5月19日《瑞士共和主义者》。如我在最后一封信里……载于1843年5月19日《瑞士共和主义者》第40期。＊柏林，5月19日。瑞士已习惯……载于1843年5月30日《瑞士共和主义者》第43期。

《一位来自巴黎的瑞士人在书信中谈法国政党》。① 文章有许多部分复述了巴黎《独立评论》中昂塞尔姆·佩特丹的一篇内容丰富的文章的观点。这位"来自巴黎的瑞士人"写道：无论在法国还是瑞士，"震憾世界的思想是民主主义的原则"。② 作者用这样的信念结束了他的这组文章："从正在逐渐成熟的青年和迄今为止的激进党的优秀分子将会而且必定会形成一个新的、在瑞士还不曾有过的党，即民主主义党；未来将属于它。"③ 并不排除这组文章是弗吕贝尔写的。

恩格斯的用题为《伦敦来信》发表的这四篇文章有助于1843年5月16日后的《瑞士共和主义者》的路线的形成。第一篇文章发表于5月16日第39期，同时在信后直接附有编辑部关于从英国、法国和德国的定期"来信"的说明，恩格斯的最后一篇文章发表于6月27日第51期，即弗吕贝尔编辑出版的最后一期《瑞士共和主义者》。

从1843年7月21日起，《瑞士共和主义者》由新的、温和的自由主义的编辑部编辑出版，它隶属《瑞士共和主义者》股份公司董事会。报上不再有恩格斯的文章。但并不排除这一情况：恩格斯在得知情况有变化之前，已把其他几封《伦敦来信》寄给从前的编辑。他在《伦敦来信。二》一文中预告要写一篇有关宪章派反对谷物法同盟的原因的文章。④ 这篇文章没有发表。此外，马克思在1843年11月21日给弗吕贝尔的信中说："刚刚接到您的信，但这封信看来很怪。1. 您所说的附来的东西，**除恩格斯的文章外**，全都没有。而且恩格斯的文章也不全，因

---

① 1843年5月23日《瑞士共和主义者》第41期、5月26日第42期、5月30日第43期、6月2日第44期、6月6日第45期、6月9日第46期。

② 1843年5月23日《瑞士共和主义者》第41期。

③ 1843年6月9日《瑞士共和主义者》第46期。

④ 《马克思恩格斯全集》第1版第1卷第565页。

而也不能用。这篇文章开头写的是《伦敦来信·五》。"① 那封为《瑞士共和主义者》写的《伦敦来信》的续篇（信末写有"四"字样），可能就是马克思信中所说的"**恩格斯的文章**"。

版本情况

这些文章第一次用恩格斯的名字发表于《恩格斯早期著作》第254—266页。恩格斯的作者身份不是通过恩格斯或他人的直接说明加以证实的。而是从为《莱茵报》写的来自英国的通讯和《德法年鉴》和《前进报》上发表的文章在内容上的一致明确得出了作者的身份。上述一些文章里重复出现《伦敦来信》中那些引人注目的意见是对恩格斯的作者身份的补充证据。《英国状况。1. 评托马斯·卡莱尔的〈过去和现在〉（1843年伦敦版）》②一文重复了恩格斯为《瑞士共和主义者》写的第一篇文章中关于大卫·弗里德里希·施特劳斯《经过批判整理的耶稣传》一书英译本的命运的消息。③在《国民经济学批判大纲》④一文里有类似《伦敦来信。一》中的对马尔萨斯人口过剩论的简评。⑤另一个例子是关于下列事实："在辉格党政府时期，共产主义者获得相应的议会法令"⑥。恩格斯在《英国状况。英国宪法》⑦一文里

---

① 《马克思恩格斯全集》第1版第27卷第446页。
② 《马克思恩格斯全集》第1版第1卷第629页。
③ 《马克思恩格斯全集》第1版第1卷第561页。
④ 《马克思恩格斯全集》第1版第1卷第618页。
⑤ 《马克思恩格斯全集》第1版第1卷第561页。
⑥ 《马克思恩格斯全集》第1版第1卷第570页。
⑦ 《马克思恩格斯全集》第1版第1卷第561页。

又回到这个问题上来。首先，曼彻斯特和周围地区是这些报道的地区背景及作者在曼彻斯特生活过，这些事实说明恩格斯的作者身份。

《伦敦来信》的标题以及来信的编号可能是恩格斯写的。

本版正文使用了阿姆斯特丹国际社会史研究所的《瑞士共和主义者》原件书目号 D4°R。（待续）

（原载《马克思恩格斯全集》原文版第 1 部分第 3 卷第 680—694 页）

（胡慧琴 译）

关于马克思和恩格斯的政论活动

（1839—1844 年）*

为《新道德世界》撰稿情况

1843年10月，恩格斯开始为英国周报《新道德世界》撰稿。1843年11月至1844年2月期间，该报发表了4篇文章：《大陆上社会改革运动的进展》①、《〈泰晤士报〉论德国共产主义。致〈新道德世界〉编辑》②、《法国共产主义。致〈新道德世界〉编辑》③和《大陆上的运动》④。

1834年11月1日，该报第一次在伦敦用《新道德世界》这一名称出版，由罗伯特·欧文创办和主编。《新道德世界》的发展从一开始就同英国社会主义者组织的产生和形成紧密相联。该报第1期就发表了即将成立的联合会的宗旨和任务。1835年5月1日在伦敦召开的社会主义者大会上成立了各国各阶级联合会并通过协会纲领。

---

* 本文选自《马克思恩格斯研究》1992年总第10辑。
① 《马克思恩格斯全集》第1版第1卷第575—593页。
② 《马克思恩格斯全集》第1版第41卷第398—402页。
③ 《马克思恩格斯全集》第1版第41卷第403页。
④ 《马克思恩格斯全集》第1版第1卷第594—595页。

从1836年11月起，《新道德世界》用副名出版，并多次更换。1837年起，它的追随者人数日增，各国各阶级联合会把其活动的重点转到英国北部的工业区。该报到1841年10月为止在曼彻斯特、伯明翰和里子出版。在里子时由格奥尔格·亚历山大·弗莱明主编。从1841年10月起，在伦敦由罗伯特·欧文编辑出版。

欧文的观点对确定该报的方针起了决定性作用。该报发表了许多欧文本人写的文章和请愿书。除了他的主要著作《新道德世界书》（1836年出版1册，1842年出版2册，1844年出版4册）之外，这些文章包含了欧文这一时期最重要的观点。他的主要目的是开创一门以认识人类本性的最主要规律为基础，更确切地说，以认识人这种社会存在物，认识财富生产和分配的某些原则以及认识人的教育的最主要原则为基础的社会科学。欧文及其追随者从人首先是人所处的周围环境的产物这个原则出发，要求彻底改造社会现存的社会制度。他们认为工业革命的过程是资本向少数人手中集中的过程，是资本和劳动对立的形成和发展的过程，是生产者同他们的生产资料分离的过程，这个过程的结果是所生产的财富被不公平地分配了。欧文主义者代表这样一种信念：通过科学和生产的飞跃发展可以保障所有人的可靠的、合乎人的尊严的生存。然而，这需要推行一种新制度。这方面的实际例子是建立可以说明社会生产优越性的生产合作社。据说，它们同时是全面的社会变革的开始。应由大家增加、由大家保护并变为对大家有利的社会财产，被解释为义务和需要的所有人的普遍教育和普遍就业，是新社会制度的主要特征。欧文在许多文章、请愿书和给他的追随者，给工人阶级、给其他社会阶级和阶层及执政党和政府的信中，呼吁理解和准备对"新道德世界"制度的支持。

《新道德世界》报详细报道了自1836年以来每年召开的社会主义者

代表大会的筹备和进行情况，并发表了所有在大会上商讨和决定的纲领、请愿书和其他文献。"社会改革进展"这一栏是为某些学科保留的，它们在这里定期报道它们的活动。在1843年6月底，计有67个学科和科目。"公告"一栏有中央委员会给联合会会员的通告。组织的具体宗旨和任务以请愿书的形式加以解释。

1839年发生了一些也对该报产生影响的变化。1839年5月，在伯明翰代表大会上决定各国各阶级联合会同自1837年6月以来就已存在的全国友好团结协会合并，而且采用了理性信教者世界团结协会的名称。1839年7月起，该报用新的副名出版：《新道德世界或理性信教者世界团结协会报》。在副名里首次直接表明，该报是作为这个组织的机关报出版的。次年该报印数达2000份。

1842年5月，社会主义者年度代表大会是在工业危机尖锐化时召开的，危机的结果是大批人失业和工人阶级状况日益恶化。同时宪章派试图在议会中把人民宪章作为法律草案提出，但第二次遭到失败。① 社会主义者代表大会一致通过欧文制定的并在《新道德世界》上发表的纲领性文件。② 文件中说，随着工业危机及其后果的产生，推广新的社会制度的条件成熟了。根据决议，把取代资本主义生产和分配的制度称为合理的社会制度，组织的名称改为合理社会。从1842年7月起，该组织的机关报称为《新道德世界。合理社会的报纸》。

首先应该用实际例子来证明新的社会制度的正确性和实现这个制度

---

① 参看《马克思恩格斯全集》原文版第1部分第3卷注释437.16—19。
② 《合理社会宣言。致大力促进文明的各国政府和人民。千年王国元年。旧历1842年5月》，载于1842年6月4日《新道德世界》（伦敦版）。

的途径。为了这个目的,1839年在汉普郡成立的移民区①被命名为"协和"。1841年在曼彻斯特召开的代表大会决定改组移民区。据称:将通过本国移民协会的建立(《新道德世界》上一再发表该移民区的前景)来开辟移民区的新财源;通过修改宪法和选举欧文为移民区总管来保卫成果。报纸隔一定时间报道公社的优越性和成就。在合众国中有关欧文主义公社和傅立叶主义公社的广泛报道,也是出于同样目的。1842年的社会主义者代表大会在致工会书中建议工人们成立农业合作社。据说,他们可以得到本国移民协会的帮助。②当形势的发展迫切要求工人阶级公开反抗资产阶级时,社会主义者的建议和措施必定起阻碍作用,而工人阶级和工会则不得不抛开原来的任务。

"协和"在发展中的严重缺点导致1842年7月底召开合理社会特别大会。会上出现重大的意见分歧,其深刻原因在于在资本主义生产和交换关系内实行新社会制度这个从一开始就注定要失败的计划。大会批评欧文对"协和"的领导和他的《新道德世界》编辑部。欧文作为合理社会的主席引退,并中断了该报编辑部的工作。从1842年8月至1843年4月,合理社会的领导人是约翰·芬奇,但在此之后欧文又当选。从1842年8月起弗莱明重新成为该报编辑。

《新道德世界》的一些栏目里也反映了1842年8月的罢工运动③以及关于英国工厂无产阶级的这种大规模抗议的原因和经验的讨论。罢工被视为社会制度变革的条件已经成熟的进一步证据。社会主义者不同意

---

① 参看《马克思恩格斯全集》原文版第1部分第3卷注释502.35。

② 《1842年5月在汉普郡协和大厅召开的合理社会代表大会致大不列颠和爱尔兰工会书》,载于1842年6月11日《新道德世界》伦敦版第50期。

③ 参看《马克思恩格斯全集》原文版第1部分第3卷注释442.25—26。

工人阶级的罢工和类似的行动，并利用罢工被镇压这一事实来重新表明宪章派纲领如同1842年5月的社会主义者代表大会上业已表明的那样是无用的工具。

1843年2月4日《新道德世界》第32期用《合理制度的初级宪章》的标题发表了一个纲领。欧文提出一些措施，旨在首先建立一个为"合理的社会制度"作准备的过渡社会。应急纲领共20条，其中有社会各成员的生产就业、优良的实践教育、按收入高低纳税、贸易自由和货币制度改革。欧文向政府呼吁，建立农业合作社来帮助消灭工人阶级的贫困。同时，《新道德世界》以连载形式发表了他的几篇旧作。

1843年春，该报反映了社会主义者积极参加请愿运动，以表示赞成或反对政府实施工厂童工和童工教育新法案的意图。① 此外，社会主义者多次在报上对合并取消运动和由丹尼尔·奥康奈尔进行的抨击表明态度②。

《新道德世界》的中心议题是对宪章派的态度。宪章派一再反对把社会主义同宪章运动等同起来，并且强调这两个运动之间的原则区别。社会主义者批判人民宪章，论证普选法不会根本改变社会关系，这也属于表态之列。与此有关，在《新道德世界》上抱着善意的兴趣讨论了菲格斯·奥康瑙尔的土地计划③。社会主义者把宪章派视为应当承担工业革命和危机的重担的工业无产阶级的代表。当社会主义者向社会各阶级和阶层中见多识广的力量求助，想争取这种力量支持建立"新道德世界"时，宪章运动对他们来说是工人阶级的政党。但是，社会主义者强

---

① 《马克思恩格斯全集》原文版第1部分第3卷注释455.1—3。
② 《马克思恩格斯全集》原文版第1部分第3卷注释466.15—16。
③ 《马克思恩格斯全集》原文版第1部分第3卷注释458.33—34。

调这不是阶级的政党。最后，我们不赞同工人阶级的斗争手段，如罢工等等。

《新道德世界》常常对傅立叶主义表明态度。尽管它在此指出不同之处，但也强调欧文主义和傅立叶主义之间有许多相同之处。①

恩格斯显然是在迁居曼彻斯特后立即同英国的社会主义者取得联系的。他在1843年4月底至5月初的《伦敦来信》这组文章的第1篇文章里直接提到他们。② 他在《伦敦来信（三）》一文里详细研究了英国社会主义者的观点。③ 这篇文章是1843年上半年恩格斯同社会主义者联系的最重要的直接证据。从恩格斯的论述中可以得出结论，恩格斯不仅熟悉社会主义者的经济论文，而且也了解社会主义者的无神论宣传。那时，他已经读了欧文、约翰·瓦茨、查理·萨斯威尔和其他社会主义者的著作。他在曼彻斯特出席了社会主义者参加的大会。④ 1843年秋恩格斯评价说，社会主义者"有助于消除国家差别……总之，尽管社会主义者现在还很薄弱，但他们是英国唯一有前途的党"。⑤ 恩格斯决定为《新道德世界》撰稿的原因可能在于对英国社会主义的这一评价。

他可能是通过瓦茨同该报编辑部建立联系的，因此，他在《伦敦来信》中特别强调瓦茨的著作和作用。⑥ 不过，也不能排除《新道德世界》的作者之一瓦茨直接建议恩格斯给该报撰稿，他当然了解恩格斯在共同讨论中的意见和观点。虽然该报编辑弗莱明在他于1843年8月和9

---

① 《马克思恩格斯全集》原文版第1部分第3卷注释500.10—11。
② 《马克思恩格斯全集》第1版第1卷第560页。
③ 《马克思恩格斯全集》第1版第1卷第566—571页。
④ 《马克思恩格斯全集》原文版第1部分第3卷注释455和456。
⑤ 《马克思恩格斯全集》第1版第1卷第654页。
⑥ 《马克思恩格斯全集》第1版第1卷第566—567页。

月巡回讲演（该报详细报道了这些讲演）时也访问了曼彻斯特，但那时恩格斯在大陆。然而，不能排除瓦茨让编辑注意恩格斯。

恩格斯在《新道德世界》上的所有文章的题目都是论述法国和德国的社会主义和共产主义的理论和运动的。他以此来继续解决他力求用《瑞士共和主义者》上的一些文章解决下述任务：相互通告英国、法国和德国进步的社会主义和共产主义运动，使他们彼此了解。

恩格斯曾打算在《新道德世界》上发表另外一些文章：《威廉·魏特林的〈和谐与自由的保证〉一书摘要》①和《论德国哲学共产主义体系》②。但是，这些文章没有见报；也可能没有写。从1844年9月起，恩格斯才重新为《新道德世界》撰稿，但不是谈论这些题目。

1844年5月初有编辑部方面对恩格斯撰稿的评价，那时恩格斯开始为《北极星报》撰稿。1844年5月4日《新道德世界》第43期上一篇未署名的题为《运动》的文章说："那时，我们向读者推荐的一封信的译文在不同时期从国外杂志收集到的消息以及由我们的通讯员弗·恩格斯报道的消息，将向读者表明，一切有利于社会变革的伟大运动正在文明世界的一些主要国家里出现。法国、德国和美国使我们加入了争取比它们已经向人类阐明的更纯洁的制度和更高的社会行动准则的队伍。但愿我们不辱没我们崇高的使命，在进步的大军中保持光荣的地位，并用语言和行动来证明我们是与人类苦难的主要根源——无知和贫困作斗争的优秀战士。

---

① 《马克思恩格斯全集》第1版第1卷第587页。
② 《马克思恩格斯全集》第1版第1卷第592—593页。

1844年9月，当伦敦的英国社会主义者为魏特林召开国际大会时原则上追述了恩格斯关于这次大会作用的报道。①

版本说明

本版正文参照伦敦大学图书馆所藏《新道德世界》报原件胶卷（原柏林马克思列宁主义研究院图书馆，架号 Z—F5554）。

为《德法年鉴》撰稿情况

马克思和阿尔诺德·卢格于1844年2月在巴黎出版的《德法年鉴》是重大的政治成果。这家杂志对普鲁士残存的半封健状况进行了坚决彻底的批判，它标志着科学社会主义形成中的一个转折点。首先是马克思和恩格斯的文章起了这种历史作用。恩格斯为《德法年鉴》撰稿从理论和实践上准备了同马克思的合作。恩格斯的文章表明他到1844年初的认识水平和他单独为科学社会主义发展所作的贡献。同马克思一样，恩格斯彻底完成了向共产主义立场的转变，并开始对资产阶级政治经济学进行批判，以便科学地论证私有制的历史必然性和短暂性。由于他在年鉴第1期双刊号上已经开始并想继续对英国状况进行分析，他用他获得的关于那时最先进的工业国家的历史以及现代的经验和知识充实了这个德法结合的刊物。

年鉴首先是在马克思的倡议和迫切要求下创办的。第1期双刊号的

---

① 参看《马克思恩格斯全集》原文版第1部分第3卷第1130页。

政治和理论内容主要是由他的编辑活动决定的。①

卢格的《德国科学和艺术年鉴》杂志于1843年1月遭到查禁，他想同马克思一起继续在国外出版年鉴或作为20印张以上的季刊在国内继续出版。而马克思在《莱茵报》被查封后正寻找新的发表政论的机会，他从1843年3月初起就指望出版一种德法杂志，即德国哲学和法国社会学相结合的刊物。当然，路德维希·费尔巴哈大大推进了这项计划的实施。他在《关于哲学改革的临时纲要》中要求德法哲学结合起来。然而，马克思出版《德法年鉴》的计划是以他在过去几个月里亲自获得的知识为基础的。这些知识包括：对普鲁士政治状况的分析，担任《莱茵报》编辑时的政治经验，对法国历史的研究，而首先是正在开始的同空想社会主义和共产主义的争论。同法国社会主义和共产主义的科学结合是他分析对社会主义进行社会划分的结果，首先是他对"无财产的群众"的认识的结果。马克思力求同这样一些法国政论家联盟：他们一贯要求人民代表制和真正民主的政体形式，研究"无财产的阶级"的社会状况，分析无产阶级不幸和贫困的原因，并试图把他们的政治和社会理论同德法哲学结合起来。

1843年5月，马克思和卢格决定出版这种杂志并对杂志的纲领取得一致意见。苏黎世和温特图尔文献书刊社的经理和合伙人尤利乌斯·弗吕贝尔作为出版商被争取过来。1843年9月中旬在巴黎设立这家书刊社的分社，并着手筹备出版第1期。1843年10月11日或12日，马克思抵达巴黎并承担《德法年鉴》的编辑任务。

约在1844年1月中旬具备了能着手印刷第1期的一切前提。头两

---

① 政论著作。《德法年鉴的出版》，载于《马克思恩格斯全集》原文版第1部分第2卷第529—553页。

期合并为双刊号，于1844年2月29日在巴黎问世。几天之前曾有2500份杂志发往德国。

未能争取到法国政论家为第1期双刊号撰稿。显而易见，费尔巴哈哲学的无神论特征和法国作家之间在他们力求达到的目的上，在途径和手段上存在的极大分歧，是使合作暂时未能实现的主要原因。出版者继续努力。一当继续出版杂志落空，完全还有可能建立的德法科学结合也就无用武之地了。

德国各日报对《德法年鉴》的预告和出版立即作出反应：为数不多的是努力进行认真的评论，而与之形成对照的则是反动的但也是温和的自由派报纸的大量诽谤。《莱茵报》和《德国科学和艺术年鉴》前撰稿人对第1期双刊号的内容的态度，反映了德国青年黑格尔派运动和自由派运动内部的分歧过程。他们当中的许多人欢迎年鉴的出版，而且特别靠评价马克思和恩格斯的文章来支撑局面。① 其他人则持保留态度，这首先是由于年鉴信仰共产主义。布鲁诺·鲍威尔及其追随者抨击《德法年鉴》，因为它的观点代表一种政治批判，据说这种批判属于历史上过时的阶段，而且应该由所谓的纯粹批判来替代。几个月后，马克思和恩格斯在《神圣家族》一文里同他们进行了论战。

《德法年鉴》未能继续出版。这显然是因为：出版商弗吕贝尔在1844年2月的最后几天里告知，他因经济原因不能再继续印刷杂志，第1期双刊号的政治内容促使他的主要资助人卡尔·奥古斯特·福伦强迫他作出这一决定。福伦是否继续资助——弗吕贝尔没有这笔资金就不得不放弃出版社——就看弗吕贝尔是否立即关闭巴黎书店。寻找另一个

---

① 《马克思恩格斯全集》原文版第1部分第3卷第1113、1154页和第1部分第2卷第651页。

出版商的一切努力都告失败。1844年5月,《德法年鉴》的撰稿人开始对《前进报》编辑部产生影响。①

恩格斯准备为《德法年鉴》撰稿,是以他到1843年夏天为止获得的政治见解和理论知识为基础的。撰稿可能由弗吕贝尔或格奥尔格·海尔维格建议;显然是由莫泽斯·赫斯直接要求的。

1843年5月以来,恩格斯作为固定的英国通讯员为弗吕贝尔出版的《瑞士共和主义者》撰稿。② 弗吕贝尔于1843年6月27日辞去这家报纸的编辑工作。可以肯定地认为,弗吕贝尔在1843年7月还将此事告知了恩格斯。可能弗吕贝尔还暗示了筹办的《德法年鉴》的事,并要求恩格斯参加。但是,恰恰在1843年7月,出版年鉴一事由于弗吕贝尔而成了问题,因为他的出版社正面临着经济破产。

1843年8月10—24日恩格斯在奥斯坦德逗留并在那里与海尔维格会面。海尔维格在意大利住了较长时间,他在归途中在苏黎世未见到弗吕贝尔。显然,他在那些日子里没有得到可以确定聘请恩格斯撰稿的确切消息。可以设想,如果海尔维格从弗吕贝尔或卢格的书信中得到必要的答复,那么创办杂志和筹备情况可能是海尔维格和恩格斯之间的话题。

最有可能的是,直接要求撰稿是由赫斯提出的。完全可以确定,恩格斯和赫斯之间从1842年以来就有书信联系。③ 赫斯在筹备《德法年

---

① 参看《马克思恩格斯全集》原文版第1部分第3卷第703—704、692—693、685页。

② 参看《马克思恩格斯全集》原文版第1部分第3卷第703—704、692—693、685页。

③ 参看《马克思恩格斯全集》原文版第1部分第3卷第703—704、692—693、685页。

鉴》时起了决定性作用。1843年8月初，赫斯与卢格在科隆会面，并陪同他前往巴黎。这显然是弗吕贝尔安排的，他想利用赫斯在巴黎的关系和经验来筹办杂志。1843年9月中旬最后确定在巴黎出版杂志并开始筹办第1期。在此之后，赫斯可能告诉恩格斯并直接要求恩格斯寄稿。在一篇为《新道德世界》写的通讯中，恩格斯也谈到这一点。这篇文章是恩格斯在1843年10月15日和11月10日期间写的。他在这篇文章中称赫斯是"该党第一个成为共产主义者的"，后来马克思、卢格和海尔维格也加入了这一行列。① 恩格斯宣布采取一切步骤，创办捍卫共产主义的新刊物。② 关于把年鉴作为共产主义杂志来筹办这样一个明确的方向，只能是赫斯在1843年9月和10月提出的。那时，马克思和卢格都没有发表过这样的声明。还在1843年11月马克思就坚决拒绝了赫斯的文章。③

恩格斯的文章的内容和篇幅证明他为新杂志承担了非常重大的义务。他写了《国民经济学批判大纲》。在这部著作里他第一次探讨了英国资产阶级政治经济学。此外，他着手撰写一组关于英国状况的内容广泛的文章。这组文章的头一篇是分析托马斯·卡莱尔的《过去和现在》一文。他以《十八世纪》和《英国宪法》作为这组文章的续篇。他在这两篇文章完稿后直接寄往巴黎。由于《德法年鉴》停刊，这些文章到1844年8月为止可能还放在这家杂志的编辑人员那里，后来发表在《前进报》上。④ 显然，恩格斯还计划在《英国状况》这组文章中撰写

---

① 《马克思恩格斯全集》第1版第1卷第591页。
② 《马克思恩格斯全集》第1版第1卷第593页。
③ 《马克思恩格斯全集》第1版第27卷第447页。
④ 《马克思恩格斯全集》原文版第1部分第3卷第1150—1151页。

关于英国工厂无产者状况和宪章派、社会主义者和共产主义者维护无产者利益的文章。但是，这项计划未实现。

版本说明

《德法年鉴》在巴黎"伏尔姆斯公司，皮加尔林荫大道46号"的印刷所排印。这个印刷所显然没有哥特体活字，而只有拉丁字体。结果就出现了一些非通常的印刷特征。在所有引文中都有法语中流行的"和"的符号（&）。不印 β 而往往是印 ss。在8点活字中显然没有 ä 和 ö，然而有 ü。ä 和 ö 用法文的 æ 和 œ 替代。出现斜体拉丁字体时可能没有 ö，因为在这些情况下都印成 œ。19世纪的德文印刷中通常是这样：德文文章用哥特体，外文文章及外来词用拉丁字体，《德去年鉴》上德文文章通常用普通拉丁字体，外文文章和外来词用斜体拉丁字体。但是，在一些特殊情况下，外文文章也用普通拉丁字体印刷。在一些文章的德文文字中，着重号用疏排法表示；另一些文章中的着重号用斜体表示；还有一些文章中这两种形式都使用。在外文引文中，着重号用斜体的拉丁字体，而引文的其他文字用普通拉丁字体。

根据可靠资料证明出自法国印刷业所拥有的活字版造成的印刷特征，未予保留。因此，凡是用 ss、æ 和 œ 的地方，都订正为 β、ä 和 ö，根据当时通行的规则，通常是这样做的。相反，用斜体拉丁字体印刷的外文在校订时还是表示着重，因为无法明确区别斜体是表示着重还是表示外文的转述。用斜体拉丁字体印刷可能不表示着重，这一点在校勘表里已经表明。

为《前进报》撰稿情况

1844年7月初马克思开始对确定巴黎出版的《前进报》在内容和编辑上的方针产生影响。由于马克思的积极撰稿，《前进报》从温和的自由派刊物成为革命民主主义的报纸，不久又成为共产主义的报纸。《前进报》的这一发展，同正在形成的以马克思和恩格斯为核心的共产主义党派有极其密切的联系，并反映了在《德法年鉴》上开始的科学社会主义的产生过程。①

恩格斯不是直接为《前进报》写英国通讯，而是谋求在巴黎《前进报》上发表他为《德法年鉴》撰写的一组文章中的第2篇和第3篇。② 这些文章对改变该报的方针，推行马克思的编辑构思起了决定性作用。

从1844年1月2日起，《前进报》每周出版两期，即周三和周六出版。《前进报》的政治纲领首先是由演员和剧作家亨利希·伯恩施太因和前普鲁士军官阿达尔贝特·伯恩施太德在头几个月内确定的。这一纲领基本上可归结为一些自由主义的承诺，首先是出版自由和公开审判。君主政体的原则，尤其是弗里德里希·威廉四世的政策得到充分肯定。

1844年5月初以来，亨利希·海涅和《德法年鉴》办事处的前编辑干事卡尔·路德维希·贝尔奈斯就努力争取对《前进报》编辑部施加影响，6月19日，《德法年鉴》的前撰稿人开始在《前进报》上讨论

---

① 政论著作。《为〈前进报〉编辑部撰稿情况》，《马克思恩格斯全集》原文版第1部分第2卷第555—568页。

② 《马克思恩格斯全集》原文版第1部分第3卷第1150—1151页。

年鉴编辑部所代表的政治和理论纲领。马克思没有直接参加讨论，但在他的战友的许多文章里可以察觉到他的影响。

阿尔诺德·卢格的文章是辩论的起因，他在这些文章里以"人道主义学派"的追随者身份出现，他称这个学派是《德法年鉴》的理论和政治的构思。他在论述中首先抹杀了社会主义的人道主义的阶级性。同卢格的论战的目的是，维护首先是马克思文章中提出的年鉴的纲领，揭露卢格的歪曲。这就使《前进报》的前撰稿人有可能概括出卢格的小资产阶级民主主义立场同以马克思为核心的党派的无产阶级共产主义立场之间的区别。同时，这是政治—理论纲领，从这个纲领出发重新确定《前进报》的方针。

1844年6月26日，贝尔奈斯拉担任该报编辑。在马克思的影响下，以编辑周会的形式组成集体领导。属于这个集体领导的有马克思、海涅、格奥尔格·海尔维格、米哈伊尔·巴枯宁、贝尔奈斯、伯恩施太因、格奥尔格·维贝尔、海尔曼·艾韦贝克、亨利希·毕尔格尔斯，1844年8月底可能还有恩格斯。显然，在这个圈子里也按时进行了关于1844年6月初西里西亚织工起义的讨论，从6月30日起发表讨论结果。1844年8月3日和7日，马克思第一次用自己的文章参加辩论。《评〈普鲁士国王和社会改革〉一文》① 形成了探讨织工起义的历史地位的高潮。这场辩论很快导致同小资产阶级民主主义倾向的彻底决裂。它在确定该报内容特色上产生了决定性影响。发表在《前进报》上的一些文章，明显地反映了在马克思领导下确定的各次编辑会议的立场。对这种立场产生影响的首先是马克思对工人阶级历史作用的认识和他关于工人阶级经济生存条件的知识。

---

① 《马克思恩格斯全集》第1版第1卷第468—489页。

关于德国资产阶级和无产阶级之间第一次公开的阶级斗争的讨论，把注意力集中在工人阶级状况的根本原因和消灭这个原因即由无产阶级消灭私有制上。这次讨论表明这个发展是必然发生的历史过程的结果。讨论着重于分析现状，批判统治阶级用以阻挠彻底改变这种状况的手段。讨论证明，随着工人起义，在半封建的普鲁士内开始了在英国和法国业已完成的发展过程。

这个时候适逢恩格斯在巴黎访问，访问可能始于1844年8月23日。毫无疑问，恩格斯在英国获得的知识和经验必然大大地充实关于工人阶级的历史任务的讨论。因此，明确决定在《前进报》上发表恩格斯为《德法年鉴》写的连载文章。这些文章证实和补充了至今所发表的一些评价和结论。

此外，恩格斯答应迁居巴黎，以便在那里同马克思和马克思的朋友联合起来为实现共同的目标而奋斗。可惜他未能实现自己的意愿。① 后来的几星期里，他非常紧张地为完成《英国工人阶级状况》一文而写作。恩格斯积极参加《前进报》的发展工作。他很关心该报在爱北斐特和周围地区的广泛传播。②

从1844年7月中旬起，普鲁士政府开始采取强硬措施来对付《前进报》。法国政府拒绝直接查封这家报纸。在夏季和秋季的几个月里，普鲁士公使施加影响阻止该报继续出版。据称：要对触犯保证金法的责任编辑提起诉讼，并将《前进报》撰稿人驱逐出境。约在1844年9月10日前后，责任编辑贝尔奈斯被起诉，12月13日判决。

《前进报》编辑部告知，从1845年1月起该报将作为月刊出版，因

---

① 《马克思恩格斯全集》第1版第27卷第5页。
② 《马克思恩格斯全集》第1版第27卷第8页。

此不交纳保证金。这是对法国政府方面实施第一个措施的答复。但是，该编辑部也提出把较长文章分开隔几个星期连载一次（恩格斯的文章也如此）作为改为月刊的理由。从1844年11月起，编辑部紧张地进行月刊的筹备工作。恩格斯也答应"偶尔寄去些稿子"①。

出版月刊失败了，因为这期间法国政府还准备了第二个即驱逐《前进报》撰稿人的措施。1845年1月11日，法国内务部长颁布驱逐马克思、卢格、伯恩施太因和贝尔奈斯的命令。萨克森公使馆官员经请求而撤回驱逐卢格的命令。伯恩施太因在保证放弃出版月刊后可留下来。这时，贝尔奈斯正在坐牢，受监禁两个月。1845年1月26日，马克思接到驱逐令，必须在一星期内离开巴黎。他于1845年2月1日前往布鲁塞尔。几星期后恩格斯也到达布鲁塞尔。

版本说明

恩格斯文章的正文底稿上有不少使原意走样的错误。同恩格斯手稿的特征对照后证明，通常准是排字工人的辨认错误。如果确实如此，在校勘表中都有说明。

为《北极星报》撰稿情况

从1844年5月初至6月底，恩格斯是宪章派的周报《北极星报》的固定通讯员。该报先在里子出版，后来在伦敦出版。在许多宪章派刊物中这家报纸占有特殊地位。《北极星报》于1837年由菲格斯·奥康瑙

---

① 《马克思恩格斯全集》第1版第27卷第19页。

尔创办，他同时是该报所有人。《北极星报》的历史同宪章运动的发展有关，1837—1839年是它的无产阶级性质还未明显显露出来的时期。该报首先为宪章运动争取普选权、争取废除1834年的济贫法和修改工厂立法在局部地区所作的努力提供了全国性地盘。1838年8月《北极星报》发表人民宪章。① 在这一时期该报不仅受到工人们的支持，而且还受到接近宪章派的资产阶级人士的支持。它逐渐发展成力求走贯彻其要求的革命道路的宪章派左翼的机关报。它成了无产阶级革命派的报纸，并一贯支持普遍罢工。

1840年7月大不列颠人民宪章协会成立②后，《北极星报》实际上成了该协会的主要机关报。它维护宪章运动这个无产阶级运动的独立性，拒绝把宪章运动同主张自由贸易和资产阶级选举改革的资产阶级运动合为一体。1842年8月英国工人大规模暴动时，该报的宣传活动的成果清楚地表现出来。③ 宪章运动中资产阶级和小资产阶级的影响实际上降到最低点。

恩格斯认定宪章派是工人阶级利益的代表。④ 他在1845年称《北极星报》是"报道无产阶级一切运动"⑤ 的唯一的一家报纸。

《北极星报》首先是英国工业中心的工人们阅读，它因此而得到广泛传播。报纸的印数与宪章运动的波动有关。1844年只发行7500份，

---

① 《马克思恩格斯全集》原文版第1部分第3卷注释437.16—19。
② 《马克思恩格斯全集》原文版第1部分第3卷注释451.15—26、442.25—26。
③ 《马克思恩格斯全集》原文版第1部分第3卷注释451.15—26、442.25—26。
④ 《马克思恩格斯全集》第1版第1卷第560页。
⑤ 《马克思恩格斯全集》第1版第2卷第512页。

而1839年曾发行过36000份。印数急剧下降同资产阶级和小资产阶级一些阶层背离宪章运动有关。该报的读者主要是工人，往往是许多工人争看一份报纸，因此，实际上读者人数多得多。

值得注意的是该报对社会主义的态度。到1843年止该报发表关于罗伯特·欧文的宣传活动的通讯和报道。宪章派加倍地努力在现实政治问题（其中包括探讨1843年春的教育法案）上寻找与社会主义者共同的语言和目标。这些努力也在转载《新道德世界》上的一些文章中得到表现，尽管这些文章也接受了现有的意见分歧。在《北极星报》编辑部中共事的有著名的欧文主义者，如乔舒亚·霍布逊。艾德蒙·施塔尔伍德是固定通讯员，格奥尔格·亚历山大·弗莱明从1844年11月起成为编辑部成员。

1843年9月初，宪章派左翼领袖之一乔治·朱利安·哈尼在一度担任通讯员之后成了《北极星报》的编辑。从此在该报的发展中开始了一个新阶段。恩格斯后来就此指出：宪章运动的这个机关报"自从由乔·霍布逊和哈尼共同负责编辑工作以来，在任何方面都已成为欧洲最优秀的报纸之一"。① 哈尼为《北极星报》发展成为英国第一家无产阶级的报纸作出了贡献。哈尼的愿望是使《北极星报》成为争取民主和进步、为工人事业而奋斗的国际性机关报。他关于报纸发展的想法在1844年5月4日《北极星报》第388期上匿名发表的《国内和国外的运动》一文中谈得很清楚。这篇文章就报纸迄今为止的内容特色和最近一段时期的明显变化说道："的确，长期以来差不多只注意了英国的努力，几乎未费一点精力来使英国民主主义者意识到，他们的兄弟在政界

---

① 恩格斯：《在伦敦举行的各族人民庆祝大会》，载于《莱茵社会改革年鉴》1846年康斯坦茨附近的别列坞版第2卷第8页。

的不同阶段上正在发挥作用。一直强调要成为一家论述运动的杂志的文章还有不足之外，这种不足之处近来在很大程度上已得到克服。除了记述英国'进步人士'的所作所为之外，《北极星报》最近已努力让英国工人与在世界各地的他们这个'阶层'的'战斗着的'一部分人进行交流，使他或他们了解到，他们各自都在努力支持同一个神圣的事业。我们已努力使《北极星报》成为它所宣称的那样：记载国内外的这场运动。"从1843年9月23日起该报就扩大了题材。专栏报道国外无产阶级和民主主义运动。

毫无疑问，恩格斯从1843年初就已同曼彻斯特的英国宪章派有联系。他在1843年春就把《北极星报》当作《伦敦来信》的原始资料。① 显然，他也从这时起，最晚从1843年秋起，开始系统地利用该报，这一点可以从他为撰写《英国工人阶级状况》一文而使用该报多期这一情况中得出结论。恩格斯开始为该报撰稿前，《北极星报》编辑部就已压缩发表了他为《新道德世界》写的《大陆上社会改革运动的进展》②一文，并附有中间标题。

1844年5月初，恩格斯开始以《北极星报》临时通讯员的身份从事活动。这时他已亲自结识了哈尼。他在里子的编辑部里拜访哈尼。据哈尼回忆，恩格斯自我介绍为《北极星报》的固定读者，并对宪章派运动表现出浓厚的兴趣。③ 哈尼注明他们第一次会晤的日期是1843年，并写道：恩格斯那时是22岁。④ 哈尼在给恩格斯的信中这样回忆道：

---

① 《马克思恩格斯全集》第1版第1卷第560—574页。
② 《马克思恩格斯全集》第1版第1卷第575—593页。
③ 爱德华·艾威林：《乔治·朱利安·哈尼。1848年的斗士》，载于《社会民主主义者》（伦敦版）1897年1月第1期第7页。
④ 《社会民主主义者》（伦敦版）1897年1月第1期第7—8页。

"我愉快地读了你在《劳动旗帜报》上的文章。这些文章使我想起你第一次向《北极星报》投稿。那时你从布莱得弗德来，我们初次会面。"①

1844年8月恩格斯表示愿为《北极星报》撰稿。他在给该报编辑的信中建议报道大陆上进步运动的进展。他把德国的报纸和他与巴黎及德国一些人的通信作为原始资料。首先他想报道德国，还有瑞士、奥地利、意大利和俄国等国的发展情况。② 1844年5月4日《北极星报》第338期上哈尼的《国内和国外的运动》一文里刊登了恩格斯来信的摘要。"③ 恩格斯的建议被作了如下说明："我们所作的是使那些能帮助我们的人作出高尚的和自愿的服务。不久前，我们在《星报》的连续几期上刊登了一位精通自己专业的人士写的对大陆共产主义的有趣而又有说服力的评论文章，因为他了解他使公众能认识的那些事情。登载这些有价值的文章和实行我们为帮助工人事业而记载国外运动的总政策，使上述评论的作者作出如下建议……"

恩格斯的建议被采纳并被视为有价值的和有益的，"它通过我们的力量使英国民主主义者正确了解一些已展开的运动，参与这些运动的政党的结局和宗旨，运动的可能趋向，成败的可能性"④。

恩格斯给《北极星报》撰稿的第一阶段持续到1844月6月29日。《北极星报》没有紧接着再发表可以推断出作者是恩格斯的通讯，虽然到1844年8月中旬恩格斯还在英国逗留。1845年9月他又开始为《北极星报》报道。

---

① 1887年3月31日乔治·朱利安·哈尼给恩格斯的信。
② 《马克思恩格斯全集》第1版第42卷第193页。
③ 参看《马克思恩格斯全集》原文版第1部分第3卷第1213页。
④ 参看《马克思恩格斯全集》原文版第1部分第3卷第1213页。

版本说明

本卷收入的《北极星报》上的10篇文章，可以肯定地证明作者是恩格斯。此外，摘自恩格斯给乔治·朱利安·哈尼的一封未保存下来的信的一段引文，经校勘后转载在哈尼的一篇文章里。从许多证据（其中最重要的是他自己提供的稿件）中可以得出结论：1844年5月4、18和25日"国外运动"栏发表的通讯和1844年6月15日和29日"国外消息"栏发表的通讯均为恩格斯所写。

此外，马克思的以同恩格斯商量写导言为事由的提示，清楚地证明，恩格斯那时是《北极星报》的撰稿人。马克思为恩格斯的《社会主义从空想到科学的发展》一书起草的导言中说道："在他第一次旅居英国以及后来旅居布鲁塞尔的时候，他是社会主义运动的正式机关报《北极星报》……的撰稿人。"①

恩格斯的文章有编辑部加的注："本报通讯员来稿"。编辑部也把这个注用于来自英国的报道。但是，在国外通讯中这个注可以直接证明恩格斯的作者身份，因为1844年5月4日在这里第一次使用这个注，同年6月29日暂时算是最后一次使用。从1845年9月恩格斯重新为宪章派报纸写通讯后所写的一些文章也附有编辑部的注"本报通讯员来稿"。

注明"本报通讯员来稿"的通讯，发表在"普鲁士"、"德国"、"巴伐利亚"、"俄国"、"波兰"、"瑞士"和"法国"专栏里。这基本上是指恩格斯提议写的一些国家。

---

① 《马克思恩格斯全集》第1版第19卷第259—260页。

用"本报通讯员来稿"发表的一些文章的资料来源,基本上也与恩格斯的建议相符。恩格斯这一时期的通信没有保存下来。可以肯定,恩格斯同在巴黎的莫泽斯·赫斯有联系。其他的巴黎通信人可能是马克思、卡尔·路德维希·贝尔奈斯、格奥尔格·海尔维格和阿尔诺德·卢格。恩格斯可能同柏林的鲍威尔兄弟,特别是埃德加尔·鲍威尔有联系。但是,恩格斯所依据的大多数事实都摘自德国报纸,在一定条件下也摘自法国报纸。显然,《科隆日报》、莱比锡的《德意志总汇报》和奥格斯堡《总汇报》是他的主要消息来源。可能他也利用了巴黎的《前进报》。

首先,内容方面的根据说明,注有"本报通讯员来稿"的通讯是恩格斯写的。属于这方面的根据有:对普鲁士半封建状况的坚决批判和拥护民主变革①以及从资本主义所有制关系来说明织工起义的原因。② 典型的还有对德国政治关系和某些特定习惯的透彻了解,此外,还有与恩格斯当时的认识水平相符的同英国的比较。③ 在早期文章里探讨的题目被部分采用,这特别是与《普鲁士国王弗里德里希-威廉四世》④ 一文直接有关。

恩格斯从1844年4月底至6月底显然给编辑部寄了6篇通讯报道,即《北极星报》第340期的两篇文章、第341期的3篇文章和第344期的两篇文章——这两篇文章原来是一篇报道。恩格斯让编辑部决定使用

---

① 《马克思恩格斯全集》第1版第42卷第194—195、202和260页。
② 《马克思恩格斯全集》第1版第42卷第209—210、212—213页。
③ 《马克思恩格斯全集》第1版第42卷第196、202、204、209—210和221—213页。
④ 《马克思恩格斯全集》第1版第1卷第535—543页。

他提供的材料①。显然，编辑部把恩格斯的通讯分开，编进不同的国外栏目里。在不同栏目里发表的一部分文章都是作为独立的文章编排的。关于写作时间的顺序没有得到任何根据。因此，本卷中文章的排列是根据《北极星报》上的排列。恩格斯的通讯只有4篇在该报发表时有标题，而且可能是编辑部加的。6篇文章发表时没有标题。在英文版《马克思恩格斯全集》中编辑部加的标题被保留下来并对一处作了补充。

《给〈北极星报〉编辑部的信》、《圣彼得堡新闻》、《瓦勒内战》、《普鲁士新闻。——西里西亚骚乱》和《西里西亚骚乱的详情》这几篇文章第一次用恩格斯的名字发表，分别载于《宪章派报纸〈北极星报〉上的恩格斯的新文章》、《苏联共产党历史问题》1970年莫斯科版第11期。《普鲁士局势》、《德国消息》、《一个叛徒的命运》、《啤酒骚乱》、《普鲁士的牧师专制》和《法国消息》这几篇文章第一次用恩格斯的名字发表于《马克思恩格斯全集》俄文第2版第42卷第185—193页和195页。这一版本里还收入发表在1844年2月3日《北极星报》上的《报刊和德国暴君》一文。从这篇文章的内容看，不排除作者是恩格斯。但是，恩格斯的作者身份不能用对从1844年5月4日以来发表的通讯采用的方式来加以证明。②这篇文章作为存疑篇编入本卷。发表在1975年莫斯科英文版《马克思恩格斯全集》第3卷第409页上的两篇文章《共产主义的进展》和《对共产主义者的迫害》③没有收入。很明显，这是从其他报纸转载的。

---

① 《马克思恩格斯全集》第1版第42卷第193页。
② 参看《马克思恩格斯全集》原文版第1部分第3卷第1265—1266页。
③ 1843年12月9日《北极星报》第317期，1843年12月16日《新道德世界》第25期。

继《德国消息》①和《法国消息》②之后的通讯,在《北极星报》上相应的国外栏里用独立标题发表。通过对报纸的分析可以看出,这里显然是编辑部引用的其他通讯员的文章。③ 上述版本中一起收入的这些文章的文字均分别在注释中予以转载。

恩格斯可能用作消息来源的供参考的报刊文章均在注释中列出。《科隆日报》、《德意志总汇报》、莱比锡《总汇报》、奥格斯堡《总汇报》、柏林《汉堡公证记者政治和学术日报》以及《曼海姆晚报》可供系统查阅和对照。

本版正文参照原莫斯科马克思列宁主义研究院图书馆所藏《北极星报》原件,架号ZG2S755。该报原件所缺的几期用照相复印件补足;其中有刊登恩格斯文章的该报各期。

(原载《马克思恩格斯全集》原文版第1部分
第3卷第694—711页)

(胡慧琴 译 单志澄 校)

---

① 《马克思恩格斯全集》第1版第42卷第196—197页。
② 《马克思恩格斯全集》第1版第42卷第204—206页。
③ 参看《马克思恩格斯全集》原文版第1部分第3卷第1218—1219、1231—1232页。

关于马克思和恩格斯的政论活动
（1842年初—1843年3月）[*]

绪　言

马克思亲身参与时事政治问题的讨论始于1842年初。参与政论活动，即为《莱茵报》撰稿对马克思思想后来的发展具有特殊的意义。现时的政治原因是他当时投身于政论活动的决定性动力，政治斗争的经验，极大地影响了他后来的理论著述。

马克思以自己的博士论文《德谟克利特的自然哲学和伊壁鸠鲁的自然哲学的差别》参加了青年黑格尔派的理论争论。在获得博士学位以后，即1841年4月，他想继续从事与此有关的研究工作。1841年7月初，他移居波恩，打算在那里的大学谋求教职。自1839年至1840年的冬季学期以来，他那时最亲密的同道布鲁诺·鲍威尔已在波恩大学开设讲座，并早就期望在反对正统宗教的斗争中和在捍卫自我意识哲学方面，得到马克思的支持。由于政府采取反青年黑格尔派的措施，马克思谋求教职的希望成了泡影，于是他全力以赴地投入了哲学和理论方面的评论活动。

---

[*] 本文选自《马克思恩格斯研究》1990年总第3辑。

1841年11月，马克思与布鲁诺·鲍威尔一起准备写作鲍威尔《对黑格尔这位无神论者和反基督教者的末日的宣告》一书的续篇。《末日的宣告》即一位严守教义者对黑格尔进行的讽刺性模拟文的揭露，以及这篇论战文章计划中的续篇，均以黑格尔的宗教哲学为对象，目的是要把它说成是作为无神论体系的黑格尔哲学的保守部分。用鲍威尔自己的话来说，《末日的宣告》要揭示"黑格尔是怎样打算把宗教意识的规定论证为自我意识的内在规定性的；或者说，他是怎样把宗教精神的天国归结为自我意识的内在世界的。此外，还有一点，即要阐明黑格尔是怎样从一开始就根据自我意识的内在辩证法及其发展引出作为自我意识特殊现象的宗教的。这本书的第2部分将要继续阐述黑格尔对宗教艺术和基督教艺术的憎恨和他对一切成文的国家法律的剖析"。①

《末日的宣告》一书是布鲁诺·鲍威尔撰写的。虽然格奥尔格·荣克在1841年11月29日致阿诺尔德·卢格的信②称，《末日的宣告》的作者是马克思和鲍威尔，然而，布鲁诺·鲍威尔、埃德加·鲍威尔以及阿诺尔德·卢格等同时代人的书信表明，鲍威尔是本书的唯一作者。③不过，鲍威尔的著作包含有马克思的思想、提法和评价，这是不能排除的。由于马克思1841年最后几个月的手稿和书信没有保存下来，所以，我们无从知道当时马克思的有关认识和评价。

---

① 鲍威尔:《对黑格尔这个无神论者和反基督教者的末日的宣告》1841年莱比锡版第163页。
② 《马克思恩格斯全集》原文版旧版第1部分第1卷第262页。
③ 《布鲁诺·鲍威尔、埃德加·鲍威尔通信集。1839—1842年，波恩—柏林》1844年夏绿蒂堡版第155、169页；布鲁诺·鲍威尔1841年12月6日给卢格的信，载于《马克思恩格斯全集》原文版旧版第1部分下册第264页；《阿诺尔德·卢格通信集和日记。1825—1880年》1886年柏林版第1卷第254—255、258页。

《末日的宣告》的续篇原定名为《从信仰的观点斥黑格尔关于宗教和艺术的学说(b. m.)》①。马克思承担了其中部分写作任务。鲍威尔为该书撰写了《序言》，并寄给了出版商。他保证说，马克思写的那一部分近日可到："我们（不过这两字要按本义来理解）是这样分工的，每人负责全文的一半，两部分之和就是我们的著作，借以使毒水得以更彻底地净化"。②鲍威尔写了《序言》，"它带有从虔诚的观点出发的特色"③，还撰写了《黑格尔对圣史和对圣史编纂的神性艺术的憎恨》这一篇。马克思撰写的那一篇叫作《论基督教艺术》，它分析了黑格尔的艺术和宗教学说。此外，还论述了黑格尔法哲学的有关部分。

　　马克思自己说，1842年1月写作任务基本告一段落。他于2月10日答应近日内将手稿寄给出版商奥托·维干德。但是，他没有这样做，而是建议卢格把这篇文章收入原定在瑞士印行的《德国现代哲学和政论界轶文集》。他向卢格说明，"萨克森书报检查的突然恢复"是他作出这一决定的原因。④ 1842年1月，布鲁诺·鲍威尔撰写的《末日的宣告》和另一本著作遭到查禁。2月，书报检查机构突然禁止原为《德国年鉴》准备的几篇文章。但是，马克思也许是怀疑他与卢格合作进行的理论论战的目的和内容，所以没有寄出自己承诺的那一篇。

　　1842年5月底或6月初，在莱比锡匿名出版的小册子《从信仰的观点斥黑格尔关于宗教和艺术的学说》只刊载了鲍威尔撰写的那一篇。

---

①　据当时的署名特点来看，b. m.应是鲍威尔和马克思两人名字的缩写。——译者

②　《从信仰的观点斥黑格尔关于宗教和艺术的学说》1842年莱比锡版第2页。

③　鲍威尔1841年12月24日给卢格的信，载于《马克思恩格斯全集》原文版旧版第1部分第1卷下册第266页。

④　《马克思恩格斯全集》第1版第27卷第421页。

为《德国科学和艺术年鉴》和《德国现代哲学和政论界轶文集》撰稿

1842年初以后，马克思更加有意识地探索哲学和政治的联盟。他充分认识到，如果哲学要导致社会关系的变革，它就必须在具体的政治制度范围内得到解释、阐明和论证。这种认识促成了他同阿诺尔德·卢格的合作，因为卢格当时就把哲学批判直接当成反对普鲁士国家和德国半封建政治关系的政治武器。卢格是青年黑格尔派政治哲学机关刊物《德国科学和艺术年鉴》以及《德国现代哲学和政论界轶文集》的编者。

1842年2月上旬，马克思告诉卢格说，他想为《德国年鉴》撰稿。"现在我已结束了几件浩繁的工作，因此不言而喻，我力所能及的一切都将由《德国年鉴》支配"。① 同时，他把自己的第1篇政论文章《评普鲁士最近的书报检查令》寄给了卢格。马克思以这篇文章介入了关于新闻自由和普鲁士新闻立法性质的讨论。这个讨论十分现实，对资产阶级反对派具有重要意义。马克思虽然认为，尽快发表他的文章是当务之急，但是，却未能在《德国年鉴》上刊载。

1842年2月，萨克森书报检查机构对《德国年鉴》采取了严厉的措施。路德维希·费尔巴哈的《关于哲学改造的临时纲要》、卢格的《德国哲学的新转变》、布鲁诺·鲍威尔和其他青年黑格尔派作者的几篇文章，遭到了查禁。在这种情况下，卢格根本没有把马克思的文章呈交给书报检查机构，而是向马克思和有关人士建议，把这些文章送到瑞士以《德国现代哲学和政论界轶文集》的名称发表。马克思对此表示

---

① 《马克思恩格斯全集》第1版第27卷第420页。

同意。①

此外，马克思还建议把《论基督教的艺术》先"修订"一下，在《轶文集》上刊出，然后，经彻底加工以《论宗教和艺术，特别是基督教的艺术》②的名称发表。另外，他还答应为卢格写一篇批判黑格尔法哲学的文章。最后，他又说要写一篇论述法的历史学派的哲学宣言的文章，一篇关于实证哲学家的文章和另外一篇论述浪漫主义者的文章。③他对同时代的这些反动观点的剖析，是同论述宗教、艺术和批判黑格尔法哲学直接联系在一起的。

但是，马克思却一再推迟完稿和付寄的时间。1842年9月，卢格把《轶文集》的全部手稿寄往苏黎世。当时他写信告诉出版商尤利乌斯·弗吕贝尔说："马克思的两篇重要文章也许随后寄到，不过我们不能因此而一味等待"。他强调说，如果马克思的文章寄到，务请收入，因为马克思是一位"卓越的思想家"和"优秀的著作家"。④ 1842年10月21日《轶文集》已经开印，卢格又写信给马克思说："如果可能，请速把您的手稿寄我，或直寄苏黎世的弗吕贝尔（博士；姓：尤利乌斯）……"⑤

上面提到的有关文章，马克思没有寄出，他当时的写作受到了疾病以及家庭事务的困扰。而主要原因则是，1842年4月他开始多方面地参与了《莱茵报》的撰稿工作，所以马克思没有足够的时间来完成自己的文章。当然，还有一个重要原因，即由于政论活动和深入研究的结

---

① 《马克思恩格斯全集》第1版第27卷第420页。
② 《马克思恩格斯全集》第1版第27卷第421—422页。
③ 《马克思恩格斯全集》第1版第27卷第424页。
④ 卢格1842年9月3日给弗吕贝尔的信，载于苏黎世中央档案馆《弗吕贝尔遗稿》。
⑤ 《马克思恩格斯全集》原文版第3部分第1卷第378页。

果，他获得了新的认识，积累了新的经验，因而发现了新的疑问和难题，这就妨碍了他的文章的发表。

人们长期以来一直认为，马克思在《轶文集》将近编成之前曾给卢格寄去《路德是施特劳斯和费尔巴哈的仲裁人》一文，① 作为已约文章的替代，这种揣测的主要依据是：马克思收到了卢格寄来的两篇文章的稿酬。

可是，在这段时间里，马克思针对费尔巴哈没有写过与《路德是施特劳斯和费尔巴哈的仲裁人》一文相似的论述。马克思同布鲁诺·鲍威尔就写作《末日的宣告》续篇而进行的直接合作以及他在自己第一批政论文章和给卢格的书信中所阐述的观点，使人不可能认为，马克思在这个期间已经赞同费尔巴哈在批判黑格尔时所得出的唯物主义的结论。此外，马克思有关费尔巴哈的少数言论以及鲍威尔就马克思在1841年4月曾打算批判费尔巴哈②一事所提供的消息，都说明马克思不可能像《路德是施特劳斯和费尔巴哈的仲裁人》一文所表明的那样无条件地肯定费尔巴哈的理论。

最后还应指出，马克思收到了两个印张零3页的稿酬。③《评普鲁士最近的书报检查令》的篇幅计两印张零1页。如果硬说马克思是篇幅只有3页的《路德是施特劳斯和费尔巴哈的仲裁人》一文的作者，那就等于说卢格少算了1页。由于除了《哲学的批判和德国年鉴。致一位莱茵兰人的柏林来信》和《路德是施特劳斯和费尔巴哈的仲裁人》一文而外，

---

① 《马克思恩格斯全集》第1版第1卷第32—34页。
② 鲍威尔1841年4月12日给马克思的信，载于《马克思恩格斯全集》原文版第3部分第1卷第358页。
③ 卢格1843年3月8日给马克思的信，载于《马克思恩格斯全集》原文版第3部分第1卷第400页。

《轶文集》其他文章的作者都已落实,而马克思又不可能是《哲学的批判和德国年鉴。致一位莱茵兰人的柏林来信》一文的作者,那么唯一的可能就是:卢格也许想以这笔附加的稿酬作为马克思在编写《莱茵报论出版自由》这条简讯应得的间接合作的报偿。这篇两页长的短文由引语组成,是卢格从马克思在《关于出版自由和公布等级会议记录的辩论》中选辑的,原打算在《德国年鉴》上发表。由于书报检查机关删除了上述引语,于是,卢格给其加上了按语收录在《轶文集》里。①

证明马克思不是《路德是施特劳斯和费尔巴哈的仲裁人》一文的作者的最后证据,是新发现的关于费尔巴哈的史料。据此判断,恰恰是费尔巴哈才是这篇文章的作者。②

---

① 《马克思恩格斯全集》原文版第 1 部分第 1 卷第 991—992 页。

② 1842 年 2 月 13 日费尔巴哈在给卢格的信中说:"您是否愿意付印仓促写成的有关施[特劳斯]和我本人的短文,或者,如果时间允许,只是想在您自己对我本人的评介中派上用场,这一切皆悉听尊便。"(德累斯顿萨克森州立图书馆《卢格遗稿》)卢格撰写的对《基督教的本质》的批判,不大可能采用这篇仓促写成的短文,因为卢格的文章当时已经完稿。看来,卢格极有可能把上述短文收入了《轶文集》。这种假设已为 1843 年 3 月 31 日卢格寄给费尔巴哈的稿酬所证实:"兹寄上 1 印张零 12 页发表在《轶文集》上的文章的稿酬。每印张 3 路易,即每页折合 1 塔勒 1 银格罗申,28 页折合 28 塔勒 28 银格罗申。为方便起见,净折 29 塔勒"(材料收藏在慕尼黑大学图书馆)。在《轶文集》中发表的费尔巴哈《关于哲学改造的临时纲要》共 25 页。因此,费尔巴哈肯定另外还写了 3 页长的文章,这样才抵得上卢格寄给他的稿酬。既然柏林来的那篇长 10 页的文章不是费尔巴哈的作品,那么他所付的稿酬就只可能是那篇仓促写成的短文即《路德是施特劳斯和费尔巴哈的仲裁人》的报酬。另外还要补充一点:《路德是施特劳斯和费尔巴哈的仲裁人》一文的引文系摘自 1729 年由策德勒编辑的路德著作版本,这在当时已经绝版,但是,1841 年底在准备《基督教的本质》第 2 版时,费尔巴哈研究和摘录的就是这个版本,他从中为第 2 版补充了百余条路德的原话。

1847年2月，在瑞士出版了《现代德国哲学和政论界轶文集》。它收入了马克思的《评普鲁士最近的书报检查令》，并且在《莱茵报论出版自由》的标题下刊登了马克思给《莱茵报》撰写的第1篇文章的基本主题思想。此外，马克思在《德国年鉴》上还发表了一篇题为《再论奥·弗·格鲁培博士的〈布鲁诺·鲍威尔和学院的教学自由〉》。计划付印的其他文章，马克思都没有完成。因为1842年4月以后，他把主要精力投入了《莱茵报》的工作。

为《莱茵报》撰稿——担任编辑

马克思为《莱茵报》撰稿是以分析第6届莱茵省议会关于出版自由的辩论为开端的。文章在1842年5月分几次连载。这样，马克思就第一次以政论家的身份崭露头角了。

1842年1月1日《莱茵政治、商业和工业日报》在科隆出版。莱茵报股份公司股东的资助，是该报的主要经济来源。业务领导由一个监委会、一位董事长和两位董事负责。董事约瑟夫·恩格尔伯特·雷纳德拥有特别许可，并对政府负责。董事达哥柏特·奥本海姆和格奥尔格·荣克，主管编辑部、撰稿者入选和记者入选。监委会有与董事长共同决定办报方向和规定观点倾向之权。股东全体会议就提交监委会的问题每年讨论一次。

格奥尔格·荣克和莫泽斯·赫斯是筹建报纸的主要负责人。他们于1841年秋结识了马克思，对马克思的能力给予很高的评价。[①] 马克思从

---

① 赫斯1842年9月2日给奥艾尔巴赫的信；荣克1842年10月18日给卢格的信，载于《马克思恩格斯全集》原文版旧版第1部分第1卷下册第260—261和第261—262页。

一开始就通过荣克和赫斯对报纸的发展产生了影响。

莱茵自由资产阶级的政治利益乃是《莱茵报》的筹建和发展的基础。他们在经济上和社会上羽翼丰满之后，便要寻求代言人，以便能够实现他们参与国事和政事的要求。《莱茵报》得到了鲁道夫和奥托·康普豪森、古斯塔夫·梅维森、亨利希·梅尔肯斯等人的支持。这些莱茵资产阶级的代表人物，在以后年代中成了德国资产阶级政界首领。

与此相应，盛行一时的黑格尔派内部，分化过程日益加剧。长期以来，青年黑格尔派一直拒绝利用报纸作为他们哲学批判的论坛。只是随着批判转向政治问题，这才唤起了他们利用政论界进行斗争的需要，特别是因为长期以来有人总是利用报纸来批判青年黑格尔派。

按照股东们的意见，原来要弗里德里希·李斯特担任《莱茵报》主编。后来，李斯特因故拒绝出任，于是，李斯特的学生古斯塔夫·霍夫肯入主编辑部。事隔不几天，又产生了以荣克和赫斯为一方、以霍夫肯为另一方的意见分歧，于是造成编辑部易人。霍夫肯还打算把报纸办成一个温和自由派的机关报；而荣克则坚决主张由青年黑格尔派包揽报纸的各个栏目。由于这种原因，霍夫肯在1月份就退出了编辑部。1842年2月3日，经马克思推荐，由柏林青年黑格尔派阿道夫·鲁滕堡接替编辑部的领导工作。这样，青年黑格尔派的主要代表人物开始参与《莱茵报》的工作，并且日益左右了该报的色彩。

《莱茵报》从创办的那一天起，就因普鲁士政府方面的原因而处于困难境地。在保留随时吊销执照的条件下，莱茵省总督批准该报出版。这种宽容是对报纸的虚伪的自由主义的一种特许。普鲁士政府同时希望用它来抵消《科隆日报》的影响，因为后者在科隆教会争端中站在了天主教教会一边而反对普鲁士政府。"随时吊销执照"的附加条款不过是缓兵之计，因为三位普鲁士书报检查部大臣——内政和警察部大臣、外交部大臣和思想、教育和卫生事务部大臣——的任命尚未得到最后批准。对《莱茵报》的许可乃是权宜之计，目的是要首先摸清该报的倾向。

一俟柏林有关各部和科布伦茨的莱茵省总督看到《莱茵报》已成为青年黑格尔派的代言人，第一批压制措施就随之出笼了。1842年3月11日，负责普鲁士书报检查的大臣限令1842年4月1日起查封该报。为了不致在莱茵省造成一种印象，即普鲁士新近即位的国王又在随时镇压自由倾向，莱茵省总督请求暂缓执行。另外，还要照顾到股东和普鲁士政府对付天主教方面的利益，这也是他的另一个借口。政府最后坚持实行书报检查，并且认为该报以后不会产生重大的政治影响，加之资金困难，肯定是办不下去的。

截止1842年夏，《莱茵报》撰稿队伍已发展得相当广泛。三月革命前反对派运动的主要代表人物几乎都属于这个范围。从青年黑格尔派和《德国年鉴》的长期撰稿人来看，阿诺尔德·卢格、格奥尔格·荣克、莫里茨·弗莱舍、莫泽斯·赫斯、尤其是布鲁诺·鲍威尔和埃德加尔·鲍威尔、麦克斯·施蒂纳、路德维希·布尔、卡尔·泰奥多尔·威尔克、卡尔·费里德里希·科本、爱德华·迈耶尔、阿道夫·鲁滕堡等，都在该报发表过政论文章。此外还有弗里德里希·恩格斯，他自1842年4月以后以柏林为基地为该报撰稿。同年12月以后，他从英国继续报道政治和社会问题。算得上热心撰稿人的还有卡尔·海因岑，在这段时间内，他十分同情青年黑格尔派。从莱茵自由资产阶级的著名代表人物来说，还有古斯塔夫·梅维森、鲁道夫和奥托·康普豪森以及同他们交往密切的自由派知识分子，如亨利希·克拉森等。还一个自由派小组，其中有几个人因参与30年代初的人民起义而被判处过多年要塞监禁，如卡尔·亨利希·勃律盖曼和格奥尔格·弗里德里希·柯尼斯等。

三月革命前的著名的诗人、文献科学工作者和出版商们都在《莱茵报》上发表过文章。其中有：格奥尔格·海尔维格、霍夫曼·冯·法勒斯累本、罗伯特·普鲁茨、沃尔夫冈·冯·弥勒－柯尼斯文特尔、弗兰茨·丁盖尔施泰特、阿道夫和卡尔·施塔尔、尤利乌斯·弗吕贝尔和海尔曼·皮特曼等。

不过，报纸在夏季就表现出了领导无方。马克思自己说，鲁滕堡没有主编政治性日报的能力。① 那时，最初作为"自由人"小组而聚集在布鲁诺·鲍威尔周围的青年黑格尔派的表现，有使《莱茵报》脱离莱茵省普遍政治反抗运动的危险。青年黑格尔派抽象的、脱离现实政治和社会关系的、否定一切的批判，同莱茵省自由资产阶级和自由资产阶级知识分子的政治观点存在分歧。此外，青年黑格尔派内部也意见纷纭。同一时间，《莱茵报》开展了社会问题的讨论。主要因由是：1842年夏季英国工厂工人罢工和宪章派运动的兴起。古斯塔夫·梅维森就社会问题撰写了一篇引人注目的文章，他亲身经历了英国发生的事件。他根据这些经验，从其资产阶级的阶级立场出发得出结论说，由于实行了卓有成效的改革，抵消了这些社会冲突造成的影响。此外，《莱茵报》还发表了首批赞同德国实行法国式的空想社会主义和共产主义的文章。马克思评论说，该报的出版缺乏统一领导，编辑部受撰稿人的左右，而不是编辑部领导撰稿人。②

但是，该报副刊在此期间也发表过马克思的头3篇政论文章。马克思在5月份撰写了《第6届莱茵省议会的辩论。关于出版自由和公布等级会议记录的辩论》，这成了他的政论活动的序幕。接着，于7月发表

---

① 《马克思恩格斯全集》第1版第27卷第431页。
② 《马克思恩格斯全集》第1版第27卷第434页。

了《第179号〈科隆日报〉社论》。马克思在这篇文章中维护了法和必然性，并且论证了在政治性刊物上讨论进步的哲学的必要性。接着，8月又发表了《法的历史学派的哲学宣言》，首次答复了新成立的普鲁士立法复审部的性质问题。这些文章的现实的政治动机和对象，特别是对现存制度进行的政治和哲学的批判、对民主主义目标的政治和哲学的论证，成了《莱茵报》发展的指南。马克思写的另一篇重要文章，即对第6届莱茵省议会关于科隆教会争端、普鲁士国家和天主教教会之间斗争的分析，遭到书报检查机构的删节。

人们对上述文章的积极赞同，使马克思认为有理由对报纸的政治色彩施加正面的影响。1842年8月底或9月上旬，他把自己关于编辑部今后工作的设想告知了奥本海姆。他对应该予以研讨的政治课题及有关的政治和理论问题作了说明。他反对抽象的哲学批判和对理论观点的抽象探讨，"正确的理论必须结合具体情况并根据现存条件加以阐明和发挥。"马克思要求报纸去研究"现实国家的问题、实际问题"，他不同意青年黑格尔派某些人对自由主义的言词激烈的批判。"无论如何，我们这样做会使许多甚至大多数具有自由思想的实际活动家起来反对我们；这些人承担了在宪法范围内逐步争取自由的吃力角色……"他同时提醒说，轻率的批判会导致对报纸的查封。①

马克思就报纸编辑部发表的意见，很可能就是董事长和监委会把他本人聘为编辑部撰稿人的原因。例如，1842年8月和9月，梅维森和康普豪森提出责难说，以布鲁诺·鲍威尔为中心的青年黑格尔派搞的批判范围十分狭隘，有碍于报纸的发展，连莫里茨·弗莱舍也持这种观点。1842年9月底，梅维森在同格奥尔格·海尔维格和卡尔·谷兹科夫会

---

① 《马克思恩格斯全集》第1版第27卷第433页。

晤时声称:"以普遍原则进行的否定……否定的仅仅是普遍的东西,而且根本没有任何具体的内容。它始终拘泥于抽象而不能自拔。《莱茵报》喋喋不休地鼓吹逻辑形式之说;这总有一天会倒台,因为人民根本说不上话,并非谁都愿意涉足逻辑学的荒漠。如果深入研究现实状况的结构,那么僵死和病态就会揭露出其中的自由的违心,而现实状况会在你们的猛烈打击之下碰得粉身碎骨的"。①

1842年10月15日,前此不久由科隆迁居波恩的马克思进入《莱茵报》编辑部。他很快就对编辑部的同事、董事和监委会发生了影响,并且改变了该报的政治色彩。《莱茵报》成了德国最重要的反对派报纸,并在愈来愈大的程度上代表了坚定的民主主义方向,捍卫了人民群众的根本利益。

在这方面,马克思的文章发挥了重要的作用,这些文章当时都是以社论的形式发表的。首先,马克思论述了共产主义问题。他以《共产主义和奥格斯堡〈总汇报〉》介入了这一时代问题的大讨论,并且左右了《莱茵报》的讨论方向。俟后不久,报纸副刊发表了关于第6届莱茵省议会辩论的第3篇文章:《关于林木盗窃法的辩论》,继续批判封建等级代议机构,并首次公开维护贫苦群众的利益。他还在另外的社论中评论了重大的政治事件,如争取地区改革运动、公布新制定的离婚法草案、颁布关于定期报刊的内阁新法令、召开柏林等级委员会、查封《莱比锡总汇报》以及要当局为摩泽尔居民的困境负责等问题。马克思利用当时的时事政治因由,把读者的注意力引向民主主义反对派与封建反动派的斗争这个基本问题上来。他同奥格斯堡《总汇报》、《科隆日报》

---

① 梅维森:《卡尔·谷兹科夫和格奥尔格·海尔维格在科隆》,载于汉森:《古斯塔夫·冯·梅维森》1906年柏林版第2卷第93页。

和《莱茵—摩泽尔日报》的论战，很大一部分谈论的就是这些问题。他顶住了上述报刊的攻击，捍卫了《莱茵报》的民主主义立场，这也就等于批驳了反动而平庸的自由主义观点。

马克思目标明确，着手通过对该报总体政治领导来实现自己的原则。他首行摒弃或者说贬抑了"自由人"同意报纸的新的编辑原则。由于这些人不情愿放弃自己的立场，因而他们终于分道扬镳。①

他在选登其他报纸文章时，也照顾到了《莱茵报》的基本原则。编辑部继续征求新的撰稿人，不断扩大记者队伍。1842年12月，莫泽斯·赫斯出任《莱茵报》的第一位常驻巴黎的记者。

在马克思的领导下，报纸利用编辑脚注和说明的方式去阐述或剖析与编辑部政治见解相左的观点，并且针对特定的政论论题和要求来阐明编辑部的立场。这种使编辑部得以发挥政治影响的做法，是在马克思的倡导下引进《莱茵报》的。看来，大多数脚注都出自马克思的手笔。

《莱茵报》改变了编辑原则，时时关注核心的政治问题，维护民主要求，因而政治影响日益扩大，订户不断增加。1842年8月行销量达885份；11月增至1820份；1843年1月达到3300份。德国各地的撰稿者也有所增加。新的记者纷纷带着稿件来到编辑部，究其原因就在于报纸的政治态度明朗。其他日报转载《莱茵报》文章的数量也比以往显著增多。尤其是《特里尔日报》、《曼海姆晚报》和《巴门日报》，它们深受《莱茵报》的政治影响，这是有目共睹的。

对上述日益扩大的政治影响，普鲁士政府则报以镇压的手段。政府指望《莱茵报》自行停业，但是未能如愿。莱茵省新任总督冯·沙培尔虽然在1842年10月15日向柏林报告，说《莱茵报》在中、下层阶

---

① 《马克思恩格斯全集》原文版第1部分第1卷第1131页。

级几乎没有什么读者，但是他却把原因归之于报纸"对理论缺乏一切实践的论据"。① 据估计，1842年8月的885份，多半销在了科隆，因而在莱茵省其他城市和地区没有起到什么作用。不过，沙培尔在1842年11月10日就是另一种提法了。他认为，报纸的销售额已上升到（每月）1820份，赢得了政治影响。沙培尔把马克思也列为最热心的撰稿人之一。普鲁士内政部大臣阿尔宁指出，报纸几乎每期都表现出"对现存邦政府和宪法的敌意和激昂的革命思想"。② 1842年11月间，普鲁士政府对报纸以查封相威胁，理由是该报进行了政治的因而也就是社会的批判。

1842年11月12日，向政府负责的编辑雷纳德，根据莱茵省总督的指示受到科隆地区政府主席的传讯并记录在案。报纸的思想倾向受到申斥。这位总督认为，马克思《关于林木盗窃法的辩论》③ 一文，就是这种恶劣倾向的证据。普鲁士政府责令报纸编辑部改弦更张，否则要予以查封。马克思替雷纳德起草了复信，维护了编辑部和《莱茵报》的思想倾向。这封作为雷纳德致莱茵省总督的信，于1842年11月17日被寄往科布伦茨。④

以后几周，马克思改换了策略，从语调和形式上避免一切可能招致查封的做法。他试图利用国王的自由主义许诺来为报纸的政治态度辩解。他的战术是：充分利用普鲁士统治阶级内部、普鲁士与德意志其余各邦之间的分歧，大谈《莱茵报》与普鲁士君主制之间的貌合神离的

---

① 梅泽堡国立中央档案馆历史第2馆内政部档案。
② 阿尔宁1842年11月9日给沙培尔的信，出处同上。
③ 《马克思恩格斯全集》第1版第1卷第135—181页。
④ 《马克思恩格斯全集》原文版第3部分第1卷第33—36页。

一致，借以保存《莱茵报》。

"最可怕的书报检查的折磨、忙于同部里通信、对付总督的指控、省议会的责难、股东的埋怨等等"，使马克思的工作困难重重。三位普鲁士书报检查大臣制定了极其严厉的书报检查制度。设在柏林的各大部和设在科布伦茨的总督府，对报纸逐份进行审查，书报检查官的任何疏漏都会遭到训斥。马克思这时仍然坚守岗位，因有"不让暴力实现自己的计划"① 的责任在身。

政府的意图是要压制对普鲁士政治制度、普鲁士国家以及法令的任何严重的对抗，压制一切坚定的民主主义观点，不许维护人民的利益，政府在等待查封《莱茵报》的有利时机。普鲁士国王认为，《莱茵报》发表有关新离婚法秘密草案一文②是个良机，而内政部力劝不要这样做，理由是这个草案本来就已遭到广泛的批评，因此建议另择时机。于是，马克思就《莱比锡总汇报》的查封以及《莱茵报》对《德国年鉴》的查封所发表的观点，就成了三位书报检查大臣定于1843年1月20日查封该报的主要理由。他们以《莱茵报》的出版未经书报检查部正式批准为由声称，该报的存在没有法律依据。他们决心寸步不让。

马克思撰文说，普鲁士政府的措施并不使他感到惊奇。"您知道，我从一开始对书报检查令就抱着怎样的看法。这件事在我看来不过是一个必然的结果；我从《莱茵报》被查封一事看到了政治觉悟的某些进步，因此我决定不干了。而且，在这种气氛下我也感到窒息。即使是为了自由，这种桎梏下的生活也是令人厌恶的，我讨厌这种小手小脚而不是大刀阔斧的做法。伪善、愚昧、赤裸裸的专横以及我们的曲意奉承、

---

① 《马克思恩格斯全集》第1版第27卷第437页。
② 《马克思恩格斯全集》第1版第40卷第309—311页。

委屈求全、忍气吞声、谨小慎微使我感到厌倦。总而言之，政府把自由还给我了"。①

但是，马克思还得忍耐几周艰苦、吃力的编辑工作。遵照该大臣的指示，由于订户和股东方面的原因，报纸可以延续出到1843年3月31日为止。但是，须在出版的前一天晚上，把整版报纸呈送科隆地区政府主席本人审阅。上面指派给他的任务是，如果一审书报检查官放过了不许可出版的内容或文章，他有权扣发报纸。在这前一天的晚上，还须把报纸呈送莱茵省总督审阅。其间，书报检查官曾三易其人。最后，一位受政府特别赏识的人物被派到科隆。因此，报纸出版受阻便成了家常便饭，由此多次造成报纸停刊。书报检查官须得把所有违禁的文章呈送柏林，有关普鲁士书报检查法、普鲁士当局以及批评封建等级代议制的文章，尤其要受到严格的检查。有位书报检查官向柏林报告说，他常常是把所有章节改写或重写之后才颁发出版许可。

马克思的《摩泽尔记者的辩护》的续篇遭到查禁，② 就是这种强化书报检查的结果。马克思写的报道如《本地省议会代表选举》、《〈莱茵—摩泽尔日报〉是宗教法庭的大法官》、《〈莱茵—摩泽尔日报〉的修辞练习》以及据估计很可能是马克思撰写的文章《〈莱茵—摩泽尔日报〉的谎言》、《〈奥格斯堡总汇报〉》、《来自〈莱茵—摩泽尔日报〉的诽谤》和《新书报检查令》等等文章说明，马克思一如既往试图坚持自己的基本政治主张。既然编辑部社论和编辑的论战文章不时沦为书报检查官手下的牺牲品，或受到肆无忌惮的摧残，③ 那么马克思的文章受

---

① 《马克思恩格斯全集》第1版第27卷第439—440页。
② 《马克思恩格斯全集》原文版第1部分第1卷第1077页。
③ 《马克思恩格斯全集》原文版第1部分第1卷第1124页。

害尤深，就更是自不待言了。

《莱茵报》的查封在莱茵省许多城市引起了一场非同小可的请愿运动，在科隆市民的请愿书上也有马克思的签名。① 同时，报纸上也发表了有关反对查封的文章。1843年2月10日《特里尔日报》第40号称："当然，《莱茵报》本非民众性的报纸，它的用语只有受过教育的而且是受过高等教育的等级才能领会。这些人对它爱不释手，因而订户增至近4000份……我们的意见倒不是说所有读者都拥护报纸遵循的方向；相反，该报时有不逊之言，尤其是起初（后来没有了）经常表现出极其典型的青年黑格尔派宗教观，这几乎激起了普遍的反感，然而大多数有教养的德国人，都把《莱茵报》看成是一家观点积极、思想坚定的报纸……因此，这家年轻的报纸受到了人们普遍由衷的欢迎。人们不仅喜欢读它，而且德国许多才华出众者和知名人士都优先选择它作为传播自己爱国主义思想的阵地"。定期报刊对查封《莱茵报》持克制态度。不过，如果记者以为这种现象并非是上面指令的结果，那就大错特错了。其实，沙培尔于1843年1月24日就指示所有负责政治报刊的书报检查官，要对有关查封《莱茵报》的文章从严掌握。如有必要，可以扣发。

《莱茵报》股份公司监委会召集了全体股东特别会议，征求对请愿和提交备忘录的意见。② 会议筹备期间和开会期间，大家对以后采取什么步骤意见纷纭。为数不少的人希望采取更温和的态度、妥协、政治让步等方式达到取消禁令的目的。而马克思则坚持认为，之所以查封该报，是由于它所代表的政治倾向所致。在股东全体会议上，他试图借助

---

① 《马克思恩格斯全集》原文版第1部分第1卷第421—422和第1171页。
② 《马克思恩格斯全集》原文版第1部分第1卷第424—433页。

一篇公开的文章来破除幻想，从而使人们认清国王和政府对自由主义反对派报纸所采取的政策的实质。① 他认为，除非改变政治态度，否则是没有办法使政府妥协的，而马克思不打算作出这种让步。

但是，不轻易接受政府采取的措施，这是符合马克思的基本政治态度的。他写的《评内阁训令的指控》和《关于镇压〈莱茵报〉的备忘录》（这篇文章估计是马克思撰写的，起码是他积极参与撰写的）就是明证。他捍卫了报纸的倾向，并且指出，政府出于不得已而提出的查封理由是违反普鲁士迄今为止的书报检查法的。查封《莱茵报》的理由中，有几个条款只是在1843年1月31日新书报检查令被通过之后才成为法律的。②

《莱茵报》被查封以后，几周之内公众也获悉该报原来的编辑就是马克思。1843年2月28日，《曼海姆晚报》第49号称："马克思博士肯定就是那个赋予该报以决定性色彩的编辑……"接着，对马克思的文章大加赞许，如《关于出版自由和公布等级会议记录的辩论》、《关于林木盗窃法的辩论》、③《摩泽尔记者的辩护》、④《论普鲁士等级委员会》。奥格斯堡〈总汇报〉第335号和第336号附刊上登载的论普鲁士等级委员会的问题》⑤ 以及同《总汇报》和《科隆日报》的论战文章等。《曼海姆晚报》登载的文章则以摘要形式发表在《巴门日报》、《莱茵—摩泽尔日报》、《法兰克福报》、《汉堡记者》、《马格德堡日报》、《西里西亚报》等等报纸上。

---

① 《马克思恩格斯全集》原文版第1部分第1卷第436和第1179页。
② 《马克思恩格斯全集》原文版第1部分第1卷第412—413页。
③ 《马克思恩格斯全集》第1版第1卷第135—181页。
④ 《马克思恩格斯全集》第1版第1卷第210—243页。
⑤ 《马克思恩格斯全集》第1版第40卷第329页。

连书报检查官圣保罗也在信中报告说，马克思是最有影响的核心人物，是"整个报纸的精神领导者"，"马克思博士当然是这里的学理方面的中心，是该报各种理论的源泉……"①

1843年3月17日，马克思退出编辑部。② 这位书报检查官说，在马克思退出以后，他用在书报检查上的时间还不足先前的四分之一。"在他去职以后，科隆这里事实上已经再也没有一个人物能够维持报纸先前那种令人憎恶的尊严并且强有力地代表报纸的政治倾向了"。③

《卡尔·马克思文集》重新发表政论文章的情况

事隔10年以后，马克思对《莱茵报》和《德国现代哲学和政论界轶文集》的多数文章亲加选择，准备在海尔曼·贝克尔编辑的《卡尔·马克思文集》上重新发表。

贝克尔是共产主义者同盟成员。1850年12月2日，马克思给贝克尔看了几个出版计划，并于12月13日转告了《文集》的出版计划。这封信没有保存下来，但是，警察局顾问施梯伯在科隆共产党人案件中提到，这封信委托贝克尔"编辑出版马克思的全集"。④ 该信很可能也包括了对出版范围和内容的具体说明。贝克尔在第1分册出版前印行的广告中说，这个版本预计出两卷计50印张。不过，暂以每5印张为1分

---

① 圣保罗1843年3月2、9—10、18日给毕特尔的信，参见1983年《马列主义研究资料》第6期第151—152页。
② 《马克思恩格斯全集》第1版第1卷第244页。
③ 圣保罗1843年3月21日给毕特尔的信，参见1983年《马列主义研究资料》第6期第154页。
④ 《当时报界对1852年科隆共产党人案件的反映》1955年柏林版第122页。

册，连续发行。"第1卷将包括马克思为卢格《轶文集》、旧《莱茵报》（尤其是论述出版自由、林木盗窃法、摩泽尔农民状况等文章）、《德法年鉴》、《威斯特代里亚汽船》、《社会明镜》等报刊写的文章和在三月革命以前出版的专著。但是，正如马克思致贝克尔的信中所说："遗憾的是①今天才如愿以偿"（第1分册最后1页也印有这张广告，略有删节和改动）。

出版的准备工作最初有些拖拉，主要原因是马克思长期得不到《莱茵报》合订本。据推测，他请贝克尔帮他设法弄到报纸。尽管贝克尔本想在1851年1月上旬就把该报合订本之一寄往伦敦，② 但是，经过辛勤查找，直到2月3日才告诉马克思说："……旧《莱茵报》连同手稿在内，今天才寄给您"。③ 马克思很快整理和校订了自己的文章，并把《莱茵报》退还科隆。2月28日，他写信给贝克尔说："希望你收到了《莱茵报》"。④

1851年4月《文集》第1分册出版。这是仅出的1册。它包括《轶文集》收入的《评普鲁士最近的书报检查令》和《关于出版自由和公布等级议会记录的辩论》（不全）。普鲁士政府对贝克尔的出版社和印刷所采取了镇压措施，因而推迟了第2分册的印行。这一分册原计划继续刊登《莱茵报》的文章。1851年5月贝克尔因迫害共产党人案件的牵连被捕，致使出版计划最后受挫。

马克思于1851年2月作为重印其文章而用于校订的那份《莱茵报》

---

① 马克思1850年12月13日给贝克尔的信（没有保存下来）。
② 贝克尔1850年12月给马克思的信。
③ 贝克尔1850年2月3日给马克思的信。
④ 《马克思恩格斯全集》第1版第27卷第569页。

合订本,在筹备本卷时得之于科隆大学市立图书馆。那上面有马克思亲手校勘的痕迹。显然,贝克尔从马克思那里得到了一份应收入文章的清单。他在《莱茵报》上做了记号的文章不在其列,而是他在文中作过校勘和改动的那几篇。这些亲手校勘的文章说明,它们应收入《文集》。但是,不能因此得出结论认为,只有它们才是为《文集》准备的材料,其余的一概不是。

指定重新发表的文章如下:

——《评普鲁士最近的书报检查令》;

——《第6届莱茵省议会的辩论。关于出版自由和公布等级议会记录的辩论》;

——《〈科隆日报〉第179号社论》(略有删节);

——《第6届莱茵省议会的辩论。关于林木盗窃法的辩论》;

——《共产主义和奥格斯堡〈总汇报〉》;

——《市政改革和〈科隆日报〉》(有较大删节);

——《论离婚法草案。批判的批判。编辑部脚注》;

——《〈科隆日报〉记者和〈莱茵报〉的立场》;

——《〈奥格斯堡报〉的论战术》(有较大删节);

——《奥格斯堡〈总汇报〉第335号和第336号登载的论普鲁士等级委员会问题的文章》;

——《〈摩泽尔记者的辩论〉A段和B段》(略有删节);

——《对一家"中庸"报纸攻击的答复》(有较大删节);

——《对一家"邻"报告密的答复》(有较大删节);

——《〈科隆日报〉的告发和〈莱茵—摩泽尔日报〉的论战》(有较大删节);

——《〈莱茵—摩泽尔日报〉》(有较大删节);

其余文章、编辑脚注和附注未加修改。对其中的一部分，马克思也可能有收入的打算，不过他认为无须改动。这主要是指社论《论离婚法草案》和《〈莱比锡总汇报〉的查封》。这件事也说明，他在文章的选用上力求保持相对的完整性。由于编辑脚注使用十分广泛，而马克思只修改了其中的一个，由此可以认为，他原则上不打算把编辑脚注、附注和评注收入版本。

总之，马克思认为，收入《德国现代哲学和政论界轶文集》的文章和在《莱茵报》上发表的政论文章的多数，是很有价值的。1848年和1849年革命后不久，以《文集》形式重新发表这些文章是很值得的。特别是因为，他在这些文章中所代表的政治和哲学观点同1851年流行的观点有本质的不同，因此，重新发表这些文章就更显得重要。为此，马克思对些文章作了不少改动，大大压缩了报纸论战文章的份量。马克思首先删去了若干重复和一些在10年后的当时已不易为人理解的段落。此外，他也减少了次要观点的比重。但是，与奥格斯堡《总汇报》、《科隆日报》和《莱茵—摩泽尔日报》论战的主旨，仍旧保持了原貌。另外，马克思也去掉了囿于当时斗争策略而为国王本人和莱茵省总督加上的恭维之词。最后，他还订正了一部分明显的印刷错误，并对少数段落作了更明确的表述。

版本问题

本卷的准备工作对《轶文集》、全部《莱茵报》和已知的档案材料作了新的考证，搞清了确属马克思手笔的文章。同时也发现了新的史料。已经由弗兰茨·梅林辑入《马克思和恩格斯遗著选》（3卷本）的文章，或已收入《马克思恩格斯全集》原文版旧版的文章，无疑都是马克思撰写的，它们业经马克思亦或恩格斯本人、《莱茵报》的同事们（第三者）的谈话和手稿以及马克思本人认可的再版所证实。

马克思在《莱茵报》某合订本留下的校勘手迹，言简意赅地叙述了他参加该报工作的情况。新写的论市政改革的 4 篇报道,① 可以认为是马克思的手笔，署名马克思的几篇见报文章，现已肯定是马克思写的。

从这些确由马克思撰写的文章、通讯和脚注出发，其他文章的作者就不难判别了。在这里，主题思想、理论和政治观点、引证和论述的方法、各报道间内容与形式的联系、文风特色以及通讯代号等等，都可以作为判断作者身份的主要依据。

用于判别作者身份的内容标准和联系依据，可见各自的题注部分。

在政论文章中已经可以看出马克思的独特文风，它们使作者一生的作品独具一格：叙述、分析和引证十分简洁、精辟而富有逻辑性；构思和思想内容在语言形式上平易近人；用语形象而富于对比；论战文章，尖刻辛辣，这些都是突出的特点。恩格斯指出的"句子简短，对比鲜明有力"② 的特点，应当成为识别《莱茵报》上马克思文章的依据。马克思尤其喜欢用分析法和论战性的引证。他的论战文章有这样的特点，即他不时照录敌人谈话的原文，然后对其内容、构思和引证加以驳斥。马克思为了强调或突出某个主题思想，极善运用俏皮话和双关语。此外，他也很喜欢用对比法，特别是用文学作品中的人物来对比；喜欢用成语、圣经引文以及古典文学作品（尤其是莎士比亚）的名言。这些都是马克思特有的文风。马克思的文章特别爱用着重号，对引语的处理也

---

① 《马克思恩格斯全集》原文版第 1 部分第 1 卷第 251—259 页、266—267 页。
② 《马克思恩格斯全集》第 1 版第 39 卷第 450 页。

不例外。他使用外来语较多,而且特别喜欢某些特定的外来语。由于这些特有的文风已经用作论证作者身份的依据,因而在相应的题注中未予赘述。

我们查证的结果认为,通讯代号虽然成了迄今版本考证的前提,但是却不能当成判别作者身份的唯一依据,仅可用于旁证。1842年5月,马克思以∴为通讯代号开始为《莱茵报》撰稿。截止1842年10月15日,只有马克思撰写的文章用过这个代号。没有任何迹象表明,他在这几个月中还使用过别的代号发表政论文章。恩格斯说,也许在正刊中还载有"从波恩发出的小报道",① 但是无法证实这种估计。

马克思自10月15日进入编辑部后,经常变更通讯代号。从1842年10月中旬至1843年3月中旬有据可查的代号先后有:**、**、**、×、**和*。这个方法可使书报检查机构和政府当局难以知道真正的作者是谁。后来,马克思在《新莱茵报》工作期间也用过同样的方法。因此,凡是来自科隆的通讯,都有个查证作者身份的问题。也就是说,马克思使用的通讯代号,其他撰稿者也可使用。例如,刊登梅维森和康普豪森的稿件时就用过**的代号,而代号*一直用于编辑部对当地事件、言论和文件摘要、勘误等所作的报道和通知。如果把这许多报道和通知都归在马克思的名下,那是不合适的。因为编辑部是由若干撰稿人组成的。这一事实说明,马克思自10月中旬启用的通讯代号并不能完全用于证明作者身份。同时,也不能排除马克思还用过其他代号撰写稿件的可能。

迄今人们一直认为,从1842年10月底至11月底,马克思没有在《莱茵报》上发表过文章,这种看法已为莫里茨·弗莱舍(编辑部的一

---

① 《马克思恩格斯全集》第1版第39卷第454页。

位朋友）提供的材料所证实，他指出了马克思之所以这样做的原因。①现已查实，马克思在11月份以×为代号撰写过4篇通讯。据迄今为止版本考证的情况，马克思在1843年1月底至3月9日期间没有发表过文章。也许他要设法抵制对报纸的迫害，因而无暇撰稿。或者，也可能是由于书报检查机构抽掉了他写的所有稿件。

诚然，《莱茵报》于2月底和3月初使用+代号发表过4篇来自科隆的通讯，而马克思很有可能就是文章的作者，但是由于无法确证作者身份，所以这些文章只能归入待研部分。

不过，要证明编辑部脚注和编辑附注中哪些是马克思的手笔，这比鉴定马克思的文章还要困难得多。在他进入该报的当时，编辑部成员有伯恩哈特·腊韦，主要负责翻译；莫泽斯·赫斯，负责编辑法文稿件；阿道夫·鲁滕堡，负责德文稿件的编辑工作。由于启用了马克思，他临时代管编辑法文稿件。1842年11月中旬，鲁滕堡退出编辑部。赫斯于1842年初赴巴黎上任。于是，卡尔·海因岑成了编辑部最密切的撰稿人，此人在马克思离任后甚至接替过后者的工作。也不能排除格奥尔格·荣克有时也参与报纸编辑部的工作。由此看来，腊韦，某种程度上还有赫斯、鲁滕堡、海因岑和荣克，都可能是脚注和编辑附注的作者。

据保存下来的手迹证实，有两则编辑部脚注是马克思写的；其他的脚注和编辑附注，就内容和与其他通讯的联系以及文风来看，也很像是马克思的，因此可以有把握地确定作者身份。而有一部分脚注其作者身份只能假定。但是，马克思写的文章在思想内容上缺少或没有同时期的其他文字可资印证，因此，证据显得不够充分。有一部分编辑脚注与外

---

① 弗莱舍1842年12月16日给奥本海姆的信（科隆市历史档案馆）。

交政策的各种事件有关，而马克思当时的文章却没有论及这方面的问题。当然，通讯报道失实或过时，也会造成脚注的增多。这也许是马克思撰写脚注的原因，尽管在内容上有一部分不像是他撰写的。还有一部分脚注由于字数很少或无足轻重，因而也无法依据内容和文风的标准来加以鉴别。

属于以上后两类的编辑脚注，很可能是编辑部其他撰稿人加的。但是，马克思对整个报纸都有影响，可以认为编辑部评注的方向是由他来决定的，所以他可以审定脚注。此外，马克思在阿道夫·施塔尔手稿上加的脚注证明，他也写过不甚重要的脚注。

由此看来，须将编辑部加的所有脚注一一加以考证，并用题注说明其作者是否是马克思，可靠程度如何，有些脚注是马克思不在科隆期间出现的，它们不属于这个范围，因为它们肯定不是马克思写的。

有些脚注不是作为独立的正文刊出，而是揉进了"《莱茵报》编辑部说明"。有些对产生和保存来说必不可少的说明，要么作为编辑的补充说明加在正文里，要么见于注释部分。对这一类脚注就没有必要去证明作者身份了。

显然，马克思编辑过许多别的作者撰写的文章，保存下来的只有两篇可以具体说明马克思对其作了改动。这些变动没有列入附录，而是表现在正文里。我们几乎无法对马克思捉笔的文章作出一般性结论，这是因为：自1842年10月至1843年3月期间的所有文章，只有少数留有底稿。保存下来的马克思书信中提到他未加采用或编辑过的文章，只有寥寥几处。1842年8月底或9月初，他除了推荐过一篇汉诺威的来稿①而外，还推荐过卢格的两篇通讯，这都保存了下来。马克思曾在书信中

---

① 《马克思恩格斯全集》原文版第1部分第1卷第1042页。

提到，第一篇驳谢林的论战短文，可能不合用。① 在保存下来的手稿中，这篇文章被圈掉了，所以编辑部未予发表。1842年11月30日，马克思写信告诉卢格，他把一批"自由人"的文章抽掉了，② 并于1843年3月13日通知卢格，他把《论致萨克森等级议会第二上议院的小册子》一文删了一半。③ 由于书报检查的关系，马克思对文章作了不得已的删节和改动，这种情况可以从书报检查官给其上司打的报告中看出来。

此外，马克思作为报纸编辑有可能编加内容提要，或为通讯添加标题。然而，单单是搞内容提要这类孤立的复述，是不会给读者带来有关马克思写作过程的启迪的。另外，"官方消息"栏目也是由编辑部编排的，情形与此雷同。这个栏目不加说明地登载来自公众生活首先是政府人士中发生的事件、官方消息、规定等内容。在这些地方也不能排除马克思参与编排和为此拟稿的可能。由于它们内容单一，所以作者身份不易判明，本书不将其作为存疑文章发表。

本卷正文刊印的依据是科隆大学市立图书馆的《莱茵报》合订本（Sign. Ztg 6）和柏林国立图书馆的合订本（Sign. Ztg 1647）。经对几份保存下来的《莱茵报》合订本互相比较的结果，有些本子里出现的印刷错误，在另一些本子上则没有。显然，《莱茵报》编辑部就是在印刷过程中，也还经常校勘正文。上面提到的两个本子里的正文，通常是经过校勘的。对若干明显标志着本卷正文相对以往版本的重大改动，本卷都以校勘符号标出。

---

① 《马克思恩格斯全集》第1版第27卷第432页。
② 《马克思恩格斯全集》第1版第27卷第434页。
③ 《马克思恩格斯全集》第1版第27卷第442页。

马克思在科隆大学市立图书馆所藏的合订本上做的标记用K（校样）表示，并予注明。纯印刷错误的订正，本版正文均予采用；所有其他改动，均作为异文编入索引。

在对脚注、附注以及几篇报纸论战文章的编辑中，报纸的名称不时使用缩写，而本版正文则采用全写。"莱茵报编辑部"这个附注原有多种缩写，本版正文均采用全写。

在连载文章中，标题的重复和每篇续文开头的通讯代号以及续文首尾的标记均不排入。

有关证据的说明，也就是稿本（H）的保存，和以马克思名义的重新发表（D）以及在有关《莱茵报》合订本上的校样（K），同时也是对作者身份的证明，所以在题注中未予赘述。

《莱茵报》编辑部时常改动通讯稿件的日期，换句话说，使之接近出版日期。通讯开头部分注明的日期始终是指完稿日期。如果文章撰写的时间较早，则在题注中注明可能最早完稿日期。所有马克思任编辑期间撰写的文章，其完稿时间通常是发表的前一天，因为报纸是在前一天晚上印出的。

马克思用作引证来源的法律和规定的版本，大都不得而知。本卷注释部分对此不一一注明，而以正式发表的文本为准。马克思引用过或提到过的通讯，《莱茵报》或是其他定期报刊登载的通讯，通常没有标题。如果有，只是编者对文章内容加的提要，在文献索引中以圆括号注明。多数情况下，只列文章的开头部分。

（原载《马克思恩格斯全集》原文版第1部分
第1卷第963—983页）

（知春 译）

关于马克思和恩格斯的政论活动
（1843年3月—1844年3月）*

《德法年鉴》的出版情况：
马克思对出版《德法年鉴》的构想和付出的努力

出版《德法年鉴》是马克思的构想。阿尔诺德·卢格和马克思出版的《德法年鉴》杂志第1、2两期合刊的问世使这一构想得以实现。

1843年1月20日《莱茵报》被查禁，但是它仍获准出版到1843年3月31日。该报编辑部当即开展了反对这种专制措施的有力斗争；马克思参与并领导了这一斗争。他并不幻想，普鲁士政府颁布的禁令可以再通过普鲁士国王来撤消！① 马克思根据自己的理论研究：对普鲁士政治制度的分析以及同普鲁士政府当局打交道的实际经验，对普鲁士的状况，普鲁士国王和普鲁士政治体制的作用作出了切合实际的估计。这种估计使他得出结论：禁令是不会撤销的。这时马克思已经认识到，普鲁士官僚机构和普鲁士国王在行动上是完全一致的。

---

* 本文选自《马克思恩格斯研究》1990年总第4辑。
① 《马克思恩格斯全集》原文版第1部分第1卷第973—976页。

他一定也知道，在书报检查制下，政论活动意味着什么。"即使是为了自由，这种桎梏下的生活也是令人厌恶的，我讨厌这种小手小脚而不是大刀阔斧的做法。……我正在写一些东西，这些东西，在德国这里将找不到书报检查官来检查，也找不到出版商来出版，也根本没有存在的可能。"①

早在1843年1月25日马克思就问过卢格，他是否能同格奥尔格·海尔维格一起在苏黎世编辑《来自瑞士的德意志通报》②（这个杂志本来应当改成月刊）。1月底马克思直接求助于海尔维格并写信给海尔维格说，他希望参加一家瑞士报纸的编辑工作。海尔维格表示不同意马克思参与《德意志通报》的工作。③

2月1日，卢格为此向马克思提出了奥托·维干德关于在瑞士出版一份杂志的建议。卢格和维干德希望把这份杂志办成在萨克森被查禁的《德国年鉴》的"政治性和通俗性的续刊"。"不过我们必须给年鉴改换名称，实际上把它变成一个像由许多有识之士编辑的《独立评论》那样的机构……所以我建议维干德同您一起编辑这个刊物……"④ 这样，马克思就要迁往瑞士，从事编辑工作，而卢格则想呆在德累斯顿。他还写道："如果您同意，我们每人草拟一份计划，然后汇总编审……如果您愿意立即寄我一份您构想的计划草案，将使我深感欣慰。……对年鉴和报纸上的不彻底性进行'第二次自我批判'，简单地说明我们实实在在地摆脱了这种桎梏（我像您一样欣然接受它），这将产生巨大影响，

---

① 《马克思恩格斯全集》第1版第27卷第439—440页。
② 《马克思恩格斯全集》第1版第27卷第439—440页。
③ 《马克思恩格斯全集》原文版第3部分第1卷第538、389—391页。
④ 《马克思恩格斯全集》原文版第3部分第1卷第538、389—391页。

而且必定构成一首序曲。"①

1843年2月9日和15日之间,马克思对卢格的建议作了答复。这封信没有保存下来,但是卢格2月18日的复信复述了这封信的部分内容。② 马克思对选择苏黎世作为出版地点有疑虑。他想必这时已经获悉海尔维格被驱逐出苏黎世的消息。也许马克思对卢格独自确定继续办年鉴的方式方法提出了反对意见。因此完全可以推想,马克思在这封信中已经顺便提到关于杂志的内容与目的的想法。

1843年2月18日卢格告诉马克思,他已经给《莱茵报》和《莱比锡总汇报》预先提供了他将同马克思一起继续出版年鉴的消息。③ 但是,这两家报纸都没有发表过这样直接的报道。《曼海姆晚报》在一篇关于《莱茵报》编辑部的通讯中对此发表了如下一段话:"最后还有这样的传闻,马克思博士将同卢格博士联合起来,用其他刊名继续办《德国年鉴》。卢格在这里至少找到了一位志同道合者,他将全心全意协助他举起自己近期树立的旗帜。"④

1843年3月3日,马克思回复了卢格2月18日的来信,并明确建议在斯特拉斯堡出版《德法年鉴》。马克思在克罗茨纳赫逗留数日期间所写的这封信,没有保存下来。卢格在1843年3月8日的复信中写道:"我们的计划还完全带有变幻莫测的性质。斯特拉斯堡,法国人和德国人,——多么美好的事业!……"我完全赞同您关于斯特拉斯堡和法国人的意见,我不得不承认,亲自参与这项促进沟通的工作并通过自己的

---

① 《马克思恩格斯全集》原文版第3部分第1卷第538、389—391页。
② 《马克思恩格斯全集》原文版第3部分第1卷第393—394页。
③ 《马克思恩格斯全集》原文版第3部分第1卷第393—394页。
④ 1843年2月28日《曼海姆晚报》第49号。

机关刊物使这两个民族在思想上友好交往，这对我的吸引力是非同一般的。"①

　　这时，马克思可能已经认定在苏黎世继续办《德国年鉴》是不可能的。1843年1月28日海尔维格为获取苏黎世居留证而提出了申请，这一申请在2月9日遭到拒绝。苏黎世州委员会的理由是，海尔维格要编辑的这份杂志也是"针对政治状况，而且首先是针对德国的政治状况的"。海尔维格被勒令在1843年2月19日以前离开苏黎世州。"在尤利乌斯·弗吕贝尔和卡尔·奥古斯特·福伦的倡导下，掀起了反对这项命令的请愿活动，但各级主管部门都驳回了这一抗议。海尔维格必须在3月2日以前离开苏黎世。在否决这一请愿活动时，直接点到《德国现代哲学和政论界轶文集》，卢格的前言也被援引作为海尔维格计划出版的杂志的预定倾向的证据。"②

　　1843年2月17、21和27日以及3月3日《莱茵报》详细报道了这一事件并全文刊登了最重要的文件。马克思于3月3日弄清了所有事实，他必然从这些事实中得出结论：在苏黎世继续办《德国年鉴》是不可能的。从这种观点可以假定，《通信集》里发表的下面这段话是卢格从马克思3月3日的书信中摘引的："在德国一切都受到了强力的压制，真正的思想混乱的时代来到了，极端愚蠢笼罩了一切，连苏黎世也要服从柏林来的指示了。所以事情愈来愈明显：必须为真正独立思考的人们寻找一个新的集合地点。我深信我们的计划是符合现实需要的，而现实的需要也一定会得到真正的满足。因此，只要我们认真从事，我相

---

① 《马克思恩格斯全集》原文版第3部分第1卷第399—400页。
② 《苏黎世国家档案》第2卷第189页。

信一定会成功。"①

促使马克思建议出版《德法年鉴》的动因，在他的政治发展中已有预兆。"《德法年鉴》，这才是原则，是能够产生后果的事件，是能够唤起热情的事业。"②

路德维希·费尔巴哈《关于哲学改造的临时纲要》一书可能是提出上述建议的直接原因。这部著作是在《德国现代哲学和政论界轶文集》中发表的。1843年2月26日卢格给马克思寄了一本《轶文集》。③《临时纲要》在1843年春天已经给马克思留下了恒久的印象。费尔巴哈在纲要中用唯物主义观点对黑格尔进行的批判比在《基督教的本质》中的批判论证得更清晰、更精确。此外，《临时纲要》对布鲁诺·鲍威尔及其追随者在1841年和1842年所维护的自我意识哲学在原则上持保留态度。马克思本人当时对费尔巴哈的唯物主义更感兴趣。1842年对黑格尔法哲学的批判、理论的研究，对法的历史学派、浪漫派和实证哲学的分析批判，特别是对普鲁士政治状况的分析为马克思开拓了一条能准确地认识费尔巴哈的黑格尔批判的本质，也能准确地认识这种批判的片面性的道路。

费尔巴哈认为，"哲学的主要工具和器官"是头和心，或者"从理论上来说，就是思维和直观"。他从这个论点出发得出了德国哲学和法国哲学必须联合一致的结论。"直观仅仅提供**与实存直接同一**的本质，思维则提供通过同实存的**区别**、**分离**而**获得**的本质。因此，只有在实存同本质、直观同思维、被动同主动结合起来、**法国感觉主义和唯物主义**

---

① 《马克思恩格斯全集》第1版第1卷第415页。
② 《马克思恩格斯全集》第1版第27卷第441页。
③ 《马克思恩格斯全集》原文版第3部分第1卷第395页。

的反经院哲学的热情原则同德国形而上学的经院哲学的冷漠态度结合起来的地方，才有生活和**真理**。哲学是怎样的，哲学家就是怎样的。反过来说：哲学家的特性——哲学的**主观条件**和**要素**，也就是它的**客观条件和要素**。真正的、**与生活、人同一**的哲学家必须有**高卢人和日耳曼人**的血统。……**心**——**女**性的原则，对于有限的东西的**感官**，唯物主义的所在地——这是**法国式的思想**；**头**——男性的原则，唯心主义的所在地——这是德国式的思想。心是革命的；头是改良的；头使事物**各得其所**，心使事物**运动**。但是只要哪里有运动、激动、激情、热血、感性，那里也就有**精神**。"① 马克思根据费尔巴哈的这些言论，在 1843 年 10 月 3 日作出如下评价："您是第一批宣布必须实现德法科学联盟的著作家之一。"②

的确，马克思从费尔巴哈的《临时纲要》中得出的实际结论是由于他本人直到 1843 年春所获得的知识打下了基础。马克思在为《莱茵报》撰稿期间已经对法国大革命有所研究。对黑格尔君主立宪制学说的批判，对《莱茵报》刊载的埃德加尔·鲍威尔《论中庸》一文展开论争的打算，《莱茵报》发表的关于法国大革命和 1831 军 7 月革命的内容丰富的文章，以及对莱茵地区资产阶级所接受的法国资产阶级革命的要求的研究和对这些要求的批判，都促使马克思去分析研究法国现代历史的过程和后果。新的认识也必定为同法国唯物主义建立新的关系铺平道路；马克思是通过黑格尔的哲学史、通过费尔巴哈的著作并通过他从柏林大学生时期亲自进行的研究，熟悉了法国唯物主义的思想财富的。然而对马克思影响最深远的也许是 1842 年夏季开始的对空想社会主义和

---

① 参见《马克思恩格斯全集》第 1 版第 41 卷第 361 页脚注。
② 《马克思恩格斯全集》第 1 版第 27 卷第 444 页。

空想共产主义的分析研究使他明确了要在德国哲学与法国哲学之间建立科学联盟。最后，马克思在《莱茵报》上发表的文章中直接提到的作家比埃尔·约瑟夫·蒲鲁东、比埃尔·勒鲁、普罗斯佩-维克多·孔西得朗和泰奥多尔·德萨米都属于为实现德法科学联盟应当争取的战友。

一当马克思阐明了出版《德法年鉴》的构想并说明理由，卢格便不再理会为在国外继续出版《德国年鉴》而采取的各种措施。萨克森的内务部长向第二议院提出了一项法律草案，按照这项草案，超过20印张的印刷品可以免于书报检查。维干德建议，这一法令生效以后，把《德国年鉴》作为超过20印张的季刊在莱比锡继续出版。① 卢格赞成这一意见并且希望马克思同意这个建议："马克思在科隆时曾愿意支持原先的计划；但愿地址的改变不会成为障碍。"②

此外。第二议院最初对1843年2月2日呈递的控诉③的反应是友好的。申诉人诸求取消对年鉴的查封。2月，第二议院常务委员会向全体会议提出动议，主张在书报检查制度的严密监视下政府可以准许《德国年鉴》继续存在。关于这一点，报刊在3月初也有所报道。这样做的结果使卢格设想，控诉将获得"有利的表决"。1843年3月8日他要求马克思实现自己的意图（显然是在一封未保存下来的、3月3日的信中提出的）并前往德累斯顿，在那里等候第二议院的磋商结果。④

---

① 《马克思恩格斯全集》原文版第3部分第1卷第399页。
② 《马克思恩格斯年鉴》第1卷第365页。
③ 阿尔诺德·卢格、奥托·维干德：《呈萨克森议会第二议院。对1843年1月3日根据内务部命令查封〈德国科学和艺术年鉴〉杂志的控诉》，1843年不伦瑞克版。
④ 《马克思恩格斯全集》原文版第3部分第1卷第399—400页。

但是，马克思在1843年3月13日对继续办《德国年鉴》一事颇有疑虑。即使事实上《德国年鉴》重新获准出版，"我们至多也只能做到一个已停刊的杂志的很拙劣的翻版"。超过20印张的书。如计划要出的季刊，"就不是给人民写的书"。出版地点只有以国外为宜，而且斯特拉斯堡最合适，也许还可以在瑞士。马克思重申了他3月3日提出的出版《德法年鉴》的建议。①

1843年4月10日第二议院通过新的法律草案。维干德着手准备出版季刊，该刊以《维干德季刊》为名于1844年5月首次出版。1843年5月9日第二议院以52票对8票，否决了委员会让《德国年鉴》重新出版的动议。马克思一封未保存下来的、致摩里茨·弗莱舍的信中谈到过这一情况：磋商的结果给卢格以"沉重打击"。②

1843年5月10—24日马克思在德累斯顿逗留期间，卢格才决定采取具体步骤准备出版《德法年鉴》，5月24日他给费尔巴哈写信谈到新杂志的计划和内容："我们希望完全自由地在国外出版这份杂志，彻底抛弃旧年鉴平庸、烦琐和保守的东西。为此目的，我们要同那些最卓越的法国人：**勒鲁、蒲鲁东、路·勃朗**，也许还有**拉马丁**（大概没有或者不需要争取**拉梅耐**和**科尔梅宁**）联合办这份杂志，使他们同我们一起直接参与写作（人人都能用法文阅读）并一起建立一个编辑部。我们将同他们一起公布刊名和计划。这样就可以通过这个事业一举体现两个民族的思想联盟。"③ 显而易见，这个计划完全符合马克思和卢格——根据马克思的倡议——共同制定的观点。费尔巴哈在1843年6月2日同

---

① 《马克思恩格斯全集》第1版第27卷第441页。
② 《马克思恩格斯年鉴》第1卷第375页。
③ 《马克思恩格斯年鉴》第1卷第372页。

意这个计划，但他在6月20日修正了自己的意见。他并不反对出版《德法年鉴》的构想本身，"但是从实际的观点出发，特别是现在看来，它并不是十拿九稳的。这种联盟是引人注目的，也因而达不到自己的目的"。通过这种与法国人的联盟不会获得"新的理性根据和信念根据"。①

马克思从德累斯顿直接前往他于1843年6月19日在那里结婚并暂时在那里住过的克罗茨纳赫。卢格同弗吕贝尔共同承担了杂志的实际筹备工作。马克思只是明确表示能在斯特拉斯堡居住的愿望，因为他觉得巴黎的生活费用太昂贵，而且他还担心，这里"同德国简直无法联系"。据说，编辑部的工作10月1日就开始了。②

关于出版《德法年鉴》的实际筹备情况

弗吕贝尔被争取成为杂志的出版人，《现代德国哲学和政论界轶文集》就是在他的出版社出版的。弗吕贝尔是苏黎世和温特图尔的文学社的共有者之一和该社图书的经理人。这个出版机构于1840年12月31日由弗吕贝尔和温特图尔的出版商乌尔里希·赖因哈特·黑格纳共同创建。③1843年4月1日，苏黎世的福伦，即在普鲁士推行专制政治前流亡瑞士的著名自由主义作家，以及柏林的古斯达夫·齐格蒙德，即海尔

---

① 费尔巴哈1843年6月20日给卢格的信，载于《费尔巴哈通信集》1963年莱比锡版第175—176页。
② 《马克思恩格斯年鉴》第1卷第374页。
③ 苏黎世的尤利乌斯·弗吕贝尔和温特图尔的乌·赖·老黑格纳1840年12月31日协议书，苏黎世中心图书馆《弗吕贝尔遗著》。

维格夫人的兄弟，作为股东入股。① 这四位所有主每人向出版社提供一笔数目相等的资金11000古尔登或6000帝国塔勒。因而首先使新杂志的出版具备了有利条件。

马克思于5月份还在德累斯顿逗留期间，原以为会为签订合同一事拜访弗吕贝尔。但是，弗吕贝尔直到5月底才来到并且同卢格达成协议。弗吕贝尔同意出版杂志而且赞成在斯特拉斯堡创办书店。据说他们在同往巴黎时就着手进行出版年鉴的直接筹备工作，首先是同法国作家的合作。

为进一步得到经济上的赞助，他们曾考虑过按照莱茵报社的模式建立股份公司。卢格已于6月12日向科隆、柏林、科尼斯堡、布勒斯劳和莱比锡寄送了有关的要求。其中写道："打算创办一个完全摆脱书报检查制的书店。它将处于瑞士的附属州政治所辖范围之外。……为此目的署名者敦促自由报刊的朋友们：在最近3个月内认购每股为50帝国塔勒的股票1000股，从1843年10月1日起每年复活节集市偿付4%的利息。"尽管卢格和弗吕贝尔多次以书面形式敦促并亲自作出努力，认购股份一事仍未能实现。而值50帝国塔勒的股票，只有有产阶级和阶层的成员才买得起。但是这些人不愿意再无条件地向具有彻底民主主义目标的《德法年鉴》提供资金。罗伯特·勃各姆曾建议发行面值5帝国塔勒的"大众股票"，以便创办一个"大众股份公司"。可是卢格拒绝了这个建议。②

---

① 苏黎世的尤利乌斯·弗吕贝尔博士先生的协议书；有关苏黎世和温特图尔文学社。1843年4月1日。苏黎世中心图书馆《弗吕贝尔遗著》。

② 勃鲁姆1843年10月3日给弗吕贝尔的信，苏黎世中心图书馆《弗吕贝尔遗著》。

1843年6月。以文学社出版《德法年鉴》成了问题。弗吕贝尔不得不放弃编辑《瑞士共和主义者》杂志,从而放弃了出版社的收入来源。7月19日。苏黎世州委员会没收了两部著作,并对弗吕贝尔和黑格纳提出诉讼。① 因此出版社蒙受巨大的经济损失。普鲁士政府对文学社的出版物采取的压制措施还明显地影响了"这个逃避书报检查"的出版社的销路。② 约翰·卡斯帕尔·布伦奇里《瑞士的共产主义者。根据在魏特林那里发现的文件》的报告,也是在7月上半月发表的,弗吕贝尔及其出版社在这个报告中被指控积极支持和推进具有犯罪性质的共产主义阴谋活动。③ 此外,弗吕贝尔一般过高地估计了自己的经济能力而陷入无支付能力的困境。④ 所有这些都严重地威胁到出版社的继续存在。

1843年7月19日,卢格开始了他计划的巴黎之行。7月22日,他于布鲁克贝尔格在费尔巴哈那里稍事逗留,7月25日,于克罗茨纳赫在马克思那里停留了一下。在访问马克思期间他们作出决定,马克思要于1843年9月底迁居斯特拉斯堡。⑤ 7月底,卢格在科隆同弗吕贝尔和

---

① 尤利乌斯·弗吕贝尔:《从苏黎世州法律看妨害宗教罪。就〈基督教真相〉和〈来自瑞士的二十一印张〉两部著作引起的诉讼案谈对人民的教训》,1844年苏黎世和温特图尔版。

② 齐格蒙德1843年8月11日给弗吕贝尔的信,苏黎世中心图书馆《弗吕贝尔遗著》。

③ 弗吕贝尔和福伦1843年7月20日给驻苏黎世的政府枢密顾问的信。苏黎世国家档案。I(2)第239页。

④ 齐格蒙德1843年7月6日和8月11日给弗吕贝尔的信,卢格1843年7月6日给弗吕贝尔的信,苏黎世中心图书馆《弗吕贝尔遗著》。

⑤ 《马克思恩格斯年鉴》第1卷第377页。

莫泽斯·赫斯会晤。① 卢格和弗吕贝尔希望在科隆为新计划争取到以往资助过《莱茵报》的人们的支持。但是，他们中有一部分人已经不在那里，有一部分人则对计划筹办的杂志持怀疑态度。从这方面估计一时是得不到资助的。② 不过卢格本人却通过补充协议，照样投资11000古尔登，作为又一名股东加入出版社企业。③ 弗吕贝尔返回苏黎世，卢格和赫斯先前往布鲁塞尔并于8月9日到达巴黎。

　　1843年8月11—18日期间，弗吕贝尔提议：马克思作为《德法年鉴》的共同出版者也应当是文学社的共有者。他那11000古尔登的股份应当通过已由卢格着手进行的认购股票的办法入股。斯特拉斯堡再一次被确定为书店的所在地，而且马克思的编辑酬金也有了规定。同时还规定卢格仍留在德累斯顿，由马克思单独完成编辑工作。一旦"为马克思筹足11000弗洛林"，就应当着手年鉴的出版工作。④ 在一封也许是卢格写于8月18日可是未保存下来的信中，卢格向马克思提出了上述建议，并请马克思对此表示赞同或否定。⑤ 然而马克思暂时没有回复。1843年9月4日卢格在给母亲的信中还写到："马克思没有回复我的信，我又像在德累斯顿一样，同他失去一切联系。我在给他的最后一封信里还是向他提出一个建议，对此他必须或者明确表示接受。或者坚决

---

① 1843年8月9日《曼海姆晚报》第185号。
② 弗吕贝尔1845年6月16日给古斯达夫·梅维森的信，复印本。苏黎世中心图书馆《弗吕贝尔遗著》。
③ 苏黎世和温特图尔文学社同德累斯顿哲学博士阿尔诺德·卢格的协议，苏黎世中心图书馆《弗吕贝尔遗著》。
④ 《马克思恩格斯年鉴》第1卷第376页。
⑤ 《马克思恩格斯年鉴》第1卷第376页。

拒绝，也就是说建议他成为书店的共有者；这件事没有他的同意是不行的。"①9月22日卢格再一次给马克思写信。从这封信的内容可以得出结论。马克思在此期间已经写了表示同意的复信。②

1843年9月15—21日期间，弗吕贝尔抵达巴黎。③ 弗吕贝尔和卢格没有征得马克思的同意便决定，书店不应设在斯特拉斯堡。巴黎将成为年鉴的出版与印刷地点。此外，卢格还决定全家迁往巴黎。他于9月22日把这两个决定写信告诉马克思。④ 卢格明确表示希望马克思在这种情况下不要前往斯特拉斯堡，而应当去巴黎。马克思那封大概写于9月的复信没有保存下来。他作出了去巴黎的决择，1843年10月3日他写信告诉费尔巴哈，过几天他就将启程。⑤ 卢格在10月5日离开巴黎；马克思于10月11日或12日到达那里。⑥

拟议中同法国人的合作

按照最初的设想，即1843年5月，正值马克思在德累斯顿时卢格写信告诉费尔巴哈的那个设想，首先应当争取勒鲁、蒲鲁东和路易·勃

---

① 《马克思恩格斯年鉴》第1卷第378页。
② 《马克思恩格斯全集》原文版第3部分第1卷第412页。
③ 卢格1843年8月29日给恩玛·海尔维格的信；卢格1843年9月2日给海尔里·克希昌的信，苏共中央马列主义研究院中央档案馆。
④ 《马克思恩格斯全集》原文版第3部分第1卷第412页。
⑤ 《马克思恩格斯全集》第1版第27卷第443页。
⑥ 弗吕贝尔1843年10月11日给达哥贝尔特·奥本海姆的信，科隆历史档案第1085号（《莱茵报》）。卢格1843年10月6日和20日给弗吕贝尔的信，见《马克思恩格斯年鉴》第1卷第379、380页。

朗为杂志撰稿或者共同编辑杂志。还考虑争取阿尔丰斯·德·拉马丁为杂志撰稿。

勒鲁是昂利·圣西门的拥护者而且自认为是他的继承人。早在1842年马克思已经熟悉勒鲁的主要著作。在这些著作中,勒鲁进一步阐发了圣西门关于人类不断发展的思想,不过大力灌输了神秘的和宗教的观念。在法国作家中,勒鲁是最深入钻研德国哲学的人。但是他认为,在谢林的观点中找到了他自己的社会批判理论的哲学基础。"谢林先生曾经多么巧妙地使法国人——起初是使懦弱的折中主义者库辛,稍后甚至是使天才的勒鲁——中了圈套!就是说,在比埃尔·勒鲁之流眼里,谢林一直是一个用理性的现实主义代替了超验的唯心主义,用有血肉的思想代替了抽象的思想,用世界哲学代替了行帮哲学的人。"① 勒鲁出版了《独立评论》杂志,在卢格看来。这本杂志是他们准备重新创办的刊物的蓝本。勒鲁在杂志里提出要求,希望作为和平的革命者为无产阶级工作。②

蒲鲁东自1840年起先在法国,1842年夏季起又在德国由于他的《什么是财产?》这部著作而远近闻名。1842年夏,马克思称这部著作是"智慧的作品",对它首先"只有不断的、深入的研究之后才能加以批判"。③ 蒲鲁东坚决批判私有制,并且把无财产者的贫困直接归结为私有财产的存在,他称私有财产是盗窃,因为由大家生产的财富也应当属于大家而不应当仅仅属于少数人。马克思后来写道。蒲鲁东的先驱们也批判了私有财产并空想地"废除"了私有财产;但是,蒲鲁东对沙

---

① 《马克思恩格斯全集》第1版第27卷第444页。
② 《马克思恩格斯全集》原文版第1部分第2卷,附录,注第480。
③ 《马克思恩格斯全集》第1版第1卷第134页。

尔·傅立叶和圣西门的关系,大致就像费尔巴哈对黑格尔的关系一样。一方面,同傅立叶与圣西门相比,蒲鲁东是贫乏的;但是另一方面,他注意到了一些对于批判的发展却很重要的论点。① 从蒲鲁东这种相互矛盾的作用可以说明他在当代具有的重要意义以及连马克思也没有摆脱掉的对他的过高评价。

路易·勃朗由于1839年发表的《劳动组织》一文而颇受欢迎。当筹办年鉴时,他的5卷本著作《法国革命。1830—1840年的十年历史》有3卷出版了。1843年8月文学社出版社出版了这3卷的德译本。卢格于1843年6月底至7月初为译本写了前言。② 勃朗还着手研究了被压迫和被剥削阶级的贫困,他要求把消除资本主义的竞争和重新组织劳动作为补救手段。

拉马丁,特别是1830年后,以自由主义政治家著称。在筹备年鉴期间,他在法国议会中的出现,不仅在法国而且也在德国受到人们政治上的关注。1843年2月和3月。他在议会的发言是莫泽斯·赫斯从巴黎给《莱茵报》投寄的通讯报道的中心。拉马丁说明七月革命的特征是资产阶级对贵族的最后胜利。以后,资产阶级就变得敌视人民,并分裂成相互间为统治权而争斗的派别。他批评法国政府是一步一步复辟的政府,并要求恢复到1830年七月革命时期的民主主义原则。他谴责政府对资产阶级的物质利益的依赖性。他渴望有一个"群众的"、"政治知识界的"和"劳动的"政府。他希望通过和平改革达到自己的目的。他首先支持激进的选举改革。法国的空想社会主义者说明他的思想的特

---

① 参见《马克思恩格斯全集》第1版第16卷第28—29页。
② 路易·勃朗:《1830—1840年的十年历史》,附有《侨居国外的德国政论家论增进德国人和法国人的相互了解》的前言,1843年苏黎世、温特图尔版第1卷。

征是社会主义的。赫斯曾为《莱茵报》摘译过一些这样的文章。1843年初拉马丁的立场说明,为什么卢格和弗吕贝尔特别积极地争取拉马丁为《德法年鉴》撰稿。①

赫斯在这时已经信仰共产主义并力求获得共产主义的哲学论据,同法国共产主义者和其他社会主义者的联合一开始就是通过他建立起来的,不过卢格和马克思起先并没有想到同其他社会主义者的合作。这些法国社会主义者有德萨米和埃蒂耶纳·卡贝,还有孔西得朗。②

马克思也是从1842年底就已经从事对孔西得朗、德萨米和卡贝的研究。那时孔西得朗是傅立叶的最著名的追随者,他以自己的著作使傅立叶主义重新振兴;他是《和平民主日报》的编辑。他同拉马丁有友好交往,是和平改革的追随者,但是他拒绝参与政治斗争。1842年德萨米发表了《公有法典》。他是一位杰出的理论家,他直接从法国的唯物主义推导出共产主义。卡贝,以浪漫和空想的观点描绘共产主义的《伊加利亚旅行记》的作者,在那时出版了《人民报》。卢格经赫斯介绍也结识了积极致力于对工人进行政治教育和组织工人联合会的弗洛拉·特莉斯坦,结识了乔治·桑,并了解了她们的社会主义思想。

尽管卢格还在1843年5月24日给费尔巴哈的信中写道:"大概没有或者不需要"③ 争取费里西德·罗伯尔·德·拉梅耐,但卢格还是试图赢得拉梅耐对《德法年鉴》的支持。拉梅耐从激进共和主义的和宗教的立场出发,非常尖锐、激烈地批评了社会现状,但是始终停留于预

---

① 《马克思恩格斯全集》原文版第1部分第2卷第496页。
② 阿尔诺德·卢格:《巴黎二载,文稿和回忆录》1846年莱比锡版第1卷第64—65页。
③ 《马克思恩格斯全集》原文版第1部分第2卷第534页。

言般的救世思想，而且不能对社会关系作出分析。

卢格在巴黎筹办《德法年鉴》并寻求同进步的自由主义者以及社会主义者和共产主义者进行合作时所持的那种政治和理论观点，在为前面提到的勃朗著作的译本所写的题为《侨居国外的德国政论家论增进德国人和法国人的相互了解》这篇前言中，十分明显地反映出来。1843年6月18日卢格在给摩里茨·弗莱舍的信中写道："关于这个杂志的设想和关于同马克思的联合，我不需要再向您说什么了，您自己就会承认法德两国引人注目的思想联合的重要性而且很容易拟订促成这种联合的方式方法。自然，我们要让法国人一起写作，而且是用法文写。我们力图使他们对我们了解清楚，他们也力图使我们对他们了解清楚。之后可以使我们进一步研究他们的著述以及他们的政治运动和社会运动，反之也一样。这一事业会在过程中继续自行发展。"① "我现在一本接一本地阅读法文书，当然是新出的书，即**乔治·桑**、**路易·勃朗**和**蒲鲁东**等人的书。我想给**路·勃朗**的10年历史一书的译本写一篇前言，以便把我们通过杂志确立的联系先建立起来。"

卢格的出发点是1843年夏承认被压迫阶级有改变其社会地位的权利。为此他特别强调了勃朗和蒲鲁东的功绩。他们，正像现代的德国哲学一样，但比德国哲学不知有益多少，不是把财产而是把人上升为社会和国家的原则。因此，卢格驳斥了利奥·施泰因对法国社会主义和共产主义的批判。此外，他认为，问题在于对已经把自由人上升为原则的法国大革命成果的评价。借助拿破仑而在德国推行的这一正确原则，是法国大革命的变种，并且为反动派提供了在爱国主义旗帜下复辟陈腐的封建关系的可能性。人民主权和国家公民在德国一直是陌生的概念。就这

---

① 《马克思恩格斯年鉴》第1卷第375页。

一点来说，封建制度依靠的是那些只知道私人利益的德国庸人。

为同法国人联盟，德国人要首先介绍自己的哲学。哲学的解放是从费尔巴哈开始的。因为他扬弃了整个黑格尔体系并把人的理性，即自由人上升为原则。卢格要求在费尔巴哈哲学的基础上和完全实现人权的基础上建立起德国人与法国人的优秀力量之间的联盟。他在这篇前言中还说明这样一个原则：从对现存事物的批判中推断出应予解决的任务，作为现实历史的结果和要求。这种具体—历史的超出自身的思想也是改变现存关系的最重要的前提。

卢格让人在巴黎把这篇前言译成法文。前言在筹办年鉴时所起的作用并不是无足轻重的。① 它应该是为同法国作家的合作做准备的，但同时也提供了重要根据；为什么由于不同的动机而没有能够实现同法国社会主义者、共产主义者以及激进的自由主义者的合作。

马克思认为，同法国社会主义者和共产主义者的科学联盟，是他在给《莱茵报》撰稿时期自己剖析社会的社会结构的结果，首先是他认识到"无财产的群众"的结果。早在1842年底，马克思就考虑到这个阶级的利益，即通过他的人民代表制的要求实现这个阶级的权利。他希望人民代表制实现人的自由，但是，他已经为了大多数受剥削的阶级的利益，把它同按社会差别提出的任务联系在一起。马克思追求的是同这样一些法国作家建立联盟：他们坚持不懈地要求人民代表制和真正民主的政府形式、他们研究"无产者阶级"的社会状况、分析并探索无产阶级穷苦、贫困的原因，并试图把他们的政治和社会理论同德国的和法国的哲学联系起来。

---

① 卢格1843年9月2日给克希吕的信，苏共中央马列主义研究院中央档案馆。

卢格告诉了马克思有关他同卡贝的争论。① 卢格在这封未保存下来、写于1843年8月18日的信中肯定还继续谈到他在巴黎的谈话。② 马克思在已经付印发表的"书信"中所作的估价，可能是对卢格的说明的答复："所以我不主张我们竖起任何教条主义的旗帜。相反地，我们应当尽量帮助教条主义者认清他们自己的原理的意义。例如共产主义就尤其是一种教条的抽象观念，而且我指的还不是某种想象中的和可能存在的共产主义，而是如卡贝、德萨米和魏特林等人所鼓吹的那种实际存在的共产主义。这种共产主义只不过是人道主义原则的特殊表现，它还没有摆脱它的对立面即私有制的存在的影响。所以消灭私有制和这种共产主义绝对不是一回事；除了共产主义外，同时还出现了如傅立叶、蒲鲁东等人的别的社会主义学说，这决不是偶然的，而是完全必然的，因为这种共产主义本身只不过是社会主义原则的一种特殊的片面的实现而已。"③

如果说马克思试图把共产主义列为人类社会及其思想发展中的历史现象，而不是仅仅简单地把它当作幻想、空想和教条而不屑一顾，那么这是符合马克思的辩证历史观的。正是对共产主义的这种批判分析促使他同法国共产主义者进行合作。马克思认为，同他们的联合有可能克服他们学说的片面性。在马克思看来，这种片面性首先在于：空想主义者不是从对现存关系的分析出发来阐明和论证应予解决的任务。他们虽然猛烈地批判了社会状况，但是仅仅以一种现成的制度与之相对立。而且他们有一部分人拒绝参加政治斗争。

---

① 《马克思恩格斯全集》原文版第3部分第1卷第410页。
② 《马克思恩格斯全集》原文版第1部分第2卷第485—486页。
③ 《马克思恩格斯全集》第1版第1卷第416页。

马克思想通过德法科学联盟来实现自己目的的做法，典型地表现在他亲自努力争取两位撰稿人。这就是，从德国人方面来说，首先是费尔巴哈，从法国人方面来说，就是蒲鲁东。

《德法年鉴》第 1 期的筹备工作——《年鉴》的编辑情况

从 1843 年 10 月中旬直到 12 月 8 或 9 日卢格到达巴黎之前，马克思独自负责《德法年鉴》第 1 期的筹备工作。保存下来的几封书信对马克思曾经建立了哪些联系和采取哪些具体步骤提供了一些情况。

随着创办德法书店，设立《德法年鉴》办事处和《德法年鉴》发行部（瓦诺街 22 号），总算已有了一批撰稿人；亨利希·海涅不久后称这批人为"志向相投者。"① 这批人中有：莫泽斯·赫斯、路德维希·贝尔奈斯、格尔曼·莫伊勒、格奥尔格·海尔维格、米哈伊尔·巴枯宁，还有 1843 年 12 月 16 日从德国返回的亨利希·海涅。通过莫伊勒和赫斯一开始同正义者同盟巴黎支部，首先同海尔曼·艾韦贝克就有所接触。他们全是抱着不同的观点开始进行共同的工作，这项工作形成为一个对政治和理论的基本问题交换意见的过程；在马克思到达以前，这个过程已经开始了，后来他也置身其中。这些讨论有助于马克思更精确地理解一些问题。他本人很快就成为这批撰稿人的领导人。

在筹备德国人和法国人的合作及创办年鉴方面，莫泽斯·赫斯的参与是有重大作用的。马克思在科隆任《莱茵报》编辑时已经同他有过密切合作。1842 年 12 月，赫斯作为《莱茵报》的通讯员迁居巴黎。他

---

① 海涅 1844 年 4 月 17 日给尤里乌斯·康培的信，载于《海涅全集》第 22 卷第 102 页。

的通讯反映了对空想社会主义和1843年初法国报刊所宣传的共产主义的批判分析。他在巴黎接触了法国社会主义者和共产主义者并同正义者同盟支部有密切联系。1843年春，他在这里对威廉·魏特林的《和谐与自由的保证》进行了评论。从而有相当大的影响。1843年5月15日，艾韦贝克写信给魏特林说，赫斯前往苏黎世到弗吕贝尔那里去了，劝他同赫斯、弗吕贝尔和巴枯宁"建立明确的联系并保持密切的交往"。① 赫斯显然是按照弗吕贝尔的建议才得以同卢格在科隆会晤并一起旅行的，弗吕贝尔这样做是因为他总想利用赫斯在巴黎的关系来筹办《德法年鉴》。事实上，1843年8月和9月，卢格在巴黎的大多数会见，例如同莫伊勒、海涅、艾韦贝克、卡贝、孔西得朗、德萨米和勃朗等人的会见，都是由赫斯介绍的。同样可以设想，赫斯也使马克思很快结识了法国社会主义者和共产主义者以及正义者同盟的领导人。

此外，贝尔奈斯的参与对年鉴的问世也起了作用。而且马克思在《莱茵报》工作时期也认识贝尔奈斯。为了逃避逮捕，贝尔奈斯不得不在1843年离开德国，先是迁居斯特拉斯堡，然后移往巴黎。在那里他被弗吕贝尔正式雇用。2月29日和3月2日期间，卢格给勒文塔尔写信说："我们有一个办事处而且有一位办事处经理，二者都很合适。来自福兰肯塔尔的法学博士贝尔奈斯先生，一度任《曼海姆晚报》编辑，他负责管理事务并驻守办事处"。

格尔曼·莫伊勒一开始就是扩大的编辑部成员。1843年8月。卢格已经更进一步熟悉了莫伊勒，并急切建议马克思住进莫伊勒的家。弗吕贝尔从苏黎世发出的全部信件，所有的资料，给马克思的信以及杂志

---

① 《共产主义者同盟文件和资料》中国人民大学出版社1989年版第1卷第114页。

的稿件等等均投寄莫伊勒的住址。所有这一切表明，在他与马克思之间存在着多方面的联系。

莫伊勒和赫斯同正义者同盟巴黎支部有非常密切的联系，莫伊勒还是同盟的成员。马克思后来写道，他第一次逗留巴黎期间跟同盟的许多人有过私人交往。① 这种私人交往，首先指同艾韦贝克的交往，显然不是马克思在给《前进报》撰稿期间开始的，而一定是更早的时候开始的。艾韦贝克想必也对同《德法年鉴》的出版人密切合作感兴趣。早在1842年秋天，巴黎支部就想创办一个"月报（不排斥共产主义的）"。② 魏特林出版的、由巴黎支部成员定期撰稿的《年轻一代》，不得不于1843年5月停刊。同盟成员需要一个新的机关刊物。卢格本人写道：1843年夏天，赫斯介绍他结识的第一个人就是艾韦贝克。③

鉴于所有这些理由，可以假定，马克思在1843年底就同正义者同盟巴黎支部有了联系。当然，马克思在《莱茵报》编辑部工作期间，而且肯定在巴黎初期，也是批判地看待同盟的活动并采取观望态度的。1843年11月21日他在给弗吕贝尔的信中写道："本地一些人（赫斯、魏尔等）迄今为止给我寄来的文章，我不得不——经过长期争吵之后——拒绝了。"④ "完全可以设想，其中也有同盟成员的文章，尤其是艾韦贝克的文章。马克思的态度反映了1843年底存在于以马克思为一方同以赫斯及同盟成员为另一方之间的不同观点。只是由于马克思对无产阶级、历史作用的认识，他的彻底转到共产主义立场以及他对正义者

---

① 《马克思恩格斯全集》第1版第14卷第464页。
② 参看《共产主义者同盟文件和资料》中国人民大学出版社1989年版第1卷第416页。
③ 阿尔诺德·卢格：《巴黎二载，文稿和回忆录》1846年莱比锡版第64页。
④ 《马克思恩格斯全集》第1版第27卷第447页。

同盟领导人思想的日益增长的影响——他们在《前进报》上的文章明确表现出这一点，才逐渐创造了密切合作的前提。

1843年海尔维格和巴枯宁移居巴黎。海尔维格同马克思、卢格和弗吕贝尔的密切联系以及巴枯宁同卢格和海尔维格的多年交情从一开始就决定了他们同《德法年鉴》编辑部的密切关系。

卢格在8月已经结识了海涅。海涅是编辑部的核心人物。这段时期他和马克思之间形成了牢固的友谊。

虽然缺乏有关的证据，但马克思同勒鲁、孔西得朗和路易·勃朗似及他们所领导和施加影响的《独立评论》杂志、《和平民主日报》与《改革报》也肯定有了联系。蒲鲁东这时不在巴黎。此外，同法国一批民主主义者也有接触，例如同医生盖里埃（他把卢格的《论增进德国人和法国人的相互了解》的前言译成法文）、阿道夫·李宾特罗普、维克多·舍耳歇有过接触。首先，舍耳歇想必引起了马克思的兴趣，因为他拥有一个供任何人使用的相当可观的大图书馆。①

这段时期马克思同弗吕贝尔有密切的联系，一部分稿件就是通过他送往巴黎的。在马克思同弗吕贝尔之间颇有启示的来往书信中只有马克思写于1843年11月21日的一封信保存下来了。②

在争取《瑞士共和主义者》和《来自瑞士的德意志通报》的前撰稿人和争取在弗吕贝尔出版社出版过著作的一些作家支持《德法年鉴》的工作方面，弗吕贝尔是有积极影响的。他可能还要求恩格斯也来支持《德法年鉴》，因为恩格斯也是《来自瑞士的二十一印张》的作者之一。1843年5月，《瑞士共和主义者》杂志预告，要定期发表来自英国、法

---

① 《马克思恩格斯年鉴》第1卷第388页。
② 《马克思恩格斯全集》第1版第27卷第446—448页。

国和德国的报道。这个计划首先是以发表恩格斯的《伦敦来信》来实现的。1843年6月27日,他的第四封伦敦来信发表了。① 很显然。这类文章本来应当连续发表,但是由于刊物转让而不可能再这样做了。弗吕贝尔寄往巴黎的、开头写有"第五"字样的恩格斯手稿,可能就是《伦敦来信》的续稿。② 可以设想,弗吕贝尔在七月或八月向恩格斯谈了《瑞士共和主义者》事件并约请他为年鉴撰稿。当然也有可能是莫泽斯·赫斯努力争取恩格斯撰稿。

那份直到1844年初仍然没有发表的文件《1834年6月12日维也纳部长会议最后议事录》也是经弗吕贝尔转寄巴黎的。马克思极力主张把这个文件收入第1期。③

1843年11月20日,弗吕贝尔把文献书刊社前几个月出版的最重要的书刊寄给了马克思。此外,弗吕贝尔在1843年12月6日给海尔维格的信中写道:"你从我刚刚写给马克思的信上可以看到,同纽约克的联合对我们来说具有多么重要的意义。……我在给马克思信中写过的东西,就不需要再向你重述了。"

马克思在德国请哪些作家撰稿表明了他1843年秋竭力争取达到的杂志出版方针。占第一位的是费尔巴哈,1843年10月3日马克思请他撰写一篇关于谢林的文章。抨击谢林就是抨击普鲁士的政治。同时马克思希望借助这篇文章使一些法国作家,首先是勒鲁鲁,摆脱谢林哲学的影响。④ 费尔巴哈回绝了这个请求,但是他介绍克利斯提安·卡普撰

---

① 《马克思恩格斯全集》第1版第18卷第81—83、198—199、210—212页。
② 《马克思恩格斯全集》第1版第27卷第446页。
③ 《马克思恩格斯全集》第1版第27卷第446页。
④ 《马克思恩格斯全集》第1版第27卷第445页。

稿；卡普是费尔巴哈的朋友和青年黑格尔派。他在海德堡大学讲授哲学。①卡普送去他的著作《弗里德里希·威廉·约瑟夫·冯谢林》的导言作为对马克思的要求的回复。②这篇文章也许可以收入以后几期中的某一期；然而马克思和卢格也期待卡普直接为年鉴写一篇文章。③

此外，马克思给自由派历史学家卡尔·哈根（他也是海德堡人）写信，请他为年鉴撰稿。④哈根曾经是《莱茵报》的撰稿人，所以认识马克思。马克思在担任编辑工作期间发表了哈根的一篇内容翔实的论专制主义的文章，文章明确强调了这个题目对当时的政治意义。这篇文章还包括对法的历史学派的批判。⑤

1843年11月卢格在莱比锡同《莱茵报》和《德国年鉴》的前撰稿人会面，争取他们作为杂志的撰稿人。但是他们大多数人持怀疑态度并拒绝德法科学联盟。唯有卡尔·瑙威尔克和卡尔·亨利希·勃律盖曼表示赞同。⑥勃律盖曼也是《莱茵报》的前撰稿人，马克思当时是尊重他的。1843年2月中旬勃律盖曼就开始在马克思编辑的报纸上发表过内

---

① 费尔巴哈1843年10月25日给马克思的信，载于《马克思恩格斯全集》原文版第3部分第1卷第419—420页。费尔巴哈1843年11月14日给卡普的信，载于《费尔巴哈全集》第13卷第129—130页。

② 《马克思恩格斯全集》第1版第27卷第447页。

③ 费尔巴哈1844年3月26日给卡普的信，载于《费尔巴哈全集》第13卷第133页。

④ 《马克思恩格斯全集》第1版第27卷第447页。

⑤ 卡尔·哈根《现代欧洲的专制主义时代》，载于1842年11月29日《莱茵报》（科隆）第333号；1842年12月1日第335号；1842年12月4日第338号；1842年12月6日340号；1842年12月8日第342号。副刊。

⑥ 卢格1843年12月1日给马克思的信，载于《马克思恩格斯全集》原文版第3部分第1卷第421页。

容翔实的论述弗里德里希·李斯特及其著作《政治经济学的国民体系》的文章。但是由于该报被查封而未能刊载完。①

1843年12月8日或9日，卢格携家属抵达巴黎。12月19日，他告诉弗吕贝尔有关筹备第1期的进展情况。②1844年1月的头几天，弗吕贝尔把钱寄去，这样便能开始付印。2月5日，头两期的10个印张已印成。③1844年2月5—15日之间，卢格的前言以宣传品的形式作为特印本发表。④第1期《年鉴》预告是在2月15日出版；但第1期合刊显然是在1844年2月29日才在巴黎发行，29日前几天有2500本合刊已寄往德国。⑤

《德法年鉴》的问世是重大的政治事件，它显示出对普鲁士残存的半封建状况的坚决彻底的批判，标志着工人阶级科学世界观形成的一个转折点。杂志的这种历史意义首先是由于马克思的文章《论犹太人问题》和《〈黑格尔法哲学批判〉导言》很有影响。在这两篇文章中，马克思完成了向共产主义的转变，开始论证无产阶级的历史作用。他阐明"政治解放"的界限，论证了"人的解放"的必要性并从这种新的立场

---

① 卡·亨·勃律盖曼：《弗·李斯特博士和政治经济学的国民体系》，载于1843年2月16日《莱茵报》（科隆）第47号，1843年2月21日第52号，1843年3月2日第61号。副刊。

② 《马克思恩格斯年鉴》第1卷第382页。

③ 《马克思恩格斯年鉴》第1卷第384页。

④ 《在巴黎的德国人》，2月15日巴黎。载于1844年2月24日《总汇报》（澳格斯堡）第55号。

⑤ 亨利希·伯恩施太因：《柏林通讯》，载于1844年3月20日《前进报》第23号。卢格1843年2月29日至3月2日给勒文塔尔的信。苏共中央马列主义研究院。

出发批判了普鲁士的政治状况。在第1期合刊中恩格斯的《国民经济学批判大纲》和《英国状况》这两篇文章同样占有重要地位。恩格斯在文章中第一次对资产阶级的政治经济学进行了涉及阶级关系的原则批判并由此推导出消灭私有制的必然性。

卢格撰写了《德法年鉴计划》并从一些通讯以及马克思、费尔巴哈和巴枯宁的书信中汇编了一本《1843年通信》。《通信》首先因收进了马克思的几封信而具有特别的重要性。这两篇稿子是对杂志的任务与目的的介绍。

第1期合刊上发表了海涅的《献给路德维希国王的赞歌》和海尔维格的《背叛!》。这两位三月革命前时期的伟大诗人参加撰稿特别展现出这期合刊的特色。1844年2月20日，海涅在给他的出版者尤利乌斯·康培的信中写道："附带给您寄上我在卢格杂志上发表的我的诗作，但是在该杂志到达那里之前，请您不要把样本拿给任何人看。以免事先引人注意。这首诗将会引起高贵的先生们的恐惧。因为他们将看到，当我有所希图时我能够干什么。"①

《1834年6月12日维也纳部长会议最后议事录。附有梅特涅公爵的开幕词和闭幕词以及斐迪南·库恩勒施廷·贝尔奈斯著名的跋文》被收进《年鉴》，是有现实的政治意义的，尽管马克思急切希望予以首先发表的这篇东西已经于1844年1月24日在《前进报》上发表了。此外，第1期合刊还载有《最高法院对约翰·雅科比博士背叛国家，侮辱陛下和粗暴污蔑国家法律的判决。约翰·雅科比博士的报道》。雅科比博士是人民民主制的坚决捍卫者。两个文件对普鲁士政治状况作了中肯的描述和批判。

---

① 《海涅全集》第22卷第97页。

莫泽斯·赫斯的《巴黎来信》可能是在付印前不久才收入的，他在这些书信中描述了巴黎的民主主义的、社会主义和共产主义的报刊情况。

《德法年鉴》每一期都要有"报刊评论：表明它们对当代问题的态度"①。在第1期合刊里，这是通过《德国报纸一览》实现的。它包括12篇文章。卢格在1843年12月19日致弗吕贝尔的信中已经提到贝尔奈斯的《不可凭信的报纸纸》一文。② 其他大多数文章以及报纸一览全都是在1844年1月写的并在1月底即年鉴付印期间才最后完稿。这些匿名发表的通讯显然是出自卢格和贝尔奈斯的手笔。

争取法国作家撰稿的意图在第1期合刊里没有能够实现。路易·勃朗倒是答应过写一篇文章，算是回答卢格在为他的著作德译本写的导言中表示的意见。但是，他已于1843年11月10日在《独立评论》上发表了这篇文章，明确批判了德国现代哲学的反宗教性质；而卢格认为费尔巴哈是这一哲学的代表。③ 这可能也是其他法国作家抱拒绝态度的重要原因。此外，法国作家本身之间对于他们力求达到的目的，对于采用的途径和手段存在着极大的分歧；这种分歧妨碍他们在一个德法刊物上共同出现。④ 勃朗的文章使马克思、卢格和弗吕贝尔明白，同法国作家的相互理解比他们所想象的要困难得多。在1843年12月，还存在着法国作家给第1期撰稿的希望。⑤ 第1期合刊出版后，还有这种撰稿的可

---

① 《马克思恩格斯全集》原文版第1部分第2卷第184页。
② 《马克思恩格斯全集》原文版第1部分第2卷第184页。
③ 阿尔诺德·卢格：《巴黎二载，文稿和回忆录》1846年莱比锡版第157页。
④ 《马克思恩格斯全集》原文版第1部分第2卷第496页。
⑤ 《马克思恩格斯年鉴》第1卷第382页。

能性，而且还在继续作各种努力。① 随着继续出版杂志的计划落空，完全还有可能建立的德法科学联盟也就成为一纸空文了。

直接的影响

德国报界对第 1 期合刊号的预告和出版立即作出了反应。在《曼海姆晚报》竭力进行认真评论期间，② 《前进报》、奥格斯堡《总汇报》、《科隆日报》、莱比锡《德意志总汇报》，还有《特里尔日报》和其他报刊都发表了贬低年鉴出版的评论。因此，通讯员们几乎无一例外地把个别文章同卢格的《计划》作比较（其中有 1844 年 3 月 9 日《前进报》（巴黎）第 20 号；1844 年 2 月 24 日《总汇报》（奥格斯堡）第 55 号、1844 年 3 月 1 日第 61 号、1844 年 3 月 10 日第 70 号；1844 年 3 月 12 日《德意志总汇报》（莱比锡）第 72 号、1544 年 3 月 31 日第 91 号、1844 年 4 月 18 日第 109 号；1844 年 3 月 18 日《特里尔日报》第 78 号、1844 年 4 月 7 日第 98 号、1844 年 4 月 15 日第 106 号、1844 年 5 月 9 日第 130 号）。同时首先把海涅的诗，《报纸一览》，特别是把摘自贝尔奈斯的文章以及《1843 年通信》的引文同卢格提出的克制、自我控制、纯洁、尊严等要求相比较，认为它们是对这种意向的损害。③ 第 1 期合刊出版后没有几天，大家就知道这期合刊可能是最后一期，这些报纸便散布流言蜚语，马克思和卢格，还有《曼海姆晚报》的通讯员驳斥了

---

① 《马克思恩格斯年鉴》第 1 卷第 388 页。

② 见《曼海姆晚报》1844 年 3 月 9 日第 59 号；1844 年 3 月 29 日第 76 号；1844 年 4 月 10 日第 85 号；1844 年 4 月 24 日第 97 号；1844 年 5 月 11 日第 112 号；1844 年 6 月 25 日第 150 号。

③ 《马克思恩格斯全集》原文版第 1 部分第 2 卷第 683、185、497、651 页。

这些流言。① 值得赞许的批判首先包括马克思和恩格斯的文章。②

《莱茵报》和《德国年鉴》的前撰稿人、青年黑格尔派、革命民主主义者以及温和的和坚决的自由派对《德法年鉴》第 1 期合刊的评论各不相同。他们当中许多人欢迎年鉴的出版。他们的评论中具有代表性的可以说就是费尔巴哈的评价:"……此外,《德法年鉴》已经由于经济原因停刊了。……应该感到遗憾的是,这个杂志这么快就停刊了。第 1 期包括了重要的政治文件,这些文件暴露了我们的立宪国家法和国家制度这种闹剧的全部弱点,并表现出对政治状况、人物和事件的有力讽刺。但是。坚定的真理无法再容忍为数众多的德国庸人。"③

以往的其他战友则持保留态度,这首先是由于年鉴信仰共产主义。卢格和弗吕贝尔在几个月以后也对第 1 期合刊采取了这种态度。像马克思在 1842 年那样,卢格、弗吕贝尔、罗伯特·普鲁茨和其他人拥护的是这种意见:把共产主义作为应该严肃对待的现象予以彻底批判,同时发掘和汲取共产主义的积极要素。但是他们拒绝直接转向共产主义立场,而在马克思、恩格斯和赫斯的文章中这种转变已经有所表现;一般说来,1844 年以来,特别是西里西亚织工起义以来,可以观察到对共产主义思想有一种日益强烈的否定。

布鲁诺·鲍威尔及其追随者们首先在《文学总汇报》上抨击《德法年鉴》,但往往不是直接说出杂志的名称。他们似乎是政治批判的代表,但是这种批判属于历史上过时而且应该由"纯粹的批判"来接替

---

① 《马克思恩格斯全集》原文版第 1 部分第 2 卷第 683、185、497、651 页。
② 《马克思恩格斯全集》原文版第 1 部分第 2 卷第 683、185、497、651 页。
③ 费尔巴哈 1844 年 4 月 30 日给卡普的信,载于《费尔巴哈全集》第 13 卷第 134 页。

的发展阶段。①

由于巴斯噶·杜普拉1844年2月25日在《独立评论》杂志上发表了《黑格尔学派在巴黎》这篇文章,《年鉴》的出版得以在法国报刊上传播开来。作者依据的主要是以作为内容简介而先期发表的卢格的《计划》。

《德法年鉴》的停刊——为继续出版杂志所作的尝试

1844年1月,正当《德法年鉴》第1期最终印制完成时,文献书刊社重新陷入严重的财政困境。1843年夏天以来有待审理的弗吕贝尔和黑格纳破坏宗教诉讼案于1844年1月12日在温特图尔进行审判,弗吕贝尔被判处监禁2个月,黑格纳被判处监禁3个月,每人被判处罚款400法郎②。由于普鲁士政府当局的干预,许多书商害怕报复而不敢销售已经由文献书刊社提供的书籍。显而易见,在这种局势下,黑格纳终于无法经营这样的出版机构。1844年1月出版社濒于破产。

后来,卡尔·奥古斯特·福伦除了自己固定的投资额以外又垫付了相当可观的一笔钱,从而使出版社能够履行它承担的经济义务。他准备再垫付更多的钱,不过附加了一些条件。条件提出,弗吕贝尔独自领导出版社,立即停止经营巴黎书店,务必停止对年鉴的资助。有关这件事,1年后弗吕贝尔写道:"去年2月文献书刊社摇摇欲坠,多亏福伦,文献书刊社才得以维持下去,他把马上关闭巴黎的企业作为他提出的条

---

① 《马克思恩格斯全集》原文版第1部分第2卷第915—917页。注释第845。
② 温特图尔区法院警察局备忘录。1844年1月12日。温特图尔区法院(卷宗)Bh.17。

件之一。①

从那几个月的信件中可以看出，第1期合刊的政治内容促使福伦提出这种要求。后来弗吕贝尔说，他也对第1期合刊不满意。"然而这样的结局使我感到遗憾，这与其说是由于内部原因，不如说是由于外部原因，因为年鉴的第1期简直辜负了我的期望，以致在我看来这个企业由于内部条件必定一问世就夭折，对此卢格现在完全表示同意，但他恐怕不太愿意这样表达他的思想。"② 在他给罗伯特·普鲁茨的一封信中也可以找到类似的评价。

显然在2月的最后几天，弗吕贝尔告诉两位出版人，由于经济原因他不能再继续印刷出版年鉴了。因此。弗吕贝尔的决定既同卢格对第1期合刊的态度无关，也同马克思和卢格之间的关系不相干。再说，弗吕贝尔也不是由于年鉴的内容而不愿意继续提供印刷出版的费用。因而马克思在1844年4月14日奥格斯堡《总汇报》上的声明以及按照两位出版人的意愿而在《曼海姆晚报》上发表的通告是完全符合事实的。③

马克思立即往科隆写信，以便从那里获得继续出版年鉴的资金。3月13日，亨利希·克拉森作了否定的回答。达哥贝尔特·奥本海姆、古斯达夫·梅维森、格奥尔格·荣克和克拉森只乐意资助马克思个人，但不愿意为继续出版《德法年鉴》提供费用。④ 显然卢格满以为能够争取勒文塔尔来作出版者。"最近我们会立即继续出版下一期年鉴，但是我们建议您接管出版年鉴的工作。在我们目前的安排下，如果您简单地

---

① 弗吕贝尔1845年2月7日给雅科比的信。
② 弗吕贝尔1845年2月7日给雅科比的信。
③ 《马克思恩格斯全集》原文版第1部分第2卷第185、497页。
④ 《马克思恩格斯全集》原文版第3部分第1卷第426—427页。

接替弗吕贝尔的位置，您工作可以不离开法兰克福，也不必用出版者的名称。"

1844年3月24日卢格写信给克希吕："昨天中午我们，即德国人、俄国人和法国人共进午餐，详细协商和讨论我们的事务。这些人是：俄国人巴枯宁、博特金、托尔斯泰（流亡的共产主义民主派）、马克思、李宾特罗普、我和贝尔奈斯，法国人勒鲁、路易·勃朗、费里克斯·皮阿和舍耳歇。——总的说来，我们相互间都有了很充分的理解，虽然法国人除了舍耳歇和皮阿以外都信仰宗教。……我们没有同法国人吵翻。问题只在于同他们会晤，取得理解。"①

1844年3月26日马克思同卢格分道扬镳了。马克思那封向卢格说明自己采取这一行动的理由的信没有保存下来。卢格收到这封信两天以后就在给母亲的信中写道：年鉴的头两期也就是最后一期，"首先因为弗吕贝尔不能继续办这个刊物，其次我已同**马克思**闹翻。这就是说，再没有必要办这件事了，并且编辑部由于**弗吕贝尔**已无能为力而自行解散。出版年鉴第1期时我病了。在这种情况下我能做的也就比我想做和应该做的要少。所以，一些粗糙的文章也会登出来，本来这些文章我会加以修改，但是它们却匆匆一起发表了。刊印工作老是停顿而且缺乏稿件……现在手头的《德法年鉴》创刊号已是一本书，书中有十分引人注意的、会在德国引起轰动的文章。年鉴继续办下去是困难的。作家这样少，而在这里的少数作家也不能和睦相处。无法把去向相同的人组织起来"。②

差不多两个月以后，卢格对争论的诱因追述如下："有一天晚上在

---

① 《马克思恩格斯年鉴》第1卷第388页。
② 卢格1844年3月28日给母亲的信，载于《卢格通信集》第341页。

马克思那里谈到了这些事,我当时正忙于重新出版年鉴,而且我对海尔维格的生活方式和懒惰很气恼。我在激动中一再称他是流氓并且解释说,当一个人要结婚,就得知道该干什么……**马克思**不说话,温和地同我告别。第二天早上他写信给我:说**海尔维格**是一位天才而且前程远大。说我称他是流氓,会使他感到愤怒。说我关于婚姻的观点反而是非人性的和鄙俗的。从此以后我们不再见面了。……我对他的断交信只是这样答复:'我们不用像木偶箱中的木偶那样分隔开来,如果他能证明和贯彻他的原则,我将会感到高兴……'然而最可笑的是,好像我该当冒着风险拿出自己的钱去继续出版杂志,因为我毕竟对经营书店一窍不通。"①

马克思肯定是以卢格对海尔维格的态度为诱因而同卢格分道扬镳的,但是造成这种分裂的原因要深刻一些。可以假定,马克思在他给卢格的信中也讲明了这些原因。

马克思是期待卢格用他的钱继续出版年鉴的。然而卢格并不准备在政治活动的任何时期都把他的钱奉献给政治目的,马克思就曾经做过而且后来还这样做。1844年春,卢格已拥有足够的资金继续维持出版社,但是他拒绝这样办。1844年5月30日,他要求弗吕贝尔在出版社只刊印那些能保证销路与利润的出版物。"但是,主张文献书刊社应该向任何逃避书报检查的人开放,这个原则在过去走得太远了,现在无疑是不可能了。"当卢格还没有在出版社投资时。他借出版《德国现代哲学和政论界轶文集》接受了他自己那些"逃避书报检查的书";而在他作为出版社的共有者时已经不愿意再这样做了。1845年初,卢格拿出许多钱供出版社使用,使弗吕贝尔得以全部付清黑格纳的股金。几个月以

---

① 卢格1844年5月19日给母亲的信,载于《卢格通信集》第350—351页。

后，他又支付18000古尔登，从而弗吕贝尔能够偿还原先的共有者福伦垫付的钱。卢格拒绝继续由自己负担出版年鉴的费用，这必然使马克思感到非常不满。由此也可以说明，为什么他称卢格是"资产者"。

他们分手的决定性原因是政治上的分歧，马克思这时已经能够对这种分歧有清醒的估计并且预见到它的后果。在上面引用的信中卢格曾经提到，他希望马克思能够贯彻他的原则。卢格在他于1844年和1845年写成的两卷本著作《巴黎二载》中更原则地解释了他同马克思的分歧："随着继续工作本身而可能出现的这种激情使我对开展工作寄予了希望，所以，在两个感到胆怯的出版商作出表示拒绝的回复以后，我仍在努力争取第三位出版商。与我共事的编辑，一位具有长于分析、善于雄辩的天赋的人，我曾过高评价了他的实际才能，他这时却突然向我声明，他不能够继续同我一起工作了，因为我仅仅是个政治家，而他是共产主义者。从1843年9月至1844年3月，他已经完成了这种向'过激的社会主义'的进步，对于这种社会主义，他还在自己的书信中①非常理智地论述过。"② 以莫泽斯·赫斯在布鲁塞尔同马克思和恩格斯密切合作时曾对这个问题有过回答："马克思很快就相信，和他共事的那位编辑，要领导一个杂志是完全无知和无能的，这种杂志比一个哲学刊物要求有更多的才能与学识；何况该刊物的编辑工作将由一位莱比锡书商相当合适地替代格拉齐安诺，这个书商能以季刊的形式继续这项工作。1844年3月26日马克思以通信方式向格拉齐安诺声明，决不愿意再同他打

---

① 《德法年鉴》书信摘录第37页。
② 阿尔诺德·卢格：《巴黎二载，文稿和回忆录》1846年莱比锡版第139—140页。

交道了。"①

　　使马克思在原则问题上同卢格分手的出发点是《〈黑格尔法哲学批判〉导言》中所表达的关于无产阶级历史作用的认识；马克思当时刚刚开始树立这种认识。他要求继续把运动从政治解放引导到人的解放，在这个运动中，无产阶级居领导地位并随着它自己的解放而解放全人类。这种新的认识以及看到卢格既不能够也不愿意追求这种发展，促使马克思同卢格决裂。差不多10年以后，马克思写道："在巴黎，我们的阿尔诺德发生了这样一件事：他和共产主义者来往，并开始在《德法年鉴》上发表马克思和恩格斯的文章，而这些文章的内容和他在前言中的主张是完全相对立的。奥格斯堡的《总汇报》使他注意到这件倒霉事，不过他以理智地退隐承受了这个不幸。"②

　　直到《前进报》上开展论战以后，卢格本人才理解这种意见分歧的原则性质。一方面，他在一定程度上理解马克思的发展；另一方面，他又理解不了马克思在认识进步中所表达的结论和质上有新意的推论。1844年2月和3月，卢格对马克思在《德法年鉴》上的文章还赞扬备至。"您将学会评价马克思，把他看作新方向的一位优秀的不可多得的人物。"③ 如果说卢格当时指出了"一些粗糙的文章"，那么他并不是指马克思的文章。在后来的几个月里，卢格在形式问题上对马克思的文章有所保留："评论杂志有谈理论的文章是重要的，但它们的文风则完全不对头，有的太粗糙，有的太做作；太粗糙的文风不是**马克思**的，而太

---

　　① 莫泽斯·赫斯：《评格拉齐安诺博士文集。巴黎二载，阿·卢格的文稿和回忆录》，载于1847年8月5日《德意志布鲁塞尔报》第62号。
　　② 《马克思恩格斯全集》第1版第8卷第311页。
　　③ 《马克思恩格斯年鉴》第1卷第384页。

做作的则是**马克思**的那些警句。他的文章就采用这种形式。"① 卢格在《前进报》上为年鉴辩护并且把马克思的著作也列为"人道主义学派"。② 卢格在同马克思合作的那几个月里写了《爱国主义》一文,这篇文章本来是应该在《德法年鉴》的随后几期上发表的,后来卢格把它收入了《巴黎二载》。这篇文章表明,——尽管也许后来有所修改——卢格把马克思的一些认识变成了自己的认识,虽然对这些认识并不完全理解。莫泽斯·赫斯在上面提到的论战中力图证明,就卢格抄袭马克思的认识所达到的程度而言,他可并不理解它们的实际内容。③

但是,卢格首先不理解马克思在这一时期实现了多么急剧的朝气蓬勃的发展。所以他也无法理解这种发展。首先他不理解,马克思已转向质上新的阶级立场,取得了相应的结论。在后来几个月里,他一再批评马克思的工作方法,而他任何时候都没有全部理解其中潜藏着突飞猛进的认识过程和认识进步。1844年5月15日卢格写信给费尔巴哈说:"他博览群书,他工作非常专心致志并且具有分析研究的才能,这种才能有时就是退化成随意而为的辩证法。但是他一事无成,处处受挫。到头来又重新投身于无边无际的书海之中。"④ 在另一封信里,卢格对马克思的描述如下:"马克思有推断一切和论证一切的才能,是一位真正耍弄辩证法的人。……马克思如果不因狂放不羁、目空一切纵情工作而毁掉自己,如果不因共产主义的标新立异而丧失对于纯粹的高尚形式的一切感受力,那么对他的深湛广博的学识,甚至对他那无所顾忌的辩证

---

① 卢格1844年7月11日给施塔尔的信,载于《卢格通信集》第364页。
② 《马克思恩格斯全集》原文版第1部分第2卷第557—558页。
③ 莫泽斯·赫斯:《评格拉齐安诺博士文集。……》,载于1847年8月8日《德意志布鲁塞尔报》第63号。
④ 《马克思恩格斯年鉴》第1卷第391页。

法也还可以有所指望。

……马克思想以共产主义观点批判黑格尔的自然法,然后撰写一部国民公会史,最后写一部著作批判所有的社会主义者。他总是想写他最后读过的东西,但是随后往往又继续阅读并作新的摘要。我还认为,他有可能写完了一部相当了不起和相当深奥费解的著作,他把他所积累的全部材料都塞进了这部著作。"①

1844年8月中旬,马克思在《前进报》上分析了卢格关于西里西亚织工起义的观点。② 马克思从而公开表述了双方分歧的实质与原因,并使人人都看清楚他们的分手是在所难免的。这就在原则上使无产阶级运动同小资产阶级民主主义运动划清了界限。③

1844年4月,《德法年鉴》的一批撰稿人还在专心致志的继续出版杂志,更确切些说,其中已没有卢格,正如海涅所确认的,"这批志向相投者……排除"了卢格。④ 稿子倒不缺乏,因为不仅有年鉴在巴黎的撰稿人和正义者同盟的成员随时可以利用,而且还"从德国……寄来匿名的、却很不错的文章"。⑤ 有一位出版商乐意资助杂志,只要海涅称自己是编辑,可是海涅拒绝这样做。⑥ 其他的努力也同样落空

从1844年5月初起,海涅和贝尔奈斯努力赢得对《前进报》编辑部的影响。6月中旬在《前进报》上开始就《德法年鉴》所代表的方

---

① 卢格1844年8月29日给皮克斯·敦克尔的信,载于1921年7月22日《每日评论报》(柏林)第338号,文娱副刊。
② 《马克思恩格斯全集》原文版第1部分第2卷第445—463、923—924页。
③ 《马克思恩格斯全集》原文版第1部分第2卷第445—463、923—924页。
④ 海涅1844年4月17日给康培的信,《海涅全集》第22卷第102页。
⑤ 《马克思恩格斯全集》原文版第1部分第2卷第101—102、101页。
⑥ 《马克思恩格斯全集》原文版第1部分第2卷第101—102、101页。

向进行讨论，以此从政治、理论上准备和开始了对这家报纸的改造。这次讨论显然受到马克思的影响，而且有一部分讨论是由他掌握的。1844年6月26日起贝尔奈斯接管了《前进报》编辑部。因此马克思开始对这家报纸的内容和编辑形式施加影响。

（原载《马克思恩格斯全集》原文版第1部分
第2卷第529—553页）

（胡慧琴 译）

关于马克思和恩格斯的政论活动

（1849年底—1852年12月）[*]

一、1849年底—1851年6月

《新莱茵报。政治经济评论》出版情况

杂志总数为6期（其中第5、6期为合刊），扉页上的标题是《新莱茵报。政治经济评论。主编卡尔·马克思。出版负责人伦敦的康·施拉姆。出版地汉堡［第2—6期］和纽约。舒贝特书局出版。1850年。》——在本卷中简称：《新莱茵报。评论》。

杂志的政治地位

出版一本党的理论刊物，总结刚刚结束的革命斗争的教训，这对于共产主义者同盟当时正在进行的改组工作具有重要的意义。这个杂志上发表的文章具体地说明和解释了同盟中央委员会在三月《告同盟书》中所阐述的政策。从共产主义者在1850年所处的政治地位来说，拥有

---

[*] 本文选自《马克思恩格斯研究》1989年总第1辑。

一个机关刊物也很重要，共产主义者可以比较及时地在刊物上对资产阶级和小资产阶级的攻击和诽谤公开予以回击，这一点，尤其在德国是如此，在伦敦也同样是如此。此外，还可以推断，1850年秋天同盟在德国的各支部之所以能够坚定不移地拥护马克思和恩格斯所代表的中央委员会的政策，反对维利希—沙佩尔宗派集团，其中一个原因就在于这份杂志发挥了作用。

由于共产主义者同盟必须保持秘密性质，《新莱茵报。评论》当然不可能明显地对外进行组织联系。但尽管如此，这种联系却毫无疑问是存在的。杂志的出版者、几乎所有的撰稿人以及许多从事出版和经销工作的人都是同盟的领导成员，两位主要撰稿人——马克思和恩格斯以及出版负责人——施拉姆都是中央委员会委员，而马克思既是《新莱茵报。评论》出版者，又是中央委员会主席。1850年1月28日，施拉姆以同盟领导机关的名义写信给瑞士拉绍德封地区共产主义者同盟的领导成员，信中写道："我们希望你们尽最大的努力支持《评论》。"2月1日，奥古斯特·维利希又补充说："《新莱茵报。评论》是我们的机关刊物。"魏勒尔曾写信给马克思谈到与莱比锡支部联系十分密切的社会主义俱乐部。他说，该俱乐部将"专门负责散发莱比锡支部收到的《评论》"。

杂志在预告出版时，就已引起普鲁士统治集团的注意。至迟在1850年2月初，普鲁士政治警察当局已经通过他们在汉堡的一个密探获悉杂志的出版计划。2月17日这个密探写的情报由柏林警察局长冯·欣克尔达伊转呈内务大臣冯·曼陀菲尔。其中写道："人所共知的马克思"将在伦敦出版《新莱茵报。评论》，"臭名昭著的卡尔·施拉姆"任出版负责人，汉堡舒贝特书局已承担在德国经销的业务。"因此，此事对警方关系重大，因为在普鲁士，那些无疑是同马克思互通声气的革命宣传活动，将利用这种文字往来以及有关汉堡情况的文字通讯，力图进行颠覆活动，或者说得更明白一点，正如我所确切了解的：这种与伦敦往来的有关汉堡情况的文字通讯，乃是用来掩饰颠覆活动的幌子。所以，关键在于必须在汉堡书商舒贝特的寓所建立起秘密联系，以便弄清马克思在普鲁士的通讯者［……］所施行的种种计划"。

当局为对付这个刊物究竟采取了什么措施。其详细情节目前还不清楚。但燕妮·马克思曾提到过一个线索，她在《动荡的生活简记》一文中写道："这个《评论》所取得的成就是巨大的。但是，书商被德国政府所收买，把业务方面的事情搞得十分糟糕，十分草率，以至过了不久，这项事业就显然无法继续下去了。"①

马克思本人则认为，《新莱茵报。评论》是在普鲁士政府的干预之下"被停止"付印的。②

有关杂志的筹备情况

自从1849年5月《新莱茵报》在科伦被迫停刊以后，马克思一直怀着个心愿，希望把这个报纸继续办下去。1849年6月中旬巴黎的革命势力遭到失败以后，马克思在恩斯特·德朗克的支持下，开始从巴黎向各方商谈"在柏林出版一种定期的政治经济杂志（月刊）"的问题。③可是，在被逐出巴黎之前，马克思已经看到，这项计划在柏林是不可能

---

① 《摩尔与将军》，1982年人民出版社版第45页。
② 《马克思恩格斯全集》第1版第27卷第276页。
③ 《马克思恩格斯全集》第1版第27卷第157页。

实现的，而在伦敦却很有希望。①

马克思1849年7月开始同约瑟夫·魏德迈商谈。最初是磋商把《新莱茵报》上的各种文章集印成册的问题。现在还不能确定，他们从8月起是否还商讨了《新莱茵报。评论》或许可能在美因河畔法兰克福印刷的问题。1849年8月28日。魏德迈写信给马克思说："我已经找到了一位兼办必要的广告设计事务的印刷厂主。[……]因此，你无论如何必须当机立断，即使冒着风险也得把第一期的稿件编审完毕，并预先给我寄来。"

从1849年8月起，马克思和德朗克同科伦、汉堡、杜塞尔多夫、法兰克福（美因）、瑞士和巴黎的共产主义者同盟盟员以及一些坚定的民主主义者进行了广泛的通信。商谈这个拟定出版的杂志的组稿、资金、印刷和销售的问题。1849年9月5日，马克思一到伦敦就写信给斐迪南·弗莱里格拉特谈杂志的筹备工作，他说："我有一切希望在这里创办一个月刊；但是时间紧迫，而且头几个星期困难特别大。"②

1849年10月17日，《西德意志报》在头版头条报道："据伦敦消息，卡尔·马克思博士在近期内将出版一种政治经济评论。我们满怀信心地期望，所有主张社会民主主义派的全体成员都来支持自己的开天辟地的天才领袖所创办的这个事业。"

恩格斯于1849年11月10日左右到达伦敦以后，就投入了筹办杂志的工作。他不仅参与了内容方面的筹备。也参与了组织方面的筹备。1849年9月施拉姆到伦敦后，把大部分筹备工作都承担起来了。他同马克思和恩格斯保持着极为密切的联系，那些商讨杂志在印刷和销售方

---

① 《马克思恩格斯全集》第1版第27卷第160页。
② 《马克思恩格斯全集》第1版第27卷第536页。

面各种细节问题的广泛的通信，主要是由他负责进行的。马克思和恩格斯起草的《新莱茵报。评论》的出版启事，也是由他签署的。①

大约在1849年11月初，同盟盟员泰奥多尔·哈根受马克思的委托，开始在汉堡同书商格奥尔格·斐迪南·尤利乌斯·舒贝特就杂志印刷问题和销售问题进行谈判，结果取得成功。

1849年11月中旬，哈根已经在汉堡分别同约·艾·姆·克勒尔就印刷问题、同舒贝特就发行和销售问题进行了一切必要的磋商，并在原则上征得了他们的同意。经过几个星期关于合同细节问题的谈判以后，施拉姆于1848年12月14日致函舒贝特，表明了编辑部的态度；舒贝特于12月19日写了复信，并以这封复信作为正式合同。

马克思和舒贝特签订的所有协议，只涉及杂志印刷出版的某些方面以及为销售杂志而订立的各种经济条件；至于整个经营的领导权则掌握在马克思和施拉姆手中，并由他们负全部责任。马克思在写给魏德迈的信中说，他"在汉堡找到了印刷厂主和发行人。一般说来，整个事情都要用私人的经费进行"②。这就是说，马克思和恩格斯必须千方百计地扩大各期杂志的销售量，以便用收入的资金把杂志继续出版下去。

把杂志改办成报纸的尝试

1849年12月和1850年1月，在筹办月刊的同时，马克思曾打算把《新莱茵报。评论》逐渐改变为"双周刊和周刊，然后根据情况重新把

---

① 《马克思恩格斯全集》第1版第7卷第3—4页。
② 《马克思恩格斯全集》第1版第27卷第538页。

它变为日报"。① 当然，要出版一份日报，只有在德国掀起一次革命高潮之后才有可能；而要出版一份周报，也必须将编辑部设在伦敦。《新莱茵报。评论》编辑部打算"在经济条件一旦允许的时候，就使《新莱茵报》每两周出版一次，每次五印张，或者，有可能的时候就出版像英美周刊那样的大型周报，而只要情况允许回到德国，就立刻再把周报改为日报"②。

为此，就必须大大增加杂志的基金，而在当时要做到这一点，就只有采取招募股票的办法。1849年12月20日左右，马克思写信给居住在布鲁塞尔的卡尔·布林德，委托他全权负责招股事宜。布林德疑虑重重地回答说："在这些事情上，倘若没有作出使所有股东都感到满意而又普遍有效的法律规定，我们就只能在自己政治友人的狭小范围内募集了；而这些人恰恰是最为贫穷拮据的。"尽管如此，他还是向巴登的熟人以及居住在巴黎的阿曼特·戈克进行了联系。

由施拉姆起草的《"新莱茵报。政治经济评论"召股启事》日期署为1850年1月1日。这个启事没有发表。为了筹集必需的资金，共产主义者同盟中央委员会至迟在1850年1月11日作出决定，委派施拉姆作为特使前往美国。与同盟保持合作的伦敦宪章派和布朗基派同意出具介绍信；马克思还要求弗莱里格拉特也写一封介绍信③。为了筹集这次旅行所需要的150塔勒资金，马克思曾写信给弗莱里格拉特和科伦的格奥尔格·荣克，以及杜塞尔多夫的斐迪南·拉萨尔和法兰克福（美因）

---

① 《马克思恩格斯全集》第1版第27卷第545页。
② 《卡尔·马克思主编的"新莱茵报。政治经济评论"召股启事》，见《马克思恩格斯全集》第1版第7卷第600页。
③ 1850年1月10日马克思致弗莱里格拉特的信，载于《马克思恩格斯全集》第1版第27卷第544—545页。

的魏德迈。由于魏德迈从中做了工作，鲁道夫·雷姆佩尔于1850年2月3日从雷菲尔德给施拉姆寄了10塔勒。1月26日，弗莱里格拉特寄出了在科伦筹集到的40塔勒。拉萨尔未能"为这次前往纽约的远征"筹集到分文。由于必需的资金只筹备了三分之一，所以施拉姆未能成行。

招募股票的努力也很不成功。现在知道的只有戈克曾寄来100法郎。

有关杂志在汉堡的技术印刷情况

书籍出版社——汉堡舒贝特书局成立于1826年。它致力于出版书籍、乐谱和地图，并从事书籍零售业以及经营书籍经销店。它的业主是尤利乌斯·舒贝特，自1849年以来，他的合伙人是舒贝特的兄弟弗里德里希（弗里茨）。书局于1832年在莱比锡设立了一个分局，1850年初在纽约也设立了一个。有几期《新莱茵报。评论》在最后几页上即靠近封底的几页上登载了舒贝特书局出版的各种书籍的广告。

汉堡的约·艾·姆·克勒尔负责印刷了《新莱茵报。评论》的第1期。由于创刊时的重重困难，克勒尔与舒贝特意见不和，杂志从第2期开始由汉堡万茨贝克的H.G.福伊格特负责印刷[1]。由于发生了这样的变化，第一期扉页四周的边饰也就不同于其他几期。——福伊格特允诺

---

[1] 参看1850年2月6日哈根给施拉姆的信，1850年2月18日舒贝特给施拉姆的信，1850年2月26日哈根给施拉姆的信，1850年2月26日哈根舒贝特给施拉姆的信，1850年3月6日克勒尔给施拉姆的信，1850年3月6日克勒尔给施拉姆的信。

"最迟在八天这1期就完成了,4名排字工人在工作,两台高速印刷机在一夜之内印完这期"①。然而装订工人每次都不能按时完成。

由于汉堡和伦敦之间相距很远,作者校样大概只占很少几页。(舒贝特1850年2月26日写信给施拉姆说:"我们给您寄去〔第1期的〕第2、3、4印张中非常出色的一些印件,您尽快把勘误寄回来。②不过,杂志头3期的主要组成部分——特别是马克思的一组文章《1848年至1849年》(《1848年至1850的法兰西阶级斗争》)——后来都是在伦敦校阅的。第2期里有一份第1期的勘误表(但只是马克思文章的勘误表),第4期里有第2期和第3期的勘误表。

杂志在汉堡印刷期间,校对工作都由泰奥多尔·哈根做。他得到了马克思和恩格斯的信赖,并得到了他们的全权委托。谨小慎微的舒贝特试图对杂志上的文章进行删改,他甚至请了一位新闻法院的法学家来担任《新莱茵报。评论》的校对"顾问",对此哈根当场予以反对。舒贝特在给伦敦的信中写道:"您想,我们这里有普鲁士驻军,因此绝不允许去印刷:**懦弱的普鲁士人**……马克思先生是主编,他有责任检查那些寄给我们的手稿;地球上没有**第二个人有权这样做**。"③

由于舒贝特的态度,哈根建议委派他本人去同书报检查机关打交道,并对内容完全负责④。马克思和恩格斯同意了哈根的建议⑤,而且还建议把哈根的名字作为"发行负责人"登在扉页上。对此舒贝特持

---

① 1850年3月8日舒贝特给施拉姆的信。
② 1850年2月26日舒贝特给施拉姆的信。
③ 1850年2月26日舒贝特给施拉姆的信。
④ 1850年2月26日哈根给施拉姆的信。
⑤ 1850年3月4日恩格斯给哈根的信〔草稿〕,载于《马克思恩格斯全集》第1版第27卷第549页。

反对态度。2月26日舒贝特写信给施拉姆说，哈根担任"德国发行负责人"的建议之所以没有实现，是因为哈根不是汉堡的房主。舒贝特用这类表面理由阻挠了哈根的计划。①

为了做好校对工作，哈根还求助于以前的汉堡导师富克斯博士。富克斯博士是亨利希·海涅的老朋友，他由于坚持无神论而不再被聘用，生活十分困苦②。伦敦编辑部给哈根的通知有几份是通过哈根在汉堡的朋友罗德转交的③。早在1849年春马克思寄往汉堡的信件就是借助于罗德的通讯处。然而罗德为《新莱茵报。评论》所作的这些事一向不为人了解。

由于哈根离开了汉堡，第5—6期合刊的校对工作很有可能是由威廉·豪普特做的；他在1850年10月31日给马克思的信中写道："我非常乐意读那些迄今为止由富克斯博士负责的校样。这几天之内我将去拜访舒贝特，同时我也等待着你们的全权委托！"

杂志的扉页和正文都是用同样的纸张印刷的。只是在杂志第1期里不仅有一个用灰绿色纸印的外封皮，而且还有一个用普通纸印刷的扉页（没有边饰）。总的来说，《新莱茵报。评论》印刷的技术方面并不是特别好。所用的纸张是非常简单的白色新闻纸（没有水印），有的连装订都很不行，而且在许多文章中印刷错误百出。斯蒂凡·阿道夫·瑙特在1850年3月10日给恩格斯的一封信中评价道："'评论'的装帧较差。"

手稿或者毛样没有以任何方式流传下来。

---

① 1850年3月9日和3月13日哈根给恩格斯的信，载于《马克思恩格斯全集》原文版第3部分第3卷第493和第496—497页。

② 1850年2月6日哈根给施拉姆的信。

③ 1850年3月9日哈根给恩格斯的信，载于《马克思恩格斯全集》原文版第3部分第3卷第493页。

把科伦作为出版地的建议

科伦的瑙特（艾森出版社）和汉堡的舒贝特之间不仅在杂志销售上经常发生摩擦，而且是否丢开汉堡的商号而在科伦出版《新莱茵报。评论》这个想法经过认真考虑也是意见分歧。这个问题首先是在1850年3月和4月提出来同马克思和恩格斯商量的，而且这个问题在1850年5月和秋季推迟杂志的继续出版上起了一定的作用。

就在1850年1月，当汉堡在期待第1期的原稿时，哈根听到谣言，说科伦有人设法为出版《新莱茵报。评论》筹集资金[①]。也许这件事牵联到当时为施拉姆的美国之行筹款一事，但是马克思肯定会想到，能不能像原来的日报那样在同一地点出版这份月刊。然而。另一方面成问题的是反革命获胜以后在普鲁士的科伦是否享有和自由主义的汉堡一样多的资产阶级出版自由。

力主把出版地点迁到科伦的人是斯蒂凡·阿道夫·瑙特，他是《新莱茵报》卓有成效的经理人和副负责发行人。自1850年1月以后他非常努力地筹划在莱茵兰和南德销《新莱茵报。评论》。

很明显瑙特早就在考虑，从第2季度——也就是说从第4期——开始在科伦出版《新莱茵报。评论》，而且早在1850年2月底或者3月初已经写信给马克思说明自己的意图，但这封信没有保存下来；这以后他在1850年3月10日给恩格斯的信中第一次详细论述了他的建议。由于第1期的印刷拖延了很长时间，瑙特建议："就此从舒贝特手中把印好

[①] 参看1850年1月25日哈根给马克思的信，载于《马克思恩格斯全集》原文版第3部分第3卷第461页。

的头几期拿过来，合订成一本在这里出版，这难道不是更妥当吗？"

这时瑙特已经与艾森出版社就整个销售问题进行了谈判，并了解了印刷纸张的供应途径。他也准备亲自承担杂志的校对工作。

马克思在1850年3月10日给瑙特的信中请瑙特告诉他科伦的有关情况，这封信也没有保留下来。从瑙特3月16日的回信中可以看出，他认为马克思这封信的意思是，好像从第4期起在科伦出版杂志是绝对有把握的。科伦书籍出版社的条件不坏，此外瑙特希望从杂志上的广告中得到一些附加收入。

马克思让瑙特了解到，马克思与舒贝特订有一份协议，并且舒贝特也拥有订户，所以马克思犹豫不决。此外，在科伦随时都有可能宣布重新戒严。瑙特在3月24日的回信中力图打消马克思的犹像。他说：反正马克思没有从与舒贝特的交易中得到利润；至于谈到科伦的政治发展。人们随时可以轻易地把印刷移到波恩。马克思在4月11日给瑙特的信中写道，他至少必须把与舒贝特的协议维持到第2季度[①]。

1850年底在条件发生变化的情况下马克思再次提到科伦的建议。

杂志的撰稿人

《新莱茵报。评论》上发表的绝大多数文章都是马克思和恩格斯写的。马克思一开始就料到势必如此。马克思写了总题目为《从1848年到1849年》的连载文章（从1895年起，这篇文章以《1848年至1850年的法兰西阶级斗争》为题闻名于世）和《路易－拿破仑和富尔德》

---

① 参看1850年4月16日瑙特给马克思的信，载于《马克思恩格斯全集》原文版第3部分第3卷第517—518页。

一文，恩格斯写了《德国维护帝国宪法的运动》、《英国的十小时工作制法案》和《德国农民战争》。他们还合写了两组著作评述（每组各包括3篇书评）、3篇国际述评、1篇批判哥德弗利德·金克尔的文章以及一些短评和声明。

因为马克思和恩格斯打算把《新莱茵报。评论》办成直接承继原《新莱茵报》的续刊，所以他们可能曾约请当初在科伦出版的《新莱茵报》的所有编辑人员为该刊撰稿。可是，恩斯特·德朗克、斐迪南·弗莱里格拉特、格奥尔格·维尔特和斐迪南·沃尔弗等人有的流亡国外，有的正在作各种长途旅行，有的由于其他原因，都未能为杂志撰稿。

在《新莱茵报》的编辑人员中，除了马克思和恩格斯以外，只有威廉·沃尔弗为《新莱茵报。评论》写了1篇文章。早在1849年9月15日，沃尔弗在伯尔尼同恩格斯会晤时就已经了解到杂志的出版计划。他接受马克思的委托，根据自己经历的事实，着手写文章评介"法兰克福议会和斯图加特议会的近况"。① 由于生病和其他一些原因，他未能在第1期出版前完稿。杂志预告将在第3期发表威廉·沃尔弗的文章《德国议会的最后几天》。沃尔弗于1850年2月初从苏黎世将文稿寄给恩格斯，这些文稿虽然没有详尽地描述国民议会最后阶段的历史情况，但其中1篇述评所谓帝国摄政的所作所为的文章却颇为发人深省，文中着重对卡尔·福格特进行了批驳，这篇文章以《"全国各地"特写补充》为题在《新莱茵报。评论》第四期发表。这个题目表明，这是原《新莱茵报》"全国各地"专栏的直接继续。

1849年10月从伦敦移居布鲁塞尔的卡尔·布林德（当时是共产主义者同盟盟员），按照马克思在12月中旬提出的要求，于1849年12月

---

① 参看《马克思恩格斯全集》第1版第27卷第542页。

29日寄去1篇论述巴登政治形势的文章，发表在第1期。编辑部还收到流亡伦敦的法国共和主义者路易·曼拿尔写的一首献给六月战斗的诗歌《腿》；这首诗用法文刊登在第4期首要位置。马克思和恩格斯还约请了约翰·格奥尔格·埃卡留斯为第5—6期合刊撰稿。埃卡留斯是裁缝出身，很有理论素养。1850年9月底被选为共产主义者同盟伦敦地区负责人。他为第5—6期合刊写了《伦敦的缝纫业，或大小资本的斗争》一文。除此之外，马克思和恩格斯还曾试图让宪章派的革命领袖乔治·朱利安·哈尼为杂志撰稿，但没有成功。

因为杂志出版的时间很短，同时由于革命遭到镇压，许多联系都已中断，所以马克思和恩格斯未能实现向其他作者约稿的计划。例如，他们本来考虑让魏德迈从法兰克福（美因）定期撰写有关南德意志情况的通讯①。大约在1月中旬，魏德迈写了第1篇文章，该文曾在第1期目录里作为"南德意志通讯"预告发表，但事后又为篇幅所限没有刊登；后来，由于这篇文章已失去现实意义，便根据恩格斯的指示将它拆了版。②

预告在第3期发表的《普鲁士的财政状况》一文，是由同马克思和恩格斯相识多年的普普士历史学家古斯塔夫·阿道夫·贝尔根罗特主动提议撰写的，他答应一定准时交稿。这篇文章原定在可能的情况下分几期连载。可是，最后由于贝尔根罗特被逐出柏林，文章没有写成。

---

① 参看《马克思恩格斯全集》第1版第27卷第538页。
② 《马克思恩格斯全集》第1版第27卷第549页。

第 1 期

马克思在 1850 年 1 月起草了《1848 年至 1850 年的法兰西阶级斗争》一文的第 1 章。由于生病，马克思中断了写作，1 月 16 日，他让施拉姆向出版商提出建议，将杂志第 1、2 两期以合刊形式在 2 月份一并出版。舒贝特当即以出版方面理由拒绝了这个建议。这就迫使编辑部不得不改变本期原定的编排计划。这一期最后只刊登了《法兰西阶级斗争》的第 1 章、《德国维护帝国宪法的运动》的第 1、2 章和布林德的文章《巴登的奥地利普鲁士党》。

大约在 1850 年 2 月 1 日或 2 日，马克思将第 1 期的最后定稿寄往汉堡；2 月 6 日开始付排。可是，由于克勒尔的印刷厂条件较差，由于马克思的手迹难以辨认，加上舒贝特胆小怕事，试图拖延，因而排版拖了 3 个星期之久，结果到 2 月 28 日才付印，直至 3 月 7 日才装订，从 3 月 8 日开始，才从汉堡发运，本期印数为 2500 份。

临到付印之前。哈根抽掉了马克思和恩格斯合写的《国际述评（一）》和魏德迈写的通讯。关于这样做的理由，在本期结尾处刊登的一篇写于汉堡的"说明"里作了解释："由于稿件太多，《国际述评与通讯》（见目录）要到第 2 期才能刊出。"

马克思在伦敦工人教育协会所作的经济学讲演的第 1 部分讲稿，本来预定在第 1 期发表。这个讲稿是寄到了汉堡，还是因为出版第 1、2 期合刊的建议遭到拒绝而保存在伦敦，或者根本就没有写完，——由于缺少原始资料，已经无从考证了。但不管怎样，在第 1 期发表的编辑部"通知"中已经发出预告：要在第 3 期刊登马克思这些讲演的第 2 部分。

第 2 期

马克思大约在 1850 年 3 月 1 日写完了《法兰西阶级斗争》的第 2 章。手稿的最后一部分于 3 月 4 日寄到了汉堡。恩格斯《德国维护帝国宪法的运动》一文的前 4 章手稿早就已经寄到。至迟从 1850 年 3 月 4 日起已在汉堡。本期的印刷一直拖到 3 月 20 日，接着装订又花了几天时间。第 2 期在 1850 年 3 月 25 日左右出版，印数 2000 份。其中载有《法兰西阶级斗争》第 2 章，《德国维护帝国宪法的运动》第 3 章，以及马克思和恩格斯针对道梅尔、西蒙和基佐的著作合写的几篇书评和《国际述评（一）》（1850 年 1—2 月）。

第 3 期

1850 年 3 月 22 日，汉堡方面尚未收到马克思寄出的稿件，不过，估计就在第 2 天稿件已经寄到了。第 3 期在 1850 年 4 月 11 日左右出版，印数为 2000 份。

第 3 期刊载了《法兰西阶级斗争》第 3 章和《德国维护帝国宪法的运动》第 4 章。本来预告要在第 3 期发表马克思写的《什么是资产阶级所有制？（二）土地所有制》和贝尔根罗特的文章《普鲁士的财政状况》，但没有实现。威廉·沃尔弗的文章到第 4 期才发表。第 4 期刊登的《国际述评（二）》起初是为第 3 期写的。这篇述评共印 8 页，其中论述了英国形势。但在第 4 期中只刊登了这 8 页中的 3 页，文章的其余部分没有保存下来。

第 4 期

1850年4月5日，汉堡方面尚未收到稿件。最后定稿大约是4月18日［这是《国际述评（二）》（1850年3—4月）结尾注明的日期］寄往汉堡的。第4期于1850年5月20日左右出版。因为2000份的印数只是为第1季度确定的，所以第4期印数不详。按照舒贝特所提的建议，从第2季度起，每期只比当时已有的订户数目多印100份。

本期刊载的内容有：布朗基主义者曼拿尔写的法文诗《腿》，诗的前面有马克思和恩格斯加的简短按语；恩格斯的文章《英国的十小时工作制法案》；马克思和恩格斯针对托马斯·卡莱尔、阿道夫·谢努、律西安·德拉奥德和艾米尔·德·日拉丹的著作合写的一组书评；《国际述评（二）》（1850年3—4月）；以及在"集锦"栏里发表的马克思的文章《路易－拿破仑和富尔德》、马克思和恩格斯合写的表态文章《哥特弗利德·金克尔》、威廉·沃尔弗的《"全国各地"特写补充》。本期结尾处载有一则简短的"声明"。鉴于出生于普法尔茨的邮官、维护帝国宪法运动的参加者亨利希·狄德埃在纽约宣称自己曾担任过《新莱茵报》的撰稿人，"声明"澄清了事实，指出并无其事。

由此看来，第4期内容是丰富多彩的，而且，在恩格斯的《德国维护帝国宪法的运动》全文连载结束以后，本期也是比较尖锐地触及当前时事问题的一期（例如涉及财务法庭在10小时工作制问题上作出的判决，并涉及金克尔、狄德埃）。但是应当看到，本期之所以能有这些优点，是付出了代价的，那就是暂停刊登马克思论法兰西阶级斗争的连载文章。单是这一点就已清楚地从一个侧面表明，这本杂志为什么在第4期以后不能再以月刊形式比较定期地出版。

关于杂志休刊的情况

马克思和恩格斯决定，1850年4月底或5月初不再向汉堡寄发拟定于5月份出版的第五期稿件。作出这一决定的原因之一，可能是由于资金发生了困难；那时，当局明令禁止工人的结社活动，日益加紧镇压民主运动和工人运动。在这种情况下，要想迅速提高杂志的发行量，真是前景渺茫，毫无指望。但是，这些外部原因并不是主要的。起决定作用的是马克思对问题有了新的考虑。早在4个月以前，马克思曾写信给魏德迈说："我几乎不怀疑，还没有来得及出三期或许两期月刊，世界大火就燃烧起来。"① 现在杂志已经出了4期，可是就连法国3月10日的补选看来也没有什么结果，尽管这次补选几乎就要导致形成一场革命的形势，而且已经促使马克思在《新莱茵报。政治经济评论》上就继续推进革命进程的问题发表了一系列意义深远的论断。

在这种情况下，确有必要为党制定新的斗争策略，可是，这种策略只有在重新进行深谋远虑的基础上，在科学地分析形势的基础上才能制定出来。马克思开始着手对1817年以来的经济周期问题进行广泛的研究。大约从1850年6—7月开始，共产主义者同盟和伦敦共产主义工人教育协会内部就采取新政策的必要性问题展开了一场大辩论。这场辩论以1850年9月15日与维利希—沙佩尔集团彻底决裂而告结束。显然，马克思只有在澄清这些问题并在政治上采取必要的步骤之后，才有可能继续出版党的理论刊物。

汉堡和伦敦之间往返的信件，截至1850年4月5日舒贝特致施拉

---

① 《马克思恩格斯全集》第1版第27卷第538页。

姆的信为止，还保存得比较齐全；此后的通信都未能保存下来。因此，目前无法了解哈根和舒贝特是如何力图说服出版者重新复刊的。马克思和恩格斯起初也只是打算让杂志短期休刊。例如，1850年6月27日马克思曾写信给魏德迈，说他也许将针对吕宁写的批评《新莱茵报。政治经济评论》文章，在该杂志著文予以驳斥。① 再如，恩格斯的《废除国家的口号和"无政府之友"》一文的部分手稿。显然也是准备在拟定于5月份出版的《新莱茵报。评论》第5期上刊用的。当时，就连马克思在德国的最亲密的友人也弄不清杂志何以停刊、何时复刊。1850年7月19日，罗兰特·丹尼尔斯从科伦写信给马克思说："一个半月以来，我们一直等待杂志重新出版。可是空等了一场。"甚至到了10月13日，魏德迈还在致马克思的信中表示，他不知道杂志还能否继续办下去。

舒贝特显然曾经提议：鉴于出版者方面的种种原因，尤其是考虑到订户们已经缴付了第2季度的订费，应当使他们能拿到杂志，因此，至少必须把上半年的6期杂志出齐。舒贝特提出这一建议的书信未能保存下来。1850年7月14日，施拉姆给舒贝特复信说，他已劝说马克思将杂志复刊，第5、6斯的稿件不久即可寄出。于是，舒贝特书局发出了《新莱茵报。政治经济评论》复刊通知。1850年8月2日，舒贝特致函施拉姆，告诉他复刊通知已经发出，并询问稿件到底什么时候才能寄来。

1850年8月21日，马克思、恩格斯和施拉姆在伦敦同瑞士流亡者组织"革命集中"的代表古斯达夫·阿道夫·泰霍夫进行了谈话。这次谈话也多次提到《新莱茵报。政治经济评论》。据泰霍夫说，马克思和恩格斯当时曾声明，如果《德国维护帝国宪法的运动》一文真有背

---

① 参看《马克思恩格斯全集》第1版第27卷第500页。

离事实之处，弗兰茨·济格尔和其他一些所谓蒙受不正当的攻击的人随时都可以在《新莱茵报。评论》上公开发表声明。

第5—6期合刊

恩格斯的著作《德国农民战争》写于1850年夏季。《国际述评（三）》（1850年5—10月）于1850年11月1日完稿。大概就在这时候，第5—6期的最后定稿寄到了汉堡。这期合刊于1850年11月29日出版，印数不详。

本期内容除恩格斯的《德国农民战争》以外，还包括：《共产党宣言》第3章（在这里，马克思和恩格斯第一次公开表明自己的作者身份；与此同时，哈尼编辑的《红色共和党人》杂志在刊载《宣言》英译本时，也指出了作者的名字）；埃卡留斯的文章《伦敦的缝纫业，或大小资本的斗争》（马克思和恩格斯为这篇文章加了"按语"）；最后，还有《国际述评（三）》（1850年5—10月）。

在销售第5—6期合刊时出现的某些问题，使马克思和舒贝特在财务问题上发生了分歧；于是，他们之间就销售《新莱茵报。政治经济评论》而订立的合同关系也就随着这场争端而告结束。这时，施拉姆因为在共产主义者同盟的一些问题上同马克思一时闹得关系恶化，所以不再担任杂志的出版负责人。哈根在此期间已移居伦敦，马克思把汉堡方面的事务交由威廉·豪普特代管。1851年1月底，豪普特聘请了律师冯·伯宁豪森参与解决同舒贝特的争端，不过，看来并未提起诉讼。

杂志推销和传播的情况

《新莱茵报。政治经济评论》的"出版启事"写于1849年12月中旬。从1849年12月底到1850年2月初,德国、瑞士和伦敦的许多报纸刊登了这则"启事",有的全文照登,有的作了删节。这第一个征订启事的问世就遇到了重重困难,例如1850年2月6日哈根在致施拉姆的信中这样写道:"……在柏林,一家书店企图阻止当地的一家报纸刊登《新莱茵报。政治经济评论》的出版启事,他们害怕一登这则启事,就会被抓进监牢!"

早在1849年11月,马克思就写信给哈根说,这个杂志除了通过书店正常销售之外,还必须通过共产主义者同盟、各地工人协会以及私人交往的朋友开辟一条特殊的销售渠道。1850年12月19日,马克思在致约·魏德迈的信中表示:"我们除了希望通过书商推销外,还希望通过另外一种方式推销,就是我们党内的同志组织订阅,并把订户名单寄给我们"[1],在"出版启事"中也表达了这个意思。1850年1月28日—2月1日,施拉姆和维利希本着这个精神,以共产主义者同盟中央委员会名义向瑞士拉绍德封地区支部负责人发了书面通知。

在美因河畔法兰克福地区,杂志通过各个工人协会获得了极广的销路,1850年上半年,魏德迈甚至在那里印出了订户名册。威廉·李卜克内西当时任日内瓦工人协会主席,该协会是瑞士境内所有德意志工人协会的中心。他在自己的职权范围内作了努力,争取使各协会都订阅《新莱茵报。评论》。

---

[1] 《马克思恩格斯全集》第1版第27卷第539页。

关于这第二条征订渠道，除了上述情况之外，科伦（丹尼尔斯，瑙特）、杜塞尔多夫（拉萨尔）、比雷菲尔德（雷姆佩尔）、巴门（许纳拜恩）、苏黎世（威·沃尔弗）和日内瓦（麦·约·贝克尔）等地的进展情况也都有原始资料可查。戈克保证要在巴登广泛宣传这个杂志。可以设想，汉堡方面也作了类似的积极努力。这"第二条推销渠道"总共争取了大约400—500个订户。

早在1850年2月初，即第1期出版之前，《新莱茵报。评论》就已征求到100个长期订户，400—500个临时订户。舒贝特根据这个数字将印数定为2000份。根据目前所掌握的资料来看，在一般情况下，每期有300份寄给瑙特，另有150份寄给艾森书店，这就是说，每期总共有450份发往莱茵兰地区；不过，魏德迈每次平均要从中取出100份，以便在南德地区发行。科伦的订户有120—210个，杜塞尔多夫约有50个。杂志在寄往美因河畔法兰克福时往往拖延得很久。在维斯巴登，推销工作由卡尔·沙佩尔负责。一部分杂志从汉堡发出后，再经书商转寄莱比锡；寄往威斯特伐利亚的杂志每期有50份；当时曾考虑每期留300份在汉堡本地零售，但可能并不是每次都留足这个数字。据一篇柏林通讯报道，《新莱茵报。评论》在柏林"传播范围极其广泛"。寄往伦敦的杂志每期至少有50份。全部订户大概不超过1000个。

有人说，《新莱茵报。政治经济评论》因为刊登了《哥特弗利德·金克尔》一文，从而失去了大批订户。针对这种到处传播的滥调，马克思明确指出："当时'评论'还没有停刊，三个月以后还出了一期新的合刊，也没有失去一个莱茵省的订户，这一点，我的老朋友约·魏德迈——前普鲁士炮兵中尉、当时法兰克福《新德意志报》的编辑能给以证明，因为他当时费心地替我们收报费。"①

毫无疑问，《新莱茵报。政治经济评论》在推销过程中存在许多缺陷，同时，各地政府肯定也曾多方刁难，竭力阻挠这个杂志的传播。

杂志在当时产生的直接影响

《新莱茵报。政治经济评论》对当时那个时代产生的直接影响，一是反映在共产主义者同盟的活动，一是表现在其他各种报纸和刊物上。这是两个最主要的方面。今天要掌握这两方面的情况是相当困难的，这是因为，同盟当时处于严格的秘密状态；再说，要言之有据地指出其他报刊如何间接引用《新莱茵报。评论》上的文章。就只有将两者的文字一一对照，而这是相当繁复的工作。

关于上面所说的第一方面的情况，目前仅存唯一的一份资料，谈到1851年春季波恩体操协会在库格曼主持下讨论《新莱茵报。评论》上的一篇文章的情况。根据这份资料可以推断，在同盟的许多地方支部，在一些进步的工人协会以及其他类似的组织内部，也举行过这类讨论。

关于第二个方面，目前还缺少必要的研究。不过，有一些明显的事实足以说明《新莱茵报。评论》对其他报刊的影响。比如，美因河畔法兰克福的《新德意志报》当时曾刊登德朗克写的一篇巴黎通讯，这篇通讯的内容同马克思《1848年至1850年的法兰西阶级斗争》一文处处吻合。另外，在科伦的《西德意志报》以及其他一些报纸上，这种影响的痕迹也历历可见。美国50年代初出版的报纸也是如此。比如，纽约的《体操报》从1852年1月1日至1853年2月1日分18次连载

---

① 参看《马克思恩格斯全集》第1版第14卷第483页。

了《德国农民战争》一文；1852年1月，魏德迈在纽约出版的《革命》杂志以《卡尔·马克思论1845—1847年商业危机的历史》的为题，摘登了《国际述评（三）》（1850年5—10月）的部分内容。1851年1月31日至2月14日，《德意志伦敦报》也连载了这篇《国际述评》的一部分。

在德国国内，看来只有《特利尔人民之声》敢于公开转载《新莱茵报。评论》的文章。1850年5月29日至6月30日，该报连续转载了《德国维护帝国宪法的运动》第3、4章的大部分内容。

马克思的《1848年至1850年的法兰西阶级斗争》一文引起的反响最为强烈。1850年4月5日至19日，《德意志伦敦报》分3次连载了这篇著作的第1章。哈尼主编的《民主评论》在1850年4—5月发表了恩格斯的英译文，同时还发表了恩格斯为该著作第1章写的简介，标题是：《革命的两年。1848和1849》。蒲鲁东在《十九世纪革命的总观念》（1851年巴黎版）一书中采用了马克思这篇论著中的某些观点，但没有标明出处。

由于反革命势力在得势以后着手对民主报刊施加压力；而左右舆论的小资产阶级势力又对马克思和恩格斯的观点横加抵制，甚至对"新莱茵报"这个名称都耿耿于怀；加上《新莱茵报。评论》的出版发行时常拖延，所以，舆论对这个杂志的公开反应比较冷淡。马克思对此十分不满。1850年6月8日，他在致魏德迈的信中对这种"合谋对我们的《评论》采取沉默抵制态度"的现象表示愤慨。①

但在这一期间，从德国革命队伍里却向编辑部寄来一封封热情洋溢的书信。1850年5月2日格奥尔格·维尔特给马克思写信说："到目前

---

① 参看《马克思恩格斯全集》第1版第27卷第559页。

为止,我已收到 3 期《评论》,我对这 3 期杂志非常满意。真的,我向你们表示祝贺;尤其是你关于酒税和地租的第 3 篇文章,写得实在精彩。……"1850 年 5 月 5 日弗莱里格拉特在给马克思和恩格斯的信中也表达了相同的意思:"据我所知,《评论》的前 3 期深受欢迎,其中有些文章非常精彩,特别是像第 3 期刊登的论述'1849 年六月十三日事件的后果'的文章,第 2 期刊登的恩格斯批判维护帝国宪法运动的清新活泼、挥洒自如的论著,对道梅尔著作的鞭辟入里、切中要害的评论,以及论述加利福尼亚情况的有关章节,等等。"1850 年 5 月 14 日威廉·沃尔弗在致恩格斯的信中谈到了杂志在瑞士的影响,他写道:"我直接或间接地听到了对《新莱茵报。评论》的评价,感到十分痛快。尽管柏林的刀笔吏施泰因、布拉斯之流对马克思的文章百般挑剔,这些文章仍然被公认为杰出的作品,有的人是由衷地赞许,有的人是不得不承认。……"维尔特在 1850 年 6 月 2 日致马克思的信中这样写道:"此外,那帮蠢驴还气急败坏地谩骂《哥特弗利德·金克尔》一文。看来,只有丹尼尔斯、弗莱里格特和我为这篇文章的发表感到高兴。"

直到 1850 年中期,小资产阶级民主派才著文批评《新莱茵报。评论》,他们的矛头首先对准阶级斗争和无产阶级专政的思想。6 月底,奥托·吕宁在《新德意志》发表长篇文章,对《新莱茵报。评论》的前 4 期进行批评,其锋芒主要集中针对马克思的《1848 年至 1850 年的法兰西阶级斗争》和恩格斯的《德国维护帝国宪法的运动》这两篇文章,并对马克思主义的阶级观点和国家观点进行歪曲篡改。对此,马克思和恩格斯各自写了一篇《致〈新德意志报〉编辑的声明》予以回击[①]。

[①] 参看《马克思恩格斯全集》第 1 版第 7 卷第 378—380 页。

为继续出版《评论》所作的努力

至迟在1850年11月，马克思已经采取措施，准备把《新莱茵报。评论》作为季刊继续办下去。11月底和12月初，他为拟订出版的第1期汇集编排稿件。12月2日，他写信给刚刚迁居曼彻斯特的恩格斯说："你必须认真考虑一下你愿意写些什么。英国问题不合适，因为关于这个问题已经有两篇文章，连埃卡留斯的文章在内看来已经有三篇了。关于法国也没有多少可说。你是否可以联系马志尼的最近著作抓住可怜的意大利人及其革命写一下？（他的《共和国和君主国》等等，和他的《宗教、教皇》等等。）"①

12月17日，恩格斯复信表示同意"写关于马志尼先生和意大利历史的文章"，并建议在他回伦敦居留期间（大约从12月24日至31日）再进一步磋商。②

马克思虽然同舒贝特发生过争执，但最初还是考虑把杂志的经销业务委托给这位书商。可是，舒贝特迟迟没有答应。1850年12月。马克思同共产主义者同盟盟员、巴塞尔的雅科布·沙贝利茨取得联系，希望在他父亲经营的书局继续出版《新莱茵报。评论》。沙贝利茨表示同意，可是大约到了1851年1月底，这个计划也失败了。与此同时，马克思又同科伦的朋友们商谈出版问题，他这时可能又重新考虑了1850年春天提出的在科伦印刷《评论》的建议。1850年12月2日，马克思写信给海尔曼·贝克尔说："你知道，舒贝特先生把我们的《评论》办

---

① 参看《马克思恩格斯全集》第1版第27卷第170页。
② 参看《马克思恩格斯全集》第1版第27卷第173页。

得多么糟糕。我想,最近几天,他那里就要出版最近两期。我希望这个刊物(从二月份起)作为季刊继续办下去,每个季度二十印张。更大的篇幅就有可能容纳更加丰富多彩的材料。你能否承担出版的责任?需要什么条件?"①

1851年2月初,恩格斯酝酿给《评论》写一篇评述法国七月革命及其后果的文章,他打算依据贝尔纳·萨朗的著作《拉斐德和1830年革命。七月的历史事件和历史人物》以及其他文献,在文章中对路易·勃朗著的名噪一时、广为流传的《1830—840年的十年历史》一书"予以友好的批判"②。可是在1850年春天,马克思和恩格斯因为考虑到亨利希·毕尔格尔、丹尼尔斯和魏德迈正筹备在科伦出版《新杂志》,便取消了自己的计划。

在以后的岁月里,由于种种原因,马克思和恩格斯再也没有可能亲自出版一种理论刊物。

(韦建桦 译)

为宪章派机关刊物《民主评论》、《红色共和党人》、《人民之友》、《寄语人民》撰稿

《民主评论》

英国宪章派在1848年4月失败以后,其中的左、右两翼意见分歧越来越大。宪章运动的中央机关报——《北极星报》是机会主义派的主要代表人物菲·奥康瑙尔创办的。宪章派左翼的杰出代表朱利安·哈

---

① 《马克思恩格斯全集》第1版第27卷第564页。
② 参看《马克思恩格斯全集》第1版第27卷第199页。

尼是该报的编辑。1849年年中他和奥康瑙尔的矛盾日益尖锐化，最后的决裂只是个时间问题了。为了能发表自己的作品，哈尼于1849年6月在伦敦创办了杂志《不列颠和外国政治、历史和文学民主评论》月刊。在这家杂志上，有关整个欧洲革命运动的文章占了很大篇幅。

哈尼也在大陆上的革命者以及革命失败后旅居伦敦的流亡者中间为自己的杂志物色撰稿人。早在1849年3月他就曾经请恩格斯经常提供稿件以支持他的杂志。① 恩格斯同意撰稿，为此哈尼在1849年5月1日的信中向恩格斯表示感谢，同时请他为每期杂志写一篇文章。哈尼提出先写些关于大陆状况，特别是关于德国状况的题目。此外他还告诉恩格斯，他已向卡尔·沙佩尔约稿，并且请恩格斯争取更多的朋友和战友为杂志撰稿。哈尼对每月来自法国的通讯稿特别感兴趣。

恩格斯参加了德国维护帝国宪法运动的斗争，并且流亡瑞士；这使他暂时不可能为《民主评论》撰稿。1849年11月恩格斯在伦敦逗留了一段时间，才又有机会为《民主评论》撰稿。1849年和1850年马克思、恩格斯和哈尼之间有着密切的政治联系和私人交往。

尽管恩格斯为《新莱茵报。政治经济评论》承担大量工作，但他仍很快就开始为哈尼的杂志撰稿以支持这家刊物。1850年2月他写了一篇文章《十小时工作制问题》②。此外分别于1850年4月、5月和6月以《革命的两年》③为标题发表了马克思的《法兰西阶级斗争》一文中的几个片段，这些片段都由恩格斯编辑、翻译并写了序言和各片段之间的插话。

---

① 参看《马克思恩格斯和哈尼通信集》1984年人民出版社版第17—19页。
② 《马克思恩格斯全集》第1版第7卷269—275页。
③ 《马克思恩格斯全集》第1版第44卷第42—63页。

但是恩格斯为《民主评论》所写的稿件并不局限于这两篇发表了的文章。从1850年1月起，比较经常地发表《法国来信》，并断断续续地发表《德国来信》，从这些文章的内容以及语言和文风中可以看出，作者是恩格斯。莫斯科苏共中央马列主义研究院的工作人员M. P. 玛丽妮切娃和W. A. 斯米尔诺娃证明了恩格斯的作者身份。这些通信的内容同前面提到的哈尼在1849年5月1日的信中向恩格斯建议的选题范围完全相符。这些法国来信同马克思的《法兰西阶级斗争》一文有着紧密的联系。除少数例外，两者的政治评价完全一致；特别是在对酒税的评论方面①、对民主派营垒内部各种阶级力量和1848年以来它们的变化的评论方面②以及对法国出版法的评论方面③尤其是如此。德国来信和同期出现的马克思和恩格斯的其他一些文章也有许多相似之处；它们论述问题的方式和特定的比喻都是一致的，或者说是相似的。这特别明显地表现在以下几个问题上：对帝国摄政政府的态度，确定帝国摄政政府在伯尔尼的一家酒馆里开过会④；对政治控告案中由陪审法庭宣告无罪的估计⑤，对弗里德里希·威廉四世的评价⑥；对奥地利国家财政的评述⑦，对"小国"所持的态度⑧。与法国和德国民主报纸上出现的选题

---

① 《马克思恩格斯全集》第1版第44卷第3—7页和第7卷第94—96页。
② 《马克思恩格斯全集》第1版第44卷第7—10页和第7卷第98—99、102—103页。
③ 《马克思恩格斯全集》第1版第44卷第23—27页和第7卷第523—524页。
④ 《马克思恩格斯全集》第1版第44卷第29页和第7卷第246页。
⑤ 《马克思恩格斯全集》第1版第44卷第30页和第7卷第255页。
⑥ 《马克思恩格斯全集》第1版第44卷第32—34页和第7卷第254页。
⑦ 《马克思恩格斯全集》第1版第44卷第32页和第7卷第256—257页。
⑧ 《马克思恩格斯全集》第1版第44卷第64—65页。

范围可比的文章相对照，这些文章的水平要高得多。

通过分析这12封通信的语言特征，也可以证明作者是恩格斯。信中的语言除了典型的英语短语外，有些用语带有德语的基调。恩格斯于1849年12月18日和20日用英语撰写的出版声明中也有着类似的语言特征。

《民主评论》在1850年8月号发表了最后几封法国来信和德国来信，信上注明的日期是7月。

哈尼认为这些通信具有重大意义。这一点在《北极星报》登载的哈尼对《民主评论》每一期的评论中表达得很清楚："这些来信可以说构成了《民主评论》最有价值的栏目。"① 类似这样的评语出现过多次。哈尼在1850年4月的一篇评介《民主评论》的文章中②引用了恩格斯的《法国来信（四）》中的论述。引文从"真的，这样的人选……"直到"……工人的完全彻底的解放"为止③。可见，哈尼高度评价《来信》的作者，并非常重视他的继续撰稿。这些文章影响了宪章主义者对法国和德国发展情况的看法；它们的贡献在于借助于大陆上运动的经验向宪章主义者证明，只有用革命的方法才能消灭旧的社会制度。《民主评论》的撰稿人艾琳·麦克法林④和康拉德·施拉姆，也持有和马克思和恩格斯近似的观点。

1850年9月出版了《民主评论》的最后一期。《民主评论》在一段时间里也是民主派兄弟协会的正式机关刊物⑤。

---

① 《北极星报》，1850年3月2日。
② 《北极星报》，1850年4月6日。
③ 《马克思恩格斯全集》第1版第44卷第13—14页。
④ 她也用笔名霍华德·摩尔顿撰稿。
⑤ 《马克思恩格斯全集》第1版第2卷第186注。

《马克思恩格斯全集》原文版第 1 部分第 10 卷重印《民主评论》上的文章,依据的是保存在柏林马克思列宁主义研究院的杂志原本、书号 Z848。

《红色共和党人》

1850 年 6 月 22 日,在《民主评论》继续出版期间,哈尼开始出版周刊《红色共和党人》。6 月的告共产主义者同盟书在提到"革命的宪章派"时确认:"其机关刊物对我们有所帮助"①。这里指的就是《民主评论》和《红色共和党人》。

哈尼由于经费不足无法同时出版两份机关刊物,因此从 1850 年 9 月到 11 月 30 日只出版《红色共和党人》。1850 年底哈尼把他的杂志改名为《人民之友》。他想以此避免政府可能施加的迫害,因为这种刊物没有被盖上检验印记②。此外他认为,杂志更名后能更好地被书商所接受③。

1850 年 11 月在《红色共和党人》上第一次发表了《共产党宣言》的英译本。恩格斯参与了艾琳·麦克法林主持的翻译工作④。

当时马克思、恩格斯与哈尼、艾琳·麦克法林之间的合作非常密切,由此可以看出他们对《红色共和党人》创办工作的影响。艾琳·麦克法林用笔名霍华德·摩尔顿在《红色共和党人》上发表了几篇极

---

① 参看《马克思恩格斯全集》第 1 版第 7 卷第 366 页。
② 参看《马克思恩格斯全集》第 27 卷第 163—164 页。
③ 参看 1850 年 11 月 30 日《红色共和党人》第 24 号第 188—189 页上的更名缘由。
④ 《马克思恩格斯全集》原文版第 1 部分第 10 卷第 1118—1119 页。

重要的政治性文章,她在这几篇文章中支持马克思主义的观点。此外,康拉德·施拉姆也在《红色共和党人》上发表了《什列斯维希—霍尔施坦战争》一文。①"一位裁缝"极可能是约翰·格奥尔格·埃卡留斯的笔名,他于1850年11月在《红色共和党人》两号连载的文章中所谈的问题和他几乎同时为《新莱茵报。政治经济评论》撰写的文章②所谈的问题完全一样。

路易·迈纳尔德于1850年6月和7月在《红色共和党人》上发表了一组关于巴黎六月战斗的文章,同时也为《新莱茵报。政治经济评论》撰稿③。

哈尼也在杂志上刊登资产阶级民主主义者和小资产阶级社会主义者如马志尼、赖德律-洛兰和路易·勃朗等人的稿件。哈尼与1850年夏天出现的"欧洲民主派中央委员会"④保持着密切的联系。这个委员会的领导成员是马志尼、赖德律-洛兰、阿尔诺德·卢格和波兰人阿伯特·达拉什。在《红色共和党人》上刊登的许多文章都是从这个委员会的机关刊物《流亡者》⑤上翻译过来的。这种联系在1851年初成了哈尼脱离共产主义者同盟的政治路线的一个因素。

---

① 《红色共和党人》1850年10月19日第18号。
② 《马克思恩格斯全集》原文版第1部分第10卷第593—604页。
③ 《马克思恩格斯全集》原文版第1部分第10卷第264页。
④ 有时也称"中央民主派欧洲委员会"。
⑤ 后来改为《流亡者之声》。

《人民之友》

从1850年12月14日起《红色共和党人》改用新名《人民之友》①。1851年7月26日出版了最后一期；一度中断后，哈尼从1852年2月7日至4月24日发行了杂志的第2辑，共12期。

《人民之友》和《红色共和党人》非常近似；但是在《人民之友》上刊登的文章——部分原因是顾忌出版法——多数来自本地的宪章派组织，有关一般性政治问题的文章则比较少。由于一场个人之间的争执②，艾琳·麦克法林于1850年12月底停止为哈尼的杂志撰稿。哈尼——他在编辑杂志时，特别是在开始的时候得到了厄内斯特·琼斯和乔治·杰科布·侯里欧克的支持——立即设法请恩格斯再为他撰稿。首先他建议翻译恩格斯刚刚登载在《新莱茵报。政治经济评论》上的《德国农民战争》。恩格斯显然没有拒绝，但他告诉哈尼，他的时间很紧；哈尼答复说，这件事不急，完全可以由恩格斯视自己方便来安排③。结果翻译没有办成。因此1851年1月刊登了约翰·格奥尔格·埃卡留斯的文章《资产阶级社会的最后阶段》④，马克思可能参与了撰写这篇文章。此外埃卡留斯还在《人民之友》上发表了一篇评论《一个曼彻斯特学派哲学家的辩析》⑤。这篇文章以论战的方式深入分析了赛

---

① 《人民之友》于1850年12月7日发行了试刊号。
② 参看《马克思恩格斯全集》第1版第27卷第211—217页。
③ 参看《马克思恩格斯和哈尼通信集》1984年人民出版社版第30—31页
④ 《马克思恩格斯全集》原文版第1部分第10卷第629—640页。
⑤ 见1851年2月8日《人民之友》第9期第66—67页，1851年2月15日第10期第74—75页。

米尔·G.格林的著作《大不列颠的工人阶级：他们目前的状况以及他们改进和提高的方法》，从这篇文章中还不能直接推断出马克思曾参与写作的结论。

1851年1月恩格斯向哈尼建议，发表几篇反对欧洲小资产阶级民主主义流亡者，特别是反对欧洲民主派中央委员会的文章①。恩格斯写好了3篇，并于2月12日寄给哈尼。这一组文章原来总共要刊登9篇，批判地阐明许多政治家如路易·勃朗、亚历山大·奥古斯特·赖德律-洛兰、朱泽培·马志尼、阿尔诺德·卢格等人所起的作用②。但是由于哈尼越来越接近小资产阶级民主主义流亡者和维利希—沙佩尔宗派集团，最终使得恩格斯停止为《人民之友》继续撰稿。恩格斯还收回了已经写好的3篇文章，不再继续写下去③。后来马克思和恩格斯在撰写抨击性文章《流亡中的大人物》时选用了这些资料的一部分。

埃卡留斯由于暂时在政治上与哈尼决裂，也于2月底停止为《人民之友》撰稿。康拉德·施拉姆对1851年2月24日事件的声明的发表，说明对立已经存在④。2月初，马克思和恩格斯与施拉姆曾商定了这篇声明。

---

① 参看《马克思恩格斯全集》第1版第27卷第185—186页。
② 参看《马克思恩格斯全集》第1版第27卷第198—202页。
③ 《马克思恩格斯全集》原文版第1部分第10卷第1128—1129页。
④ 康·施拉姆：《致〈人民之友〉的编者》，载于《人民之友》1851年3月15日第14期第107页。

在与1851年2月24日的宴会①有关的事件②发生以后。琼斯与哈尼相反,站在马克思和恩格斯一边,因而琼斯在政治原则上已经同哈尼决裂了,然而暂时仍继续他们的合作。他们合作的中心点是为1851年3月31日至4月10日在伦敦召开的宪章派大会做准备。

这里我们所依据的是杂志再版本,即《红色共和党人》和《人民之友》两卷本。1966年伦敦版。

《寄语人民》

宪章派左翼在哈尼和琼斯的领导下于1851年3月31日至4月10日的伦敦大会上通过了一个纲领,它从根本上超越了1848年的宪章③。

哈尼和琼斯最初打算以这个纲领为基础共同出版一份周报。这份共同的机关刊物原定也称《人民之友》。1851年7月以前,一个在英国60座城市拥有代表的宪章主义者委员会一直在筹办出版这份机关刊物。但是在哈尼越来越接近小资产阶级流亡者并因此与马克思和恩格斯决裂以后,琼斯和哈尼的关系也变得紧张了,最后终于导致他们的彻底分裂。

---

① 1851年2月24日,法国小资产阶级社会主义者路易·勃朗和法国布朗基主义流亡者与维利希和沙佩尔集团为纪念1848年一月革命三周年而共同举行的国际大会,即"平等者宴会"。

② 为了获取情报,马克思派康·施拉姆和威·皮佩尔出席国际"平等者宴会"。维利希和沙佩尔的拥护者将施拉姆和皮佩尔逐出大厅,并把他们毒打了一顿。

③ 宪章主义者大会制订的《宣传纲领》发表在《人民之友》1851年4月12日第18期第158—159页,还有两个补充材料发表在《人民之友》1851年4月19日第19期第168页。

早在公开解决这种政治分歧以前，琼斯已开始出版一份自己的周刊。1851年5月3日出版了《寄语人民》的第1期。杂志的任务是对劳动人民进行政治启蒙工作："……应当播下知识的种子，应当把真理的词句洒向乡村，人民现在要在思想上做好准备，以便在未来的权力时代里发挥作用。"①

在这段时间里琼斯与马克思有着紧密的政治联系和私人交往。他特别重视马克思为他的杂志撰稿的事。琼斯力求用这份杂志向英国工人传播社会主义观点，增强他们的阶级觉悟。马克思非常支持琼斯的这种努力。除马克思以外，为《寄语人民》撰稿的还有埃卡留斯、威廉·皮佩尔等等。从保存下来的几封当时琼斯给马克思的短信中可以看出，革命宪章派的领导者对马克思所写的文章的评价是多么高。此外琼斯计划发表一组关于欧洲宪法的文章，为此他尤其希望能得到他的朋友的帮助："……如果你不帮助我写'欧洲宪法'，我不知道谁能帮助我。"②在马克思写了一篇关于法国宪法的文章③以后，琼斯在6月9日的信中请马克思再写一篇关于普鲁士宪法的文章。但是，6月28日刊登在《寄语人民》第9期上的关于普鲁士宪法的文章却不是马克思写的，而是出自一位不知其姓名的作者的手笔，这从文章的内容可以看出来。这篇文章缺少尖锐的、概括性的分析，而在《法兰西宪法》一文中，主要在结尾部分含有这样的分析。此外琼斯要求"在该文中报道德国工人的社会状况"，但这篇关于普鲁士宪法的文章却没有这方面的论述，在文章末尾的编者按中写道："我们的一位来自欧洲大陆的流亡兄弟"正在撰写一篇非常重要的关于德国工人阶级的文章。琼斯本来希望马克思

---

① 《人民之友》1851年5月24日第24期第212页。
② 1851年6月9日琼斯给马克思的信。
③ 《马克思恩格斯全集》第1版第7卷第578—592页。

撰写关于德国工人阶级的文章，但结果是皮佩尔写的①。

马克思不仅为《寄语人民》撰写了关于法国宪法的文章，而且邀请到一些朋友和战友为琼斯撰稿，并在琼斯论述经济问题时给以帮助。

马克思对琼斯评价很高，在《寄语人民》出版期间住在曼彻斯特的恩格斯也是这样。恩格斯在《寄语人民》第1期出版以后大约两个月写道："同哈尼相比，琼斯却根本不同，他完全站在我们一边，现在他正在英国人中间宣传《宣言》"②。恩格斯在这里想到的肯定有马克思写的那篇关于法国宪章的文章，还有琼斯写的关于宪章主义者大会通过的纲领的文章。这个纲领的目的在于——尽管有些地方前后矛盾——建立一个摆脱了剥削的新社会。罗兰特·丹尼尔斯在给马克思的信中读到这点时写道："我已经在4月10日宪章主义者大会所通过的纲领中看到了你的影响"③。

琼斯首先利用他的杂志阐明这个纲领，以及进行反对改良主义倾向的斗争。英国合作运动的大部分领导人都有着这种改良主义倾向。许多有影响的合作社社员都属于1849年底形成的所谓"基督教社会主义"流派。1850年11月还开始出版《基督教社会主义者》杂志。这个团体的成员出身富裕家庭，有教士、律师等等，他们为建立合作社提供资金，从而具有相当的影响。对基督教社会主义者来说，建立合作社是一种用来抵制革命运动的手段。

马克思亲自参加了同合作社运动中的改良主义观点进行论战的活动，他于1864年写道："我偶然翻到了几期厄·琼斯的杂志《寄语人民》（1851年和1852年），就经济论文来说，这个杂志在主要问题上是在我的

---

① 参看1851年7月29日琼斯给马克思的信。
② 《马克思恩格斯全集》第1版第27卷第584页。
③ 1851年5月底丹尼尔斯给马克思的信。

直接领导下,一部分甚至是在我的直接参与下编写的。我在杂志上看到了什么呢?我看到当时我们进行的反对合作运动的论战,因为合作运动以它当时的死板狭小的形式妄想成为最新成就,这场论战就像十至十二年之后拉萨尔在德国进行反对舒尔采-德里奇的论战一样,只是我们进行得更好罢了。"① 琼斯不仅在报纸上,而且还以讲座的形式进行这场论战。马克思曾参加过琼斯的一个讲座,并且认为他的演讲很"出色"②。

由于马克思和琼斯经常会面,所以有关他们合作的书面证明材料就很少。因此,只能从上述信件中以及从文章的内容方面来探讨马克思可能参与了琼斯哪些文章的写作。在《马克思恩格斯全集》原文版第1部分第10卷所涉及时期的范围内,即在《寄语人民》5月和6月的几号上,刊载着几篇论述经济问题的文章。其中有一篇谈合作运动。这肯定是马克思参与撰写的文章之一。文章的主要目的是想证明,在资本主义社会里靠建立一个个合作社来消除资本主义剥削和建立新的社会制度,是不可能的。琼斯指出,这只有通过建立全民族基础上的合作生产才有可能实现,为此就要求工人阶级取得政权。这种最新思想在关于宪章派纲领的第3封信③中表达得更加清楚。马克思在他关于反对合作社运动的论战的信中针对"合作社当时的死板狭小的形式"所讲的话,在两篇文章④中得到了反映。马克思的影响还表现在关于宪章派纲领的第3封信中,琼斯在其中批判地评价了自由贸易对工资的变动产生的影响,批判了争取"真正的日工资"的要求,特别是提出了由工人阶级

---

① 《马克思恩格斯全集》第1版第31卷第11页。
② 《马克思恩格斯全集》第1版第27卷第265页。
③ 指载于《寄语人民》1851年5月31日第5期上的琼斯的信。
④ 琼斯:《致合作社主义的拥护者和合作社社员的一封信,1851年5月10日载于《寄语人民》:《关于宪章派纲领的第三封信》。

取得政权的要求。同样。同主张贮存已完成的劳动的产品并凭劳动证书交换这种产品的乌托邦观点进行论战，这也完全符合马克思的思想。因此，《马克思恩格斯全集》原文版第1部第10卷在附录中第一次重新发表了这两篇文章①。

到1851年7月为止，《寄语人民》还发表了其他几篇关于经济问题的文章，这包括一篇谈货币的没有署名的文章和琼斯写的两封谈宪章派纲领的信，其中谈了土地问题和工人状况。这些文章有的不可能是在马克思的参与下写成的，例如关于货币问题的文章就是这样，因为文章的内容不符合马克思的观点；有的则难于证实，因为文章的内容不一定要以马克思主义的政治经济学知识为前提条件。在关于宪章派纲领的第3封信中也有几个基本论点是来源于货币的文章，这些论点肯定不符合马克思的观点。

马克思在他的信中曾提到1851年和1852年出版的几期《寄语人民》。在《寄语人民》后来的几期上，又发表了批驳合作运动中的改良主义观点的文章，并且文章的论述是同关于政治经济学问题的一些阐述结合在一起的。

这里我们所依据的是已装订成册的《寄语人民》原件，没有期刊扉页，原件保存于柏林马克思列宁主义研究院图书馆，书号为Z879A。

（原载《马克思恩格斯全集》原文版第1部分第10卷第675—707页）

（章林 译 张奇方 校）

---

① 《马克思恩格斯全集》原文版第1部分第10卷第641—654页。

二、1851年7月—1852年12月

为《纽约论坛报》撰稿

马克思和恩格斯为《纽约论坛报》撰稿是从1851年8月恩格斯撰写《德国的革命和反革命》①这组文章开始的;马克思1852年7月底撰写了第一篇时事政治通讯。马克思和恩格斯为《纽约论坛报》所写的文章有34篇属于本文的时间范围。

因为马克思直到1862年都是这家报纸的正式通讯员,所以,他被认为是以他的名字发表的文章或者不署名发表的著作的作者。然而,编辑部并不知道,恩格斯实际上也是通讯员。为《纽约论坛报》撰稿是马克思和恩格斯紧密合作的最重要标志之一。1851年7月至1852年12月期间他们所写的文章表明,他们的这种紧密合作是在为《纽约论坛报》撰稿初期。

恩格斯在他的整个通讯活动的第一年不仅写了19篇关于1848年至1849年德国革命的过程和结果的系列文章,而且到1852年底为止,还翻译了马克思撰写的一些文章。不仅如此,恩格斯还曾把马克思的4篇手稿分成8篇文章,并且在翻译过程中很可能作了编审工作,所以他的工作远远超出了一般译者的任务范围。恩格斯这样做是完全符合马克思的意思的,后者在1852年10月12日寄出《贫困和贸易自由。——日益迫近的商业危机》和《商业繁荣的政治后果》的稿件时(德语)告诉恩格斯说:"在搞这篇文章的时候,我头痛得很厉害。因此在翻译时

---

① 《马克思恩格斯全集》第1版第8卷第31—115页。

请不要客气，对原文可以自由处理。"① 马克思也同意将他的4篇手稿分为更多篇，并且为了指明相关文章在内容上的联系，在两个地方插进了简短的说明，同时把文章分别寄往纽约。当时每星期二和星期五有从英国到美国的邮船。

在他们为《纽约论坛报》撰稿的整个时期以及直到1913年初次出版《马克思恩格斯通信集》为止，只有马克思、恩格斯和燕妮·马克思知道，一大部分署名马克思或者不署名发表的文章是恩格斯撰写的。恩格斯在1892年曾指出："其中的关于克里木战争、关于印度起义等等的军事文章，是由恩格斯写的"。不过这一提示几乎不为人所注意。②

关于这家报纸到1851年时的发展状况

《纽约每日论坛报》于1841年4月10日由霍拉斯·格里利创办，他借助于这份报纸成为美国最有名气和最有影响的新闻工作者和政治家之一。合伙出版人和负责商务领导的是律师托马斯·麦克耳腊思。从1841年9月起还出版了一份周刊（《纽约每周论坛报》），其发行量1849年超过日报两倍，1852年底超过三倍，以后超过多倍。由于美国地域辽阔和当时发送的技术条件，日报不能及时送到远离纽约地区的读者手中，所以周报最能适应上述条件。首先在美国北方乡村地区出现了订阅《纽约每周论坛报》的许多《论坛报》读者俱乐部。

---

① 《马克思恩格斯全集》第1版第28卷第157页。
② 弗里德里希·恩格斯：《亨利希·卡尔·马克思》，载于《简明社会科学词典》1892年耶拿版第4卷第1132页。

此外，最迟从 1845 年开始出版了一种《半周论坛报》（自 1853 年 5 月开始改为《纽约半周论坛报》。它每星期三和星期六出版，在 50 年代改为每星期二和星期五出版。也许在很大程度上依照《半周论坛报》的同一版面又出版了每星期两次的加利福尼亚专版和（自 1849 年 2 月起）欧洲专版。然而这两个专版的印数不多。（加利福尼亚专版和欧洲专版，我们一份也没有找到。）

大概受到傅立叶主义的一些观点的影响，格里利和麦克尔腊思从 1849 年 1 月 1 日开始把《纽约论坛报》改组为一个合作社。它实际上是一个资本主义的股份公司；格里利和麦克尔腊思拥有 100 个股份（每股 1000 元）中的三分之二，余下的三分之一股份为 11 个主要合作者所有。其中也有查理·德纳。另外，格里利作为主要的股东和出版者还拥有独自决定报纸的内容和解雇不受欢迎的同事的权利，即使他们拥有股份。

由于现代的印刷技术、内容丰富多样的宣传方法以及大型广告版面，《纽约论坛报》当时处于领先地位，并为资本主义报刊的发展确立了标准。到 1851 年时，《纽约每日论坛报》的印数从创办时的 500 份增加到大约 15000 份。周报在马克思和恩格斯开始撰稿时出版 30000 份，1852 年底大约 50000 份。报纸（总共五种版）的总印数到 1855 年时提高到 19 万份左右（达到世界最高份数），到马克思和恩格斯结束撰稿时增加到 30 万份。40 年代末和 50 年代，《纽约论坛报》胜过其他竞争刊物的地方还有，它进行了更广泛的国外报道并因此在侨民中受到热烈的欢迎。

《纽约论坛报》代表工业资本主义和小资产阶级民主主义的利益。由于当时美国阶级关系不发达，正在形成的工人阶级的一部分也认为《纽约论坛报》代表他们的政治利益。

特别是在初创阶段,《纽约论坛报》由于与傅立叶主义运动有暂时的紧密联系而在这个运动中有了一部分群众基础。这个运动40年代在美国有几万拥护者并且支配着30多个"共产主义"移民区。这个运动的领导人主要有阿尔伯特·布里兹倍恩(30年代初,他在巴黎结识了沙尔·傅立叶本人)、帕克·戈德温和乔治·里普利,还有霍拉斯·格里利(此人不久便退出运动)。格里利不仅出版布里兹倍恩的杂志《未来。奉献给联合的事业和社会的改组》,而且从1842年3月1日起每天——后来是每周三次——在《纽约每日论坛报》首页上以有酬方式为他开辟专栏《联合;或真正社会组织的原则》。专栏文章还在《纽约每周论坛报》上转载。1844年4月在纽约召开美国傅立叶主义协会和移民区的全国代表大会,里普利当选为主席,布里兹倍恩、戈德温、格里利和德纳当选为副主席。

由于同布里兹倍恩和最著名的傅立叶主义移民区,以及同1841年在波士顿附近成立的农业和教育协会布洛克农场建立联系,格里利为他的报纸赢得像里普利、玛格丽特·富勒、特别是像德纳(他和里普利一样是布洛克农场的负责人)这样一些有才干的合作者。德纳在1849年之后成为副主编和马克思为《纽约论坛报》撰稿的中间人。

虽然报纸同傅立叶主义的联系在40年代十分重要并引起轰动,然而傅立叶主义在报纸发行期间从来没有成为报纸的主要内容。

在导致1861年美国内战的国内政策冲突逐渐激化的20年里,《纽约论坛报》反对将逃跑的黑奴引渡给南方州,但是,它并不赞同立刻废除奴隶制度。反对南方奴隶主寡头政治的政策(废奴主义)既符合东北部工业资产阶级和北方资本主义农场主的直接利益,也符合工人阶级的原则利益。这家报纸是这些不同势力的最重要的和最有影响的刊物,这些势力的广泛需要,从保护关税、不同的资产阶级民主主义改革纲领以及禁酒主义直到社会空想主义，都符合这家报纸的宗旨。

《纽约论坛报》的政治纲领的重要因素归根到底是它的共和主义。在马克思和恩格斯为之撰稿的开始几年中。格里利和他所领导的报纸在促进1854年成立美国共和党方面起了重要的作用。

马克思在对这家报纸有了比较深入的了解之后，认为它的特点是政治路线的多元性。马克思指出："在西斯蒙第的博爱主义社会主义的反工业化的形式下，替美国的主张实行保护关税的资产阶级即工业资产阶级说话。《论坛报》虽然大谈各种'主义'和社会主义的空话，却能够成为美国的'第一流报纸'，其秘密也就在于此"。①

马克思和恩格斯与《纽约论坛报》的最初接触

马克思和恩格斯也许在1842年至1843年已经从他们所阅读的奥格斯堡《总汇报》上的美国通讯报道中，得知《纽约论坛报》是美国最畅销的报纸之一。恩格斯在1844年底为《1845年的德国公民手册》撰写《现代兴起的今日尚存的共产主义移民区的述描》并在其中提到作为布洛克农场负责人的里普利，他可能已经了解到《纽约论坛报》在美国傅立叶主义运动中的作用。

1848年秋天，布里兹倍思以及后来的德纳在较长时间逗留欧洲期间访问过科伦，并且会见过马克思和恩格斯以及《新莱茵报》的其他编辑，其中包括斐迪南·弗莱里格拉特，这肯定是他们之间的第一次直接接触。从这次结识中，至少给恩格斯留下一个印象：《纽约论坛报》的同事们是辉格党人。因此，恩格斯在1851年8月10日左右致函马克

---

① 《马克思恩格斯全集》第1版第28卷第270—271页。

思说:"关于《纽约论坛报》的政治面目,我只知道它代表美国辉格党人的观点。"① 早在1848年12月17日,《新莱茵报》上发表过一篇——可能是由阿道夫·克路斯撰写的——纽约通讯,写道:"在用英语出版的报纸中,《每日论坛报》一个时期以来刊登亨利·布里兹倍恩写自欧洲的带有自由思想色彩的通讯;在美国问题上,它崇奉辉格党的原则"②。但是马克思和恩格斯清楚地知道,这个政治概念在美国和在英国意思完全不同,③ 美国的辉格党人是共和党人,按照当时欧洲的标准可以把《纽约论坛报》称为资产阶级民主主义报纸。布里兹倍恩同恩格斯、恩斯特·德朗克、约瑟夫·莫尔、威廉·沃尔弗、斐迪南·拉萨尔以及其他人一起出席1848年9月17日在科伦附近的沃林根举行的群众大会并讲了话,《新莱茵报》的一篇报道甚至称他为著名的"民主社会主义的《纽约论坛报》的编辑"④。

《纽约论坛报》非常详尽地报道了1848年至1849年的欧洲革命事件。由于对消息的需求递增,可能第一次安排了真正的外交政策栏目。这家报纸欢迎法国二月革命,并把它视为一场能够消灭除俄国沙皇之外的所有欧洲君主和独裁者的全欧革命的开端。除了特别通讯员布里兹倍恩和德纳之外,伦敦、巴黎、柏林、维也纳、罗马和其他城市的许多记者也写了这种内容的报道。当然他们持怀疑态度观察极左翼在革命中的行动。尽管德纳主要是作为目击者以显而易见的同情态度描述了工人的斗争,但是1848年的巴黎六月起义受到谴责。德纳和布里兹倍恩致力

---

① 《马克思恩格斯全集》第1版第27卷第324—325页。
② 1949年1月7日《纽约每日论坛报》第189号第2版3页。
③ 《马克思恩格斯全集》第1版第8卷第384页。
④ 1848年9月19日《纽约每日论坛报》第106号第1页。

于刻画革命中重要的政治倾向,包括马克思和恩格斯所支持的倾向,布里兹倍恩出席沃林根大会之后撰写的通讯证明了这一点。他在通讯中重申了《共产党在德国的要求》中的重要论点并对它们进行评价。① 此外没有什么迹象能说明,马克思和恩格斯对布里兹倍恩和德纳的报道产生过影响。

德纳可能在1848年11月才到达科伦,当时恩格斯暂时离开了这座城市。德纳总是记得1848年1月在多伊茨(今天科伦的城区)与马克思谈话的情景。1849年初他回到纽约,3月成为《纽约论坛报》外交政策栏的负责人。

1850年3月31日,克路斯从华盛顿写信告诉在伦敦的斐迪南·沃尔弗说,《纽约论坛报》是"唯一的对**整个合众国具有影响**、公开拥护社会主义倾向的报纸"②,马克思肯定看过这封信。

1850年7月15日。德纳第一次写信给在伦敦的马克思③,然而这封信毕竟首先是为了打听弗莱里格拉特的地址。弗莱里格拉特在迁居伦敦(1851年5月)之后才和德纳通信,于是德纳在1851年中又记起马克思,这可以说明他建议为《纽约论坛报》撰稿的时间是在1851年7月底左右。

德纳尽力设法通过扩大欧洲通讯员的撰稿使《纽约论坛报》的外交政策栏更加吸引人,并促使1848年至1849年欧洲革命失败后越来越多的移居美国的欧洲国家移民来购买报纸(从1848年至1852年,德国

---

① 《1848年10月2日阿伯特·布里兹伯先生的法兰克福来信》,载于《纽约每日论坛报》1848年10月31日第2355号第1页。
② 莫斯科苏共中央马列主义研究院中央党务档案馆,编号:sign. F429. d./1。
③ 《马克思恩格斯全集》原文版第3部分第3卷第591页。

移民就达 435000 以上）。为此德纳才建议马克思和弗莱里格拉特撰稿。出于同一原因，布鲁诺·鲍威尔、尤利乌斯·弗吕贝尔、路德维希·西蒙和阿尔诺德·卢格等民主主义小资产阶级的代表早在马克思之前也接到德纳的撰稿请求。马克思知道鲍威尔和西蒙在写通讯。德纳向马克思表明自己是非常老练而又正直的共同利益维护者，而马克思（和恩格斯）能够为《纽约论坛报》撰稿十几年，只能归功于他。

1851 年 8 月初，当马克思收到德纳的建议时，他也正准备为美国报纸撰写通讯。因为 1851 年春夏他正进行经济学研究并看了许多美国著者，如亨利·查理·凯里、艾伯特·加勒廷、詹姆斯·威廉斯·吉尔伯特、威廉·M. 古奇斯和托马斯·霍吉斯金的著作①并作了摘录。特别是庸俗经济学家凯里同《纽约论坛报》有着直接的关系，因为凯里不仅是这家报纸从 1849 年至 1857 年的撰稿者和社论作者之一，而且，格里利和《纽约论坛报》其他领导人还把他视为学者。他用自己的保护关税论和似乎可行的资本主义社会阶级调和论最好地表达了他们的经济学观点。

开始为《纽约论坛报》撰稿

德纳 1851 年 7 月中旬或月底写给马克思的邀稿信没有保存下来。唯一的原始资料是马克思 8 月 8 日和 14 日写给恩格斯的信："《纽约论坛报》愿意出稿费邀请我和弗莱里格拉特作撰稿人。这是北美发行最广的一家报纸。如果你能用英文写一篇关于**德国**局势的文章，在**星期五早**

---

① 《马克思恩格斯全集》原文版第 4 部分第 8 卷。

晨（8月15日）以前寄给我，那将是一个良好的开端"①。"写一些关于1848年以来的德国的文章，要写得俏皮而不拘束。这些先生们在外国栏中是非常**大胆的**。"②

恩格斯从这个前提出发撰写了《德国的革命和反革命》这组文章③；有关这组文章的产生和影响问题，详见《马克思恩格斯全集》原文版第1部分第11卷第637—646页。为《纽约论坛报》撰稿的第一年全年就写了这组文章；这19篇文章中的最后一篇发表在1852年10月23日的《纽约每日论坛报》上。

弗莱里格拉特没有为《纽约论坛报》撰稿。

德纳1851年12月16日才再次致函马克思并通知他，这组文章的前6篇已经发表。

早在1851年年底，除了恩格斯写的关于德国的文章外，马克思自己也打算为《纽约论坛报》撰稿。他产生这种具体的想法可能与德纳的建议有关："如果它们是关于一个使人感兴趣的革命危机的时事文章，我可能会加倍支付稿酬……"④ 1851年和1852年之交，在马克思家作客的恩格斯同意了马克思的想法，并且给以帮助。显然他们已经约定，恩格斯除了继续撰写《德国的革命和反革命》一组文章，还得翻译马克思的文章。从伦敦返回后仅仅几天，恩格斯就在写给燕妮·马克思的一封信中希望马克思"不要由于图书馆而完全忘记了《论坛报》"⑤。几

---

① 《马克思恩格斯全集》第1版第27卷第316页。
② 《马克思恩格斯全集》第1版第27卷第332页。
③ 《马克思恩格斯全集》第1版第8卷第3—115页。
④ 1851年12月16日德纳致马克思的信，载于《马克思恩格斯全集》原文版第3部分第4卷第538页。
⑤ 《马克思恩格斯全集》第1版第28卷第471页。

天以后，他写信给马克思本人："希望你现在马上把给《论坛报》写的文章寄一篇给我翻译"①。

威廉·沃尔弗也提醒马克思，随着《德国的革命和反革命》开始发表，定期写通讯的有利的先决条件已经具备。1852年3月18日。他致函马克思说："在我看来，你的文章在《论坛报》上的发表意味着德纳私下反对这家报纸由于局势而不可避免采取的、公开的、议会的软弱政策"②。

然而。这个计划这时还无法实现。首先，完成《雾月十八日》是当务之急。尽管如此，马克思还是力图尽可能快地开始亲自为《纽约论坛报》撰稿。因此，他在1852年3月或4月初通知德纳，他愿意写文章论述英国的情况，德纳回信说："你打算撰写关于英国的时事文章，我很高兴。你愿意何时开始就何时开始，而不用等写完关于德国的著作。"③。恩格斯也同时提出这个题目：马克思应该"给德纳通信，商谈写一组新的、关于法国或英国的、主题更现实的文章"④。

大概在1852年5月至6月，马克思和恩格斯在曼彻斯特撰写论战性小册子《流亡中的大人物》时共同商量过此事。当时他们显然一致同意，马克思可以联系不久即将进行的英国下院选举撰写他的第一批《论坛报》通讯。从曼彻斯特返回大约3周之后，马克思告诉恩格斯说："关于选举的文章，我还没有写。因为我认为必须等待总的结

---

① 《马克思恩格斯全集》第1版第28卷第9页。
② 《马克思恩格斯全集》原文版第3部分第5卷。
③ 1852年4月20日德纳致马克思的信，载于《马克思恩格斯全集》原文版第3部分第5卷第327页。
④ 《马克思恩格斯全集》第1版第28卷第56页。

果"①。尽管恩格斯一直等待着马克思为《论坛报》所写的第一篇文章②,然而,马克思大概在7月最后一周才动笔。1852年8月7日,他把第一篇文章《英国的选举。——托利党和辉格党》(经恩格斯翻译之后)寄往纽约。

在马克思开始为《纽约论坛报》工作前不久,报纸出了可能促进马克思和恩格斯撰稿的转变。尽管到那时为止欧洲小资产阶级民主主义流亡者的各种势力在《纽约论坛报》上不断宣传他们的观点,而且也是直接针对马克思和恩格斯的,但是克路斯在1852年7月向马克思估量了形势:"现在形势变得对你为《论坛报》撰稿非常有利了,科苏特离开了该报,全体德国报刊都向它发动攻击,你从我寄去的报纸中对此会有所了解。"③ 应当继续撰写文章以利用由此产生的机会,来进一步巩固他们自己在这家报纸中的地位:恩格斯写道:"美国佬对欧洲政治并非内行,谁写得更好、更有智慧,谁就胜利"④。

当时《纽约论坛报》的欧洲通讯员有着极其不同的政治倾向和政治作用。休·多赫尔蒂和在伦敦的法国流亡者朱尔·勒谢瓦利埃是老傅立叶主义者。布鲁诺·鲍威尔从柏林,通讯员 W.H.F 和通讯员 C.R.B 从巴黎,提供有关时事政治的报道;泛斯拉夫主义者古罗夫斯基伯爵也偶尔从巴黎以 P.S. 的化名进行报道,他后来在纽约《纽约论坛报》的编辑部里成了马克思的危险的敌人⑤。在英国时事政治报道方面,马克

---

① 《马克思恩格斯全集》第1版第28卷第82页。
② 《马克思恩格斯全集》第1版第28卷第87、90页。
③ 1852年7月4日克路斯致马克思的信,载于《马克思恩格斯全集》原文版第3部分第5卷第427—432页。
④ 《马克思恩格斯全集》第1版第28卷第93页。
⑤ 《马克思恩格斯全集》原文版第1部分第12卷第681—683页。

思的真正竞争对手是伦敦通讯员 A. P. C.。马克思在许多年以后才知道，他是科苏特的追随者费伦茨·普尔斯基。

完成关于英国国内政策的文章[①]之后，马克思从10月中旬开始论述英国面临的生产过剩危机的问题[②]。马克思在通讯中所涉及的问题和国家的范围自1853年起显著地扩大了。

1852年8月，马克思首先对英国的选举结果进行了分析。普尔斯基在8月7日、10日和13日的《纽约每日论坛报》上已经对这次选举进行了报道。马克思写文章时并不知道这些通讯。然而他明白，他的文章只有能够介绍具有现实意义的文件，从历史和经济学角度解释各种新事实，预测未来的发展情况，才能成为《纽约论坛报》的固定的政论通讯员。

马克思的头5篇通讯与恩格斯的《德国的革命和反革命》这组文章的最后4篇在同一时期发表，因此，从1852年8月到10月，马克思和恩格斯的名字特别频繁地出现在《纽约论坛报》上。

在马克思和恩格斯为《纽约论坛报》撰稿的第一个阶段中，德纳本人根据来自伦敦的材料所写的两篇文章[③]，占有特殊的地位。美国的科苏特的拥护者对其中的第二篇提出抗议，报纸刊登了其中的几篇。普尔斯基也在1852年11月20日和26日《纽约每日论坛报》上的两篇化名 A. P. C. 写的伦敦通讯中反对这篇文章。当科苏特的一个所谓的秘书

---

① 《马克思恩格斯全集》第1版第8卷第381—411页。
② 《马克思恩格斯全集》第1版第8卷第416—423页。
③ 《普鲁士的司法》，见《马克思恩格斯全集》原文版第1部分第11卷第483页；《马志尼和科苏特的运动。——和路易·拿破伦的联盟。——帕麦斯顿》，见《马克思恩格斯全集》原文版第1部分第11卷第522—524页。

直接攻击马克思①时,马克思就参加了这场辩论并在1852年12月14日再次作为"特约通讯员"就此事发表了声明②。

1852年12月1日,恩格斯撰写了一篇关于科伦共产党人案件的文章③。这同时也是恩格斯在上面已经提到过的一组文章之外展开通讯活动的开端。他从1853年4月才开始以关于土耳其问题的文章继续向《纽约论坛报》投稿④。

马克思和恩格斯于1852年为《纽约论坛报》撰写的——除两篇作为"特约通讯员"写的文章外——13篇(马克思12篇,恩格斯1篇)政治通讯中,9篇被《半周论坛》采用,5篇被《每周论坛》采用。

马克思一般没有收到过编辑部寄的报纸,因此,也没有可能定期读到报纸,这给他的通讯活动造成了困难。所以,通过约瑟夫·魏德迈——他在1851年年底到达纽约后不久,由于马克思的介绍结识了德纳本人——和华盛顿的克路斯了解美国国内政策的详情、各家报纸的立场和他的(以及恩格斯的)文章的影响,这对马克思来说非常重要。克路斯写给威廉·沃尔弗的信件也给马克思提供了信息;他们两人自1851年9月开始通信,而克路斯的来信也为马克思所利用。

马克思当时必须为了给家庭创造定期的经济收入来源而操劳。他认为给《纽约论坛报》撰稿会有(尽管有限的)效果。然而,他同时也感到这项工作所带来的麻烦。在进行了大约一年的通讯活动之后,他在1853年9月15日写信给恩格斯说:"持续不断地为报纸胡乱写些东西

---

① 《马克思恩格斯全集》第1版第28卷第561—562页、第571—575页。
② 《马克思恩格斯全集》第1版第8卷第545页。
③ 《马克思恩格斯全集》第1版第8卷第449—450页。
④ 《马克思恩格斯全集》第1版第9卷。

已使我厌烦了。这占用、分散了我许多时间,最终却一无所获。不管愿意不愿意,毕竟对报纸和该报的读者负有义务,特别像我这样收到报酬的时候,更是如此。纯粹的学术著作完全是另外一回事,况且同一个A.P.C.、一个女通讯员和一个大主教为伍的荣誉当然是不值得羡慕的。"①

恩格斯在1853年3月11日就写信回答了马克思的这种想法:"在欧洲革命的所有政党中,我们是向英美公众阐明自己事业的唯一的党,这是它的好的方面。"早在马克思本人写第一篇通讯的半年之前,克路斯(他认为恩格斯的那组文章是马克思写的)就试图消除马克思的疑虑:"你为《纽约论坛报》工作有一个很大的好处,就是不必为这些政治学童(全体德国编辑几乎无例外地都是政治学童)花费力气,而且你有众多的读者。"

马克思的文章(他在其中维护无产阶级立场的同时经常尽力考虑到《纽约论坛报》的性质)在发表时大多未加评论,偶而附上关于文章意义的简短前言。德纳在《贫困和贸易自由。——日益迫近的商业危机》② 这篇文章前面加上较详细的评价③。然而,编辑部对马克思的撰稿并不是没有成见的,并偶尔也公开表示与马克思的意见分歧。在为《马志尼和科苏特的活动》④ 一文加的前言中,出版者声称,特约通讯的作者尽管总的说来消息很灵通,然而他们不保证这篇报告的精确性并诉诸未来的检验。这里还是有一点保留,没有说出马克思的名字,只是

---

① 《马克思恩格斯全集》原文版第3部分第7卷。
② 《马克思恩格斯全集》第1版第8卷第413—423页。
③ 《马克思恩格斯全集》原文版第1部分第11卷第957页。
④ 《马克思恩格斯全集》第1版第8卷第412—415页。

在半年后才写道:"马克思先生有他自己的非常明确的主张,对其中的一些主张,我们不敢苟同"①。在许多情况下,编辑部可能把马克思对英国资本主义现象的尖锐批判以及他关于宪章运动的发展的报道解释为报纸所反对的自由贸易制度的结果,说什么在报纸所赞扬的保护关税制度下决不可能出现这些结果。

在《马恩全集》原文版第 1 部分第 11 卷所涉及的时期内,马克思写的通讯还没有被编辑部当作社论,而 1853 年 4 月以后情况就不同了。另外,这个初期阶段还有一些特点:马克思到 1852 年底为止每篇文章只得到一英镑(从 1853 年初开始为两英镑),他还是用德文撰稿并把它们寄到曼彻斯特让恩格斯翻译,或者自 12 月开始在伦敦让威廉·皮佩尔翻译。马克思本人从 1853 年 1 月开始用英文写作。由燕妮·马克思抄写的 1852 年 8 月 10 日的那篇文章的德文片断②可以证明他直到 1852 年底的实践情况。

关于为宪章派报纸《寄语人民》和《人民报》撰稿情况

为《寄语人民》撰稿和尔后为《人民报》撰稿,在马克思和恩格斯 50 年代初期的创作活动中占有重要的地位。马克思和恩格斯曾经支持过以前的革命宪章派报刊(《民主评论》、《红色共和党人》、《人民之友》)③,现在他们不仅继续支持革命宪章派,而且采取了一些新的形

---

① 《我们的读者必定……》,载于 1853 年 4 月 7 日《纽约每日论坛报》第 3736 号第 4 页。
② 《马克思恩格斯全集》原文版第 1 部分第 11 卷第 315—317 页。
③ 《马克思恩格斯全集》原文版第 1 部分第 1 卷第 698—702 页。

式。收入《马恩全集》原文版第 1 部分第 11 卷的这两家刊物发表的 13 篇由马克思和恩格斯写的或者在他们参与下写的文章，以及它们转载的 7 篇马克思和恩格斯的文章便是证明。

马克思首先支持厄内斯特·琼斯出版的报纸，因为他在伦敦经常和琼斯有私人联系。琼斯是当时唯一的坚定拥护马克思和恩格斯的学说并在它的影响下采取行动的英国工人领袖，在他周围形成一个革命的宪章派的小核心。他的政治纲领——工人阶级在革命基础上实行联合，与马克思和恩格斯为建立工人阶级的革命政党而斗争的思想基本一致。同时，这也符合英国的具体情况。在英国，由于宪章运动严重受挫和普遍繁荣，无产阶级的大部分必定重新顽强地转向政治斗争。当时的任务在于，从昔日的强大的人民运动中为建立无产阶级群众性政党创造基础。正如恩格斯所说的，如果这在当时确实能够实现的话，那么只有通过一个像琼斯这样"能干的人"才成[1]。1852 年年底，马克思在《纽约论坛报》一篇通讯中也赞扬说，在琼斯的领导下，英国工人阶级到处都在为将来的斗争作组织的准备[2]。

难于确定马克思和恩格斯为两家宪章派报刊撰稿的具体范围。从 1851 年 7 月至 1852 年 12 月的通信中，只有琼斯写给马克思或恩格斯的 8 封短信。报刊本身几乎没有直接写出作者的名字，因为马克思和恩格斯必须避免公开支持以琼斯为首的革命势力。他们作为流亡者，如果参与英国国内政策的辩论，按照英国法律，就有被驱逐出境的危险。此外，一个警探 1851 年 8 月向普鲁士皇家内务部提供的一份《宪章派在伦敦的阴谋活动》报告表明，他们实际上受到警察局的监视。报告中写

---

[1] 《马克思恩格斯全集》第 1 版第 28 卷第 38 页。
[2] 《马克思恩格斯全集》第 1 版第 8 卷 438—442 页。

道:"英国的宪章派分裂为两个派别:老宪章派和新宪章派。前者满足于改良……新宪章派则是坚定分子,他们与最激进的派别携手前进并且要求人民自决权。……这一派对政府和王室采取敌对态度。如果在大陆上爆发大革命,新宪章派们就会在英国掀起风潮。他们和马克思、恩格斯以及马志尼、路易·勃朗、维利希等人保持联系。然而,委员会的流亡者们都很警惕避免和宪章派公开来往。一切都是秘密地进行的。……英国政府知道此事并在进行秘密监视。"

因此,可以作为重要的原始资料的除了《寄语人民》或《人民报》之外,首先是马克思和恩格斯的通信,不过他们的通信也只能使人们在有的方面得出比较准确的推论。

《寄语人民》的创办和发展

这家周报1851年5月3日至1852年4月24日在伦敦总共出版52期,每期24页。在琼斯领导下由革命的宪章派(其中也包括朱利安·哈尼)坚持的1851年4月宪章派纲领是它的政治基础。琼斯最初打算和哈尼一起出版一份新的宪章派报纸。但是。由于哈尼自1851年初开始日益转向资产阶级激进派和小资产阶级民主主义势力,马克思和恩格斯因此和他绝交,所以,琼斯认为自己应该单独出版所筹划的报纸。然而缺乏资金来支付时事报道出版物依照英国法律需要交纳的印花税。《寄语人民》不能加印花,不能进行新闻报道,这使得这家报刊难以发挥作用。由于这个原因,琼斯只得把自己的第一家报刊视为过渡办法,并很快考虑到办一份更好的报刊,这就是《人民报》。

尽管如此,琼斯还是首先规定《寄语》的总任务是在工人中间传播革命思想财富。后来,他提出明确的目标并宣布报纸的方针在于维护工人阶级的联合。因此，这家开始时主要是文学政治性的杂志实际上发展成为英国工人运动中革命势力的一家理论刊物。它专门论述重大政治、经济和意识形态问题。尽管资产阶级势力和改良主义宪章派不断地攻击和诽谤琼斯及其报纸，但是这一转变还是实现了。

琼斯的确在政治上和组织上取得成就。1851年年底，每周发行额（大约3000份）稳定了，从而摆脱了债务①。这首先应该归功于他坚定不移的革命立场。这个立场最终保证刊物拥有一批固定的读者，并使琼斯有了一定的声誉，这很有利于他后来的工作。在《寄语》支持下于1852年1月25日发动的并由它领导的捐助《人民报》运动，特别说明了这一点。琼斯在这个报刊上阐明了新报刊的目标，详细说明了创办的情况，并在当地宪章派组织中征求经济援助。因此，在相当短的时期内出现了支持新宪章派报刊的广泛运动。马克思1852年3月25日写给约瑟夫·魏德迈的信也证实了这一点。他在信中写道："现在英国工人已经募集到了钱，使得琼斯除了自己的《寄语》，还能出版一种大型的周报"②。

马克思和恩格斯的支持

马克思和恩格斯以多种方式支持《寄语人民》。首先，他们亲自动手写稿。其次，马克思对重要理论文章的内容施加影响。这里说的主要是经济学论题，同时还有同资产阶级和小资产阶级流亡运动的势力，尤

---

① 1852年1月16日厄内斯特·琼斯致恩格斯的信，载于《马克思恩格斯全集》原文版第3部分第5卷第216页。

② 《马克思恩格斯全集》第1版第28卷第514页。

其是同拉约什·科苏特的辩论。最后。马克思动员他的战友为琼斯撰稿。受他的委托为刊物撰稿的，主要有格奥尔格·埃卡留斯和威廉·皮佩尔。

马克思从一开始就和《寄语人民》保持紧密联系。头几号上就有由马克思本人写的或在他的参与下写的一系列文章（关于1851年5月和6月间的撰稿，见《马克思恩格斯全集》原文版第1部分第10卷第705—707页）。

在《马克思恩格斯全集》原文版第1部分第11卷所涉及的时间内，马克思本人没有为《寄语》撰写文章。但是，他向琼斯提供了他以前写的文章《六月革命》①。它的译文以《1848年6月29日。马克思博士撰写》为标题②发表。在打算刊登这篇文章之前，马克思和琼斯可能就有关的理论问题进行了讨论，刊登这篇文章的直接原因可能是在英国报刊上出现了如下的观点："看来，在40年内，保皇党人在自由党人面前垮台，而自由党人则在共和党人面前垮台，现在，共和党人又在社会党人面前动摇了。(1851年7月17日《纪事晨报》社论)"琼斯把上述论点写在马克思文章开头的地方。琼斯建议马克思在八月份把文章寄来，因为琼斯当时正在作巡回宣传，特别急切需要帮助③。在文章发表之后，他通知马克思："我将你的关于六月的杰作刊登在第16号上"④。

恩格斯提供了他在1852年1月到4月期间写的一组文章《去年十

---

① 1848年6月29日科伦《新莱茵报》第29号第1页。
② 1851年8月16日《寄语人民》第16号。
③ 1851年7月29日厄内斯特·琼斯致马克思的信，载于《马克思恩格斯全集》原文版第3部分第4卷431页。
④ 1851年8月28日厄内斯特·琼斯致马克思的信，载于《马克思恩格斯全集》原文版第3部分第4卷446页。

二月法国无产者相对消极的真正原因》①。尽管恩格斯在这以前已经打算为琼斯撰稿②,而且马克思和琼斯也希望他这样做③,然而,由于有其他任务,他从1852年年初才开始积极撰稿。

当时比以往任何时候都更加迫切需要恩格斯的帮助,因为《寄语》的继续存在受到威胁。而且马克思正在撰写《路易·波拿巴的雾月十八日》这部著作④而不能亲自帮助琼斯。琼斯在宪章派组织内部的对手,主要是哈尼,计划1852年创办一家自己的报纸、首先来对付琼斯以及他与马克思、恩格斯的合作。1852年1月16日,琼斯写信对恩格斯说:"我告诉你,这是针对我的,尤其是针对我们的……所有人为了把我们整倒,将支持哈尼"⑤。

这种担心是有根据的,因为竞争性刊物首先要考虑登载外交时事方面的报道,然而根据《寄语人民》的情况,琼斯难以做到这一点。因此他在给恩格斯的同一封信中继续写道:"你将从通告〔指新报纸预告。哈尼也给马克思寄来一份。——见《马克思恩格斯全集》第28卷第17页〕中看到,外国的事情将在哈尼的报纸上起主要作用。这是人民的要求。我也必须这样做,否则我就要完蛋。除了你,没有人能够帮助我。但愿你作为'我们的外国通讯员',或者'一个流亡者的来信'或者以任何化名每星期给我写一封信,以便与哈尼的《人民之友》的信件相抗衡。"从信中同样还可以看出,这个请求是与马克思商定的。恩格斯立刻在一封没有保存下来的信中表示同意,然而他在信中也向琼

---

① 《马克思恩格斯全集》第1版第8卷第244—256页。
② 《马克思恩格斯全集》第1版第27卷第313—314页。
③ 《马克思恩格斯全集》第1版第27卷第309—312页,第380—383页。
④ 《马克思恩格斯全集》第1版第8卷第117—227页。
⑤ 《马克思恩格斯全集》原文版第3部分第5卷第216页。

斯指出，刊登时事报道对《寄语》来说有一定的风险。琼斯回信说："至于合法不合法，我已经不再为此费心了——我必须冒冒险，直到我们能够拥有一家报纸。"①

在这次商定之后，琼斯乘发表恩格斯的《去年十二月法国无产阶级相对消极的真正原因》的第一篇的时机开辟了《大陆纪事》专栏，他在前言中告知他的读者："欧洲大陆事件的不断增加的重要性现在开始要求每家民主主义报纸特别注意。因此我们为这个吸引人的题目开辟《纪事》专栏……所以，我们自豪地说，我们已经促成众多欧洲大陆民主主义杰出作家中的三人合作……出于谨慎，我们的欧洲大陆合作者的姓名暂时保密，然而我们希望并且相信，可以把他们公之于众的日子已经不远了"②。看来，除了马克思和恩格斯之外，琼斯还聘请了埃卡留斯。埃卡留斯向新专栏提供了许多稿子。然而，恩格斯的一组文章是《大陆纪事》的中心。琼斯通过它能够直接参加关于当时一个最重要的外交政策问题的讨论③。

马克思的帮助的核心是对重大的理论问题，首先是经济学问题的论述。关于此事，马克思后来写道："我偶然翻到了几期厄·琼斯的杂志《寄语人民》（1851年和1852年），就经济论文来说，这个杂志在主要问题上是在我的直接领导下，一部分甚至是在我的直接参与下编写的"④。这首先是指批判受基督教社会主义影响的英国小资产阶级改良主义合作社运动的文章。合作社运动的领导人在工人中间传播假革命和

---

① 1852年1月20日厄内斯特·琼斯致恩格斯的信，载于《马克思恩格斯全集》原文版第3部分第5卷第216页。
② 1852年2月21日《寄语人民》第43号。
③ 《马克思恩格斯全集》第1版第8卷第244—256页。
④ 《马克思恩格斯全集》第1版第31卷第11页。

博爱的观念，以便继续实施其以资本主义为基础的合作社制度。

与此相反，琼斯在1851年宪章派纲领的基础上进行了一场富有牺牲精神的斗争。在马克思的积极支持下，他首先利用他的杂志来进行这场斗争。提高工人阶级的革命意识完全取决于对合作社问题的理解，马克思非常重视这一点。在这个问题上工人们能够清楚地领悟根本革命改造的必要性。因此，马克思坚持对下列原则进行有说服力的宣传：土地国有化和在建立工人阶级政权的基础上将土地变为不可变卖的国有财产。

根据这个设想，《寄语人民报》的5月号和6月号上发表了几篇文章①。在《马克思恩格斯全集》原文版第1部分第11卷所涉及的时期内，特别突出的是《合作社。它是什么，它应该是什么》② 一文，它当时也在英国公众之中引起值得注意的反响。

从《寄语人民》上发表的许多关于合作社的文章中，人们可以感觉到马克思的影响。尽管他可能只是直接参与了少数文章的撰编。在一般情况下，他的看法通过与琼斯的密切联系而出现在报纸上。

琼斯的文章《农业的竞争体制。一个说明》③ 也可以说明这一点，他在文章中试图纠正以前发表的一篇文章④中关于小农的小规模经营的前景的错误见解。马克思曾经批判过这种错误见解⑤。

---

① 《马克思恩格斯全集》原文版第1部分第10卷第641—654页。
② 《马克思恩格斯全集》原文版第1部分第10卷第641—654页。
③ 1851年7月26日《寄语人民》第13号第256—257页。
④ 《我们的土地。它的领主和农奴》，载于1851年6月7日《寄语人民》第13号第256—104页。
⑤ 1851年6月21日威廉·皮佩尔致恩格斯的信，载于《马克思恩格斯全集》原文版第3部分第4卷第401—402页。

琼斯曾经在《我们的土地。它的领主和农奴》一文中坚持宪章派的农村合作社计划，认为能够通过移居到小块土地上来消除城市工人的贫困。在和马克思讨论之后，琼斯纠正了这个见解，他用"两个通讯员"之间的误解作了解释，从而暗示了马克思的影响。

然而，对于马克思来说这个问题尚未结束。这以后不久，他详尽地摘录了威廉·托马斯·桑顿1846年在伦敦出版的《人口过剩及其补救办法》①一书。琼斯是看了此书之后才撰写他的《我们的土地》一文的。②看来，马克思和琼斯之间在这个问题上后来还有反复，因为琼斯只是暂时放弃了他的农村合作社计划。当他于1853年再犯这个错误时，马克思让人通过埃卡留斯把一组文章交给琼斯的《人民报》。这组文章也使用了1851年搜集的材料，以法国为例驳斥了一切有关小农经济的幻想。③

这表明，马克思帮助克服合作社方面的疑难问题，这对于琼斯的有关文章具有决定性的意义。对这些文章的反应也说明这一点。琼斯自己也强调指出："《寄语》发表关于合作社的文章，引起相当大的注意和各种非难"④。这是在打破《寄语人民》的敌人的种种抵制企图方面取得的重大成就。

马克思的影响也扩展到对工人阶级形成过程的根本问题的看法上。在英国的社会经济和政治情况下，这个过程显示了一些特点。马克思当时首先认为，英国无产阶级有可能比欧洲大陆国家的无产阶级更早地取

---

① 《马克思恩格斯全集》原文版第4部分第9卷。
② 1851年6月21日威廉·皮佩尔致恩格斯的信，载于《马克思恩格斯全集》原文版第4部分第9卷。
③ 《马克思恩格斯全集》原文版第1部分第12卷第605—617页。
④ 《合作社运动》，载于1851年11月8日《寄语人民》第28号第543页。

得政权。

因此，马克思积极推动琼斯在《寄语人民》上经常讨论这个问题。他施加影响的一个结果是琼斯写出文章《三比一；或工人阶级的力量》。① 此外还有《代表团》一文②。琼斯在这篇文章中根据马克思的观点论证了建立英国工人阶级的独立政治组织的必要性，反对宪章运动中提倡与资产阶级党派联合、或者主张与当前工会运动和合作社运动内部的改良主义派别合流的势力。

在这里基本的出发点是：资本主义的发展不可避免要受到资产阶级和无产阶级之间斗争的影响。因此，革命的工人阶级必须组成一个先锋队，即使最初联合起来的力量有限，在民众中的影响暂时微乎其微。③（《一小群可靠的人胜过一大批受敌人统率的人!》）同资产阶级势力的任何联合形式对革命的工人运动来说都是它本身的损失，结果使之放弃理想："你不可能和敌人在一起而不被出卖。我们害怕的不是他们的**敌意**，而是他们的**友谊**。…… 如果资本家加入我们的队伍并且领导我们（而他们的'影响'和财富将会做到这一点），他们将或者出卖我们，或者**彻底改变我们运动的性质**。"④

琼斯根据资产阶级在农村的政策说明了这些见解。在这里，马克思的影响首先表现在：琼斯不仅反对当时的英国合作社运动，而且首先反

---

① 《马克思恩格斯全集》原文版第 1 部分第 11 卷第 470—472 页。
② 1851 年 12 月 13 日《寄语人民》第 33 号第 645—646 页。
③ 《一小群可靠的人胜过一大批受敌人统率的人!》，载于 1851 年 12 月 13 日《寄语人民》第 33 号第 645—646 页。
④ 《一小群可靠的人胜过一大批受敌人统率的人!》，载于 1851 年 12 月 13 日《寄语人民》第 33 号第 645—646 页。

对"小自由地产"运动,并以法国小农经济为例说明了它的反动本质①。琼斯以此为基础,进行了总结性评价:"当前的小自由地产土地运动,以及当前的合作社运动,是地主和资本家在即将到来的民主海洋中能够建立起来的最小堡垒!**它们是未来反动派的萌芽!!**"②

与此有联系的还有琼斯的文章《法国和英国。或普选权和民权》③。当马克思开始分析1851年12月2日法国政变的时候,琼斯在文章中也探讨了法国无产阶级和英国无产阶级的不同斗争条件。他首先按照马克思的观点得出结论说,与法国相反,英国普选权的胜利不可避免地导致工人阶级的政治统治。1852年夏天,马克思在英国下院选举之际做出了这一评价④。

在另一个问题上《寄语人民》也受到马克思的影响,那就是对资产阶级和小资产阶级流亡者运动,特别是对科苏特的批判。在马克思直接参与下撰写的文章《科苏特是何许人?》⑤便是一个明证。

马克思的观点在这个问题上对琼斯的影响极大,以至于他在《寄语人民》上毫不妥协地反对科苏特并将其政策归因于阶级基础,即资产阶级基础。由于和马克思的亲密合作,在1851年秋天科苏特逗留英国期间,琼斯是唯一的一个没有跟着公众为科苏特大唱赞歌的宪章派领导人。与《科苏特是何许人?》有直接联系的一组13篇文章《科苏特和匈牙利》⑥也反映了这一点。正当在英国人们从历史批判的角度彻底分

---

① 见《英国资产阶级再现了……法国资产阶级的反动》一文。
② 见《英国资产阶级再现了……法国资产阶级的反动》一文。
③ 1851年12月20日《寄语人民》第34号第663—666页。
④ 《马克思恩格斯全集》第1版第8卷第390—391页。
⑤ 《马克思恩格斯全集》原文版第1部分第11卷第473—477页。
⑥ 1851年10月25日—1852年1月17日《寄语人民》第26—38号。

析了科苏特1848—1849年在匈牙利的政策时，《科苏特是何许人？》一文联系了现实的问题。这样，这两篇文章就提供了一个与被誉为人民英雄的科苏特完全不同的形象。

在马克思的帮助下。琼斯也抨击流亡者运动的其他代表。他发表了斐迪南·弗莱里格拉特的一篇反对哥特弗利德·金克尔的诗歌的第一部分的译文。马克思在此之前就计划在纽约的刊物《革命》上发表该诗歌的整个德文本①。而该诗在《寄语》上发表②，是由马克思促成的，并且琼斯无疑从马克思那里得到如下的消息和评价："这些人中的几个人以'德意志共和国'的名义正在美国'乞讨'，并且得到一笔巨款——以为德国革命购买武器为借口。他们筹集了37000美元之多！……这些人由于公开地将革命事业降为一种求乞的骗子行当而使之蒙受耻辱。……无论在哪里看到骗人的众神受到揭露并且坍塌下来，都是有趣而又鼓舞人心的。对科苏特的狂热面临终结，乔纳森兄弟［金克尔——编者］正在迅速地将整个计划实施到底。最终，甚至路易·勃朗和他的同伙们，也被迫在他们最近的宣言和声明中公开谴责和抨击中产阶级的政客马志尼。"③ 关于马志尼的这种说法尤其不符合琼斯通常的立场。琼斯只有在他与马克思就此事交换意见后才会持这种立场，例如1853年分析失败的米兰人起义时也有过这种情形。④

马克思在内容上对《寄语人民》的帮助，使琼斯能够从革命的立场出发探讨工人阶级斗争的重大问题并且巩固他作为工人阶级的革命领

---

① 《马克思恩格斯全集》原文版第1部分第11卷第781—790页。
② 《弗莱里格拉特的新诗》，载于1852年4月10日第50号第978—979页。
③ 《弗莱里格拉特的新诗》，载于1852年4月10日第50号第978—979页。
④ 《马克思恩格斯全集》原文版第1部分第12卷第575—578页。

导人的地位。琼斯遵从马克思的思想,并且在自己的许多文章中表达马克思的思想,尽管他知道这会给他为这个刊物继续存在而进行的斗争带来困难。许多受资产阶级势力和右翼宪章派影响的读者因为它的坚定的立场而疏远它,或者常常完全回避它。在批判科苏特之后,琼斯首先明确地提到这一事实:"一些通讯员告诉我,由于揭露科苏特的错误,我已经失去许多读者。我知道这个情况。我知道会发生这种情况。当我宣布工会和合作社不能拯救工人阶级时,我就听到过这样的话。在开始斗争之前,我声明……自己知道事情将会如此。但我还是这样做了——我还是愿意这样做——对我来说,这不是利益问题,而是原则问题"①。

马克思还邀请最亲密的战友撰稿。他为《寄语人民》物色到皮佩尔和埃仁留斯作为后备作者。当马克思由于其他任务而不能亲自赞助这家报纸,或者当琼斯特别迫切需要帮助时,他们便助上一臂之力。

皮佩尔应马克思的请求,为《寄语人民》写了5篇以《德国的工人阶级》为题的文章②。由于马克思在此期间只能有限地满足琼斯的愿望③,他把任务转交给皮佩尔。琼斯1851年7月29日④和1851年8月28日⑤写给马克思的信证明皮佩尔写了这些文章。

此外,皮佩尔还为《寄语人民》写了一篇同宪章运动右翼进行辩论的文章。起因是1852年年初宪章运动右翼势力在宪章运动大会上直截了当地阐述了他们的反革命立场。皮佩尔1852年2月6日写信告诉

---

① 《证实》,载于1852年2月14日《寄语人民》第42号第831—832页。

② 1851年6月12日—7月26日《寄语人民》第11—13号,1851年8月9日《寄语人民》第15号,1851年9月27日《寄语人民》第22号。

③ 《马克思恩格斯全集》原文版第1部分第10卷第705、706页。

④ 《马克思恩格斯全集》原文版第3部分第4卷第431、446页。

⑤ 《马克思恩格斯全集》原文版第3部分第4卷第431、446页。

恩格斯说："我立刻寄给琼斯一篇文章，揭发了所有这些家伙"①。这篇文章还未辩认出来，因为皮佩尔的文章大多是匿名发表的，而且这一问题当时也是其他许多文章的题材。

现在尚不知道皮佩尔为《寄语》还撰写了什么文章。然而，皮佩尔与琼斯的合作可能是广泛的，因为他通过和马克思的亲密关系同琼斯保持着经常的联系，而且从一开始也为琼斯的新报纸《人民报》撰稿。

对《寄语》具有重要意义的是埃卡留斯的撰稿。他的文章帮助琼斯向工人说明资本主义状况。同时，除恩格斯之外，他是为报纸的外交政策报道做出贡献的主要人物。他的文章通常用他的名字的三个开头字母(J. G. B.)署名。

埃卡留斯是马克思和恩格斯的最有才能的战友之一。他参加过马克思举办的经济学讲座和小组。尽管他写文章在缀字法和语法方面还很吃力，马克思因此经常对他的文章进行最终的润色②，然而文章的内容却是高水平的。

《工人阶级的福利》③一文表明，马克思的观点在这里占主导地位。这篇文章的特殊价值在于，它集中论述了马克思和恩格斯到那时为止创立的资本主义政治经济学的重大问题。

埃卡留斯在琼斯的报纸上发表的另一篇重要经济学文章，可能是他根据马克思倡议写成的《伦敦裁缝业或大资本和小资本的斗争》④一文的英文稿。这篇文章由琼斯翻译，文字有些改动，以《财力之争；或，

---

① 《马克思恩格斯全集》原文版第3部分第5卷第235页。
② 《马克思恩格斯全集》第1版第28卷第643页。
③ 《马克思恩格斯全集》原文版第1部分第11卷第459—463页。
④ 《马克思恩格斯全集》原文版第1部分第10卷第593—604页。

伦敦的裁缝们。对所有行业的教训》为标题发表①。琼斯写上自己的前言，并且加上一些附注，使译文适应他的报纸同工会进行辩论的目的。

除此之外，埃卡留斯还提供了一系列外交政策文章。在《大陆纪事》专栏上发表的 5 篇《合法性和蛊惑》，有 4 篇出自他的手笔（1.《匈牙利和法国。英国中产阶级的同情。——匈牙利运动的性质［署名：］J. G. E.》，载于 1852 年 3 月 6 日《寄语人民》第 45 号第 855—889 页；2.《法国和德国的革命运动。［署名：］J. G. E.》，载于 1852 年 3 月 13 日《寄语人民》第 46 号第 909—912 页；3.《法国和德国的革命运动。［署名：J. G. E.］》，载于 1852 年 3 月 20 日《寄语人民》第 47 号第 931—932 页；4.续篇《在……之晨》，载于 1852 年 3 月 27 日《寄语人民》第 48 号第 950—952 页）。最后一篇文章（《普普士的运动》，载于 1852 年 4 月 3 日《寄语人民》第 49 号第 964—966 页）大概不是埃卡留斯写的，因为他在前几篇文章中谈的问题已经谈完了，而且这篇文章是唯一没有署他的名字的文章。

埃卡留斯在文章中认为，革命的进步不是取决于以往的成就，而是取决于不断地更有力地打击抱成一团的反革命，直至它垮台为止。这个观点首先反映了马克思的影响。

马克思不仅早已把这个观点写进了《1848 年至 1850 年的法兰西阶级斗争》②，而且这个思想尤其在马克思和恩格斯的革命分析中占有中心地位。这种彻底的一致性使得埃卡留斯在探讨其他重要问题（例如，资产阶级共和国的要求，对路易·勃朗和阿尔伯特在 1848 年临时政府中的作用的评价，国家工厂的意义）时也得出了与马克思完全一致的

---

① 1851 年 9 月 6 日《寄语人民》第 19 号第 363—369 页。
② 《马克思恩格斯全集》第 1 版第 7 卷第 9—125 页。

见解。

恩格斯在总结他们对《寄语人民》的直接和间接影响时写道："琼斯走在完全正确的道路上，我们也可以大胆地说，如果没有我们的学说，他决不可能走上正确的道路，并且决不会发现：怎样才能一方面不仅保持工人对工业资产者的本能的阶级仇恨（这是宪章派改组的唯一可能的基础），另一方面，站在进步的立场上来反对工人的反动欲望及其偏见。"①

阿道夫·克路斯和约瑟夫·魏德迈遵从马克思和恩格斯的意见，将《寄语人民》运用到他们自己在美国的政论活动上面②。因此，他们定期收到寄来的刊物。

马克思和恩格斯对《寄语人民》的卓有成效的实际支持和帮助，一直坚持不断，直到琼斯1852年4月停办这家报纸和出版《人民报》取代它为止。

《人民报》到1852年底为止的发展情况

《人民报》，全称《人民报。政治公平和普选权的拥护者》，从1552年5月8日起在伦敦出版。这是一家大型8页周报，每号出两版。星斯六是两版的正式出版日。在这一天，两版都在伦敦出版。为了尽快销售，第1版早在星期五下午就作为"地方版"付印和寄出。印数较少的第2版的唯一不同之处是最后一页上有最新消息。在1852年期间，开本和版面只有细微的改变。

---

① 《马克思恩格斯全集》第1版第28卷第38页。
② 《马克思恩格斯全集》第1版第28卷第175页。

《人民报》的出版使得琼斯能够在更有利的条件下继续进行从《寄语人民》开始的为建立革命的英国工人政党而进行的斗争。这是必要的，因为《寄语》只是在一定的程度上胜任党的机关报的任务。此外，从1852年4月24日开始，在右翼宪章派的领导下出版了《自由之星报》。由于有了这家报纸，英国工人运动内部的革命势力会被进一步孤立起来。因此琼斯迫切需要一份能够直接参加各种日常辩论的时事政治报纸。此外，1851年的宪章派纲领可以作为政治基础。

凭借这份新报纸，琼斯可以开展广泛的报道活动；他首先可以更详尽地探讨工人阶级斗争的实践问题和理论问题，并且能够更有效地抵制资产阶级和小资产阶级势力的影响。为此，他宣告了这样一句座右铭："《人民报》将会让人们明白，政治自由是社会权利的基础"。① 在这种情况下，琼斯从一开始就表现出坚定的国际主义立场。琼斯不仅支持民族革命解放运动，而且还支持受英国殖民压迫的民族。

为适应新的形势，琼斯还对他的报纸进行设计。工人阶级的斗争和抨击英国内政、外交和殖民政策，占据首要的位置。占同样重要地位的是有关国外的最新发展和事件的广泛报道，特别是对那些反对压迫和剥削的斗争的报道。除此之外，琼斯准备了丰富多采的令人感兴趣的题目，从历史论述到文学性作品，应有尽有。

从第1号开始，琼斯不得不为自己报纸的继续存在而奔命。经常甚至连下一期的出版也没有保证。尤其是缺少资金，因为过少的印行量

---

① 《致〈人民报〉的订户和读者》，载于1852年5月8日《人民报》第1号第1页。

（3600份才能抵偿成本）使得每周大约亏损3英镑①。在这些条件下，报纸最初完全是靠琼斯本人的牺牲精神和一些宪章派组织的捐助才维持下来。此外，由于书商经常拒绝将《人民报》列入他们的销售网，情况更加困难；要自己经销，又缺乏资金。另外，为数不多的宣传海报被警察和琼斯的政敌撕毁。

尽管困难重重，琼斯的新刊物还是赢得了重大成就。1852年5月18日就成立了第一个"援助《人民报》等资委员会"②，在以后的几个星期和几个月中，又相继成立了一些委员会。1852年5月，在曼彻斯特召开的宪章派代表大会还通过决议："……将《人民报》作为宪章运动的机关报。"③

在这个基础之上，1852年这一年里，琼斯首先成功地暂时抵制住英国工人运动中机会主义势力的影响。7月下院选举时便可以看出，与右翼候选人不同，琼斯在工人中间获得令人注目的成功④。甚至从为《人民报》的存在所进行的斗争中也看出琼斯是强有力的。例如，右翼宪章派及其同盟者所控制的伦敦《人民报》委员会试图在特地召开的大会上通过一项决议，其中强调"不能相信与厄内斯特·琼斯先生有联系的任何民主运动能够成功"⑤。然而这一活动以发起者的失败告终。

---

① 《致〈人民报〉的读者和支持者》，载于1852年8月21日《人民报》第16号第1页。

② 1852年5月22日《人民报》第3号第4页。

③ 《曼彻斯特宪章派代表大会》，载于1852年5月29日《人民报》第4号第5页。

④ 《马克思恩格斯全集》第1版第8卷第393—397页。

⑤ 《派别的失败——原则的胜利》，载于1852年9月25日《人民报》第21号第3页。

琼斯揭露了这一活动旨在消灭无产阶级报纸的意图并在以后获得完全的信赖。

1852年年底,对于《人民报》来说,形势已经稳定。从写给琼斯的信件中可以看出,这家报纸在国内到处发行,在工人中间广泛传阅,而且读者远远超过订户。与之相反,在争取工人阶级的斗争中最重要的竞争对手哈尼的《自由之星报》,1852年11月由于缺乏资助而停刊。马克思得知他本人为之花费了很大力气的这份报纸有了这样的发展,感到很欣慰①。

马克思为《人民报》撰稿

除了曾经对《寄语人民》运用过的支援形式之外,马克思这时首先在较长时间内直接参与报纸编辑部的工作并在出版方面帮助琼斯。这包括直接合作撰写重大主题的文章以及马克思多方努力向琼斯尽可能多地提供国外消息,而且不管时间是否充裕,总是给这些消息写出他本人的全面的评论。在第一阶段,主要是帮助报纸办得引人入胜,以便赢得更多的买主并使斗争在更广阔的基础上继续下去。这种援助方式扩大了马克思对琼斯的影响。他的立场在许多方面受到马克思和恩格斯观点的决定性影响。后来,当他评价马克思为报纸所做的努力时,他自己提醒说:"它对人民事业有极重要的意义,对报纸具有极大益处"。②

马克思从开始就了解并支持琼斯创办《人民报》的计划。琼斯于

---

① 《马克思恩格斯全集》第1版第28卷第596页。
② 《马克思恩格斯全集》原文版第1部分第18卷第332页。

1852年1月20日写给恩格斯的信①间接证实了这一点。琼斯在信中事先向恩格斯说明了自己的打算,同时又告诉他马克思可以提供一些背景的详情。以后的发展情况表明,马克思和恩格斯不仅密切注视着琼斯的努力②,而且还大力予以援助。尤其是他们为巩固《寄语人民》而给予的支持,有助于琼斯征求新报纸的订户。

马克思还直接参与了第1号的准备工作。他首先向琼斯保证他和他的朋友撰写外交政策方面稿件。因此,琼斯在第1号的预告上说,他聘请了特约外国通讯员,而不像其他报纸那样只是转载别人的东西:"……由于我们同许多外国民主主义领袖有密切往来,我们将能够向我们的读者提供一些独家报道。"③ 由于当时对这一领域报道的需求骤增,这对报纸的发展起着决定作用。同时,这也符合马克思对琼斯的新报纸的特殊要求。占据在首位的,不再像《寄语人民》那样仅仅阐述原则理论问题,而是把工人阶级斗争的实践问题作为这家时事政治周报的新主题。其中包括阐述无产阶级对重大外交事件的看法。1848年至1849年,马克思和恩格斯在《新莱茵报》上就已经亲自为此打下基础。

马克思和恩格斯参与新报纸的筹备工作,对于琼斯来说,无疑也是一个重要的道义上的支持。与此同时,马克思和恩格斯对与哈尼《自由之星报》的生存竞争的结局充满信心。恩格斯写道:"勤勉的琼斯只要能坚持一个时期,就能很快把这个懒惰的畜生从战场上打出去"④。事情最终果然是这样,这主要归功于马克思对琼斯的政论方面的援助。尽

---

① 《马克思恩格斯全集》原文版第3部分第5卷第221页。
② 《马克思恩格斯全集》第1版第28卷第16、35、37页。
③ 《致〈人民报〉的订户和读者》,载于1852年5月8日《人民报》第1号。
④ 《马克思恩格斯全集》第1版第28卷第62页。

管马克思自己在广泛地研究经济学,但他还是提供了政论、新闻和组织方面的支持。因此,1852年这一年他为宪章运动报刊撰稿达到了高潮,能够与之相比的只有1853年①。

1852年10月,在马克思的名下转载了在《纽约每日论坛报》上发表的关于英国下院选举的一组文章②,这组文章为支持宪章派机关报《人民报》而作了修改,并且以《英国大选。查理·马克思博士著》的总题目发表。琼斯认为这些文章对自己报纸很有价值并在编者按中特别加以推荐。③ 此外。还有两篇署名马克思的关于科伦共产党人案件的声明。这两篇声明是在对这个事件已有极其详尽的报道背景下发表的④。

由于《人民报》的第1号上都有许多匿名文章,在编辑《马克思恩格斯全集》原文版第1部分第11卷时看来应当发掘更多的马克思的文章。为此,首先要根据主题和内容来考虑第1页上的外交政策报道和社论(一般在第4页上。)

在这些版面上确实发现两篇极有可能出自马克思的手笔的文章。它们是《致〈人民报〉的编辑》⑤和《科苏特的秘密通告。他不得不突然离去》⑥。这两篇文章是根据马克思的提示或材料而写的,并且发表在马克思向琼斯提供编辑方面的帮助的时期。除此之外,马克思对这两篇文章有着特殊的兴趣。《致〈人民报〉的编辑》实际上表达了共产主

---

① 《马克思恩格斯全集》原文版第1部分第12卷第687—701页。
② 《马克思恩格斯全集》第1版第8卷第381—387页,第388—397页,第398—414页。
③ 《马克思恩格斯全集》原文版第1部分第11卷第929页。
④ 《马克思恩格斯全集》原文版第1部分第11卷第426—427页。
⑤ 《马克思恩格斯全集》原文版第1部分第11卷第552页。
⑥ 《马克思恩格斯全集》原文版第1部分第11卷第553—555页。

义者同盟伦敦区部对有关被捕的科伦同盟成员状况的最新报道所采取的态度；反对科苏特的文章从当时的观点来看涉及在马克思的支持下在《寄语人民》上早已进行的论战。

马克思可能为两篇文章确定了内容，并将写作任务交给自己最亲密战友中的一个，由于有这种可能性，所以将它们收入《马克思恩格斯全集》原文版第 1 部分第 11 卷《存疑》部分。《瑞士的形势》这篇文章的情况也与此类似①。它的作者可能是马克思或者恩格斯，或者可能是两人合著。

琼斯经常拜访马克思、同马克思保持亲密的友好关系，所以马克思对《人民报》很有影响。看来他们共同商讨过报纸的利益，直至报纸的内容。当时外交政策在主题上占据着最首要的地位，因为自从 1851 年 12 月法国波拿巴政变以来，这个问题引起英国公众的强烈兴趣。马克思在 1852 年 9 月 2 日的信②中告诉恩格斯，琼斯的报纸"所特有的"全部国外报道都是通过马克思供给的。这首先是指作为"特约通讯员"写的文章。这些文章超出了单纯报道消息的范围。

此外，前几号上还有两篇以《法国》为标题的文章③。第 2 篇文章谈到法国各阶级对路易·波拿巴统治的态度："马志尼用邪恶唯物主义愚弄的无产者，由于不想再受金钱的奴役，成了拿破仑政府明显的反对者。在不断增加的赋税的压迫下，小农们正在迅速失去他们支持帝制的狂热。中产阶级和店主们自从 12 月 2 日以来已经表明他们不赞成"政

---

① 《马克思恩格斯全集》原文版第 1 部分第 11 卷第 549—551 页。
② 《马克思恩格斯全集》第 1 版第 28 卷第 123 页。
③ 《人民报》1852 年 5 月 15 日第 2 号第 1 页和 1852 年 5 月 22 日第 3 号第 4 页。

变"。银行和金钱贵族由于他们毫不掩饰的感激,同政府一起厚颜无耻地盗窃国家,这只会加深对政府的反感。正统主义者及其同盟者神父们和它公开决裂……"

从马克思的若干信件①中可以看出,这些评价完全是马克思的看法。这首先是指对马志尼的态度。这种态度在同一号上得到另一论断的支持。琼斯用"马志尼不是一个社会主义者"的论点回答了将马志尼如何分类的问题②。

与之有关的,还有一篇文章《普选权为何在法国失败?》③。它的目标是要证实无产阶级政治上独立的必要性。这里对巴黎1848年事件的评价,实质上与马克思在其著作《路易·波拿巴的雾月十八日》④ 中对法国革命第一和第二阶段的评价是一致的。琼斯在这篇文章中写道,"法国人民凭借民众力量的声势暂时取得了政权。他们运用政权来制定普选权,并且相信他们已经建立了民众统治权。由于胜利来得迅猛,当路易·菲力浦的中产阶级专制统治被打败之时,中产阶级装扮成民众事业的朋友和民主主义者"。这些有关的例子表达了马克思所概括的这一思想:资产阶级在推翻路易·菲力浦之后有权代表全民族利益。琼斯按照马克思的意思总结了这个发展的结果:"中产阶级的议会被选举出来,贵族和保王党掺杂在其中,议会联合它们的旧日敌人资产阶级来抵抗更为可怕的敌人民主派。中产阶级的政府受到支持,可以给中产阶级议会定调子并支配其力量"。

---

① 《马克思恩格斯全集》第1版第28卷第35、537页。
② 《对通讯员的答复》,载于1852年5月22日《人民报》第3号第4页。
③ 1852年5月29日《人民报》第4号第4页。
④ 《马克思恩格斯全集》第1版第8卷第117—227页。

最后，马克思在最初几周对《人民报》的帮助，还可以用他发表他事先以最秘密的方式得到的《克拉普卡将军的声明》① 这一事实来加以证明。马克思将这个声明加上自己的评语，寄给克路斯，而且显然还寄给琼斯的报纸。然而，它可能是在马克思没有参与的情况下刊登在《人民报》上的，因为报上没有刊登任何评价。

马克思1852年为《人民报》撰稿的最紧张阶段开始于7月底。当时伦敦《人民报》委员会内部的右翼势力利用琼斯为竞选下院议员而逗留哈利法克斯的时机为本身的利益对报纸施加影响。面对这个形势，马克思准备给予琼斯任何可能的帮助。马克思后来谈到他的决定："最后，当他的报纸困窘不堪的时候，我用了几个星期的时间从编辑上给以帮助"②。

这个援助方式使订户仅在伦敦就增加了几百个。这几个星期中出版的几号首先在国外报道上有明显的新的特点，并且还刊登一些在马克思参与下写的和可能是马克思本人写的报道和文章。《即将到来的危机和它为什么会即将到来》③ 一文便是在他参与下写的。

社论《三个北方大国之间的秘密谈到》④ 无疑也受到马克思的影响。他在1852年7月30日致克路斯的信中提出这样的看法：奥地利、普鲁士和俄国在维也纳缔结的反法条约是一个重大政治新闻。这构成了《人民报》上这篇文章的基础观点。文章基本上由条约的条文和一个扼要的评论组成。从评论中可以感觉到马克思的影响。关于沙皇在欧洲反

---

① 1852年5月15日《人民报》第2号第2页。
② 《马克思恩格斯全集》第1版第28卷第123页。
③ 《马克思恩格斯全集》原文版第1部分第11卷第492—494页。
④ 1852年7月31日《人民报》第13号第4页。

动派反对一切革命势力和进步势力中所起的作用的阐述尤其如此。

1852年7、8月间,尽管马克思由于经济非常窘迫,本身的工作和家庭生活受到很大影响。然而他还是帮助琼斯,"整天整天同他一起从本丢到彼拉多,为他的报纸筹集资金到处奔走"①。

马克思在编辑上帮助琼斯的报纸,与此同时后者对马克思为《纽约论坛报》撰写第一批通讯②也有所助益。这些通讯与《人民报》上的有关文章有些类似。例如,马克思充分利用琼斯的文章《托利党的势力》③来生动地描绘选举舞弊④,其实琼斯在他的文章中也采用了马克思有关托利党选举目标的构想。关于选举过程的描述也是如此,马克思以琼斯在哈利法克斯的活动为例根据《人民报》上的报道对选举过程进行了描述⑤。

除此之外,马克思和恩格斯还让琼斯直接参与他们的斗争中的现实问题的讨论。他1852年3月根据马克思的请求直接参与同卡尔·海因岑的辩论⑥之后,7月又帮助驳斥了哥特弗利德·金克尔对马克思和恩格斯的攻击。马克思通过克路斯得知金克尔在旅美德国流亡者中散布的对自己和恩格斯的侮辱性评论⑦。此后马克思与金克尔的通信都是与琼

---

① 《马克思恩格斯全集》第1版第28卷第123页。
② 《马克思恩格斯全集》第1版第8卷第381—387、388—397、398—404、405—411页。
③ 1852年8月14日《人民报》第15号第1页。
④ 《马克思恩格斯全集》第1版第8卷第398页。
⑤ 《马克思恩格斯全集》第1版第8卷第393—397页。
⑥ 《马克思恩格斯全集》原文版第1部分第11卷第478—479页。
⑦ 1852年7月4日、5日阿道夫·克路斯致马克思的信,载于《马克思恩格斯全集》原文版第3部分第5卷第427—432页。

斯商定的。马克思在信中首先对攻击进行断然的同时充满冷嘲热讽的驳斥，然后恰如其分地回答金克尔的反驳。马克思两次都没有注明自己的地址，而是写"索荷区萨顿街5号《人民报》办事处"①。由此可以证明，与金克尔的说法相反，马克思和恩格斯不仅与英国的工人，而且甚至与有声望的宪章派机关报有着紧密的联系。

在马克思与琼斯的关系中虽然出现过像1852年8月底那样的暂时问题，但这并没有影响马克思把《人民报》视为英国工人阶级革命机关报的立场②。1852年7月商定，马克思的《雾月十八日》③由琼斯译成英文并发表在《人民报》上。琼斯也早已作出预告："《革命》，卡尔·马克思博士著——这位绅士的最重要的一部著作。专门为《人民报》而作，我们希望，将刊登在下周号上"④。然而，琼斯可能主要是由于时间上的原因未能译出这部巨著。

尽管如此，马克思还是继续密切注视琼斯的斗争，并且一如既往地向他提供材料。一篇通讯可以证实这一点。这篇通讯除了法国消息，还报道如下情况："……费特尔将军已被马志尼遣往意大利，去探查民心，并看一看一场起义和革命是否可行。他带回来的报告却是：暂时对意大利不能有任何指望，欧洲运动的发起将不会来自那个国家——相反，意大利在消极被动地指望法国民众。这立刻破坏了若干流亡者的全部计划。"⑤马克思8月底从可靠的来源得知这个报道，他认为发表它是必

---

① 《马克思恩格斯全集》第1版第28卷第96、540页。
② 《马克思恩格斯全集》第1版第28卷第123页。
③ 《马克思恩格斯全集》第1版第8卷第117—227页。
④ 《致通讯员的通告》，载于1852年7月31日《人民报》第13号第4页。
⑤ 《法国。特约通讯》，载于1852年9月11日《人民报》第19号第1页。

要的①。

不久，马克思的支援又加强了。他1852年9月23日把他的动机告诉了恩格斯：琼斯这一次受到了特别猛烈的攻击，"我们恰恰由于这一点而支持他，——他以自己的宣传煽起'各个阶级之间不友好的感情'"②。

因此，报纸直到1852年年底再次发表了一大批在马克思帮助下写的或通过他转给报纸的文章。然而外交题材已不再占有优先地位。除了上述文章，只有一篇社论《欧洲的政治》③ 在内容上与马克思有直接的联系。它首先在文中把波拿巴主义评价为资产阶级行使权力的特殊形式，另外还考虑到路易·波拿巴可能被推翻而产生的国际影响。

这时，有关科伦共产党人案件的广泛报道成为重点。琼斯的报纸是欧洲唯一能够直接发表有关这一案件的文章的刊物。因此，马克思特别重视宪章派机关报《人民报》对这些问题采取的党的立场。由于他在这个案件上还有其他重要的任务要完成④，所以马克思只能提供有关材料和提示必要的内容。

在马克思的影响下，早在案件审理开始之前，《人民报》就经常报道科伦被捕的同盟成员的情况。在第2号上就有一篇由琼斯或者皮佩尔撰写的通讯写道："一批在科伦以共产党阴谋罪被捕、并在**受审前在监狱中拘留十二个月**的政治犯，现于六月受到审讯。两次草就起诉书，两次都捏造不出任何明确的罪证，然而并没有被驳回，而是从柏林得到再

---

① 《马克思恩格斯全集》原文版第1部分第11卷第522—524页。
② 《马克思恩格斯全集》第1版第28卷第145页。
③ 1852年10月30日《人民报》第26号第4页。
④ 《马克思恩格斯全集》原文版第1部分第11卷第974—979页。

继续策划的新指示,因为政府知道,陪审法庭肯定会宣判他们无罪,阴挠政府去报复保护过工人阶级利益的人们。不幸的是,政府过分幸运地受到一些流亡者的错误判断的援助"①。马克思事先从科伦得到科伦被告6月受审的消息②。对维利希——沙佩尔宗派集团有害行为的批评也表明了马克思的影响。

在马克思可能出自现实的原因而亲自撰写的《致〈人民报〉的编辑》一文之后,随之又发表了关于开庭的报道③。在以后的几号上反复报道科伦案件的进展情况。1852年10月16日又发表了《关于科伦共产党人案件》一文(1852年10月16日《人民报》第24号第2页)。这篇文章看来是在马克思提供的材料帮助下报道了案件过程以及起诉书的范围和内容。

在报道科伦共产党人案件期间,琼斯也反对发表在英国资产阶级报刊上的歪曲性文章。因此,他支持马克思针对各家报纸的不符合事实的报道发表一项声明④。这项声明和一篇文章一起发表在《人民报》上,琼斯在这篇文章中特别批判了《每日新闻》的立场。他援引了这家报纸上一段马克思援引过的话,简洁地评论这段话并在最后补充道:"我们应该根据原始资料持之有据地揭露整个案件"⑤。

1852年10月和11月的3篇文章是发表有关科伦共产党人案件的文

---

① 《中产阶级首领的失败》,载于1952年5月15日《人民报》第2号第1页。
② 1852年5月3日阿道夫·贝尔姆巴赫致马克思的信,载于《马克思恩格斯全集》原文版第3部分第5卷第336—339页。
③ 《民主派犯人案件》,载于1852年10月2日《人民报》第22号第2页。
④ 《马克思恩格斯全集》原文版第1部分第11卷第426页。
⑤ 《科伦案件》,载于1852年10月30日《人民报》第26号第2页。

章的高潮。其中两篇①是皮佩尔在马克思的亲密合作下撰写的。第1篇文章对于科学共产主义的实质的论述说明了这一点。第3篇文章②是琼斯呼吁英国工人援助科伦共产党人案件的牺牲者，这一呼吁与马克思的有关努力③是一致的。这篇文章除了概述案件的结果之外，还通知说，捐款可以寄给基金出纳员斐迪南·弗莱里格拉特。一周之后，琼斯在社论《事件的进展》④中重复了这个通知。

弗莱里格拉特通过马克思告知琼斯第一批捐款结果⑤之后，1853年年初，这家宪章派报纸报道了此事⑥。

《人民报》上对重大理论问题的论述也受到马克思的影响。尽管它的份量与《寄语人民》相比下降了，让位于时事政治问题。然而，与英国合作社运动有联系的问题继续占有优势。一系列与马克思的观点明显相似的文章证实了这一点，其中主要有《土地国有化》⑦一组文章。这组文章提出了农村的革命改造将对所有其他社会变革产生重大影响这样的观点。这完全符合马克思的看法。马克思后来关于这个问题强调指出，他"早就确信，社会革命必须认真地从基础开始，就是说，从土地

---

① 《科伦共产党人审判案》，载于《马克思恩格斯全集》原文版第11卷第526—530页；《科伦共产党人审判案。——判决》，载于同上书，第540—542页。

② 《普鲁士专制统治的牺牲者》，载于1852年11月27日《人民报》第30号第4页。

③ 《马克思恩格斯全集》原文版第1部分第11卷第1043—1047页。

④ 1852年12月4日《人民报》第31号第4页。

⑤ 1852年12月28日斐迪南·弗莱里格拉特致马克思的信，载于《马克思恩格斯全集》原文版第3部分第6卷。

⑥ 《科伦的牺牲者们》，载于1853年1月8日《人民报》第36号第2页。

⑦ 1852年6月5、12、19日《人民报》第5、6、7号。

所有制开始"①。马克思参与过这组文章的写作，这一点可以从反对下述计划的论证中看出来，这项计划就是：工人组织应该通过募捐来购买土地，然后交给失业的产业工人耕作，以便逐渐遏制和最终彻底消灭大地产。只有在马克思的直接影响下，琼斯才能始终坚持这个论证。

正像赞助《寄语人民》的情况一样，马克思也为《人民报》请来朋友和战友撰稿。按照他自己的说法，他动员了"整整一团人"②。最显著的例子是《评有关政变的著作》一组文章③。它分析了到那时为止所发表的有关路易·波拿巴政变的最重要的著作。这个在马克思指导下并可能在他部分参与下写作的9篇集体著作，不仅是1852年度《人民报》上内容最重要的文章中的一批，而且通过这些文章马克思的《雾月十八日》至少能够出现在英国的书评中。这组文章的作者可能主要有埃卡留斯、琼斯和皮佩尔④。

皮佩尔还提供了许多别的文章。有两篇关于科伦共产党人案件经过和结果的文章出自他的手笔⑤。除此之外，他撰写了两篇关于美国的报道⑥。两篇都是根据克路斯写给威廉·沃尔弗的信和写给马克思的信⑦

---

① 《马克思恩格斯全集》第1版第32卷第530页。
② 参见《马克思恩格斯全集》第1版第28卷第145—146页。
③ 《马克思恩格斯全集》原文版第1部分第11卷第497—521页。
④ 《马克思恩格斯全集》原文版第1部分第11卷第1090—1092页。
⑤ 《马克思恩格斯全集》原文版第1部分第11卷第526—530、540—542页。
⑥ 1852年5月22日《人民报》第3号第1页，1852年6月5日《人民报》第5号第4页。
⑦ 1852年5月2、3日克路斯致威廉·沃尔弗的信，载于《马克思恩格斯全集》原文版第3部分第5卷第518—521页；1852年5月13日致卡尔·马克思的信，载于同上书第348—353页。

而写的。皮佩尔把第2篇文章告诉了当时逗留在曼彻斯特恩格斯那里的马克思①。为此，马克思和皮佩尔之间产生了意见分歧。马克思批评了皮佩尔，因为他没有把与琼斯的合作首先看作是对一个为工人阶级组织起来而进行斗争的同盟成员的支持②。

此后，1852年秋天才再次出现皮佩尔给予支援的迹象。除保证发表有关科伦共产党人案件的报道外，还曾商讨撰写其他文章。11月的下述简讯证明了这一点："《法国社会主义批判史。威·皮佩尔著》。——我们非常高兴向我们的读者宣布，下一号《人民报》将要开始发表上述极其重要的，特地为本报撰写的著作"③。皮佩尔是否实现了这个计划，不得而知。在琼斯的报纸上没有发表过这一类文章。没有发现皮佩尔1852年为该报撰稿的其他证据。至于他在1853年受马克思的委托是否参加了该报的编辑工作，这种可能性也得不到证明④。

尽管没有具体的材料可资证明，然而在1852年支援宪章派机关报《人民报》的马克思的战友当中肯定还有埃卡留斯。这个推测首先是根据《评有关政变的著作》的一组文章⑤和一篇关于路易·波拿巴外交目标的通讯⑥。这篇通讯的特点和埃卡留斯的1853年的通讯相似⑦。

---

① 1852年6月3日威廉·皮佩尔致马克思的信，载于《马克思恩格斯全集》原文版第3部分第5卷第384—385页。

② 《马克思恩格斯全集》第1版第28卷第530页。

③ 1852年11月27日《人民报》第30号第8页。

④ 《马克思恩格斯全集》原文版第1部分第12卷第696—699页。

⑤ 《马克思恩格斯全集》原文版第1部分第11卷第497—521页。

⑥ 《本报巴黎通讯》，载于1852年11月27日《人民报》第30号第1页。

⑦ 《马克思恩格斯全集》原文版第1部分第12卷第700—701页。

另一篇可能由埃卡留斯撰写的文章是《社会对比。巴黎工业的报偿。一个巴黎工人著》①。这篇文章从当时经济发展的角度研究了1848年的巴黎革命事件,并得出工人阶级将投入斗争的结论。

克路斯作为美国通讯员为琼斯的报纸工作,对琼斯来说有很大的好处。马克思从一开始就让在美国的魏德迈或克路斯(他们经常从通信中了解到琼斯的斗争)为琼斯的报纸撰稿。首先是魏德迈打算从事这方面的活动。因此,他1852年4月6日寄给马克思《一封致琼斯的短信》②,琼斯在自己报纸第1号的醒目位置上发表了它的内容③。

然而情况很快表明,魏德迈不能保障定期写通讯。除此之外,为了使琼斯免于翻译之劳,直接用英文写会更好一些,因此。在与魏德迈商定之后,克路斯最后接受了这个任务。1852年6月1日,魏德迈在一封信④中将此事告知恩格斯,8月,克路斯亲自宣布终于决定开始通讯活动⑤。

克路斯的第一篇文章发表于1852年9月25日⑥,1852年他总共撰写了6篇。它们冠以《本报美国通讯》标题,并以7个星号作为署名。文章通过马克思交给琼斯。克路斯论述了美国的经济发展和内政外交。但是,克路斯不仅为琼斯写作,他同时还努力在美国传播《人民报》上发表的重要文章。许多小资产阶级分子,特别是欧洲流亡者当中的小资产阶级分子(海因岑等人),当他们解释自己的政治观念和政治目

---

① 1852年6月26日《人民报》第8号第4页。
② 《马克思恩格斯全集》原文版第1部分第5卷第308—310页。
③ 《行动中的民主派》,载于1852年5月8日《人民报》第1号第2页。
④ 《马克思恩格斯全集》原文版第3部分第5卷第407—408页。
⑤ 1852年9月25日《人民报》第21号第1页。
⑥ 《马克思恩格斯全集》原文版第1部分第11卷第478—479页。

标，或者甚至反对马克思和恩格斯的时候，认为可以援引琼斯作为根据。克路斯为《人民报》撰稿从这方面帮助了马克思。所以马克思经常给他寄给《人民报》。

《人民报》上发表的马克思的战友们的文章是在马克思的密切合作下撰写的，应该把这些文章同他本人的文章看成是一个整体。马克思和他的战友们通过对琼斯本人的影响共同确定了《人民报》的政治路线。（待续）

（原载《马克思恩格斯全集》原文版第 1 部分
第 11 卷第 573—604 页）

（张红 译 孙魁 校）

关于马克思和恩格斯的政论活动
（1851年7月—1852年12月）*

《革命》

由约瑟夫·魏德迈在纽约出版的《革命》周刊，只在1852年1月6日和13日出版了两期。续刊以另一种方式出版并以《革命。不定期刊物》为刊名，同样只在1852年5月和6月出版了两期。

创刊前的情况和政治地位

魏德迈鉴于迫害共产主义者同盟盟员的措施不得不在1851年7月离开德国，并且只能前往美国定居。当时，马克思和恩格斯在通信中建议他今后担任驻纽约的"我们党的常驻代表"①。

马克思建议将《共产党宣言》的英译文连同朱利安·哈尼的序言②作为小册子出版；第二，将以前《新莱茵报》上的文章编成一套《〈新

---

* 本文选自《马克思恩格斯研究》1989年总第2辑。
① 《马克思恩格斯全集》第1版第27卷第592页。
② 《马克思恩格斯全集》原文版第1部分第10卷第605—628页。

莱茵报〉袖珍小丛书》；第三，以同样的形式出版他和恩格斯在1847年的《德意志—布鲁塞尔报》上发表的驳斥卡尔·海因岑的文章。① 为了能够同时参加时事政治辩论，马克思建议："你可以（我们也是如此）在适当时候把我们目前所写的抨击性文章编入上面所说的小丛书里。从商业观点来看，先印现成的、手头已有的材料，当然比较可靠，比较方便。在简短的序言和后记中，你可以同来自右的和左的对手进行必要的论战"②。

然而，魏德迈由于某些情况没有采纳这些建议并立刻着手出版周报。

当他1851年11月7日抵达纽约时，威廉·魏特林在那里出版的周报《工人共和国报》正好在经济上遇到很大的困难；看来曾就出售的可能性进行了由中间人安排的会谈，然而毫无结果。不过，魏德迈买下了1851年底停办的工人小报《金星报》。这个小报原是由科赫神父创办的，此人曾经请求马克思寄若干册《共产党宣言》；魏德迈到达时，工人维克多·弗勒利希正好担任该报的编辑。魏德迈从他那里接受了大约400个订户以及与查塔姆大街58号的印刷商约·维贝尔签订的合同。③

威廉·沃尔弗的一个熟人，《纽约州报》以前的撰稿人赖希黑尔姆，答应在马克思和恩格斯为《革命》供稿，从而使印数和赢利得到保障的条件下，向《革命》投资几百美元，这一点首先对魏德迈创办一家周报的计划产生了积极的影响。

---

① 《马克思恩格斯全集》第1版第27卷第606页。
② 《马克思恩格斯全集》第1版第27卷第608页。
③ 魏德迈1852年1月5日给马克思的信，载于《马克思恩格斯全集》原文版第3部分第5卷第204—205页。

在这些似乎有利的情况下，魏德迈1851年12月1日写信给恩格斯：''马克思建议出版小册子一事，目前必须推迟，以便给周报让位，因为周报无论如何能更好地为我们的事业服务。''①

魏德迈到达纽约后不久，在没有任何可靠的经济基础的情况下便开始出版《革命》，他认为：''另一方面，如果我们党能够在这里创办一家独立的报刊，就会具有极其重大的意义。''② 1852年1月12日，阿道夫·克路斯在给魏德迈的信中也谈了这样的意思：''……只要你的报纸能坚持一段时间，对此我毫不怀疑，那么，我们很快就会有一个自己的党，并作为一个党而果断地和团结一致地行动''。③

1851年底，像拉约什·科苏特和哥特弗利德·金克尔这样的坚持冒险政策的小资产阶级代表已经开始在这个国家为认购所谓的革命公债进行广泛的宣传活动，因而在政治上必须坚决地、公开地与这种庸俗民主主义政策划清界线。由于这一原因，客观上在美国也特别急需一份独立的共产主义报刊。于是，计划从《革命》的第3号起用各种各样的材料批判金克尔在辛辛那提组织的发行人代表大会。④ 除此而外，同海因岑和魏特林进行论战也是必不可少的。他们两人当时在美国有自己的德文报刊，并在这些报刊上攻击马克思和共产主义者同盟。

《革命》的出版可以说是与在美国的共产主义者同盟的改组有着直接联系，经马克思介绍，魏德迈与在华盛顿的克路斯有了交往，1851

---

① 《马克思恩格斯全集》原文版第3部分第4卷第514页。
② 魏德迈1851年12月10日给马克思的信，载于《马克思恩格斯全集》原文版第3部分第4卷第526页。
③ 《马克思恩格斯全集》原文版第3部分第5卷。
④ 克路斯1852年1月20日给魏德迈的信，载于《马克思恩格斯全集》原文版第3部分第5卷。

年12月他们还只是采取通信的方式。当克路斯大约在1852年2月2日至7日第一次到纽约时,这两位同盟盟员进行了商讨,打算将《革命》作为周报继续出版,并把"同盟机构转移到美国和组织我们的党"①,他们把这看作一项统一的任务。1852年3月24日,在按照章程继续行使美国总区部职能的共产主义者同盟伦敦区部会议上,马克思作了关于克路斯和魏德迈的这方面活动的报告。②

《革命》取得作为党的机关报的地位,尤其是由于它在一定意义上是《新莱茵报》或《新莱茵报评论》的继续。如果没有马克思和恩格斯的计划、建议和撰稿,《革命》的整个历史是不可想象的。魏德迈把马克思和从前科伦《新莱茵报》的其他编辑看作《革命》的非专职编辑,而且马克思本人也有这种看法。魏德迈起草的通告特别清楚地反映了这种直接联系:"《革命》周刊由遭受美因河畔法兰克福警方查禁的《新德意志报》的编辑约·魏德迈负责编辑,在前《新莱茵报》编辑卡·马克思、弗·恩格斯、弗莱里格拉特等人协助下,每星期六出版。发行部设在钱伯斯街7号。"③

魏德迈恳切请求马克思、恩格斯和斐迪南·弗莱里格拉特为计划在1852年1月初出版的第1期《革命》撰稿。恩格斯在1851年12月16日,马克思在17日,得到这些消息,他们两人马上消除了所有顾虑并和其他共产主义者同盟盟员斐迪南·沃尔弗、威廉·沃尔弗、弗莱里格拉特、格奥尔格·维尔特以及格奥尔格·埃卡留斯一起立刻开始了工

---

① 克路斯1852年1月20日给魏德迈的信,载于《马克思恩格斯全集》原文版第3部分第5卷;另见克路斯1852年2月9日致恩格斯的信,载于《马克思恩格斯全集》原文版第3部分第5卷第245—246页。
② 《马克思恩格斯全集》第1版第28卷第513、41页。
③ 1852年1月1日《体操报》(纽约)第3号第24页。

作，也就是应约撰写文章。然而他们客观上不可能按时为周刊的头两期从伦敦向纽约供稿。

由于估计到这一点，马克思早在1851年12月19日写给魏德迈的信中就建议把报刊的出版推迟到从伦敦收到第一批文章之后。然而，收到这封信时，纽约方面的准备工作在1852年1月最初几天里已经有了相当的规模，以致无法停下来。

在此期间，1851年12月9日已经得知，离开了纽约的赖希黑尔姆违背了诺言，结果所筹划的周刊在经济上得不到保证。因此，魏德迈12月10日至13日期间成立了一个股份委员会。① 12月13日那封信附有魏德迈刚刚为新报刊起草的简短启事。②

魏德迈声明，《革命》将遵循从前《新莱茵报》的宗旨，并在马克思、恩格斯、弗莱里格拉特和其他人的支持下，代表"最坚定的革命政党"的利益。"他们的责任是提供一幅尽可能鲜明的阶级斗争的图景，这种阶级斗争在旧大陆将日益尖锐，而最终必将导致所有的阶级差别的消灭。同时经常使读者了解不同民族和不同阶级间工商业关系及其政治状况的一切变化，由于这些变化正酝酿着革命的爆发。"③

这篇由魏德迈署名的启事在1851年12月15日到20日期间还作为广告印出，④ 在单篇保存下来的下半页上有弗里德里希·阿尔诺德、雅

---

① 魏德迈1851年12月10日和13日给马克思的信，载于《马克思恩格斯全集》原文版第3部分第4卷第528页。

② 魏德迈1851年12月10日和13日给马克思的信，载于《马克思恩格斯全集》原文版第3部分第4卷第528页。

③ 魏德迈1851年12月10日和13日给马克思的信，载于《马克思恩格斯全集》原文版第3部分第4卷第528页。

④ 《马克思恩格斯全集》原文版第1部分第11卷第607页插图。

各布·格拉夫、亨策、欧仁·利埃夫尔和赖希等人组成的股份委员会的声明。每股1美元,有600股需要认购。① 这个启事在美国的许多城市广为散发,② 然而在经济上几乎一无所获。③

《革命》周刊

1852年1月6日,《革命》第1期在首页上刊登一篇简短的启事。全文如下:

"《革命》从1月起每星期六出版,由签署人担任编辑,并有前《新莱茵报》编辑部成员——马克思、恩格斯、弗莱里格拉特等人协助。他们的责任是提供一幅尽可能鲜明的阶级斗争的图景,这种阶级斗争在旧大陆将日益尖锐,而最终必将导致所有的阶级差别的消灭,同时经常使读者了解不同民族和不同阶级间的工商业关系及其政治状况的一切变化。由于这些变化正酝酿着革命的爆发。

约·魏德迈
1852年1月于纽约"

---

① 载于《马克思恩格斯年鉴》第7卷第234页。
② 魏德迈1851年12月22日给麦克斯·约瑟夫·贝克尔的信,载于《同时代人》第430页。
③ 魏德迈1852年2月6日给马克思的信,载于《马克思恩格斯全集》原文版第3部分第5卷第237—241页。

马克思批评了这个启事,因为它在撰稿人中没有明确提到威廉·沃尔弗。① 魏德迈在 1852 年 2 月 17 日给马克思的信中为此道了歉。

在第 1—3 页上刊登魏德迈的文章《欧洲政党》的第 1 篇,在第 3—4 页上刊登《1845—1847 年商业危机的历史。卡尔·马克思文章的节录》的第一部分,即部分转载《新莱茵报评论》第 5—6 期上发表的《国际述评,从 1850 年 5 月到 10 月》,并附有魏德迈的前言②,在第 4—7 页上刊登《法国事件》,第 7—8 页上刊登一篇《政治评论》,后面两篇也是魏德迈撰写的。此外,第 8 页上还刊登一篇根据马克思 1851 年 12 月 19 日写给魏德迈的信写成的《按语》,内容如下:

"我未能在很早的时侯把《革命》的出版通知给我伦敦的朋友们,以便能够在今天这一期上发表他们的稿件。在本报排印结束时,我收到卡·马克思的一封信,信中预告了下面的文章:

(1) 卡·马克思的《路易·波拿巴的雾月十八日》。

(2) **斐·沃尔弗**的《法国政变》。

(3) **威廉·沃尔弗**的《复仇女神》。

以后几期将刊登连载文章《社会主义的最新启示,或比·约·蒲普东的〈十九世纪革命的总观念〉。卡·马克思评》。

弗莱里格拉特也再次明确地答应合作。

约·魏德迈

1852 年 1 月 5 日于纽约"

---

① 《马克思恩格斯全集》第 1 版第 28 卷第 476 页。
② 《马克思恩格斯全集》原文版第 1 部分第 10 卷第 991—992 页。

1852年1月13日《革命》第2期除了重登第1期的短篇启事之外，在第1页上刊登弗莱里格拉特1850年写的诗《走回头路。1792年》，在第10—11页上刊登魏德迈《欧洲政党》的第2篇，在第11—14页上刊登《1845—1847年商业危机的历史》的最后一部分，在第14—15页上刊登《共产党宣言》第2章《无产者和共产党人》）的前半部分，在第15—16页上刊登《政治评论》，第16页上还有一栏广告。

　　马克思和恩格斯对《革命》周刊这两期的重大影响是显而易见的，不仅《……商业危机的历史》和《共产党宣言》的摘录出自他们的手笔，而且魏德迈在自己的文章中也摘引了他们的著作（《欧洲政党》中有马克思《1848年至1850年的法兰西阶级斗争》中的许多引文，《法国事件》中有一处引自马克思和恩格斯的《国际述评。1850年5月到10月》），除此之外,《革命》上发表的魏德迈撰写的稿件全都是以《新莱茵报。政治经济评论》和恩格斯的《德国的革命和反革命》这组文章的前6篇为基础的。从这个意义上讲，马克思和恩格斯是这两期周报上的将近一半文章的作者或共同作者。

　　马克思可能也是唯一在欧洲公开提到《革命》的人。①

　　马克思和恩格斯收到两期，每期10份，同时收到魏德迈1852年2月9日给恩格斯的信。2月底，恩格斯又到曼彻斯特去了。②

　　头两期出版之后，魏德迈资金告罄。③按照魏德迈的计算，销售700份才能抵补开支，因此，迅速中断出版表明头两期的销售量远远低

---

① 《马克思恩格斯全集》原文版第1部分第11卷第215页。
② 《马克思恩格斯全集》第1版第28卷第34—36页。
③ 魏德迈1852年2月6日给马克思的信，1852年2月9日魏德迈给恩格斯的信，载于《马克思恩格斯全集》原文版第3部分第5卷第237—241、245—246页。

于 700 份，或者迟迟得不到在纽约以外地方推销的报纸的收入。魏德迈作了自我批评，认为自己没有组织好在纽约的销售。

魏德迈出版这头两期，主要是认为不能错过把新年伊始当作新报刊创刊起点的机会。真正的开始本来应从第 3 期算起，即从开始发表马克思、恩格斯和其他人的文章时算起。魏德迈早在 1852 年 1 月 5 日就写信告诉马克思，他从第 3 期起才每期寄往英国 50 份，因为，"前两期几乎完全是由我一人写的，所以第 3 期才适宜于做试刊号"。①

魏德迈打算只是短暂停刊。他继续迫切地向伦敦邀稿，稿件也正在加紧赶写。马克思 2 月中旬得到停刊的消息时，为了不使其他撰稿人懈怠，他只通知了恩格斯和威廉·沃尔弗。② 马克思在一封信中要求魏德迈经常地写信，以便鼓舞《革命》的伦敦撰稿人。

克路斯和魏德迈 2 月初在纽约磋商时，曾打算将《革命》作为周刊立即继续出版。魏德迈 1852 年 2 月 17 日写信给威廉·沃尔弗："但愿最迟两个星期以后出版《革命》第 3 期。"③ 他同一天写给马克思和恩格斯的信也通知了这一情况。他也早就在忙于编审第 3 期的稿件，例如，他读了恩格斯《英国》一文的手稿。④

1852 年 2 月底再次遇到很大的困难，筹措不到印刷资金。这时，第一次出现了将现有手稿中最为重要的马克思的《雾月十八日》作为小册子出版的想法。如果说周刊继续出版的希望还保持了几个月的话，那么直接的准备工作在 3 月初就停止了。从 4 月初开始，便集中力量搞

---

① 《马克思恩格斯全集》原文版第 3 部分第 5 卷第 204—205 页。
② 《马克思恩格斯全集》第 1 版第 28 卷第 493 页。
③ 苏共中央马列主义研究院中央党务档案。
④ 《马克思恩格斯全集》原文版第 1 部分第 11 卷第 762—764、688 页。

不定期出版小册子的工作。第 1 期的主要内容应当是《雾月十八日》。这个手稿 1852 年 4 月 8 日前后已全部寄到纽约。

3 月底出现低潮，魏德迈甚至想把《雾月十八日》的手稿寄回伦敦。① 几天之后，他得知马克思正在为使《革命》获得稳定的经济基础作新的尝试。② 存在这种可能性是因为马克思同以贝尔塔兰·瑟美列为首的匈牙利流亡者左翼有联系。然而，瑟美列当时住在巴黎，因此所有这些联系都要通过亚诺什·班迪亚。后来查明，这个人为许多政府做过间谍。③

1852 年 2 月 3 日进行了第一次联系，班迪亚在 2 月份还为《革命》写了几篇文章，④ 此后，3 月 23 日进行了最后的协商，班迪亚受瑟美列委托，答应为《革命》续刊出 500 美元。经魏德迈的同意，约定在《革命》上为匈牙利人安排一个固定的、勿需其他编辑人员插手的、主要由瑟美列和摩里茨·佩尔采尔撰稿的匈牙利人专栏。此外，瑟美列建议，在《革命》编辑部的协助下用德文和英文在美国印刷他的《路德维希·鲍蒂扬尼伯爵、阿尔都尔·戈尔盖、路德维希·科苏特》⑤ 一

---

① 《马克思恩格斯全集》原文版第 1 部分第 11 卷第 762—764、688 页。

② 威廉·沃尔弗 1852 年 3 月 23 日给克路斯的信，其抄件附于克路斯 1852 年 4 月 6 日给魏德迈的信，载于《马克思恩格斯全集》原文版第 3 部分第 5 卷第 512—514 页。

③ 关于班迪亚的问题，参看《马克思恩格斯全集》原文版第 1 部分第 11 卷第 800—805 页。

④ 1852 年 3 月 5 日马克思给魏德迈的信中所提到的"匈牙利通讯的最后一部分"保存了下来；现藏阿姆斯特丹国际社会历史研究所，"马克思恩格斯遗著"，编号：031/Q1。

⑤ 《马克思恩格斯全集》原文版第 1 部分第 11 卷第 1135—1138 页。

书，售书酬金同样用于继续出版《革命》。克路斯和魏德迈同意这些协议。① 魏德迈期望这 500 美元能够将《革命》维持半年，直到它能够自筹资金。从 1852 年 4 月 12 日克路斯给魏德迈的信中可以看出，马克思和威廉·沃尔弗还建议给伦敦和巴黎的匈牙利人写公开的允诺信。然而，实现这个计划显然是不可能的。

马克思和恩格斯的撰稿

最初只有马克思和恩格斯能够应付为周报撰稿的突然要求。马克思在收到魏德迈的消息的当天就打算写"一篇关于法国灾祸的文章"，也就是关于 1851 年十月二日政变的文章。② 他 12 月 19 日写信告诉魏德迈，他还在写作，并且可能在 12 月 23 日寄出《雾月十八日》的第 1 篇；③ 这篇文章终于在 1852 年 1 月 1 日脱稿，第 2 篇随后在 1 月 9 日完成。④

在英国为《革命》撰稿的第一个人是恩格斯。可是，他 1851 年 12 月 18 日或 19 日从曼彻斯特寄出的《英国》这组文章的第 1 篇在邮往美国的途中遗失了。1852 年 1 月 16 日寄出的第 2 篇也是如此。因此只有第 3 篇和第 4 续篇⑤保存下来⑥。

---

① 克路斯 1852 年 4 月 8 日给马克思的信，魏德迈 1852 年 4 月 9 日给马克思的信，载于《马克思恩格斯全集》原文版第 3 部分第 5 卷第 312—316 页。
② 《马克思恩格斯全集》第 1 版第 27 卷第 637 页。
③ 《马克思恩格斯全集》第 1 版第 27 卷第 617 页。
④ 《马克思恩格斯全集》原文版第 1 部分第 11 卷第 679—680、685 页。
⑤ 《马克思恩格斯全集》第 1 版第 8 卷第 228—240 页。
⑥ 《马克思恩格斯全集》原文版第 1 部分第 11 卷第 762—764 页。

恩格斯1月23日告诉魏德迈,他以后每周寄一篇稿件,甚至可能给小品文专栏供稿,当时他也许想到了维尔特的作品。从魏德迈1852年1月5日和2月6日给马克思的信中可以得知,他希望给《革命》弄到维尔特的一篇小品文。

即使魏德迈没有再三请求继续为他筹划复刊的《革命》寄稿,马克思和恩格斯以及在伦敦的其他同盟盟员也在积极地为纽约这家刊物撰写稿件。尽管存在着巨大的外部困难,马克思仍然全力写作《雾月十八日》。它可以在《革命》上作为社论连载许多期。

除了《雾月十八日》,马克思还计划为《革命》写一篇关于皮埃尔·约瑟夫·蒲鲁东《十九世纪革命的总观念》一书的评论,恩格斯为此做了详细的摘要。① 马克思1852年3月底计划写一篇驳斥朱泽培·马志尼的文章。② 这些计划未能实现。

魏德迈1852年1月5日请求为《革命》撰写一篇"关于贸易的进一步发展情况"的文章,作为周刊头两期上要刊登的或计划好的《国际述评。1850年5月到10月》的节选的续篇,马克思大概没有同意这个请求。魏德迈2月6日改变了他的请求:"如果你经常在来信中附上一些关于当前事件的简讯,让我用在政治评论里,我会很高兴"。马克思肯定同意了此事。

除了亲自撰稿,马克思还为魏德迈的报刊出了许多主意,并寄去若干材料。特别是他建议对科伦共产党人案件的拖拖拉拉的准备工作进行报道。③ 还在收到魏德迈2月6日那封要求写"一些关于我们的科伦朋

---

① 《马克思恩格斯全集》原文版第4部分第8卷。
② 《马克思恩格斯全集》第1版第28卷第512、41页。
③ 《马克思恩格斯全集》第1版第28卷第641页。

友的更确切的简讯"的信之前,马克思1852年2月13日就随信给魏德迈寄去了具体材料。

马克思审阅了卡尔·普芬德和亨利希·鲍威尔的两篇声明,① 作为同维利希—沙佩尔宗派集团辩论的资料,并把它们寄往纽约发表。

对魏德迈来说,厄内斯特·琼斯的《寄语人民》对《革命》续刊给予了重要帮助,马克思定期将《寄语人民》寄给魏德迈,并在1852年1月1日就向他指出,《寄语人民》是他的报刊的一个"真正的宝库"。马克思3月初为魏德迈的报刊安排了琼斯致海因岑的声明。②

毫无疑问,假如《革命》作为周刊复刊,马克思和恩格斯会更加劲地进行这种非常积极的和多方面的合作,并且会把魏德迈的报刊视为他们自己的刊物。

这种态度也表现在这一点上:马克思邀请尽可能多的伦敦共产党人做《革命》的撰稿人,审阅他们的稿件并把它们转寄到纽约。

其他同盟盟员的撰稿

马克思邀请的第一批撰稿人中有威廉·沃尔弗。他答应撰写——这在《革命》第2期上已经作了预告——《复仇女神》和一篇关于"回顾科苏特在匈牙利的事业"的文章。③ 然而,威廉·沃尔弗由于在1851年12月底患了一场病,无法为头两期《革命》写任何东西。魏德迈1852年2月17日还为了这篇批评科苏特的文章专门给他寄去有关美国

---

① 《马克思恩格斯全集》原文版第1部分第10卷第489—490页。
② 《马克思恩格斯全集》原文版第1部分第11卷第478—479页。
③ 《马克思恩格斯全集》第1版第28卷第476页。

读者的参考材料,① 但他可能再也没有动笔写这篇文章。

经过同马克思商定之后,威廉·沃尔弗同克路斯和魏德迈通过信。他寄出《寄语人民》上琼斯的文章《科苏特是什么东西?》②,供《革命》发表③,翻译了《泰晤士报》上的一篇文章,并且在1852年2月底寄出"一篇关于最近伦敦事态的小文章"④。

最后,威廉·沃尔弗还在1851年11月28日、12月1—2日、12月5日和12月8—9日给克路斯的信中提供了关于1851年12月2日法国政变的简讯,克路斯1852年1月2日将它们抄下来寄给魏德迈,⑤ 以供编辑部使用。

马克思认为斐迪南·沃尔弗为《革命》所写的一篇文章是不能用的。

为了利用弗莱里格拉特在美国的讲德语的移民和流亡者中间的声望来打开《革命》的销路,魏德迈特别重视他的撰稿。马克思1851年12月27日要求弗莱里格拉特直接给魏德迈寄去一首诗,来反对金克尔的国家公债计划。弗莱里格拉特1852年1月16日随信将《致约瑟夫·魏德迈》一诗的第1篇⑥寄给魏德迈。这封信和诗稿都附在马克思同一天写给魏德迈的信里,马克思在信中连具体的印刷技术也谈到了。弗莱里

---

① 苏共中央马列主义研究院中央党务档案。
② 《马克思恩格斯全集》原文版第1部分第11卷第473—477页。
③ 克路斯1852年1月2日给魏德迈的信,载于《马克思恩格斯全集》原文版第3部分第5卷第487—491页。
④ 《马克思恩格斯全集》第1版第28卷第486、644页。
⑤ 《马克思恩格斯全集》原文版第1部分第11卷第682—683页。
⑥ 《马克思恩格斯全集》原文版第1部分第11卷第784—786页。

格拉特 1 月 23 日寄出诗的第 2 篇。① 此后，他继续写诗。1 月 25 日前后还写了一节补充第 2 篇。他将此节送请马克思评定，② 并开始做第 3 篇的准备工作。

魏德迈在 1852 年 3 月 10 日给马克思的信中写道："但愿弗莱里格拉特继续寄诗"。③ 他在 1852 年 3 月 25 日给恩格斯的信中也表达了这样的愿望。

马克思极其重视格奥尔格·埃卡留斯的撰稿。在马克思帮助下，他最迟于 1852 年 2 月 26 日写了一篇关于英国机器制造工人罢工的文章，然而这篇文章——经过新材料的补充——1853 年底才以《英国工人状况》为标题发表在纽约《改革报》④ 上。

克路斯在 1852 年 2 月 16—17 日给魏德迈的信中建议，将埃卡留斯曾经刊登在《寄语人民》上的、同样是在马克思帮助下撰写的文章《工人阶级的福利》⑤ 译成德文在《革命》上发表。

关于威廉·皮佩尔为《革命》撰稿一事，我们尚无确切的资料。

路德维希·施泰翰与维利希—沙佩尔宗派集团彻底决裂并于 1852 年 1 月加入埃卡留斯和马克思领导的共产主义者同盟伦敦区部之后，马克思也邀请他为《革命》撰稿。⑥ 显然，此后不久施泰翰写了 3 页《来自德国的政治人事报道》⑦ 手稿、10 篇来自德国各城市的关于警察迫害

---

① 《马克思恩格斯全集》原文版第 1 部分第 11 卷第 787—790 页。
② 《马克思恩格斯全集》第 1 版第 28 卷第 483 页。
③ 《马克思恩格斯全集》原文版第 3 部分第 5 卷第 291—294 页。
④ 1853 年 12 月 29 日和 1853 年 12 月 31 日《改革报》第 121 号和第 123 号。
⑤ 《马克思恩格斯全集》原文版第 1 部分第 11 卷第 459—463 页。
⑥ 《马克思恩格斯全集》第 1 版第 28 卷第 477 页。
⑦ 莫斯科苏共中央马列主义研究院中央党务档案。

民主派和共产主义者同盟盟员的简讯，第1篇简讯注明的日期是"1月初"。马克思可能把这个手稿也附在他1852年1月23日给魏德迈的信中。他在第1页上写了眉批："亲爱的魏！施泰翰寄给你下面一篇简讯，但没有署名。以后他会寄有他署名的手稿。你的卡·马"，然而在施泰翰手稿结尾处又补充道："亲爱的魏德迈！不要把这篇蹩脚的东西逐字印出来，而只可利用一下。它写得太市侩气了。"①

施泰翰的简讯也同样未能发表。魏德迈1852年2月17日②告诉马克思，他只把施泰翰手稿中关于科伦在押的同盟盟员的部分用于《革命》的《政治评论》。他同时请求马克思随时亲自修改施泰翰以后的文章，使之具备发表的水平。

魏德迈在美国只能指望克路斯在周刊内容方面给予帮助。

"不定期刊物"《革命》

2月，不仅在伦敦而且在纽约已经产生了首先以小册子形式继续创办《革命》的计划，尔后，魏德迈3月初第一次为这种不定期出版的第1期的内容拟定了一个具体的计划："第1篇是弗莱里格拉特的诗，第2篇是《雾月十八日》，第3篇可能是埃卡留斯的文章，第4篇是克路斯关于禁酒运动的一篇短文，第5篇是我的一篇关于金克尔《备忘录》的文章，最后是恩格斯关于英国的一篇文章。皮佩尔那篇使我很欣赏的文章对这一期来说可能太长了，只好留着下一期再用"。③

---

① 《马克思恩格斯全集》原文版第3部分第5卷第20页。
② 《马克思恩格斯全集》原文版第3部分第5卷第259—260页。
③ 《马克思恩格斯全集》原文版第3部分第5卷第291—292页。

这时魏德迈还在请求马克思和他的朋友们继续供稿，因为他丝毫没有看到自己的计划不切实际。4月初，也就是收到马克思《雾月十八日》的最后一篇之前不久，他发觉，这篇文章的篇幅比他最初想象的大得多，于是他为第1期拟定了第二个计划，不过他还是坚持这样的观点：应该有尽可能多的国家的代表出来讲话。首先是魏德迈撰写的一篇序言，他想在序言中将琼斯批驳海因岑的信和其他材料补充进去；接着是弗莱里格拉特的诗和《雾月十八日》，然后是班迪亚的匈牙利通讯，或许是瑟美列的一篇文章，也可能是克路斯的一篇关于美国内政的短文。因此，不再计划在第1期中安排恩格斯、埃卡留斯、皮佩尔和魏德迈的文章。当开始排印弗莱里格拉特的诗时，和承印者发生了争执。魏德迈仔细计算了《雾月十八日》的篇幅，结果发现，现有的资金只够支付4个印张，而这4个印张用小号字排印马克思的《雾月十八日》和魏德迈的一篇简短序言刚好够用。①

魏德迈在"序言"中遵从了马克思在1851年10月31日的信中所提出的"同来自右的和左的对手进行必要的论战"的建议。序言全文如下：

"由我负责编辑出版的《革命》周刊只出版了两期。资金匮乏（因为股份认购没有取得预期的成果）迫使我再次暂时放弃出版这个周刊。我希望我自己很快就能够恢复周刊。而在此以前，我将把为《革命》选定的材料汇集成**不定期刊物**。在此，我把第1期交给读者。下一期的出版要相隔多少时间将取决于第1期的销售速度。第2期的部分材料已经准备就绪；它们自然完全同下面介绍的卡尔·马克思的《路易·波拿

---

① 魏德迈1852年4月21日给马克思的信，载于《马克思恩格斯全集》原文版第3部分第5卷第329—330页。

巴的雾月十八日》一样，并非只能引起人们一时的兴趣，因而并不会因拖延出版时间而失去价值。

马克思在《纽约每日论坛报》上以《革命和反革命》为标题发表了一组描绘德国的革命发展和当时局势的文章。他在《雾月十八日》中以类似的方式描绘了法国局势。法国在欧洲革命中所起的作用越是重要、越是决定性的，正确地描绘法国局势就越是具有重要意义。只有这样，才能使那些由于1851年12月2日而失望的小资产阶级民主派领导人在向外国卖身投靠时不断发出的令人心碎的悲鸣落空。法国现在是而且永远是具有革命活力的国家，尽管德国在智力和理论发展上比法国先进，但是法国是革命发展的中心。

文坛上的一个拦路抢劫者，'柏林和维也纳的一位见习官'——他不久前像小贩叫卖似地这样吹嘘自己——即马克思在科伦出版的《新莱茵报》的前维也纳通讯员捷列林格先生，最近令人可笑而又厚颜无耻地声称马克思发表在《论坛报》上的文章是剽窃他以前的信件。他徒劳地向纽约所有德语报刊挨家兜售他的污辱性小册子，最后在海因岑先生那里如愿以偿，受到接待。马克思不仅由于自己的独创的观点，深刻而广泛的研究成果，而且还由于语言的完美而远远超过一大批政治文痞，这一点连他的对手也无法否认。因此，我认为哪怕只用只言片语来反驳这样的声明，这不仅对于马克思来说，而且对于我来说都是有损尊严的事情。我衷心地表示遗憾，因为这一期篇幅不够，无法向所有报界人士多少详细一些地披露这个最大言不惭的人海因岑先生的活动。当此人用自己惯用的虚张声势或自吹自擂的大喊大叫还不能压倒对手时，就像福斯泰夫逃避战场那样，胆怯地逃避原则性的辩论阵地，并胆敢继续辱骂不愿意装进他那狭隘的头脑里的东西。我将把这篇东西留给下一期。海因岑先生用他自己的尺度衡量自己党内的大人物；而一个党的新闻工作者本人常常就是这个党的极好的尺度。

约·魏德迈
1852年5月1日于纽约

第1期的印刷费用是用克路斯的25美元和一位刚刚抵达纽约的同盟盟员、来自美茵河畔法兰克福的裁缝的40美元支付的。这位裁缝立时拿出自己的全部积蓄来印刷马克思的一篇论文。历经各种各样技术上的困难之后，这一期终于在1852年5月20日前后出版了。

扉页上写着："革命，不定期刊物。由约·魏德迈出版。第1期，卡尔·马克思的《路易·拿破仑的雾月十八日》。纽约。发行部：施米特和海尔米希的德意志联合书店。威廉街191号。1852年"。扉页背面注明："写给发行部的信件的收信人请写我的名字，但还要特别标明'《革命》发行部'等等字样，以便我不在时也能买到所需要的刊物，**约·魏德迈**。"；此外还注明承印者是："安吉尔、黑格尔和休伊特印刷公司。纽约云杉街1号"。魏德迈的序言刊在第III—IV页上，马克思的《雾月十八日》刊在第1—62页上。印数总计为500本或1000本。

不定期刊物《革命》第2期只收入弗莱里格拉特的诗《致约瑟夫·魏德迈》。马克思、恩格斯和克路斯在1852年5月和6月初曾多次提出批评，对这篇诗至那时还未付印表示不满，马克思还曾建议把该诗印成单篇传单，克路斯则建议在华盛顿印刷。在同华盛顿唯一一家德文印刷所进行了为期10天左右的争执以后，这首诗作终于在1852年6月

18日或19日得以发表。在第2期中附上第1期的勘误表的打算没有实现。①

克路斯和印刷者之间达成的协定是印刷1000本。印刷费为13美元；克路斯又搞到9美元，几天后又印了1000本，6月20日寄往伦敦500本。第2期也像第1期一样，非常滞销。

扉页上写着："革命，不定期刊物。由约·魏德迈出版。第2期。《致约瑟夫·魏德迈》，斐迪南·弗莱里格拉特诗作两篇"。（出版说明与第1期的相同。）扉页背面注明："本刊第1期收入卡尔·马克思的《路易·波拿巴的雾月十八日》。（共7篇，计62页）"，承印者是："弗里德里希·施米特印刷所，华盛顿"。弗莱里格拉特的两篇诗作刊在第3—8页上。②

1852年底魏德迈计划出版第3期。5月25日，他就此事致函恩格斯并恳请弗莱里格拉特完成诗作的第三部分。马克思也获悉了魏德迈的计划，6月初他敦促埃卡留斯完成他的文章。然而，再也没有为这一期的出版进行实际的准备工作。马克思5月底已经写信告诉克路斯，所有为《革命》写的尚未发表的手稿现在应该交给别的报纸。

马克思和恩格斯对《体操报》、《纽约刑法报》和美国其他报刊的影响

发表在《马克思恩格斯全集》原文版第1部分第11卷附录中的阿道夫·克路斯和约瑟夫·魏德迈的文章，仅仅是共产主义者同盟盟员

---

① 《马克思恩格斯全集》原文版第1部分第11卷第690页。
② 《马克思恩格斯全集》原文版第1部分第11卷第783—790页。

1852年在马克思和恩格斯鼓舞、领导和直接支持下在美国德文报刊上开展广泛撰稿活动的一部分。

马克思和恩格斯交代写文章的任务并确定时事讨论的重点。他们的通信是克路斯和魏德迈的政论活动的重要依据。另一方面，经常不断的交流信息是马克思和恩格斯能够从英国实施他们的指导活动的前提之一。克路斯和魏德迈为了补充时事通信中的参考材料还多次使用了以前发表过的马克思和恩格斯的文章，从中引证或加以参阅。同时他们还以类似的方式利用了《纽约每日论坛报》上发表的马克思和恩格斯的文章。

对1852年来说，值得注意的是，由于实际上缺少一家自己的报刊（《革命》只出了4期），克路斯和魏德迈被迫利用一切机会在各种报刊上发表他们的文章并借此对广大读者，首先对美国的德语居民施加影响。他们在这方面也遵循了马克思的直接指示。

《体操报》

《体操报》自1851年11月15日起作为美国社会主义体操协会联合会机关报，每月出版一次（1852年1月，11月和12月各出版两次）。《体操报》在纽约出版到1853年10月15日，此后（到1861年）在费城出版。在它创办时，在美国有22个德国体操协会，其中11个当时——以后是大多数——就加入了社会主义体操协会联合会，因此在1852年5月就卖出1300份（1853年1月超过2000份）。

在该报第1期上，以西吉斯蒙德·考夫曼为领导的联合会理事会阐述了联合会的宗旨，并强调《体操报》将致力于"精神教育，尤其是社会主义思想的传播，以及由此产生的改革"，它将"通过扎实的文章对当前重要时事问题的讨论表示最密切的关注"。① 然而 1851 年 11 月 15 日和 12 月 1 日的头两期在政治问题和经济问题上反映出小资产阶级观点。

这种状况到魏德迈撰稿时才有所改变，他本人在 1852 年 2 月 17 日写给马克思的信中把他的撰稿称之为"共产主义宣传"。② 魏德迈是纽约社会主义体操协会会员。克路斯负责领导华盛顿的体操协会。关于努力对德美体操运动施加影响的原因，克路斯写信给马克思说："因为他们有一家自己的报纸和一个稳定的组织，并且对激进的小资产阶级有很大影响。"③ 克路斯和魏德迈很快就产生了实际影响。魏德迈 1852 年 1 月初开始为《体操报》撰稿④以后，他在 1852 年 2 月 6—7 日写信告诉马克思，报纸"目前完全掌握在我们手中"⑤。《体操报》是美国唯一一家在 1852 年全年毫无异议地或毫无保留地采用反映马克思和恩格斯观点的文章的报纸。

克路斯和魏德迈在这一年总计 15 期中的 14 期上发表了文章。除此之外，魏德迈全文转载了《新莱茵报》上恩格斯的论文《德国农民战

---

① 《前言》，载于 1851 年 11 月 15 日《体操报》（纽约）第 1 期第 1 页。
② 《马克思恩格斯全集》原文版第 3 部分第 5 卷第 259—260 页。
③ 克路斯 1852 年 9 月 16 日给马克思的信，载于《马克思恩格斯全集》原文版第 3 部分第 6 卷第 228—230 页。
④ 魏德迈 1852 年 1 月 5 日给马克思的信，载于《马克思恩格斯全集》原文版第 3 部分第 5 卷第 204—205 页。
⑤ 魏德迈和克路斯 1852 年 2 月 6 日给马克思的信以及克路斯 1852 年 7 月 22 日给马克思的信，载于《马克思恩格斯全集》原文版第 3 部分第 5 卷第 444—446 页。

争》。① 这部著作连载到1853年2月,并且多半占该报的一版或一个半版面页。这次转载完全符合马克思和恩格斯的意思。

《马克思恩格斯全集》原文版第1部分第11卷收入了《体操报》上魏德迈的文章《秘密组织和共产党人审判案》。② 至于其他文章,马克思的帮助尚无十分有力或十分肯定的证据,因此未将其收入该卷附录。

魏德迈为《体操报》写的第1篇文章《无产阶级专政》发表在1852年1月1日第3期上。在反驳关于无产阶级统治将摧毁迄今所有经济成就和文化成就的论调时,魏德迈令人信服地说明,无产阶级是唯一能够接过资产阶级全部遗产的阶级。

1852年1月15日的第4期和1852年2月1日的第5期刊登了魏德迈的文章《小资产阶级民主主义纲领》(分两部分)。他在其中深入分析了1850年6月在伦敦成立的欧洲民主派中央委员会。他以这个中央委员会的宣言③为依据驳斥了小资产阶级的幻想,他写道,消灭资产阶级制度的万灵药不是普选权和类似的要求,而只能是革命阶级的专政。在这篇文章的第2部分中,魏德迈从恩格斯的著作《英国工人阶级状况》里几乎摘引了两页。在这第一批稿件发表之后,《体操报》收到一封针对这些稿件的来信。魏德迈就此事写信告诉马克思:"从波士顿那里又有人来信怒气冲冲地表示抗议。尽管如此。这里的支部决定在下一期上发表克路斯的一篇反对公债这个玩意儿的精彩文章"。④

---

① 《马克思恩格斯全集》第1版第7卷第383—483页。
② 《马克思恩格斯全集》原文版第1部分第11卷第543—545页。
③ 《马克思恩格斯全集》第1版第7卷第535—540页。
④ 魏德迈1852年2月17日给马克思的信,载于《马克思恩格斯全集》原文版第3部分第5卷第259—260页。

克路斯1852年3月1日除了写给《体操报》的一封短信之外，还发表了一封抗议书《致辛辛那提德国公债发行人代表大会》，他将抗议书寄给了在那里举行的代表大会。对自己被指定为所谓的德美革命公债的发行人①一事表示反对。由于马克思发出的消息和克路斯本人的认识，他对革命公债勾当进行了揭露。1852年2月底，在他写抗议书期间，他曾写信告诉马克思和威廉·沃尔弗："我已经对你们的简讯等作了加工。"② 这是指克路斯在1852年1月2日给魏德迈的信中援引过的消息以及引自威廉·沃尔弗给克路斯的信的消息。由于当时威廉·沃尔弗同马克思保持着非常紧密的联系，可以认为这些消息是马克思发出来的；除此之外，马克思1851年12月2日给海尔曼·艾布纳尔的信中有相同的说明，这证实了这一猜想。③

马克思收到文章后④，写信告诉魏德迈："克路斯的抗议书在这里的同盟会议上得到普遍的喝采"。⑤ 人们还把这篇文章从伦敦寄给欧洲各报发表。⑥

同样，魏德迈还在1852年3月1日的第6期上也开始连载一组文章（3篇）《流亡者中的革命宣传》。个别段落和风格特征（例如"金克尔先生的'政治童话'"）表明，文中汲收马克思或恩格斯的提示。

---

① 《马克思恩格斯全集》原文版第11部分第1卷第1018—1019页。
② 《马克思恩格斯全集》原文版第3部分第5卷第276—284页。
③ 《马克思恩格斯全集》第1版第27卷第610—614页。
④ 克路斯的抗议书，载于1852年3月1日《体操报》（纽约）第6期第43—44页。
⑤ 《马克思恩格斯全集》第1版第25卷第513页。
⑥ 克路斯1852年4月6日给魏德迈的信，载于《马克思恩格斯全集》原文版第3部分第5卷第512—515页。

第2篇文章中的一段就是直接根据马克思1852年3月5日写给魏德迈的信①中的提示写的,魏德迈写道:"资产阶级和无产阶级之间的阶级对抗不是理论宣传的产物,而是工业发展的不可避免的结果。协商派的惯常手段是把这种阶级对抗描述成热衷于党派活动的人的发明;尽管如此,如果他们在某个时候认为值得花点力气去熟悉一下发达国家如英国和法国的资产阶级文献,那么他们就会看到,早在共产党人之前,那些想必非常愿意否认存在这种对抗的人们就已经认识到并承认了这种对抗"②。

魏德迈在第3篇文章中写道:"无独有偶,除了金克尔先生的政治'童话'之外、还出现了官方的意大利宣传鼓动者,即小资产阶级民主派的独断专行的伟大中央政府的成员马志尼先生的较新材料③。可以认为,魏德迈在这篇文章中使用了马克思提供的材料。马克思为此写信给魏德迈:"马志尼发表极端反动的演说。不久我将把其中的一次给你作一分析",④ 魏德迈回信说:"不要忘记了你对马志尼的演说和所有宣传鼓动的分析"。⑤ 马克思写给魏德迈的附有有关材料的信没有保存下来,魏德迈就此事写给马克思的信也没有保存下来。然而根据所列举的事实可以认为,马克思给魏德迈寄过有关的材料,尤其是第3篇文章中如下的结论性的论断说明了这一点:"正如自由主义保障资产阶级的统治一样,社会主义应该保障小资产阶级的统治和存在。它所危及的不是资本

---

① 《马克思恩格斯全集》第1版第28卷第503—510页。
② 1852年4月1日《体操报》(纽约)第7期第50页。
③ 1852年5月1日《休操报》(纽约)第8期第58页。
④ 《马克思恩格斯全集》第1版第28卷第495页。
⑤ 魏德迈1852年3月10日给马克思的信,载于《马克思恩格斯全集》原文版第3部分第5卷第291—294页。

的剥削，而是大资本的优势，它不是要消除盈利和雇佣劳动，而是要迫使资本允许向它提供较有利的条件、它不是要推翻今天的社会组织和生产组织的基础，而是要在此基础之上实现改进。"①

克路斯1852年7月当选为在华盛顿刚成立的社会主义体操协会的通讯秘书。担任这一职务后，他可以通过公开信加强已经取得的影响；②例如，他在给体操协会联合会的报告中对反对魏德迈的文章一事表示了应有的态度。1852年9月在巴尔的摩举行一次体操节，克路斯参加了。他就此事写信告诉马克思："根据我的建议（在与我们不完全一致的体操协会主席委婉的暗示下），会议宣布魏德迈的文章为佳作"。③关于魏德迈的文章受到的攻击，体操协会联合会主席考夫曼表态说，"体操协会会员中有一大部分人坚决赞同这类文章"。④

在1852年3月1日的第6期上，魏德迈发表了斐迪南·弗莱里格拉特的诗《革命》。

在1852年7月1日的第10期上发表了匿名文章《欧洲的形势》。可以设想，它出自魏德迈的手笔，因为文中许多论述是以马克思1852年4月30日和5月28日写给魏德迈的信⑤中的提示为基础的。马克思

---

① 1852年5月1日《体操报》（纽约）第8期第58页。
② 克路斯1852年7月13日给魏德迈的信，载于《马克思恩格斯全集》原文版第3部分第5卷第542—544页。
③ 克路斯1852年9月16日给马克思的信，载于《马克思恩格斯全集》原文版第3部分第6卷第228—230页。
④ 《关于克利夫兰的来信……》，载于1852年6月1日《体操报》（纽约）第9期第72页。
⑤ 《马克思恩格斯全集》第1版第28卷第519—522、526—528页。

在1852年4月30日的信中还提示魏德迈在《体操报》上发表这些消息。① 上述马克思的两封信中的提示写进文章里，下面一段话就是证明："他们已到处寄来系着小铃的革命捐款袋，'万能的金钱'不是立即就要显示出它的魔力吗？哥特弗利德·金克尔先生在他的值得备忘的备忘录中说：'因为每个了解欧洲的人都知道，革命在目前还只是一个纯粹的金钱问题。'也许，'马志尼、科苏特和德国革命党手头上'所需要的'1200万'还不够吧？金克尔先生所提供的份额按照他自己在伦敦举行的'发行人代表大会'上的保证只有9000美元。因此，理所当然始终'有理由存在'的德国议会的议长勒韦·冯·卡尔伯先生认为加入以此为基础而建立起来的新政府有损于他的崇高地位。甚至连卢格先生也表示拒绝；然而政府选出来了，领导人也找到了。科苏特认为，只要德国想在各民族的最高委员中占据一席之地，这些领导人是德意志运动所必不可少的。在这一极其重要时刻进行表决的德意志民族的代表包括4位普鲁士前尉官维利希、席梅尔普芬尼希、泰霍夫和施莫耳策，还有从前的神学教授金克尔先生，以及'金克尔的解放者'、前大学生叔尔茨先生，加塞尔《大胡蜂》的编辑、前大学生海泽先生，从前黑森的教书先生、也是《大胡蜂》的编辑比斯康普先生，另外两个写作匠梅因先生和奥本海姆先生，两个彻头彻尾的无名之辈伊曼特和左尔格，以及前美因河畔法兰克福德意志民族的代表、美因兹的许茨先生。遴选的政府由金克尔先生、维利希先生、美因兹的许茨先生和纽约的菲克勒尔先生组成。"②

第12期上发表了魏德迈的文章《澳大利亚的棉花与美国的奴隶制

---

① 《马克思恩格斯全集》第1版第28卷第519—522页。
② 1852年7月1日《体操报》（纽约）第10期第77页。

度》。马克思在1852年4月22日给克路斯的信中论述过英国棉纺织工业问题,这封信的片断保存了下来。此外,尤其是恩格斯经常在信中谈到有关棉纺织生产及其销售等情况。因此,魏德迈掌握了写文章所需的资料。

《体操报》1852年10月1日的第13期发表了克路斯的文章《物质批判与道德化观点》。他早就计划写一篇文章同阿尔诺德·卢格进行辩论。他在7月曾写信给马克思:"现在你及时给我来信谈到卢格和托·汉特的关系;这太好了;我现在正需要它。"①

克路斯在给魏德迈的信中写道:"由汉特负责编辑出版的《先驱报》在伦敦被资产阶级收买了。你指出,卢格和海因岑让托恩顿·汉特这条狗跑出来在宪章运动者面前大出风头,扮演当前体现英国革命的人物,而我则应当利用马克思提供的消息在《体操报》上谈谈这个问题。"② 所提到的马克思的信没有保留下来。克路斯在文章中探讨了厄内斯特·琼斯及其在宪草运动中的立场。这里他所依据的是马克思1852年7月20日的来信。③ 魏德迈早在《关于1852年的英国议会选举》④ 一文中就对这封信中所提供的材料作了改写。克路斯在后来写的《"联邦,最优秀报纸"及其"最优秀人物"和政治经济学家》⑤ 一文中指出他和卢格在《体操报》上的这场辩论。

---

① 克路斯1852年7月8日给马克思的信,载于《马克思恩格斯全集》原文版第3部分第5卷第433—434页。

② 克路斯1852年10月15日给魏德迈的信,载于《马克思恩格斯全集》原文版第3部分第6卷。

③ 《马克思恩格斯全集》第1版第28卷第536—538页。

④ 《马克思恩格斯全集》原文版第1部分第11卷第495—496页。

⑤ 《马克思恩格斯全集》原文版第1部分第12卷第618—628页。

克路斯的文章在一处引用马克思的来信,其中写道:"事实上,汉特先生在英国无产阶级革命家当中声名狼藉,因为这位文痞用软弱无力和空话连篇的共产主义来掩盖他反对真正的工人运动、宪章运动的立场和他同工业资产阶级的大人物、棉业大亨、财界和议会中的改革家科布顿、布莱特的秘密联盟。在他占有一席之地的宪章派执行委员会中,他的建议被看作是毫无掩饰地向资产阶级直接出卖宪章运动。

厄内斯特·琼斯是我们的空话英雄们认为保证能完全被排挤到英国运动的次要地位的宪章运动革命家之一。他在最近的英国选举中,在人人均可参加的、通常在选举之前举行的公众大会上由大约14000人以举手方式提名为哈利法克斯的议会代表,战胜他的对手自由派辉格党人、以前的财政大臣伍德,并像凯旋英雄似地被人抬着走过全市。在老实说只有特权者才能参加的投票选举中,他的**无产阶级的微弱**闪光在这位资产阶级明星的光辉照耀下黯然失色了。"①

魏德迈在1852年11月15日的《体操报》上以《展望前英国警察对贸易与工业中心的进攻》② 为题刊登了恩格斯的《英国》中的第3篇文章,③ 并附有简短的引言。

1852年12月1日第16期和15日第17期上发表了魏德迈的两篇题为《政治经济评论》的文章。克路斯和魏德迈想必在通信中就政治评论的写作计划交换过意见,因为克路斯10月给魏德迈的信中写道:"如果报纸要搞出点儿名堂,政治评论无论如何是必要的,而且这将会使你

---

① 《物质批判与道德化观点》,载于1852年10月1日《体操报》(纽约)第13期第99—100页。
② 《马克思恩格斯全集》原文版第1部分第11卷第762—765页。
③ 《马克思恩格斯全集》第1版第8卷第228—236页。

成为《体操报》的不可缺少的人。"① 魏德迈在第1篇文章前面冠以马克思《雾月十八日》中的一段简短节录并描述了法国和英国的形势。他在文章中主要参照了马克思的通讯《商业繁荣的政治后果》② 和《评关于政变的著作》这组文章的第1篇。③ 他还参照了1852年7月25日玛丽·亚历山大·马索耳给马克思的信④。马克思1852年10月8日将此信寄给克路斯,并要求退回。⑤ 克路斯10月27—28日收到此信,⑥ 并于10月29日把它寄给魏德迈。⑦

魏德迈在第2篇文章的前面冠以1849年4月11日科伦《新莱茵报》第269号第1版的一段简短摘录,并在前半部分参照了马克思为《纽约每日论坛报》撰写的通讯《贫困和贸易自由。——日益迫近的商业危机》⑧。鉴于这篇通讯的现实和理论意义,他从中引用了一大部分。

12月1日的第16期发表了魏德迈的短文《"国家公债"的破产》。他在概括地评述所谓的国家公债宣传之前援引了弗莱里格拉特《致约瑟夫·魏德迈》⑨ 诗中的一段话。他在短文中满意地强调说,他还在几个

---

① 1852年10月19日克路斯致魏德迈的信,载于《马克思恩格斯全集》原文版第3部分第6卷。
② 《马克思恩格斯全集》第1版第8卷第424—428页。
③ 《马克思恩格斯全集》原文版第1部分第11卷第497—502页。
④ 《马克思恩格斯全集》原文版第3部分第5卷第452—453页。
⑤ 《马克思恩格斯全集》第1版第28卷第555页。
⑥ 克路斯1852年10月27—28日给马克思的信,载于《马克思恩格斯全集》原文版第3部分第6卷第290—293页。
⑦ 克路斯1852年10月29日给魏德迈的信,载于《马克思恩格斯全集》原文版第3部分第6卷。
⑧ 《马克思恩格斯全集》第1版第8卷第416—423页。
⑨ 《马克思恩格斯全集》原文版第1部分第11卷第784页。

月之前就在《在流亡者中的革命宣传》一文中作出的评论已经证明是正确的。

1853年1月15日发表了魏德迈大概写于1852年12月底的文章《秘密团体和共产党人审判案》①。写这篇文章时,魏德迈参照了来自伦敦的关于案件审理过程的大量报道以及他在《纽约刑法报》上发表过的文章。

从1853年2月15日开始,《体操报》上的文章基本上不再署名。克路斯和魏德迈的文章也减少了,因为他们这时更多的是在为《改革报》撰稿。②

《纽约刑法报》

《马克思恩格斯全集》原文版第1部分第11卷收入了该报发表的马克思的《关于科伦审判案的终结的声明》。③在魏德迈的推动下,发表了《致英国各报编辑部的声明》④一文的德译文。除此之外,还刊登了魏德迈利用马克思和恩格斯提供的消息为《纽约刑法报》撰写的3篇文章。⑤

魏德迈从1852年7月初开始与《纽约刑法报》编辑部有了密切的联系。他的第1篇有据可查的文章1852年7月2日发表在鲁道夫·莱

---

① 《马克思恩格斯全集》原文版第1部分第11卷第1120页。
② 《马克思恩格斯全集》原文版第1部分第11卷第702—716页。
③ 《马克思恩格斯全集》原文版第1部分第11卷第429—432页。
④ 《马克思恩格斯全集》第1版第8卷第429—430页。
⑤ 《马克思恩格斯全集》原文版第1部分第11卷第488—491,495—496,525页。

克索1852年3月创办的这家德文周报上。该报尽力满足小资产阶级读者的消遣和好奇的需要，销路颇佳；1852年底印数已经增长到1000多份。同莱克索的合作进展顺利。他帮助克路斯和魏德迈将文章输送给其他报纸。① 魏德迈自8月起和莱克索一起并以莱克索的名义出版《石印通讯。欧洲版》②。魏德迈在1852年8月13日给马克思的信中把《纽约刑法报》的地址也称为他的通信地址。《石印通讯》停刊后，他成为这家周报报社职员并从1853年1月开始成为业务领导人。

《纽约刑法报》在报道科伦共产党人案件的消息方面起了非常重要的作用。魏德迈借助于马克思和恩格斯提供的消息以及对《科伦日报》上可供使用的报道的透彻分析，在美国极其详尽地介绍了审判的过程并客观地评价了这个案件。克路斯为此写信对魏德迈说："《刑法报》应当把案件提到前台，你要多费心了。"③ 这一点尤其重要，因为当时欧洲大陆的报刊对伦敦共产党人完全封锁，他们只能在美国和英国公开表态。

魏德迈尽快地发表了马克思的《对科伦审判案的终结发表的声明》④。魏德迈1852年12月初收到了这项在共产主义者同盟伦敦区部一次会议上讨论通过的声明。他将它作为来自伦敦的通讯与自己的前言一

---

① 克路斯1852年9月21日给魏德迈的信，克路斯1852年9月30日给马克思的信，载于《马克思恩格斯全集》原文版第3部分第5卷第561—563页、第6卷第250—253页。

② 魏德迈1852年8月13日给马克思的信，载于《马克思恩格斯全集》原文版第3部分第5卷第467—469页。

③ 克路斯1852年10月30日给魏德迈的信，载于《马克思恩格斯全集》原文版第3部分第6卷。

④ 1852年12月10月《纽约刑法报》第39期第429—432页。

起付印。①

该报将马克思的《致英国各报编辑部的声明》的德译文作为伦敦通讯发表。② 魏德迈翻译的德译文以及他撰写的序和跋收入《马克思恩格斯全集》原文版第1部分第11卷资料卷。③

魏德迈在1852年7月2日第16期上发表了自己的第1篇文章《普鲁士的司法和"普鲁士报刊"》。他在文中汲取了马克思1852年2月13日来信和燕妮·马克思1552年1月9日来信④所提供的消息。⑤

《欧洲通讯》栏从10月15日起刊登魏德迈撰写的关于科伦共产党人案件的时事通讯。他作为该报的职员不能用自己的名字在文章上署名，所以就标上了不同的大写花体字母。

10月15日的第31期上刊登了一篇来自伦敦的简讯，披露案件定于1852年10月4日开始审理。在下一期上出现了一篇关于不断拖延开庭的报道。魏德迈参照马克思写给克路斯的一封信提供的消息写成这一短篇报道。克路斯在10月15日写给魏德迈的信中将此信的节录寄给他。⑥ 有关案件的发展过程的这类短篇报道还出现在1852年12月17日第40期和12月24日第41期上。

魏德迈从1852年11月5日到12月3日在该报上连续发表了以《重大的共产党人案件》为标题的一组7篇文章。从他1852年11月23日写给恩格斯的信中可以看出，他是这组文章的作者，并且定期将刊登

---

① 《马克思恩格斯全集》原文版第1部分第11卷第1036—1037页。
② 1852年11月26日《纽约刑法报》第37期426页。
③ 《马克思恩格斯全集》原文版第1部分第11卷第1026—1028页。
④ 《马克思恩格斯全集》原文版第3部分第5卷第492页。
⑤ 《马克思恩格斯全集》原文版第1部分第11卷第1084、1080页。
⑥ 《马克思恩格斯全集》原文版第1部分第11卷第1106页。

上述文章的报纸寄往伦敦。他在信中再次强调："《刑法报》是唯一一家报道这一案件的报纸，其他报刊几乎只字不提"。① 魏德迈利用马克思 1852 年 10 月 8 日写给克路斯的那封提到陪审员姓名的信写成了第 1 篇文章。以后的几篇文章，他是根据《科伦日报》的报道写的。与大多数报刊的反共产主义诽谤宣传的做法相反，他在报道中将被告人和辩护人的话置于显著位置，并经常援引《科伦日报》，在引述时多半将他自己的评论括上括号。

他在 1852 年 11 月 19 日第 36 期上提到威廉·施梯伯："来自柏林的警官施梯伯是第一个证人。他们知道他的底细，特别是他的不光彩的诡计，他把自己打扮成画家并以画家的名义自荐于老施略费尔，并以这样的方式去逮捕别人。"②

关于总检察官泽肯多尔夫的论断，魏德迈指出："你们的判决不仅是针对坐在被告席上的 11 个人，你们的判决是针对一个同盟：这个同盟**甚至试图以秘密的、见不得人的手段去扑来永恒真理的阳光，腐蚀和毒化资产阶级社会的支柱，决心以凶残的暴力来加以毁灭**。"魏德迈接着指出："（尽管专制暴君先生们在光天化日之下完全追求同一目标，然而由于他们手中有权，法庭控制不了他们。**资产阶级社会是**他们的眼中钉，同样也是共产党人的眼中钉，只是前者想复辟封建制度，后者则想向无产阶级革命迈进）。"③ 关于在审判中作为证据用的所谓记录本，魏德迈评论说："（总之，警察当局在这里堂而皇之地被神秘化了，辩护人所一一列举的记录中的最明显的矛盾，使人看到这种神秘化手法是

---

① 《马克思恩格斯全集》原文版第 3 部分第 6 卷第 316 页。
② 1952 年 11 月 19 日《纽约刑法报》第 36 期。
③ 1852 年 11 月 26 日《纽约刑法报》第 37 期。

极其拙劣的，而这也就更加令人信服地证明，在警察当局的心目中，为了迫害共产党人使用什么手段都行，它狂暴地使用任何手段，戏弄罪犯，以图把其他人也打成罪犯。)"① 威廉·魏特林的报纸《工人共和国报》从1852年11月20日至1852年12月25日每周连续摘要刊登这些有关科伦案件的报道，并声明这是转载自《纽约刑法报》。"②

克路斯1852年12月9日在给马克思的信中谈到魏德迈的报道："我随此信寄去一份《雅努斯》，此刊满篇海因岑式的废话并且长期以来对'卡尔·马克思'怀有无法掩饰的愤恨，此外还有海因岑的以及他的'喽罗和帮凶们对共产主义的诽谤'。《刑法报》在贝克尔案件中的态度看来曾使他并且仍在使他彻夜难眠；试想一下，当《刑法报》的10000个订户可以有把握地使更大的读者群了解到详尽的案件审理情况，而他的倾诉几乎无人问津时，他会多么气恼，因而，他的愤怒是可以想见的。"③

克路斯和魏德迈11月底得知科伦案件审理结束。魏德迈1852年12月1日写信给恩格斯："我们这里收到了科伦的坏消息。判决不会使任何人感到意外，因为从这些无赖陪审员那里几乎不可能期望有什么别的结果。不是因为共产党人**搞阴谋**，而是因为他们**存在**，才被送进监狱。我唯一的希望是，被判刑者不久将和他们的审判者掉换一下位置。我星期六将寄出刊有案件结束情况报道的《刑法报》。"④ 魏德迈指的是《重

---

① 1852年12月3日《纽约刑法报》第38期。
② 1852年11月20日《工人共和国报》（纽约）第47号；1852年11月27日第48号；1852年12月4日第49号；1852年12月11日第50号；1852年12月18日第51号；1852年12月25日第52号。
③ 《马克思恩格斯全集》原文版第3部分第6卷第329—331页。
④ 《马克思恩格斯全集》原文版第3部分第6卷第323页。

大的共产党人案件》这组文章的最后一篇。

除了这些关于科伦案件的大量报道之外，魏德迈还发表了其他文章。他在8月27日的第24期上刊登了他用X署名的文章《关于1852年的英国议会选举》。① 他的这篇文章基本上是以马克思提供的消息为基础而写的，1852年2月20日，他写信向克路斯通报了这些消息。除此之外，他也利用了《纽约每日论坛报》上马克思的通讯《英国的选举——托利党和辉格党》和《宪章派》。② 1853年1月14日《纽约刑法报》第44期发表一篇未署名的文章《英国的议会危机》。这篇文章可能是魏德迈写的。这篇文章的基础也是马克思为《纽约每日论坛报》写的两篇通讯——《议会。——11月26日的表决。——迪斯累里的预算案》和《内阁的失败》③。这篇文章表明，魏德迈1853年初在担任该报业务领导工作的同时仍继续发表文章。

其他报纸

克路斯和魏德迈1852年定期在《纽约民主主义者报》和《纽约总汇报》上发表文章，此外还偶尔在《高地哨兵》和《费城民主主义者报》以及英文报纸《纽约先驱报》、《国民信使》和《国民时代》上发表文章。

魏德迈在他1852年6月8日写给马克思的信中写道："尽管我现在和《民主主义者报》建立了密切的联系并将每周向该报提供一些文章，

---

① 《马克思恩格斯全集》原文版第1部分第11卷第495—496页。
② 《马克思恩格斯全集》第1版第8卷第381—387，388—397页。
③ 《马克思恩格斯全集》第1版第8卷第537—544，547—552页。

然而我在那里不能直接出面谈我们党的问题。"① 除了《体操报》和《纽约刑法报》之外,这种限制适用于所有其他德文报纸。除了大量其他文章之外,②《纽约民主主义者报》还集中刊登了克路斯和魏德迈驳斥卡尔·海因岑的攻击的文章。

魏德迈在这家报纸上刊出的第 1 篇有据可查的文章发表于 1852 年 1 月 29 日。魏德迈 1852 年 2 月 9 日将这篇文章寄往英国,③ 马克思认为,驳斥海因岑的文章写得很好。④

该报 1852 年 6 月底—7 月初刊登了克路斯的一篇文章。克路斯以他的文章《卡尔·海因岑和共产主义,或英勇而疯狂地追逐自己的破马影子的漫游骑士》对海因岑在《雅努斯》上的攻击作出反应。⑤

克路斯的另一篇文章《致卡尔·海因岑的声明》基本上是根据马克思 1852 年 10 月 8 日写给他的信⑥中提供的材料写的。这里说的是马克思的提示:海因岑"从 1847 年以来,每逢对他(指海因岑——译者注)进行原则性批驳时,他总是避而不答"。此外还包括马克思提供给他的书目。

克路斯 11 月 1 日写信对马克思说:"请你原谅,我多少有些随意地

---

① 《马克思恩格斯全集》原文版第 3 部分第 5 卷第 392—393 页。
② 魏德迈 1852 年 6 月 17 日给恩格斯的信,载于《马克思恩格斯全集》原文版第 3 部分第 5 卷第 407—408 页。
③ 魏德迈 1852 年 2 月 9 日给恩格斯的信,载于《马克思恩格斯全集》原文版第 3 部分第 5 卷第 245—246 页。
④ 《马克思恩格斯全集》第 1 版第 28 卷第 504 页。
⑤ 克路斯 1852 年 6 月 20 日给马克思的信,载于《马克思恩格斯全集》原文版第 3 部分第 5 卷第 413—416 页。
⑥ 《马克思恩格斯全集》第 1 版第 28 卷第 555 页。

使用了你曾在一封信中对品格论战进行的描述；它……对那个家伙再合适不过了，所以我无法抗拒诱惑，只好把它作为引文引用，我感到不安。"①这篇文章由克路斯抄写并附在他1852年11月1日给马克思的信中。该文以手抄本的形式遗留下来并同该信一起收入《马克思恩格斯全集》原文版第3部分第6卷。

在辛辛那提出版的《高地哨兵》发表过克路斯的关于科伦共产党人案件开审前普鲁士政府的拖延策略的文章。②这篇文章基本上以马克思提供的消息为依据。③从克路斯1852年6月19日给魏德迈的信中可以看出，克路斯后来继续向《高地哨兵》供稿。

魏德迈在《纽约总汇报》上发表了《德国的运动及其"领导人"》一文。④这篇文章于1852年6月8日刊出并由魏德迈寄往英国。他在给恩格斯的信中写道，他所附上的文章中"偷了马克思的一些东西"。⑤

1852年12月13日的《费城民主主义者报》发表一篇由彼得·伊曼特和克路斯合写的文章。文章第1部分描述了阿曼特·戈克与约翰奈斯·隆格合作的背景，由克路斯执笔，第2部分是以伊曼特写给马克思的信为基础。马克思希望将事实公布于众，因此将此信寄给克路斯发表。

1852年11月22日《费城民主主义者报》发表的《金克尔公债和人民同盟》一文也是这样产生的。伊曼特在10月27日写给克路斯的一封信中描述了革命公债的最新情况，克路斯将这些情况写进了这篇文

---

① 《马克思恩格斯全集》原文版第3部分第6卷第297—298页。
② 《马克思恩格斯全集》原文版第1部分11卷480—453页。
③ 《马克思恩格斯全集》原文版第1部分11卷第1078页。
④ 《马克思恩格斯全集》原文版第1部分11卷第485—487页。
⑤ 《马克思恩格斯全集》原文版第1部分11卷第1082—1083页。

章。克路斯还对燕妮·马克思所抄写的赖辛巴赫伯爵通告进行了加工。这个抄本随 1852 年 10 月 28 日的信①一起寄到他手里。

克路斯和魏德迈从 1852 年 8 月起多次提到他们寄文章给《纽约先驱报》发表，在文章中他们利用了马克思提供的材料。克路斯通过魏德迈将秘密的科苏特通告刊登在《纽约先驱报》上。② 克路斯 1852 年 8 月寄给《纽约先驱报》一篇文章，为此他写信告诉马克思："这几天我打算将所有最近收到的有关流亡者、宣传鼓动、马志尼派、卢格等的简讯拼凑成一篇讽刺文章。"他在这封信中还写道，他设法将文章发表在《纽约先驱报》上。③

马克思将他为《马志尼和科苏特的活动。——和路易-拿破仑的联盟。——帕麦斯顿》④一文所作的札记寄给克路斯，让克路斯自己用这些札记写一篇文章。克路斯把这篇文章寄给魏德迈，让他交给《纽约先驱报》发表。从通信中可以看出，克路斯的文章没有发表。⑤

克路斯 1852 年 10 月寄给华盛顿《国民信使》一篇文章。他就此事写信对魏德迈说："我前天趁着对瑟美列产生新的怀疑等等的机会将一长篇文章寄给《信使》，揭露了普尔斯基，辱骂了科苏特，最后谈到他

---

① 《马克思恩格斯全集》原文版第 3 部分第 6 卷。
② 克路斯 1852 年 7 月 22 日给马克思的信，1852 年 7 月 2 日克路斯给魏德迈的信，1852 年 8 月 13 日魏德迈给马克思的信，载于《马克思恩格斯全集》原文版第 3 部分第 5 卷第 444—469 页。
③ 克路斯 1852 年 8 月底—9 月 1 日给马克思的信，载于《马克思恩格斯全集》原文版第 3 部分第 5 卷第 476—483 页。
④ 《马克思恩格斯全集》原文版第 1 部分第 11 卷第 522—524 页。
⑤ 《马克思恩格斯全集》原文版第 1 部分第 11 卷第 1102 页。

的拿破仑主义同盟"。① 这可能就是克路斯8月份寄给《纽约先驱报》的那篇文章。克路斯为此写信给伦敦说："几天前……我寄给《国民信使》一篇文章,揭露普尔斯基、以你们提供的消息等等为基础,并直截了当地提到瑟美列。然而文章未被采用;这样的事情在《纽约先驱报》已经发生两次了,但是没关系!这是个好兆头。"②

克路斯同华盛顿的周刊《国民时代》也有联系。根据马克思的建议,他促使弗莱里格拉特的诗《致约瑟夫·魏德迈》1852年5月27日刊登在这家英文报纸上。③ 克路斯为此对该诗第1部分发表在《寄语人民》上时琼斯写的前言进行了修改。④ 由于克路斯与编辑相识,所以建议马克思也可以为该报撰写通讯;⑤ 不知道马克思对此有什么表示。(续完)

(原载《马克思恩格斯全集》原文版第1部分第11卷第605—634页)

(张红 译　孙魁 校)

---

① 克路斯1852年10月15日给魏德迈的信,载于《马克思恩格斯全集》原文版第3部分第6卷。
② 克路斯1852年10月17日给威康·沃尔弗的信,载于《马克思恩格斯全集》原文版第3部分第6卷。
③ 《马克思恩格斯全集》原文版第1部分第11卷第783页。
④ 克路斯1852年5月13日给马克思的信,载于《马克思恩格斯全集》原文版第3部分第5卷第348—353页。
⑤ 克路斯1852年11月18日给马克思的信,载于《马克思恩格斯全集》原文版第3部分第6卷第306—308页。

关于马克思和恩格斯的政论活动
（1853 年 1—12 月）[*]

马克思、恩格斯和他们的战友在 1853 年的政论活动

马克思和恩格斯自流亡伦敦的最初时期，就竭尽全力通过政论活动同工人运动保持联系。他们吸取 1848—1849 年革命的教训，针对欧洲一些国家革命失败和反动势力重新建立统治所引起的形势变化来阐述战略和策略。最初，他们准备出版自己的机关报，但《新莱茵报。政治经济评论》的停刊证明这一想法是不可能实现的。于是，他们便为宪章运动的左翼报纸和进步的资产阶级机关报撰稿。他们还请求曾鼓动和支持他们办报的战友们也来撰稿。①

1853 年，马克思、恩格斯和他们的战友的政论活动迅速展开。马克思是美国一家大报《纽约论坛报》在伦敦的定期供稿的通讯员，恩格斯也为该报撰稿。马克思还为宪章派左翼领袖厄内斯特·琼斯主办的周报《人民报》撰稿，并参与大量的编辑工作。此外，马克思和恩格斯还通过书信和其他材料来影响阿道夫·克路斯和约瑟夫·魏德迈为纽

---

* 本文选自《马克思恩格斯研究》1991 年总第 5 辑。
① 《马克思恩格斯全集》原文版第 1 部分第 10、11 卷。

约的德国工人的报纸《改革报》撰稿的工作。这样，克路斯和魏德迈就能主要通过来自伦敦和曼彻斯特的建议不断加强他们对《改革报》领导层的影响。他们还在美国出版的其他德文报纸上零星地发表一些文章。

在马克思和恩格斯的直接指导下，他们的其他一些战友也参与了这项内容丰富的工作。1853年，主要有威廉·皮佩尔和约翰·格奥尔格·埃卡留斯参加进来。他们两人在此前几年就已经同马克思和恩格斯围绕《新莱茵报。政治经济评论》和宪章派机关报共过事。① 通过为《人民报》和《改革报》撰稿，他们作为同马克思和恩格斯站在一起的政论斗士，作用大大提高了。正是在1853年，皮佩尔取得了长足的进步。在马克思的指导下，他帮助琼斯从事《人民报》的编辑工作。为其他各报撰写文章，在文章中他也使用了《论坛报》通讯中的材料。另外，皮佩尔在1852年和1853年还担任过马克思的秘书，主要任务是帮助马克思使用英文写文章。

马克思、恩格斯和他们的朋友们的报刊活动的范围极其广泛。《论坛报》1853年发表了马克思和恩格斯的75篇文章。《人民报》刊登了马克思的13篇文章。皮佩尔在马克思的帮助下或使用马克思提供的材料为《人民报》写了5篇文章，为《改革报》写了约15篇文章。此外，他还经阿道夫·克路斯介绍为《华盛顿同盟报》撰稿，该报从1853年9月至12月共发表了他的9篇通讯。他利用了马克思发表在《论坛报》上的通讯中的材料，对一些最重要的问题作出了相同的评论。但是，这些文章的写作同马克思没有直接关系，所以本卷的"附

---

① 《马克思恩格斯全集》原文版第1部分第10卷第701—702、705页和《马克思恩格斯全集》原文版第1部分第11卷。

录"部分未予收录。埃卡留斯为《人民报》写了9篇通讯和其他一些文章,为《改革报》至少写了2篇文章。他在写作中也得到马克思的指导和帮助。他的文章的题材都同他对于《路易·波拿巴的雾月十八日》的书评有关。他在1853年所写的所有文章几乎都是考察和分析法国波拿巴主义的,并从中得出有利于革命运动的结论。

马克思和恩格斯在纽约的朋友们也发挥了同样的作用。克路斯为《人民报》写了23篇通讯,它们都由马克思转交,大部分事前还由马克思通读过。① 克路斯利用马克思提供的材料为《改革报》写了4篇文章。魏德迈也为《改革报》写了2篇文章,马克思和恩格斯的书信中的信息是这2篇文章的基础。②

在《纽约论坛报》所发表的有关欧洲问题、国际关系和军事问题的文章中,马克思和恩格斯所提供的文章占了很大一部分,不仅如此,他们通过他们的文章中的观点还在某种程度上决定了该报编辑部对这些问题的立场。此外,他们主要依靠他们的战友的帮助,对当时欧洲唯一一家尚存的无产阶级报纸《人民报》和美国无产阶级最重要的机关报《改革报》施加决定性的影响。大不列颠和美国是有可能使工人运动成为合法活动的仅有的两个国家。

以马克思和恩格斯为核心的一个人数不多,但相互紧密配合的小集体,通过报刊活动的影响,从理论上进一步阐述了工人运动的地位,并在广大公众面前维护这种地位。就其活动的整个规模来看,可以认为,还从未有过为数如此之少的革命者对报刊界产生过如此之大的影响。这再一次表明,即使在最不利的条件下,马克思和恩格斯仍有能力积极发

---

① 《马克思恩格斯全集》原文版第3部分第6卷第453页。
② 《马克思恩格斯全集》原文版第1部分第12卷。

挥作用，使得"马克思派"仍不失为一股力量。而与此同时，许多小资产阶级民主主义者和革命者以及他们所领导的各种小团体却陷入政治解体的过程。例如，从共产主义者同盟中脱离出来的以奥古斯特·维利希为首的派别就是如此。相反，马克思、恩格斯和他们的战友们形成一个牢固的统一体，并在正确分析新形势的基础上制定了进一步开展工人运动的卓有成效的纲领，使之最终在大约10年后导致了工人阶级的一个稳定的国际性组织的建立。

马克思和恩格斯始终把他们的报刊活动看作是党的工作。虽然为《论坛报》撰稿对他们来说至关重要，但是这同他们本人或在他们的影响下为上述两家工人报纸撰稿构成不可分割的整体。他们为资产阶级大报撰写文章的题材主要是根据工人运动的需要而定。他们利用这种机会向广大公众阐述工人运动对许多重要问题的应予遵循的政策所持的观点。尽管当时工人运动还缺少某种稳固的组织。当然，由于《纽约论坛报》的资产阶级性质，他们还不能使他们所论述的所有问题都达到必要的坦率而明确的程度。

只有把所有这些文章放在一起，才能真正认识其意义。本卷通过内容丰富的"附录"第一次做到了这一点。"附录"包括了马克思和恩格斯的战友们在其影响下写的文章，其中大部分是首次重新刊印。这里收录的只是那些可以查明是由马克思或恩格斯明显参与过的文章。其他文章则在有关报纸的简史说明中提及。

马克思和恩格斯为《纽约论坛报》撰稿情况

1853年，马克思和恩格斯为《纽约论坛报》撰稿的工作达到了一个新的高度。他们为该报撰稿从1851年8月恩格斯在该报连载《德国的革命与反革命》一文开始。① 1852年8月以后，马克思才不断从伦敦写来通讯，开始时用德文写，多半由恩格斯译成英文。后来马克思克服了这个困难，于1853年1月28日向纽约寄出第1篇由他本人用英文写的文章。② 直到秋天，皮佩尔还在帮助马克思。③ 但此后马克思写文章就不再需要翻译了。马克思和恩格斯的文章的数量从此所以能够急剧增加，并在整个撰稿时期中达到第二个高潮，这是一个重要前提。1852年发表的15篇通讯中，有9篇被《半周论坛报》转载，5篇被《每周论坛报》转载；而在1853年发表的75篇通讯中，有14篇被编辑部作为社论发表，46篇被《半周论坛报》转载，13篇同时被上述两个报纸转载。

《纽约论坛报》及其性质和意义

《论坛报》的通讯活动具有重要的政治意义，因为就其全部版面而言，该报是美国一家最大的而且也是最有影响的资产阶级报纸。它由霍拉斯·格里利于1841年创办。1853年4月该报为纪念创刊12周年发表的几篇文章披露了该报的政治立场。格里利在文章中曾谈到创办报纸时的想法："在《论坛报》创办以前，该报创办人和编者通过阅读和思考，已经得出重要的结论：有害的谬种和根本性的错误充斥于现存的社会结构中，可怕的失策就在于听任每一愿意劳动的人无事可做而挨

---

① 《马克思恩格斯全集》第1版第8卷第3—115页。
② 《马克思恩格斯全集》原文版第1部分第12卷第24—30页。
③ 参看《马克思恩格斯全集》第1版第28卷第211、299页。

饿。"① 他认为，解决这些问题的办法就在于实现基督精神，但也要求助于"社会科学"。他把傅立叶看作是这种科学的极其重要的代表人物："我们把沙尔·傅立叶看作是社会科学的代表中最有条理、最严谨的代表，而他的工业协会则是迄今为止对法的知识和对一个真实社会的机制所作的最出色的贡献。"

当时，傅立叶的社会乌托邦学说在美国有许多拥护者。各联邦州有许多移民区。这场运动中的一些知识分子在40年代就加入报纸编辑部。

《论坛报》正是在1853年获得大发展的。1853年4月9日，该报各版的印数已达74560份，同年12月1日又上升到95940份。它之所以取得这样的成就，是因为它代表了美国北部工业资产阶级的重要的政治和经济利益。首先，它要求为美利坚合众国方兴未艾的工业实行保护关税，反对奴隶制度。格里利认为重要的是首先应当限止奴隶制度的继续蔓延。《论坛报》的这位主编不赞成废奴派要求立即普遍废除奴隶制的立场。格里利是这样表明自己的立场的："我们憎恶奴隶制度，抵制它的扩张，诅咒我们的新的逃亡奴隶法，后者是对19世纪鼎盛时期的一种侮辱。"②

因此，马克思认为，《论坛报》"在西斯蒙第的博爱主义社会主义的反工业化的形式下，替美国的主张实行保护关税的资产阶级即工业资产阶级说话。《论坛报》虽然大谈各种'主义'和社会主义的空话，却能够成为美国的'第一流报纸'，其秘密也就在于此。"③ 显然，马克思当时注意到了1853年4月《论坛报》上发表的有关编辑部立场的文章。

---

① 1853年4月20日《纽约每日论坛报》第3747号。
② 载于1853年4月20日《纽约每日论坛报》第3747号。
③ 《马克思恩格斯全集》第1版第28卷第270—271页。

在同马克思建立联系方面主要撰稿人中，查理·安德森·德纳起了决定性的作用。德纳是信奉傅立叶主义的《论坛报》编辑之一，其社会观和政治观比格里利更加激进，特别在美国内政方面的一个非常重要的问题即奴隶制问题上更是如此。他是欧洲1848—1849年革命事件的目击者，这次事件对他产生了经久不衰的影响。1848年11月，他作为当时一名驻欧洲的新闻记者在科隆认识了马克思，在马克思的住所里见到了他。显然当时的交谈给德纳留下了深刻的印象。1851年他就使马克思同意为《论坛报》撰稿。1849年回美后，德纳成了《纽约论坛报》对外政治部的负责人，之后又担任编辑主任。每当格里利不在编辑部时就由德纳代理前者。但是，决定报纸方向的始终是格里利；德纳归根到底不过是一名拿薪水的职员。

《论坛报》不仅仅是一份大的日报。它的声誉所以越来越高，首先应归功于它的周刊——《纽约每周论坛报》。此外，它每周还出版两次《半周论坛报》（从1853年5月起更名为《纽约半周论坛报》），并发行加利福尼亚州版和欧洲版，于相关的邮船启程之日出版。开往欧洲的船每周有两班，因此欧洲版可能同《半周论坛报》大体一致。但是迄今为止还未能找到这种版本。日报即《纽约每日论坛报》在1853年获得极大的发展。1849年8月，该报的印数为13330份，1853年4月9日为17640份，而到同年12月1日就增加到21600份。8个月之内所增加的份数几乎等于以前3年半的增加数。1853年，该报篇幅也扩大了；从4月11日起，版面扩大了三分之一多，达到了伦敦《时代》的规模。《半周论坛报》以及加利福尼亚版和欧洲版报纸同样扩大了版面。从9月起，《每周论坛报》也增加了篇幅但是价格未变。

《论坛报》的进款主要来源于广告。编辑部曾称该报是"这个国家前所未有的最好的大众广告媒介"。① 这样报纸就能应付日益膨胀的各项额外开支。

日报版从1853年年中开始上午出一次，下午14点出一次，15点再出一次。下午通常是在第3版或第4版中增辟最新消息栏目。这样一来，当下午开出的邮车启程时，日报版已经定型。

《纽约论坛报》是当时的一家大型报纸企业，装备有先进的机器。拥有包括印刷人员在内的170名工作人员。正是这些前提条件使编辑部能够提出这样的宏伟目标："我们的目标是，不仅要跻身于本国的报刊业的先进行列，而且要跻身于世界报刊业的先进行列。"② 至少，在1853年，《论坛报》已成为美国乃至欧洲民主派的一家颇受注意的报纸。琼斯当时曾证实，《论坛报》是"美国一家最明智的报纸"③。

马克思充任《论坛报》驻伦敦通讯员

自从马克思和恩格斯每星期多半有规律地给《论坛报》写两篇文章之后，他们的文章对于该报来说便变得非常重要。文章不仅受到读者的注意，而且也提高了报纸的声望。早在1853年2月克路斯就写信给马克思说："在这里，你的文章引起各阶层人的强烈兴趣，它们虽然没有引起通常的大众轰动，却比这种轰动更有价值。"④ 就连《论坛报》编辑部也意识到，报纸得到了一位异常能干的撰稿人，此人在他所论述

---

① 1853年4月11日《纽约每日论坛报》第3739号。
② 1853年4月26日《纽约每日论坛报》第3752号。
③ 1853年2月12日《人民报》第41号。
④ 《马克思恩格斯全集》原文版第3部分第6卷第388页。

的所有问题上使报纸大大超过了竞争对手。有时，编辑部还特别指出马克思的文章的价值："……我们可以正当地赞赏这位通讯员的卓越才能……谁没有读过他的通讯，谁就在当前欧洲重大政治问题方面失去了一个最有启发意义的消息来源。"① 这不仅是德纳个人的看法，也是其他办报人的看法。须知，如果文章违背了这些编辑们的意愿，他们是什么文章也不会让你刊出的。

马克思在1853年期间用英语写作时哪怕不再需要他人帮助，他仍不能独自应付这样大量的工作。文章的不同内容就已经决定了这一点。于是，马克思和恩格斯很快便形成分工。马克思的文章主要论述经济问题、英国的内外政策、国际关系的发展（主要是沙皇俄国和西方强国之间的冲突）、革命运动，特别是工人运动的发展；恩格斯则负责撰写有关军事问题和巴尔干半岛局势的文章，并在其他领域给马克思以帮助，如提供有关英国贸易发展的方面的材料。有些通讯是由他们两人共同撰写的。当马克思因种种原因而难于写作时，恩格斯就全力以赴。

但是表面看来，只有马克思一个人为《论坛报》撰稿。许多通讯本来不是在伦敦，而是在曼彻斯特写的，但是无论马克思或恩格斯一直小心翼翼地对编辑部和其他局外人保守这一秘密。1892年，恩格斯第一次提到《论坛报》上的军事文章是由他撰写的。② 不过，直到1913年发表马克思和恩格斯的通信时才有可能准确地判定恩格斯参与了《纽约论坛报》上的文章的写作。

德纳欣赏马克思和恩格斯的文章，这一点有些同时代人是很清楚的。格里利传记中曾对《论坛报》编辑部一天的工作有过这样的描写：

---

① 1853年4月7日《纽约每日论坛报》第3736号。
② 《简明政治学词典》1892年耶拿版第4卷第1130—1133页。

"德纳先生敏捷而坚定地走进那铺有绿色地毯的密室,直奔他的书桌,随后立即陷入对卡尔·马克思的文章的推敲……"① 马克思和恩格斯的文章不仅屡屡发表在日报上,而且也发表在《半周论坛报》和《每周论坛报》上。这表明报纸发行人对他们是多么重视。关于这一点,克路斯写信给马克思说:"我仔细地观察了这帮家伙。一篇文章是被他们的……《半周论坛报》,《每周论坛报》,加利福尼亚版等等也来用,还是仅仅登载在日报上,这就是人们用来判断情况的寒暑表。"②

马克思和恩格斯为《论坛报》撰写的文章迥然不同于其他通讯员的文章。他们的文章不是各种来源的消息的堆砌,而是对于他们的理论研究密不可分的各种问题的透彻分析。马克思后来在《资本论》中就利用了某些有关经济问题的文章。若干年后,恩格斯曾这样评价他们两人的文章:"这不是一些普通的通讯,它们是根据认真研究写出的,而且往往是包含一系列对于欧洲某一国家的政治经济状况进行详尽评论的文章。"

马克思为撰写通讯使用了自己特有的工作方法。他把理论研究同报刊活动紧密地联系起来。这里一个明显的例子,就是他把1850年以来在伦敦写成的摘录笔记,主要是经济学著作笔记用于写作《论坛报》的一系列文章。在有些情况下他还利用早年的摘录笔记。

在为《论坛报》撰稿的过程中,马克思对所涉及的重要问题也作了广泛的专门研究。这种研究也反映在一些篇幅不小的摘录笔记中,例如有关印度的文章和抨击《帕麦斯顿勋爵》的文章就是如此。摘录笔

---

① 詹姆斯·帕尔顿:《〈纽约每日论坛报〉编辑霍拉斯·格里利书信》1855年纽约版第404页。

② 《马克思恩格斯全集》原文版第3部分第6卷第492页。

记除逐字摘抄原文外，还包括有他自己的综述和简评。马克思后来在文章中曾直接引用这些文字。

在皮佩尔担任秘书期间，马克思大概很少写备用笔记，而是根据剪报和其他材料直接向皮佩尔口述。这一点可以从燕妮·马克思给克路斯的一封信中得到证实。克路斯1853年6月14日致魏德迈的信重复了燕妮的话："……马克思总是向皮佩尔口述自己的文章，他整天在那儿，身边放着马克思从报纸上剪下的文章……"从1853年秋天起，皮佩尔因种种原因不能继续充当马克思的秘书。①

这项工作由燕妮·马克思接替。马克思1853年10月的一个笔记本表明，他开始改变了一下工作方法：从大量报纸中挑选出他认为特别重要的正在发生的政治和经济事件，把它们记录在一个日记本中。其中只有一部分用于通讯，其他的则作为背景材料使用。

后来，马克思显然是利用这些准备资料直接向夫人燕妮进行口授，因为没有任何手稿部分保留下来。一些文章中的错误也可以证明这一点，因为这些错误显然是因误听而造成的。马克思在给克路斯的一封信中也谈到过这一点："这是一个字迹潦草的作者的'小小的不快'。"②

马克思和恩格斯的文章受到高度重视，但这并不妨碍报纸发行人把稿酬压得尽可能低些。从1853年初开始，稿酬增加了一倍，这时马克思的每篇文章可得2英磅，相当于德纳在1848—1849年革命期间从欧洲发出的通讯所得稿酬的数额。不过，只是发表了的文章才能得到稿酬。1853年，马克思不是从编辑部得到报纸，而是由克路斯把刊有马克思文章的那些期号寄给他。在克路斯不留心的情况下，马克思甚至得

---

① 《马克思恩格斯全集》原文版第3部分第28卷第290、305页。
② 《马克思恩格斯全集》原文版第3部分第50卷第424页。

不到刊有他的匿名文章的报纸。因此，马克思经常弄不大清该报究竟采用了他的哪些通讯。为了有据可查，燕妮·马克思建立一个记事簿，从1853年1月28日开始登记，每当一定数量的文章寄出之后，便根据记事簿开出汇票。直到后来（具体时间无从查明）马克思才直接从编辑部获得报纸。①

所以，不难明白，马克思为什么一再抱怨为《论坛报》撰稿并不是如意的事。一次，他写信给克路斯说："经常给报纸写乱七八糟的东西已经使我厌烦，这占去我许多时间，分散注意力。而到头来一事无成。不管你怎样力求不受限制，总还是被报纸及其读者捆住了手脚，特别是像我这样需要拿现金的人。纯粹的科学工作完全是另外一回事，与某个A.P.C.、某个**女通讯员**和某个'**大主教**'并驾齐驱的荣誉，实在不值得羡慕。"②尽管有这些困难，马克思和恩格斯还是把为《论坛报》撰稿看作他们发挥政治影响的一个重要阵地。恩格斯因此写道："在欧洲革命的所有政党中，我们是向英美公众阐明自己事业的唯一的党，这是它的好的方面，关于其他的政党，美国佬根本一无所知……"③

1853年，《论坛报》编辑部不作任何重大改动径直刊出马克思和恩格斯的通讯，但同时它只尽量同报纸的这位伦敦通讯员的观点划清界限。一次它在编者栏中这样预告马克思的一篇通讯："马克思先生有自己的十分坚定的见解，其中一些见解我们绝不敢苟同……"④

尤其是对工人运动问题，《论坛报》立场矛盾。就此，克路斯写信

---

① 《马克思恩格斯全集》原文版第3部分第30卷第229—231页。
② 《马克思恩格斯全集》原文版第3部分第28卷第599—600页。
③ 《马克思恩格斯全集》原文版第3部分第28卷第230页。
④ 1853年4月7日《纽约每日论坛报》第3736号。

给马克思说:"……美国工人运动的状况最终还使《论坛报》染上含糊其辞的特点。我想,我最近曾给你寄去一篇布里兹倍恩的讲话,他在讲话中承认,阶级斗争对欧洲来说是必要的,但在美国据说应避免这个妖魔。"①

《论坛报》发表了马克思对英国状况的评论,不仅包括马克思抨击英国寡头政治的文章,如甚至被作为社论发表的有关帕麦斯顿勋爵的连载文章,而且还包括他的有关大不列颠工人和企业主之间的斗争以及宪章运动的通讯,其中,1853年夏天开始的罢工斗争以及与此相关的宪章运动的高涨占有重要地位。这些报道引起了普遍的重视。克路斯曾就此通知马克思说:"另一方面,我在国内(如辛辛那提等地)的许多大报上看到,你的通讯连同盖米季、琼斯等人在黑石山脊的集会上的讲话一起都被刊用,论述罢工意义等方面的内容全都被转载并作了赞许的评论。宪章运动将对美国公众产生影响。"② 马克思还报道了琼斯为工人议会所作的宣传鼓动。

《论坛报》可以无顾虑地刊登这类通讯,因为它给美国公众带来一种完全不同的见解,此外,有关大不列颠社会关系的这些陈述还可以看作是对自由贸易制度的一种批判。

《纽约论坛报》在欧洲有一批通讯员。即便在伦敦,马克思也不是唯一的一个。除他之外,拉约什·科苏特的信徒奥略里·费伦茨·普尔斯基也为该报撰稿,并署名为 A. P. C.。

普尔斯基是1853年3月在美国逗留期间由格里利提议聘为《论坛

---

① 《马克思恩格斯全集》原文版第3部分第6卷第357—360页。
② 《马克思恩格斯全集》原文版第3部分第6卷第355—356页。

报》的固定通讯员的；此后 10 年中，他一直是该报驻伦敦的通讯员。①但是，这个时间也许普尔斯基是弄错了，因为他的通讯员活动是从他 1852 年在美国逗留后开始的。②《论坛报》的发行人对他评价很好。编辑部在他的一篇通讯前面曾加过这样一段按语："……没有哪位撰稿人的消息来源能超过他。没有哪位对政治形势的判断比他更可靠。"③

普尔斯基同格里利的结识给马克思带来复杂情况。④ 不过。马克思起初并不知道 A. P. C. 和普尔斯基是一个人。很久以后，也许是 1858 年他才得知普尔斯基是《纽约论坛报》驻伦敦的通讯员。只要通讯员不愿意抛头露面，《论坛报》会审慎地保护他们的匿名权。

普尔斯基 1853 年 3 月逗留美国，这还影响到《论坛报》编辑部对马克思的通讯的态度。马克思曾严厉批判科苏特在米兰起义时采取的动摇不定的立场，为此《论坛报》编辑部专栏上发表了这样一段话："我们的一位伦敦通讯员抨击得十分严厉，而我们却认为，这样评价科苏特并不正确，但我们认为不必阻止这位通讯员发表自己的看法。"⑤ 可见，德纳刊登了（他过去和后来一直这样做）马克思的这些反对科苏特政策的通讯，但他认为有必要同这位伦敦通讯员的观点划清界限，至少在普尔斯基逗留美国期间不得不如此，否则他也许会向格里利提出抗议。这里指的是普尔斯基留美期间发生的同科苏特的第二次论战，而马克思在第一次论战时对于《论坛报》居然能够登出他的批判文章这一点曾

---

① 费伦茨·普尔斯基：《我的年代，我的生活》1882 年普雷斯堡和莱比锡版第 3 卷第 166 页。
② 《马克思恩格斯全集》原文版第 1 部分第 11 卷。
③ 1853 年 6 月 1 日《纽约每日论坛报》第 3783 号。
④ 《马克思恩格斯全集》第 1 版第 28 卷第 578—579 页。
⑤ 1853 年 3 月 22 日《纽约每日论坛报》第 3722 号。

感到十分吃惊。① 因此，马克思1853年3月10日在给贝尔塔兰·瑟美列的信中所作的估计看来是正确的："普尔斯基到美国大约有一个月了。我想是科苏特派他到美国去的，为的是在报刊上恢复自己已经动摇了的声望和阴谋反对自己的**对手们**。普尔斯基也在《纽约论坛报》上极力中伤我，但是我敢断言，他不会有什么大的作为。"②

马克思和恩格斯对《论坛报》编辑部的对外政策问题观点的影响

马克思和恩格斯不只是通过自己的文章影响《论坛报》。克路斯在华盛顿曾仔细地跟踪编辑部文章，其中有关国际问题的文章主要出自德纳的手笔。他得出结论："我高兴地看到，德纳正努力进一步发挥和宣传你的'东方问题'的观点，他似乎完全迷上了这个'问题'；在给你寄出这封信的同时，已向报纸寄去几篇有关这个问题的文章。——德纳的观点越来越为你的观点所同化；但是，他不能向美国传播这些观点，因为这会危及《论坛报》这一**最主要的报纸**的生存条件。"③ 显然，克路斯是根据《论坛报》把恩格斯有关东方问题的几篇文章作为社论发表这一事实而得出上述看法的。这件事也许马克思还是从克路斯的有关书信中才知道的。

以后的情况表明，在国际关系问题上确实可以说存在着这种"同化"。尤其是由于巴尔干半岛上形势的发展以及俄国和土耳其之间的冲

---

① 《马克思恩格斯全集》第1版第28卷第578页。
② 《马克思恩格斯全集》第1版第50卷第417页。
③ 《马克思恩格斯全集》原文版第3部分第6卷第447—449页。

突日趋严峻，国际关系进入了一个危机的阶段，这时，这种"同化"就显得特别重要。为《论坛报》撰稿使马克思和恩格斯能够在一家大的日报上阐述工人阶级对这些问题的立场。甚至编辑部的文章（也许主要是出自德纳的手笔），在评价国际事件方面也体现了马克思和恩格斯的影响。早在马克思和恩格斯详细表明他们对东方问题的态度之前，编辑部就曾发表过有关这个问题的最初评论。因此，共同点和不同点是一目了然的。同样，马克思和恩格斯的哪些观点被接受下来也是很清楚的。德纳在《东方问题》①一文中指出了沙皇在维护欧洲反动统治方面所起的作用，分析了大不列颠和法国的立场，并且得出结论说：两个强国都力图避免一场战争，因为这场战争很快会蔓延为一场席卷整个欧洲的战争，并有可能发展成为人民反对欺压他们的统治者的战争。但是，德纳完全忽视了土耳其国家的反动性质和它在巴尔干半岛上充当民族压迫者的作用。相反，土耳其国家在为打倒反动派而斗争的人们的心目中成了希望的所在："同时，我们提请公众注意这样的事实：匈牙利，而实际上是整个西欧都寄望于君士坦丁堡。现在，解救和自由都寄望于东方。"当时，这种观点在资产阶级民主派当中，甚至在资产阶级革命者当中广为流行。一些有军事实际知识的革命者（主要来自波兰和匈牙利）都为土耳其效力，这种亲土耳其人的倾向在编辑部的其他文章中也显而易见。在这方面，普尔斯基的贯穿这一倾向的通讯无疑起了一定的作用。

但是，编辑部也接受了马克思和恩格斯的文章，这主要是基于如下一些相同的观点：沙皇统治是欧洲反动派的主要支柱，因此必须阻止俄国势力的任何扩张。在这方面，大不列颠同欧洲各民主派的利益是一致

---

① 1853年3月2日《纽约每日论坛报》第3705号。

的；特别要批判大不列颠居于统治地位的寡头政权的对外政策，因为它对沙皇统治过于迁就。

如前所述，这些相同的观点还促使德纳于1853年4月将马克思和恩格斯有关这一论题的文章作为社论发表。这样一来，编辑部也就把马克思和恩格斯对土耳其的立场以及对巴尔干半岛人民解放斗争所持的支持态度，当作自己的立场和态度。从德纳自己撰写的社论中也同样能看到他同马克思和恩格斯观点的接近，他把他们通讯中的评论吸收到自己的文章中去。例如，在题为《俄国和土耳其》的社论中，德纳就采用了马克思3月22日通讯中有关缅施科夫公爵及其使命的论点，以及恩格斯的作为社论发表的《在土耳其的真正争论点》一文中的观点，即认定欧洲大陆实际上只存在两种势力：革命运动和俄国。这一提法还出现在编辑部的一篇重要文章《和平还是战争》①中。那里指出："实质上，欧洲大陆只存在两股大势力——民主派和俄国……"这篇文章在其他几个问题上所持的观点也与一天前发表的马克思的7月19日的通讯《战争问题。——议会动态。——印度》②中的观点相接近。

《和平还是战争》一文在另一点上也值得注意。此文发表前一天，马克思曾在一篇通讯中写道："目前最大事件是美国政策在欧洲地平线上的出现。"③马克思作出这样的评论，主要是根据所谓的士麦那事件。④编辑部在其社论中表明了对此事件的立场，并指出："我们指的是一个明显的事实：那位英格拉哈姆舰长如果当时把奥地利的军舰葬入

---

① 1853年8月6日《纽约每日论坛报》第3839号。
② 《马克思恩格斯全集》第1版第9卷第237—245页。
③ 《马克思恩格斯全集》第1版第9卷第275页。
④ 《马克思恩格斯全集》第1版第9卷第219页。

士麦那，那他肯定会成为美国的下一任总统。但那只是一种可能，因为他并没有那样做。"美国舰长的行为和《论坛报》所采取的立场引起广泛的反响并在革命民主派中间赢得普遍的赞同。一些反动报纸和政府，尤其是奥地利，抗议美国人的行动。马克思9月9日在一篇通讯中曾谈到《论坛报》文章所引起的反响①，英国宪章派左翼领袖琼斯在他的报纸上转载了该文的全文。②

德纳在《欧洲人的争夺》一文中公开谴责西方列强的外交政策，认为这种政策只会帮助沙皇得势。大不列颠和法国刚刚许诺支援土耳其，现在就背信弃义。马克思在前面提到的7月19日的通讯中就已表达了同样的看法，并且在9月20日的通讯中以最新发生的事件为依据再次表明了这个看法。德纳也赞成《论坛报》同一号上发表的马克思的通讯中的观点，即断定一场新的危机将引起一场新的革命爆发，而这种危机日益逼近的征兆已是有目共睹。他指出："供应不足的后果是财政危机，而在当前情况下，这样一种危机的后果则是造反和推翻政府。"马克思正是以这样的思想结束他的通讯的，不过这里表述得更精确。编辑部在社论中除了采纳马克思通讯中的观点以外，还援引了恩格斯对土耳其和俄国之间的战事所作的军事评述。编辑部从通讯中把这些内容挑选出来作为社论发表。此外，它还把马克思有关帕麦斯顿勋爵的4篇文章去掉署名当作自己的文章刊出。因此很明显，马克思和恩格斯的观点对《论坛报》在重大对外政策问题上的立场产生了强烈的影响。从马克思1853年12月14日给恩格斯的信中可以得知，马克思曾密切注意到这一事实。

---

① 《马克思恩格斯全集》第1版第9卷第331页。
② 1853年8月27日《人民报》第69号。

采用马克思和恩格斯的通讯或把他们的通讯的某些段落作为社论发表而去掉他们的署名，这也有不利的一面。马克思的名字常常因此而被置于有关通讯的余下的并不重要的部分之下。另外，这样做总是同编辑部对内容的删改相联系，它总是小心地除去一切可能使人怀疑它是否是文章作者的痕迹。在俄国和土耳其之间的军事冲突爆发以后，《论坛报》特别喜欢采用这种手法。恩格斯撰写的一系列有关军事概况的文章均被当作社论发表。

马克思曾向德纳抗议这种"兼并政策"。德纳在一封给燕妮·马克思的信中就此事写道："我很抱歉，没有能把关于沃耳特尼察的文章用马克思的名义发表。理由是：他以前的一些以社论形式发表的文章引起了很大的注意，特别是报纸的一些撰稿人更表现出很大的好奇心，想知道究竟谁是这些文章的作者。有位先生亲自走访我，希望能满足他对此的好奇心。我对他说，我根本不可能向他提供他想知道的信息，但告诉他，在他学会以相反的方式处理事情以前，不妨设想是司各脱将军写的。"① 德纳认为，现在署上马克思的名字将损害报纸的声望。

马克思曾写信给德纳，说要把他的军事政治性文章提供给一位书商，这显然是他要求署上自己的名字的一个论据。德纳因此在给马克思的信中附上一封给书商的信，赞扬了文章并证明此文曾作为社论发表过。同时他还谈到，以前的一些军事文章曾被伦敦报纸转载过。②

然而，马克思一再对上述做法，即只在某一通讯剩下的次要部分上署上马克思名字的做法提出抗议，要求要么全文署上他的名字，要么一

---

① 《马克思恩格斯全集》原文版第3部分第7卷第580页。
② 《马克思恩格斯全集》原文版第1部分第12卷第1045页。

概去掉署名。①这一争论拖延了很久,一直到1854年9月才告终。打那以后,编辑部发表马克思的文章一律不再署名,只有1855年2月发表的一篇通讯署有马克思的名字。

马克思和恩格斯同《论坛报》内部敌对影响的斗争

在《论坛报》内部,马克思的观点绝不是没有争议的。前面已经提到,这里还有其他一些影响也在起作用。正是1853年,第一次明显地显露出一种倾向。这要归于这样一个人的影响,此人远比普尔斯基更加敌视马克思和恩格斯所制定的对外政策目标。马克思从克路斯寄给他的一些剪报中才注意到这一点,并根据这些剪报得出结论:"可怜的俄国人……在《论坛报》上……现在都在演出他们的拿手好戏,说什么俄国人民是彻头彻尾民主主义的,而官方的俄国(沙皇和官僚)只是一些德国人,贵族也是德国的贵族。"②这些剪报取自连载文章《俄国实况》,其中有些署名为"泛斯拉夫主义者",有些没有署名。这里显然指的是第6篇《陆军和海军》。③ 马克思对德国人的作用的评论就同这一篇有关,此外还有第7篇④以及第8篇《资产阶级》⑤。这些剪报都

---

① 参看《马克思恩格斯全集》第1版第28卷第333页。
② 《马克思恩格斯全集》第1版第28卷第289页。
③ 1853年7月29日、8月20日、8月27日《纽约每日论坛报》第3832、3851、3857号。
④ 1853年7月29、8月20日、8月27日《纽约每日论坛报》第3832、3851、3857号。
⑤ 1853年7月29日、8月20日、8月27日《纽约每日论坛报》第3832、3851、3857号。

是马克思通过克路斯得到的。他可能随1853年9月27日的一封信又寄给了恩格斯。在信中还提到编辑部对连载文章的作者所作的介绍。编辑部把这一介绍放在第7篇的前面,其中写道:"……连载文章《俄国实况》所提供的信息极有价值。这是由一位长期在该国行政机关中供职的、具有卓越才能的作者提供的……在25年来发表文章论述俄国问题的众多著作家中间,我们还没见过有谁在各个方面如此富有才能……"①

受到如此称赞的作者是亚当·冯·古罗夫斯基伯爵,他曾参加1830年的波兰起义,后来又为沙皇效过劳。1849年起他留居美国,最晚于1852年5月,或许稍早一些时候,成为《论坛报》的固定撰稿人。他同格里利建立联系可能是由于他也曾一度是傅立叶的拥护者。影响他在《论坛报》中的地位的更重要的一点是,他拥护保护关税。可见,在这个问题上,他与格里利的观点是一致的。马克思1856年才知道,古罗夫斯基是一名有巨大影响的编辑部成员。②

由于马克思在给《论坛报》撰稿的最初几年不是从编辑部获得报纸,所以他一直不知道,该报早在1852年5月的一篇关于俄国向中东推进的社论中就把古罗夫斯基说成是"斯拉夫种族奉献给我们时代的一位最有哲学头脑、最有智慧的著作家"。③ 因此马克思也没有注意到,1853年5月《论坛报》还曾发表过一篇阐述保护关税在俄国极富成效的社论,而社论的作者可能就是古罗夫斯基或亨利·查理·凯里。④

---

① 1853年7月29日、8月20日、8月27日《纽约每日论坛报》第3832、3851、3857号。
② 《马克思恩格斯全集》第1版第29卷第79—80页。
③ 1852年5月13日《纽约每日论坛报》第3454号。
④ 1853年5月7日《纽约每日论坛报》第3767号。

紧接着又有最初迹象表明，这种影响开始向国际政策方面延伸。马克思那篇6月7日发表的通讯反映了这一点。①

这一年年底，事情变得更为明朗。12月间又发表一些社论。内容与马克思和恩格斯所写的通讯，乃至同作为社论发表的他们两人的文章相矛盾，并且甚至同编辑部自己的一些社论相冲突。例如对沙皇的外交作出自相矛盾的评论。②但是不久以后，即12月底，《论坛报》在一篇编者按语中明确表示，它在有关大国在沙皇俄国和土耳其之间进行所谓调停问题上同马克思以及普尔斯基的伦敦通讯是一致的。它这样说："为了清楚说明最近这次调停的性质，我们希望读者读一下我们驻伦敦通讯员的来信。一些非常能干而又消息灵通的撰稿者指出，那些进行调停的大国的真正目的是尽可能以有利于俄国的条件来解决争端。不仅以前的谈判中所有要不得的东西都将包括在他们的方案中，而且一旦他们的方案得逞，在有些方面土耳其将变得更糟将比以往更要仰赖于他人。③

然而，仅隔几天之后，《论坛报》就刊登了一篇编辑部文章，内容同马克思和恩格斯的观点正好相对立。文章认为，沙皇从未真正有过进行战争的意图，它倒是认为，它的意图可以在大不列颠和法国不作出较大反抗的情况下付诸实现。④编辑部先是在12月27日采用了马克思有关通讯中对西诺普海战的评论，但几天以后又写文章说，海军上将纳希莫夫的战绩将使沙皇能够与土耳其即刻缔结和约。只有获胜的俄国有资

---

① 《马克思恩格斯全集》原文版第1部分第12卷第851页。
② 例如《俄国的失败》，载于1853年12月15日《纽约每日论坛报》第3951号。
③ 《最近的调停》，载于1853年12月26日《纽约每日论坛报》第3960号。
④ 1853年12月25日、12月30日《纽约每日论坛报》第3963号、3964号。

格参与谈判。① 在这里，同马克思的重大对立已昭然若揭。

在这样短的时间内竟相继发表了这些观点相互矛盾的文章，据此人们不难认为，最后提及的编辑部文章可能是有意针对马克思的观点而发表的。也许，允许不同作者发表迥然不同的观点是德纳的新闻工作习惯，但是即使考虑到这一点，人们从如此之短的时间内竟相继发表互相矛盾的编辑部文章这一事实中仍可得出结论：《论坛报》内部在这些问题上有不同意见。既然格里利在自己的文章中或在由他推荐的其他撰稿人的文章中发表一些不同的、甚至是相反的观点，那么曾多次把马克思的观点当作自己观点的德纳怕是不得不屈从于他。说到底，《论坛报》无非是美国工业资产阶级的代言人，因此该阶级的保护关税利益也决定了该报在包括对外政策在内的其他各种问题上的路线。

这一点在编辑部回顾1853年的文章中表现得再清楚不过了。② 它清楚地表明了保护关税制和亲沙皇立场之间的联系。这是古罗夫斯基的影响不断扩大的重要基础。在凯里的文章中也可看到同样的路线。他也把保护关税主张和亲沙皇立场联系在一起。后来马克思在《资本论》第1卷中曾指出了这一点。③

资产阶级庸俗经济学的这位典型代表不仅宣扬保护关税，而且鼓吹阶级调和，他对《论坛报》编辑部有很大影响。可能首先是对格里利有此种影响。大部分主张保护关税的文章显然都是出自他的手笔。在他遗赠给宾夕法尼亚州大学的藏书中找到3大本纪念文集，其中收集了他

---

① 《俄国政策》，载于1853年12月30日《纽约每日论坛报》第3964号。
② 《旧的一年》，载于1854年1月2日《纽约每日论坛报》第3966号。
③ 参看《马克思恩格斯全集》第1版第23卷第817页。

1850—1856年期间为《论坛报》写的社论。① 埃尔德是凯里的一位朋友，他在一次纪念演讲中指出，凯里试图从克里木战争爆发时起就促使《论坛报》站在亲沙皇的立场上。

马克思尝试以各种方式抵制凯里对《论坛报》的影响。他不能直接这样做，但他在不同的文章中旁敲侧击地批判凯里。对此，他写信给恩格斯："你那篇关于瑞士的文章②当然直接打击了《论坛报》的'社论'（反对集中化等等）和它的凯里。我在第1篇论印度的文章③中继续了这场隐蔽的战争，在这篇文章中把英国消灭当地工业当作**革命**行为来描述。这会使他们很不高兴。"④ 马克思还使这场"隐蔽的战争"走得更远。他在一篇通讯中曾论述爱尔兰地主和租佃者之间的关系问题，在批判租佃关系时援引了资产阶级经济学家的论述，首先是大卫·李嘉图的论述，而后者的对手就是凯里。马克思在他另一篇论述印度问题的文章中再一次指出了资本集中的革命作用。⑤

马克思对庸俗经济学观点展开批判不仅利用《论坛报》的栏目，也利用他对美国德文报纸《改革报》的影响。《改革报》由小资产阶级民主主义者克耳纳在纽约出版；马克思的朋友和战友克路斯与魏德迈都曾为该报撰稿。

总之，通过对马克思和恩格斯1853年为《论坛报》撰稿情况的分

---

① 威廉·埃尔德：《亨利·查理·凯里传》1880年费拉德尔菲亚版第39页。
② 指恩格斯的《瑞士共和国的政治地位》，见《马克思恩格斯全集》第1版第9卷第101—108页。
③ 指马克思的《不列颠在印度的统治》，见《马克思恩格斯全集》第1版第9卷第143—150页。
④ 《马克思恩格斯全集》第1版第28卷第271页。
⑤ 《马克思恩格斯全集》第1版第9卷第246—252页。

析，人们不难看出，他们的影响一直渗透到编辑部内。他们在对外政策问题上的观点，他们（尤其是马克思）对英国寡头政权的批判（如《帕麦斯顿勋爵》一文）也体现在编辑部本身的文章中（也许主要是德纳的文章）。然而，这同为抵制其他各种影响而展开的激烈斗争是分不开的，而这种影响有一部分同美国的内政问题息息相关。可见，马克思和恩格斯有时在很大程度上决定了《论坛报》的对外政策方向，虽然他们的其他一些观点也从来没有错过表露的机会。

版本情况

《论坛报》于1853年开始在编辑部栏中匿名发表马克思和恩格斯的文章，由此就产生了确定这些文章作者身份的依据问题。在本卷（《马克思恩格斯全集》原文版第1部分第12卷）中，下列材料是解决这一问题的根据：马克思和恩格斯之间的通信；他们与第三者的通信（尤其是与克路斯和魏德迈的通信）；前面提到的燕妮·马克思用来登记已寄出文章的记事簿，此外还有英国和美国之间邮船的开出时间和到达时间，这主要是为了能够有的放矢地寻找还未发现的通讯。后一种办法对1853年5月以前那段时间特别重要，当时，记事簿中只记下了一篇文章的寄出日期，从1853年6月起才有了简短的、注明标题的内容提要，从而大大方便了寻找某篇通讯作为社论发表的摘录部分。如果编辑部将两篇通讯作为一篇发表，并虚构一个发稿日期，或者用后一篇通讯的日期作为发稿日期，那也同样可以通过上述办法来核查清楚。这种情况通常是在两班邮船由于天气条件或其他原因而几乎同时到达时才会发生。

所有这些，加上马克思文章中对前面某一篇通讯的提示，常常也能查明编辑部是否作过删节或其他改动。

根据这些考虑，可以查明，1853年还有另外两篇编辑部文章可能也是在马克思的通讯的基础上写成的。第1篇的情况表明，即使是已署名的通讯也已由编辑部作了改动。① 这些文章作为存疑篇收进本卷的"附录"中，另一篇也同样只好放弃查证。这指的是迄今还未找到的1853年5月20日的通讯，它可能被修改成一篇社论。② 但是，如果这篇社论确实是这样形成的，那么内容表明，原来的论述可能已被修改得面目全非了。因此，这篇通讯被收入"没有流传下来的著作索引"中。

由于该报编辑部的这种插手做法，也使本卷中已收入的一些文章的可靠性成了问题。有一次，马克思对编辑部将一篇通讯改为社论的做法发表看法："德纳几乎逐字地抄下我的文章，冲淡了某些言词，并以罕见的分寸感删掉了所有大胆的话。"③ 在一些署名的通讯中也出现过删节现象，例如马克思的9月9日的通讯就是如此。④

一篇文章当作社论发表时所作的删节和其他改动是很少能分得清的。因此本卷编者决定在所有这种场合都按照《论坛报》发表文章时的原样刊出这些文章，因为没有可能准确地恢复原稿的原貌。《资料卷》中对那些可能经过插手改动的地方都作了提示。《论坛报》发表文章时所用的标题，极可能都是由编辑部加的。本卷编者保留了这些标题，并当作本卷编者加的标题，

由于报纸编辑部的插手，我们不得不重新审查一些文章所署的日期，并在一些情况下做出改动。为了确定文章开始写作的时间，也要使

---

① 《马克思恩格斯全集》原文版第1部分第12卷第817页和第1173页。
② 《荷兰的宗教宣传》，载于1853年6月2日《纽约每日论坛报》第3784号。
③ 《马克思恩格斯全集》第1版第50卷第423页。
④ 《马克思恩格斯全集》原文版第12卷第950页。

用马克思和恩格斯所使用过的资料，以便能够确定可能的最早的日期。但是日期的确定往往没有足够的把握。在这种情况下，文章的次序排列以马克思对某篇通讯注明的日期为准。

如果马克思和恩格斯的文章被《论坛报》的其他版，如《每周论坛报》或《半周论坛报》采用，那么一般说来仍以日报上首次发表的文字为准而不作改动。相同的行数和印刷错误表明，前后使用的是同一块排字版。只有在极少的情况下才出现订正、不重要的改动或删节，而在删节时往往干脆删去一整段，这样也就无须重新排版。此类改动均在版本说明中注明。

在文章正文的校正方面，弄清楚马克思在撰稿时使用的工作方法十分重要。除印刷错误以外，上面提到的口述时的误听和使用摘录笔记时的疏忽也是出现差错的最常见的原因。凡有可能根据原始资料更正此类错误的地方，均在《校勘表》中一一列出。凡马克思对文章中出现的这类错误已作过说明的地方，也照此办理。凡有疑问的地方，《校勘表》中均作出考证性说明，指出可作何种修订，不过不纳入正文之中。

本卷编者以纽约市声像公司制作的1853年《纽约每日论坛报》的胶片为刊出正文的根据。它仅包括一个日报版，多数是早版，只有少数是下午第1版或第2版。所以，马克思的通讯可能既刊登在下午版上，又刊登在次日早版上。这种情况可能多于本卷中所标明的情况。但是，根据已有的经验，不能认为文章在这种场合会有所改动。

马克思和恩格斯在世时，他们发表在《论坛报》上的文章没有再版过。显然，马克思自己后来并不掌握他从事通讯活动的任何资料。1876年他写信给在美国的弗里德里希·阿道夫·左尔格说："可否把早逝的朋友迈耶尔保存的我在**《论坛报》上发表的文章**（这些文章可能是从魏德迈的遗物中拿去的）寄给我？我手里没有这些文章。"① 马克思得到了这些**收藏**。它们当然不是全部，也包括一些并非由马克思和恩格斯执笔的文章。爱琳娜·马克思和爱德华·艾威林在出版马克思和恩格斯论东方问题的文集时就是以左尔格寄出的这些材料为依据的。② 恩格斯是否参与撰稿，当时还不能查明。1913年通信集出版以后，才有可能做到这一点。

马克思和恩格斯发表在《论坛报》上的这些通讯的一个更全的集子，是由丽佳萨诺夫1917年用德语出版的。③ 他没能完成这个版本，因此该版本只包括了到克里木战争结束时的文章。

第一个俄文版本在发表马克思和恩格斯的《纽约论坛报》上的文章方面跨出了一大步。④

第二个俄文版本形成特有的里程碑，它首次发表了马克思和恩格斯在《纽约论坛报》上的几乎所有的文章。"⑤

《马克思恩格斯全集》英文版是又一重大成就，它是苏共中央马列主义研究院与伦敦劳伦斯和威沙特公司以及纽约国际出版公司联合出版的，共有50卷。该版首次以原文形式刊出当时已知的马克思和恩格斯为美国报纸所撰写的全部通讯。⑥

---

① 《马克思恩格斯全集》第1版第34卷第169页。

② 卡尔·马克思:《东方问题》，爱琳娜·马克思和爱德华·艾威林编，1897年伦敦版。

③ 《卡尔·马克思和弗里德里希·恩格斯1852—1862年文集》，出版者：丽佳萨诺夫，由路易莎·考茨基译自英文，1917年斯图加特版第1、2卷。

④ 《马克思恩格斯全集》俄文第1版第8—13卷。

⑤ 《马克思恩格斯全集》原文版第2版第8—14、44卷。

⑥ 《马克思恩格斯全集》英文版第11—18卷。

可见，本卷编者在探索马克思和恩格斯为《论坛报》撰稿的活动时，是有坚实的依据的。

马克思和他的战友为左翼宪章派机关报《人民报》撰稿情况

1853 年，马克思继续努力为《人民报》撰稿。他专门给报纸写了 3 篇文章；① 此外，还在该报分 8 篇发表了连载文章《帕麦斯顿勋爵》，它们本来是为《论坛报》而作，在《人民报》发表时作了修改。其中有一篇还是专门为《人民报》而写的。② 此外，还有两篇文章转自《纽约论坛报》。

《人民报》的作用及其政治倾向

左翼宪章派的这份报纸从 1852 年 5 月 8 日开始出版，主办人是厄内斯特·琼斯，他还身兼报纸发行人，因为英国出版法不允许组织机构拥有自己的报纸。③ 从一开始便可看出，琼斯坚持 1851 年的宪章运动纲领，并以此为开展工作的基本路线。报纸受到国内多数宪章派组织的支持，其证据是 1852 年 5 月的曼彻斯特会议作出了这样的决议：宣布《人民报》为宪章运动的正式机关报。④

---

① 《马克思恩格斯全集》原文版第 1 部分第 12 卷第 76 页，中文版第 9 卷第 49—55、327—329 页。
② 《马克思恩格斯全集》原文版第 1 部分第 12 卷第 980 页。
③ 《马克思恩格斯全集》原文版第 1 部分第 12 卷第 980 页。
④ 《一家宪章派机关报》载于 1852 年 5 月 29 日《人民报》第 4 号。

但是，报纸决不因此就能保证按期出版。琼斯不得不为报纸的生存进行艰苦的斗争。由于印数比较少，入不敷出，所以经常发生资金困难。按照琼斯自己的估算，必须销售约3500份才能过关①，根据报纸本身发表的统计数字，1853年6月4日为2450份，7月2日为2500份，8月6日增加到2770份。尽管售出的份数有所提高，报纸并没有摆脱资金的不足。1853年初，每周的亏损额约为3英镑。使琼斯感到可松一口气的是，1853年9月废除了报刊广告税。这使他每周能够额外收入3英镑。② 琼斯还扩大了报纸的篇幅，使每一版增加一栏，这也起了好作用。1853年4月16日报纸第50号第一次以6栏的形式出版。这就使编辑部有可能扩充报纸内容。

尽管如此，报纸在整个出版期间始终接受补贴。它只有接受一些宪章派组织的捐赠才能维持。哈里法克斯和纽卡斯尔的捐款很高。琼斯本人也向报纸捐出他发表的诗和短篇小说的为数不多的收入。从经常刊登在报头上的请求资助的呼吁可以得知，甚至连下一号能否出版都常常没有保障。书商经常拒绝代销报纸，报纸自己的分发员分文不取。推销报纸的广告不仅被个别敌对分子撕掉，也被警察毁掉。

琼斯在力争改组宪章派组织或建立无产阶级独立的政治组织方面，只能依靠工人阶级中数量很小的一批先进分子。多次重大的失败和经济上的变化使一大部分无产者气馁，许多人疏远了政治斗争。《人民报》和旧《北极星报》印数的简单对比就可证明这一点。旧《北极星报》在其最佳时期（1839年）印数曾达36000份左右，甚至在1850年仍达5000份。

---

① 1853年8月6日《人民报》第66号。
② 参看《马克思恩格斯全集》第1版第28卷第291页。

1853年大不列颠阶级斗争的加剧，对报纸的扩大发行起了积极作用。无产阶级起来反抗加剧剥削的行为。这后一种情况是由于1847年的经济危机而造成的，直到1849年出现繁荣时期仍未改变。1849—1852年期间的名义工资基本上和过去一样，而企业主的利润却由于繁荣而大大提高了，工人力争从生产的这种提高中分享一定的成果。当时，在政府支持下，一部分也是在工会支持下，促成了大批人移居国外，这使得非熟练劳动力逐渐感到不足。

鉴于这种状况，工人开始更强烈地提出工资要求。1853年春天，全国掀起罢工浪潮，主要要求是：提高工资，遵守工厂法和扩大工人联合会的权利。此外，反对企业主任意克扣工资也是重要的斗争内容。

在马克思的影响下，琼斯力图利用工人阶级的这种高涨的经济斗争来建立工人阶级的政治组织。他一再提醒工人不要只限于提高工资、缩短工时等等这样一些局部要求。琼斯并不轻视争取这些改革的斗争，不过他使工人们明白，工人要摆脱剥削，就必须取得政权："你们必须取得政权，才有可能自由地劳动；同时，你们在斗争中必须防止过度劳动和工资减少给你们带来的损害"。① 为此，工人阶级需要一个政治组织，它应能领导群众性的政治斗争，而后者是争取议会席位的斗争所代替不了的。"人民的权利不可能通过议会获得，**它要在议会之外获得**；人民的权利不可能通过选民获得，**它要在选民之外获得**；即要从外面施加巨

---

① 厄内斯特·琼斯：《警告劳动者》，载于1853年10月8日《人民报》第75号。

大的压力。①

琼斯在他从事宣传鼓动的旅行中一再向工人说明,获得政权是他们能够持久地改善自身状况的唯一办法。由于情况的这种变化,《人民报》在1853年起了特别重要的作用。

马克思为《人民报》撰稿情况

马克思虽然诸事缠身,他仍能进行理论研究,并为《纽约论坛报》以及《人民报》花费许多精力撰写通讯。他虽然经济困难,但撰稿是完全无酬的,琼斯在给马克思的一封信中曾明确地提到这一事实。② 马克思发表的文章和此外对报纸内容施加的影响,是他在按革命原则改组宪章派组织和向英国工人运动灌输社会主义思想的事业中所做贡献的一个重要部分。琼斯对马克思的撰稿评价特别高。许多年以后,1860年,他回忆道:"马克思的撰稿活动……对人民的事业有巨大的价值,对报纸有巨大的好处。"③

《人民报》用马克思的署名转载了《论坛报》上有关帕麦斯顿勋爵的连载文章和一篇声明。④ 有一篇社论署名为"C.M.",因而也可证明是马克思的文章。⑤ 琼斯认为马克思的文章非常有价值并多次以编辑部

---

① 厄内斯特·琼斯:《我们的宪法机构》,载于1853年1月29日《人民报》第39号。
② 1860年2月11日厄内斯特·琼斯给马克思的信。
③ 1860年2月11日厄内斯特·琼斯给马克思的信。
④ 《马克思恩格斯全集》第1版第9卷第327—329页。
⑤ 《马克思恩格斯全集》第1版第9卷第49—55页。

按语形式推荐它们，以引起读者的格外注意。但是，由于在每一号上除了第1版上由琼斯几乎一无例外标以"时评"的社论以外，在第4版上还载有另外的不署名的社论，所以在编辑本卷时有必要去查证马克思在报纸上发表的其他文章。要弄清没有署名的材料的作者身份是很困难的。在流传下来的资料中，首先是在书信中，有关这方面的线索很少。琼斯居住在伦敦，经常拜访马克思，所以他们之间几乎没有书信往来，再说这类材料也不会全部保存下来。马克思给琼斯的信再也没有发现，1853年仅有3封琼斯给马克思的信。其中两封是请求马克思和皮佩尔撰写社论的，从信中的说法可以猜想，这些请求没有什么特殊的地方。那篇由马克思署名的社论便是应这一请求而作的。[1]

根据通信可以查明，有一篇未署名的文章是马克思写的，他在此文中分析了小资产阶级流亡者的各个派别，并考察了警察根据大陆上反动政府的要求对大不列颠政治流亡者的迫害。[2]

然而，马克思的合作不仅仅限于直接由他执笔的文章，这里有一个明确无误的证明：1853年8月18日马克思写信给恩格斯说："对琼斯'我们罢工'已经两个星期了。"[3] 上面提到的文章是分别于1853年3月和4月以及10月和12月发表的，所以，马克思所说的曾一度暂停的合作，可能涉及另外的事情。这主要是指同琼斯的密切配合。

---

[1] 《马克思恩格斯全集》第1版第9卷第49—55页。
[2] 《马克思恩格斯全集》原文版第1部分第12卷第779页。
[3] 《马克思恩格斯全集》第1版第28卷第281页。

马克思同厄内斯特·琼斯的合作

马克思对《人民报》的主要影响是通过琼斯实现的。琼斯的绝大部分文章是根据马克思和恩格斯的观点写成的，并且他按照这一原则编辑出版整个报纸。此外，他与马克思过从甚密，并常同他商讨问题。这种密切合作包括策划文章的写作，由此可以认为有些文章是他们共同完成的。① 马克思还直接帮助琼斯从事编辑工作。1852年，这方面有马克思的直接提示为证。② 当琼斯进行宣传鼓动旅行时，这种帮助尤为重要。从《人民报》的简讯和报道中可以看到，1853年期间，琼斯从6月18日到7月31日，从10月17日到12月6日以及从12月6日至少到12月31日都在旅途中。这不排除这样的可能：在此期间他在伦敦作短暂停留，并从外地给报纸寄去他自己撰写的一些文章。

1853年，有几篇社论已经证明是他们共同完成的，这在前面已经提及，同时，马克思和琼斯之间的密切合作的其他事实也得到证实。他们1853年初写的论联合内阁的文章中体现的一致立场就表明了这种合作。③ 他们对大臣们的评论，对托利党人和辉格党人的无原则的联合以及对已经预告的改革的抨击，都是一致的。这里，显然体现了某种密切的合作。

----

① 《马克思恩格斯全集》原文版第1部分第12卷第1121—1122、1125、1167—1168页。

② 《马克思恩格斯全集》第1版第28卷第123页。

③ 《马克思恩格斯全集》第1版第8卷第553—558页；下面的文章是厄内斯特·琼斯写的《新的混合体》，载于1853年1月1日《人民报》第35号；《玛土撒拉的内阁》，载于1853年1月15日《人民报》第37号；《新的改革法案》，载于1853年1月29日《人民报》第39号。

揭露不列颠土地贵族扮演的角色,是琼斯的一个重要论题。在这个问题上,他同马克思的观点一致和相互配合也是显而易见的。1853年3月,琼斯发表了曾刊登在《论坛报》上的一篇关于萨特伦德公爵夫人的文章。① 之后不久,他本人写了一篇介绍此公爵夫人后裔的文章,这位后来者同他的前任一样都以同样的态度对待农村居民。② 在文章中,他以马克思的文章为出发点。10月,他又回到这个题目上来,再一次抨击大地主残酷地驱赶佃农的行为。而这又促使马克思在《论坛报》的一篇通讯中讨论这个问题③,同时把琼斯的文章当作资料来源。

琼斯论述其他经济问题和社会问题的文章也证明了马克思和琼斯的密切联系。在这方面,马克思的影响过去就很大④,1853年又有了进一步的提高。琼斯在文章中一再突出资产阶级社会中工人和资本家之间的不可调和的阶级对立,指出,企业主的财富来源于对工人的剥削:"雇主从他所雇用的劳动者的劳动中累进地获得资本。不是他的资本使你有工可作,而是你的劳动使他有了资本。"⑤ 只因为工人没有得到他所创造的价值的等价物,企业主才能够积累财富。工人夺得政权后,应当颁布法令改变社会关系。工人应当占有劳动资料,为自己生产。⑥ 克路斯

---

① 《马克思恩格斯全集》第1版第8卷第569—576页。
② 厄内斯特·琼斯:《揭露空前的犯罪行为——一位苏格兰公爵》,载于1853年4月2日《人民报》第48号。
③ 《马克思恩格斯全集》第1版第9卷第470页。
④ 《马克思恩格斯全集》原文版第1部分第10卷第706—707页和第11卷。
⑤ 厄内斯特·琼斯:《雇主是什么?资本的源泉》,载于1853年3月19日《人民报》第46号。
⑥ 厄内斯特·琼斯:《雇主是什么?资本的源泉》,载于1853年3月19日《人民报》第46号。

觉得这篇文章很重要,所以建议魏德迈在《改革报》上登载。

马克思为了进行经济学研究不断地跟踪《经济学家》杂志,并从中搜集资料用于为《论坛报》写通讯。琼斯和马克思曾多次在同一时间先后援引《经济学家》的同一篇文章,有时甚至是同一段引文。在许多情况下,甚至连论点都是相同或接近的。琼斯认为,1849年开始的繁荣很快就将结束。《论坛报》的通讯表明,这种观点来源于马克思的影响。但是,不能直接证实马克思曾参与这些文章的写作。

在对外政策方面他们也表现了相同的一致。琼斯赞成马克思和恩格斯的这一看法:针对在镇压1848—1849年革命中扮演重要角色的沙皇政权所进行的一场战争,必然推动大陆革命运动的重新兴起和促进英国进步力量的壮大。他正是以此为依据来评价大不列颠、法国、奥地利和普鲁士的政策,包括所有局部问题方面的政策。在这些问题上清楚地表明,在所有重要问题上他都与马克思和恩格斯发表在《论坛报》上的通讯相一致。琼斯的看法和他们两人一样,认为沙皇政权企图利用巴尔干人民争取民族独立的斗争来为它自己的侵略目的服务。他也认为,泛斯拉夫主义是助长沙皇政权进行侵略的一股反对潮流。①

在评价占统治地位的不列颠寡头政权时,琼斯就是从这些基本立场出发的。他认为,寡头政权已证明是不能保障国家繁荣及其对外安全的:"在这个世界面前,英国已名声扫地。"② 恩格斯在为《论坛报》撰写的《在土耳其的真正争论点》一文中指出了大不列颠在反对沙皇侵

---

① 厄内斯特·琼斯:《俄国的历史和政治》,载于1853年7月9日《人民报》第62号。
② 厄内斯特·琼斯:《东方的斗争》,载于1853年8月20日《人民报》第68号。

略的斗争中所起的关键作用,并提醒人们注意,在这种情况下,革命民主派的利益和大不列颠的利益是相符的。琼斯也赞成这种观点。他不仅在报纸上发表这种观点,而且在进行口头鼓动时也宣传这一观点。例如,1853年7月7日在哈里法克斯举行了一次大型的群众集会,在会上要宣告和平运动的各项目标。这一运动是不久前在曼彻斯特举行的一次会议上宣告成立的。哈里法克斯的宪章派号召支持者们踊跃参加,这一号召得到了响应。另外他们还预告,琼斯将参加集会。琼斯作了热情的讲话。他指出,尚处于压迫之中的人民得不到自由就谈不上和平。因为只有通过调节法庭才有可能和平解决国际上有争议的各种问题。他建议通过一项决议,其中包括这样一句话:"本集会认为,保障和平的最好办法是解除暴政的武装。"①

马克思高度评价进步工人的这一立场和琼斯的态度。这篇通讯写在《人民报》的报道问世之前,而且包含了《人民报》所缺少的某些细节描述。可见,马克思很可能依据的是琼斯的一封介绍他参加集会活动的书信,或者见到过《人民报》付印前的草稿。这证明,即使琼斯不在编辑部,马克思与编辑工作仍有密切的联系。

在马克思的影响下,琼斯成为最坚定地维护国际主义立场的宪章派领袖。这一点也表现在报纸上。1853年初,欧洲一些反动国家,尤其是俄国和奥地利以及法国,都一再竭力唆使不列颠政府驱逐所有政治流亡者,或者至少迫使他们保持缄默。这样,为在大不列颠的流亡者辩护便在1853年上半年成为报纸的主要内容。琼斯发表了一则反对没收《揭露科隆共产党人案件》这本小册子的时评,并且在这一段时间里,

---

① 《哈里法克斯群众集会。——打败曼彻斯特的和平贩子》,载于1853年7月16日《人民报》第63号。

几乎没有一期报纸不以某种形式表示反对任何要限制流亡者活动自由或甚至要把他们驱逐出境的企图。《人民报》这样做有助于在英国公众中制造一种气氛，使占统治地位的寡头政权不可能以任何一种形式顺从欧洲各反动政府的愿望。与此同时，马克思在他写给《论坛报》的通讯中也揭露了不列颠政府的这种意图。马克思和琼斯共同为其他国家中的革命行动辩护，并批判了小资产阶级革命者的错误。这都是在马克思影响下完成的。但琼斯在为这些遭到反动派攻击的革命者进行辩护时有时却忘记了在政治上与他们划清界限。

琼斯作为宪章派的独一无二的领袖，不仅支持欧洲的革命运动，而且也同情和支持遭受不列颠王国压迫的殖民地人民。他首先作为不列颠工人运动中的最卓越人物，通过自己的报纸把无产者的注意力引向殖民地问题。他的观点同马克思和恩格斯的观点完全一致。他指出，对殖民地的剥削和压迫使本国劳动人民遭到直接的损害，阻碍了他们的政治和社会地位的解放。对殖民地的剥削强化了不列颠寡头政权的统治，扩大了这种统治的物质基础。这就大大增加了劳动人民的斗争难度。因此，琼斯把揭露剥削者的殖民政策和支持被压迫人民看作工人阶级的切身的事业。早在1851年，他就在为他创作于狱中的诗歌《新世界》而写的前言中谈到不列颠王国的殖民地，他写道："在它的殖民地中太阳从不落山，但是血也从不涸干。"他在"时评"栏目中设立了"我们的殖民地"一栏。用来谴责殖民制度，揭露它给被压迫者以及"本国"人民带来的有害后果。

《人民报》的每一号上几乎都出现"殖民地新闻"栏。1853年，有关好望角和缅甸的殖民战争的报道在报纸中占了较大篇幅。这些战争被谴责为侵略。琼斯首先选登那些反映解放战士的勇敢精神和侵略者招致重大损失的报道。

1853年春天，更换东印度公司特许状的问题列入议会的议事日程，因此公众也在广泛讨论印度的状况。琼斯也对不列颠的这块殖民地的局势给以极大注意。琼斯论述这个问题的文章清楚地表明，他的立场同马克思和恩格斯的观点是一致的。

琼斯在他1853年论述印度的文章中揭露了殖民统治的种种方法以及它们给被压迫国家人民带来的后果。他深入考察了被剥削的当地人的状况。他指出，数不胜数的巨大财富从印度被掠走，这些财富只有利于巩固寡头政权的统治，有利于土地贵族的发财致富，从而有利于加强英国剥削阶级本身的统治。这却不利于英国劳动人民的利益，因为到头来他们必须承担殖民战争的主要负担。

《人民报》曾发表系列文章，论述不列颠在印度的殖民统治。系列文章首篇刊登在第53号上，直至第61号登完。一共有7篇文章，其中4篇由琼斯署名，1篇可能不是出自琼斯的手笔，这篇文章发表在"时评"栏里，而这一栏里的文章琼斯通常总是署名发表的。这篇文章发表时，琼斯正在进行鼓动宣传旅行，很难为报纸做什么必要的事情。从内容来看，作者也不会是马克思或他的某一位战友。

马克思发表在《论坛报》上的第1篇探讨印度管理机构改革意向的通讯写于5月24日。① 这时。琼斯的前3篇文章已经发表，正在准备第4篇。但是如果认为琼斯起草这几篇文章完全没有受到马克思的影响，那就错了。为了撰写论述印度问题的文章，马克思大约从4月开始就进行大量的资料研究，这些都反映在他的《1850—1853年伦敦笔记》第XXI—XXIII笔记本中。

---

① 参看《马克思恩格斯全集》第1版第9卷第117—123页。

马克思在他的文章中很少直接引用这些资料。马克思的文章的概括水平比琼斯的文章高得多。但如果把这些摘录笔记同琼斯的文章作一对照,便可以发现,马克思认为值得录入他的笔记的各种事实中的很大一部分,也出现在琼斯的文章中。尤其是琼斯的前4篇文章,其中只有极少数事实情况未被录入马克思的摘录笔记本中。这恐怕不能认为仅仅是巧合,是使用同样的原始资料。到6月18日琼斯启程去作宣传鼓动旅行后,马克思同他之间的联系就更密切了,这期间他们两人显然就不列颠在印度的殖民统治问题进行过深入的思想交流。

1853年秋天,工人和工厂主之间的冲突达到高潮,这时这位宪章派领袖的活动也体现了马克思和他之间的一致。马克思在给《纽约论坛报》撰写的一系列通讯中报道了这些斗争并且分析了它们的意义。

最大和最激烈的冲突发生在普雷斯顿,即英国西北部郎卡郡的一个地方。它始于9月的一场为把工资提高百分之十而举行的罢工,罢工很快便演成该城全体纺织企业工人一律被解雇。工厂主们联合起来,将他们的企业先歇业3个月。10月底,《人民报》就在报道中披露:46家企业歇业,被解雇的人数约为25000人。郎卡郡的其他工厂区也成立了旨在一致对付工人的工厂主组织,同时还搞了一个全地区的同盟。在其他地方,也以解雇来对抗工人的罢工。斗争高潮时,罢工人数和被解雇人数约有6万至7万。

马克思在《论坛报》的一篇通讯中详细考察了工厂主的这套斗争方法。① 他指出,阶级冲突达到了一个新的高度。这已不只是提高工资的问题。这首先关系到工人通过罢工来实现自身要求的权利,关系到通过一致行动来支持罢工者的权利,说到底也就是关系到工人和资本家之

---

① 《马克思恩格斯全集》第1版第9卷第491—500页。

间的总体关系。当时,凡是工人试图通过募捐来援助自己的斗争中的伙伴的地方,他们要么被赶出企业,要么这个企业也同样实行歇业。早在10月底《经济学家》就报道说:企业主们宣称,"他们是被迫来捍卫他们对自己企业的管理权利的。"正如马克思所明确判定的,这样一来,这两个阶级之间的战争就成为公开的、很清楚的事了。①

企业主采取这种行动还有另一个原因,这就是出于经济状况。经济发展的速度减慢,销售困难。所以,关闭企业以减少库存,这是有利的事。

因此,参加斗争的工人的状况从一开始就很困难。显然,他们只有尽可能广泛地开展互助活动才能胜利地坚持斗争,所以,为了掀起大规模的运动来支持郎卡郡的斗争工人,琼斯作出了很大努力,他不仅使《人民报》服务于这一宏大的事业,而且从10月中旬开始不断作宣传鼓动旅行,首先深入到卷入斗争的地区。工人们在上述不利局势下并没有在工厂主的压力面前退缩,他们掀起斗争,在斗争中赢得广泛的支持,而这一切特别要归功于革命的宪章派,尤其是要归功于琼斯本人。单是为普雷斯顿一个地方就募到10万英镑以上的捐款,这一事实表明,这场连许多工会都卷了进来的支援运动竟达到多么大的规模。

琼斯10月17日动身去罢工地区之前曾三次拜访马克思,主要目的显然是协商所应遵循的策略。关于这之中的一次商谈,有马克思本人的一段话为证:"17日,琼斯要再到工人区去一趟,明天晚上要到我这里来取反对当地大骗局的运动的材料。不得不教英国人学本国的历史,真可笑。"②

---

① 《马克思恩格斯全集》第 1 版第 9 卷第 493 页。
② 《马克思恩格斯全集》第 1 版第 50 卷第 417 页。

从一开始，琼斯关心的就不仅仅是郎卡郡的罢工和歇业，而是还想掀起一场工人阶级的独立的群众性政治运动，并以援助普雷斯顿和全郎卡郡的运动为开端。因此，他首先求助于工会的支持。斗争的结果将主要取决于工会的态度，在这里，必须考虑到那时大不列颠的工会运动较为分散。工会大多只带有地方的性质，而且是分行业组建的，以致于在同一地方都很难做到一致行动。例如，威根罢工的矿工与同一地区也在进行斗争的纺织工人之间没有任何联系，更不用说同邻近的普雷斯顿会有什么联系了。首先起事的矿工失败了，因为他们的领导人不愿意参加总的运动。

琼斯号召全国各行各业工人团结起来以夺取胜利，他在进行这一宣传时就举出了上述例子。他认为，为此就需要发动一场全国规模的群众运动。显然，与此同时有一点也是很清楚的：要在宪章要求的基础上开展这样一场群众运动，这暂时还不会取得成功。

从报纸上也能看到这一点。自1853年6月25日的第60号起，报纸设了一个特别栏目："宪章运动的光荣复兴"。从7月16日起又更名为"宪章运动的复兴"。这个栏目从1853年9月3日的第70号起被取消。自1853年12月3日的第83号又开辟一个新栏目，标题为"人民的群众运动"。报纸编排上的这种变化应当总是同新的方针结合起来考察。当时的情况是，有工会组织的工人和没有组织起来的工人应当联合起来支援被开除的工人，这样就能使全国的罢工协调一致。而琼斯和他的朋友们也就想把这种努力扩展为一场群众性的政治运动。

工人阶级的这样一场独立的、政治性的全国运动不是从这个时期开始才成为琼斯的目标。马克思和恩格斯的影响，宪章运动的斗争经验曾使他得出这样的结论：应当向工人阶级传播有关剥削本质的知识，工人阶级应当认识自身处境的原因，只有在这个基础上才能产生工人阶级的独立的政治组织。现在，罢工运动似乎为此提供了一个有利的开端，为了利用这个机会，琼斯投入了自己的全部精力。上面已经提到，他曾同马克思多次讨论过他的策略，并在10月中旬再一次开始周游工人和企业主展开斗争的各个中心。他在他发表演讲的所有地方都号召成立一个全国规模的统一的工人组织。

他在这次宣传鼓动旅行中还产生了成立工人议会的想法，把工人议会看作是团结全国工人力量的最好的手段："让来自各行各业的声势浩大的代表团都汇集到行动中心来，汇集到郎卡郡、曼彻斯特来，不获胜利决不收兵。"① 代表们可能都是由赞成群众运动的工会和由非组织的工人举行的集会推举出来的。

但是，当工人议会开始成为现实的时候，罢工斗争的失败已经一清二楚。所以，原来的主要目标，即支援参加斗争的工人这一目标，基本上已经失去意义。因此琼斯考虑到工人议会的另外一些任务。他在《人民报》上说明了自己的想法。② 这里有积极意义的一点考虑首先就在于，他想把罢工运动和支援罢工的普遍行动当作继续斗争的起点。通过募捐活动，应当形成一个前所未见的组织。但是在把资金（人们相信是一大笔钱）用于支援活动以外的事业方面，琼斯又回到陈旧的、早已被实践驳倒的购买土地和工人移居的空想计划上去。撇开这个问题不说，马克思完全同意琼斯的活动。这首先体现在他在《论坛报》上的一篇

---

① 厄内斯特·琼斯：《一个工人议会》，载于1853年11月12日《人民报》第80号；《工人议会的计划》，载于1853年12月10日《人民报》第84号。

② 厄内斯特·琼斯：《一个工人议会》，载于1853年11月12日《人民报》第80号；《工人议会的计划》，载于1853年12月10日《人民报》第84号。

评论工人议会发起运动的通讯中，而且，他在琼斯不在期间对《人民报》继续给以支持这一事实也表明了这一点。

马克思的战友们为《人民报》撰稿情况

马克思不仅亲自以各种方式支持《人民报》，而且也吸引战友们为它撰稿。他们对该报的支持在1853年同样十分活跃。其中，威廉·皮佩尔起了很大作用。1853年他起草了一篇署名文章，分两次发表。该文利用了马克思1852年8月和11月为《论坛报》写的文章中的材料，在第二部分中还援引了马克思评论1853年初新的联合内阁的通讯中的思想。

此外，他还撰写过一些社论，对此马克思起了重要作用。除发表在"附录"中的这些文章以外，还有另外几篇社论被认为可能是皮佩尔写的，不过马克思倒并不一定直接参与过写作，因为社论的论据同发表在《论坛报》上的有关通讯的论据并不相同。《即将到来的萧条》和《本周述评》就是其中的两篇，它们和同一时期马克思发表在《论坛报》上的一些通讯引用了《经济学家》上的同一些引文。上述后一篇文章中的表格也在《论坛报》的一篇通讯中出现。但是这些文章的叙述方法表明，它们不可能是马克思撰写的或参与撰写的。当然，他一定建议皮佩尔利用这些材料为《人民报》写文章。

皮佩尔把他从马克思的《论坛报》通讯中获得的知识用于写作《人民报》社论的这种方式，颇为典型地体现在下述例子中：11月1日，马克思寄出一篇通讯，在其中剖析了自由贸易原则的拥护者，而这些人断言，他们的政策将导致廉价食品和高额工资。几乎在同一时间，《人民报》发表了一篇社论《什么是廉价的，什么是高额的》，论述了相同的主题，只是该文远远没有达到马克思的通讯的理论水平。由此可以看出，马克思虽然建议皮佩尔写这篇文章（琼斯此时正置身宣传鼓动旅行中），但他本人并没有参加写作。

皮佩尔的合作显然不仅仅限于撰写社论。琼斯不在时，他和马克思一起还帮助作些编辑工作。"附录"中刊登的文章所标明的日期表明，马克思和他的战友们在7月份撰稿特别多。所以马克思曾主张帮助皮佩尔在报纸中谋得一个固定职位。7月31日前后琼斯回到报社，马克思可能向他提出了这样的建议，但遭到琼斯的拒绝。皮佩尔在这段时间曾写信给恩格斯说："说到琼斯，我们上个星期的罢工迫使他许诺雇用我，解聘希尔。不过他说这样做还需要一段时间。我们的唯一回答是继续罢工，一直持续到雇主琼斯消除他的顾虑或对希尔的怪想"。①

因此，马克思和他的战友们的撰稿从8月初开始突然中断。直到9月初才同琼斯又有了联系，而且显然是由于启用了皮佩尔。② 9月间，虽然皮佩尔可能又开始为报纸撰稿，但是还没有达成一致。因为，10月份皮佩尔在医院治病期间曾写信给马克思说："重要的是，你终于跟冒牌英雄算了账，他肯定快完蛋了。另外，本来我也要跟琼斯算账，带上给我的付款单，好给他一个教训……不管怎样，他需要有人扶助，因为依我看，郎卡郡的惊人事件会迅速地大规模爆发。"③ 上面提到的马克思和琼斯于10月的几次会谈照此看来会再次涉及这个问题。无疑，琼斯已得到必要的"扶助"。可证明这一点的不仅有上面提到的一些文章，马克思在他于1853年11月21日至28日完成的文章《高尚意识的

---

① 《马克思恩格斯全集》原文版第3部分第6卷第541页。
② 参看《马克思恩格斯全集》第1版第28卷291页。
③ 《马克思恩格斯全集》原文版第3部分第7卷。

骑士》中也写道：皮佩尔已"去做英国宪章派机关报的编委。"①

马克思和皮佩尔在这一段时间的密切合作使人们确信，皮佩尔的工作是在马克思的指导下完成的。马克思虽然没有参与皮佩尔每一篇文章的写作，但无疑在相当大的程度上为它们确定了方向。此外，遗憾的是，现在还没有证据能说明琼斯还有另外哪些编辑上的合作者。到目前为止，还只知道皮佩尔在信中提到一位希尔。此人的具体情况至今不得而知。也许根本就没有其他人了。报纸的经济状况不允许再增加人。

一旦在《人民报》所探讨的问题上同琼斯发生较大的意见分歧，马克思就直接出面交涉。例如，当琼斯把戴维·乌尔卡尔特运动说成是一场"俄国运动"时就出现过这种情况。② 马克思在《人民报》上发表的关于帕麦斯顿的连载文章中写有专门一篇文章，阐述了他对乌尔卡尔特的立场，③ 并把材料转送给克路斯，以用于《改革报》上的一篇文章。④ 埃卡留斯曾就琼斯空想的移民计划写过一篇较长的文章，它很可能是在马克思的建议和帮助下完成的。

琼斯获得的又一重大支持，就是马克思争取到其他战友为宪章派报纸撰稿。华盛顿的克路斯是该报在美国的通讯员。他除了在较长的一次夏季休假进行旅行之外，一直非常有规律地供稿，先后共写了23篇通讯。这些通讯发表于1853年1月1日至12月24日，标题为"本报美国通讯"，署名5颗或6颗星花。

克路斯写作的题目涉及经济发展、资产阶级政党的性质以及美国内

---

① 《马克思恩格斯全集》第1版第9卷第562页。
② 1853年11月12日《人民报》第80号。
③ 《马克思恩格斯全集》第1版第9卷第436—442页。
④ 《马克思恩格斯全集》第1版第9卷第443—450页。

外政策。他的文章多半经马克思转交琼斯。1853年4月28日克路斯在给马克思的信中这样写道:"如果我的经济方面的拼凑使琼斯感到太过份,那你当然可以删去,如果我的某一抽象推论不中你的意,那你也可以照此办理。"

克路斯着重指出美国工业的迅速增长,尤其是铁路建设对国家发展的重要性。但是他也指出,在美国,资本主义生产关系给工人阶级带来了同其他各处一样的后果。他报道罢工斗争,并强调指出,罢工首先对工人阶级的进一步的组织很有意义。通过罢工,就为未来的政党奠定了广泛的基础。这无疑完全符合琼斯的想法,因为他此时正在尝试建立工人阶级的独立的、群众性的政治组织。在对外政策方面,克路斯报道了美国向古巴和受到内战削弱的墨西哥实行扩张的企图。他的通讯因此恰好补充了《人民报》的对外政策栏,并完全符合琼斯在报纸上所贯彻的路线。

埃卡留斯为琼斯写的文章的情况也是如此。他撰写过一篇较长的文章和大约8篇巴黎通讯。通讯于1853年1月29日和5月7日期间发表。标题为"本报巴黎通讯",署名为5颗或6颗星花。

与克路斯不同的是,埃卡留斯的文章不仅通过马克思转交给琼斯,而且大多是在马克思的参与下写作的。几年以前就开始这样做了。马克思对埃卡留斯的理论才能评价很高。① 埃卡留斯在每天要在一家缝纫店坚持紧张劳动的情况下获得了使他能胜任写作的知识。有鉴于此,马克思帮助他发挥他的才能,并从一开始就大力支持他的政论活动。

埃卡留斯的前3篇巴黎通讯主要是一篇论述法国政治局势的连贯性文章,着重分析拿破仑第三的对外政策。他认为,拿破仑第三将在一场

---

① 《马克思恩格斯全集》第1版第7卷第486页。

战争中寻求摆脱内部困难的出路,造成这种困难的原因,主要是由于经济状况的恶化引起人民更大的不满。但是,这只能导致一场以路易·波拿巴垮台而告终的失败。法国的骤变则只能是全欧洲爆发革命的信号。埃卡留斯的这种观点与马克思完全一致。此外,他在通讯中对法国波拿巴主义的统治作了评论,这可能是以恩格斯1852年2月和4月间发表在琼斯的杂志《寄语人民》上的文章为依据的。同这些通讯一样,他描述了波拿巴统治的特点,尤其是它在资产阶级和无产阶级之间见风使舵的手法。

埃卡留斯的通讯所展示的看法也包含了马克思的思考。由于马克思当时所写的文章几乎没有深入探讨法国的对内政策问题,所以埃卡留斯的通讯是对马克思的文章的某种补充。

马克思的战友们发表在《人民报》上的材料是在马克思的密切合作下形成的,理应把这些材料同马克思自己的文章看作是一个整体。这样,马克思经过报纸编辑琼斯,通过他自己以及他的战友们的文章,对大不列颠这家唯一仅存的工人机关报施加了重要影响,并决定了报纸的政治方向。

马克思不仅向琼斯和他的报纸提供许多东西,而且也把琼斯有关英国和英国工人运动的文章中的材料用于《论坛报》的通讯。这是从马克思第一篇论述联合内阁的通讯开始的,其中他援引了琼斯的评论,而在他后来描述英国劳动人民的社会贫困状态时,尤其是在写作有关大不列颠工人运动的文章时,他继续采用了这种办法。马克思在通讯中用较大篇幅报道宪章派的大型集会和宪章派领袖的讲话;他所使用的材料不是来自《人民报》,就是取自琼斯寄给他的报道。

版本情况

本卷中发表的《人民报》上的文章是以英国图书馆、英国报刊图书馆的馆藏照相复印件为根据的，原件显然来自当时的印花税务局。每一号的第 1 版上都有手写的字样："印花税务局，第 1 次（第 2 次）校对。厄内斯特·琼斯。干草市场大磨坊街 16 号"。有的没有"印花税务局"字样，名字有时写成"厄内斯特·查·琼斯"。1853 年度的原本是齐全的，包括第 2 版，它同第 1 版的区别仅在于最后 1 页上有约两栏的最新消息。1853 年这一版约印 150 份。有些张的页边有损坏或有污渍；但正文无缺损。

马克思和恩格斯与纽约《改革报》

马克思和恩格斯同《改革报》的合作在他们的政论活动中占有特殊的位置。他们不直接为该报撰稿。所以，《改革报》上除发表《论坛报》文章的译文以外，只登载了阿道夫·克路斯和约瑟夫·魏德迈的文章，这些文章大部分是根据来自伦敦和曼彻斯特的书信和材料而写成的，另外还登载过马克思和恩格斯的其他战友们的文章。马克思和恩格斯本人虽然没有撰写文章，但是他们的支持与帮助对报纸具有重大意义，并且对报纸的方向产生了决定性的影响。

随着《揭露科隆共产党人案件》的发表，同共产主义者同盟中分裂出来的派别和旅英小资产阶级流亡者的论战宣告结束。但是美国的一些德文报纸继续对马克思和恩格斯以及他们的观点进行攻击。因此，有必要在美国继续同小资产阶级观点和冒险观点的代表们进行论战，因为来自欧洲的政治流亡者也把他们的意见分歧带到美国来了。

马克思和恩格斯的朋友克路斯和魏德迈起初试图创办一家自己的机关出版物，但是没有成功。所以，能够利用《改革报》来宣传马克思和恩格斯的观点就特别重要。

《改革报》的创立和克路斯与魏德迈的初期撰稿活动

1853年3月21日，来自欧洲的政治流亡者在纽约成立工人总同盟（后来叫美国工人同盟），宣告《改革报》为同盟的机关报。同盟和报纸首先争取移居的工人能享有同本地工人一样的社会和政治权利。同盟的纲领着重强调要同美国工人运动的组织进行合作。

《改革报》大约于1853年3月初就已出版。报纸从第2号起才流传下来：该号于1853年3月12日出版，并且当时是一家周报，所以可以认为第1号的出版日期是1853年3月5日。从1853年5月4日（第10号）开始它每周出两次，分别是在星期三和星期六。这使该报能够像每日出版的报纸一样迅速地登载欧洲消息，因为欧洲每周两次都有一班邮船抵达纽约或波士顿。这对一家以欧洲流亡者为主要读者的报纸来说是很重要的。《改革报》的订阅数达到了2000份，一直流传到美国遥远的西部。从10月15日起，《改革报》可以每天出版。

报纸的出版者是留居美国的德国流亡者哥特利布·泰奥多尔·克耳纳和卡尔·弗里德里希，为了这个目的，他们购进了爱德华·伊格纳茨·科赫的《法庭报》的编辑部和印刷所。但是弗里德里希在报纸遇到的所有问题上都没有什么作用。

报纸的真正编辑是工人同盟执行委员会成员克耳纳。他使报纸带上小资产阶级民主派立场的政治色彩。

德国 1848—1849 年革命期间，克耳纳和亨利希·海泽同为加塞尔民主派社会协会的理事会成员。他还和海泽一起出版了民主派报纸《大胡蜂》。后者对马克思和恩格斯表现了积极的态度。

克耳纳一度是《新莱茵报》的通讯员。由于他在革命期间的政治态度，尤其是由于他在《大胡蜂》报上对德国的社会状况作出讥讽性的评论，1852 年以犯有叛逆罪和亵渎罪的罪名被判处 35 年徒刑。他于 1852 年 2 月潜逃，逃脱了刑罚，经英国到达美国。《改革报》创办前他可能在纽约的《雅努斯》报和《总汇报》编辑部工作。

在美国，当时只有少数德裔小资产阶级民主派的报纸编辑没有参与对马克思和恩格斯以及所有共产主义者的声势浩大的诽谤运动。而克耳纳便是其中的一个。他表示："虽然他不是马克思俱乐部的成员，但是他曾经努力并将继续努力宣传马克思的观点，问题只在于，他可能做好这件事，也可能把事情搞糟。"①

一个这样的自白，可以看作也就是向克路斯和魏德迈，即向共产主义者同盟当年的两位成员、马克思和恩格斯的两位朋友和战友提出的参加《改革报》工作的申请。

从 1848 年秋天起就生活在合众国的克路斯，以及 1851 年 11 月到达纽约的魏德迈，曾长期探索向美国工人介绍马克思主义学说的可能性。他们把这一工作同在美国奠定无产阶级革命政党基础的希望联系起来。但是，这样的条件还不成熟。无论克路斯和魏德迈在组织方面作出的努力，还是出版马克思主义者自己的机关报的尝试都失败了。正因为如此，他们加入美国工人同盟（他们也是该同盟的发起人），并因此有可能为《改革报》撰稿。而这对他们在美国进一步开展政治活动是多

---

① 《马克思恩格斯全集》原文版第 3 部分第 6 卷第 439 页。

么重要。1853年5月2日，魏德迈在一封信中向马克思和恩格斯通报了他们所采取的行动并请求伦敦的朋友们给以帮助："克路斯和我从第5号起开始工作。如果你们能帮助我们，那对事情一定会有巨大助益。在此以前我不想提出这样的要求……因为严格说来《改革报》不是我们党的机关报，而我当初同克耳纳经过一场带有倾向性的论战之后，甚至比今天都远不能担保报纸的立场。另一方面，毫无问题，就启发当地工人来说，带有较温和色彩的机关报会比另一种倾向更鲜明、态度更严峻的报纸更能获得同情。无论如何，除《改革报》以外，我们依靠任一其他机关报都难以应付局面。所以，我们现在只能利用这一报纸，此外别无他路。我们在该报占据的地盘越多，就越能取代其他废话。"①

克路斯和魏德迈围绕《改革报》的方向所作的斗争

到1853年9月为止，克路斯和魏德迈参与《改革报》工作既不是没有斗争，也不是持续不断的。对他们来说，要对小资产阶级民主派报纸施加某种可以感受得到的影响，这谈何容易。无论克耳纳在政治和意识形态方面的基本立场，还是工人同盟内部无产阶级和小资产阶级这两翼之间发生的分歧，都给两人造成了困难。因此。克耳纳试图置身两派之间。这样。正像他自己所预告的，早在克路斯和魏德迈开始为《改革报》撰稿之前，就把马克思为《纽约论坛报》撰写的通讯或通讯中的部分内容运用到他自己的每周述评中去。1853年3月24日，克路斯向马克思通报．"你看到，克耳纳利用了你的英文书信；他是唯一这样做

---

① 约瑟夫·魏德迈1853年5月2日给恩格斯的信，载于《马克思恩格斯全集》原文版第3部分第6卷第457—463页。

的人，而且这还是**仅仅**能够做到的"，1853年3月12日《改革报》第2号刊载的《一周新闻——欧洲》就是以马克思3月8日的通讯为基础而撰写的，而发表在3月19日《改革报》第3号上的一周新闻也有类似情况，它是以马克思发表在3月15日《论坛报》上的通讯为基础。在以后的几号上，克耳纳本人作了说明，声称他依据的是马克思发表在《论坛报》上的论述，但是另一方面，这没有妨碍他不加批判地采用同马克思和恩格斯的观点相矛盾的通讯。克路斯和魏德迈把克耳纳的这种做法归咎于他对这些文章中所论述的问题的不理解，但是，他们对于是否长期对此承担义务这一点显然犹豫不决。

克路斯和魏德迈决定不断为《改革报》撰稿，以便利用它为他们在美国的政治活动服务，然而在这之后，他们同克耳纳仍时有摩擦，特别是在对待维利希及其追随者的态度问题上。维利希于1853年2月抵达美国，在德国流亡者中间很有名气。在美国，他在活动中遵循分裂分子组织的精神，并以该组织的头目身份出现。由于在美国小资产阶级民主派的机关报刊为数甚多，所以他对马克思和他的战友的诽谤总是能获得新的养料。由于有这种事先已准备好的基础，维利希首先便期望通过发表他的针对马克思的《揭露科隆共产党人案件》而进行反驳的文章，以重新加强他对工人运动的影响，而他本来由于对科隆案件所持的立场早已声名扫地。

因此，克耳纳对维利希持上述态度不仅仅是由于他持有小资产阶级民主派的政治观点。而且还由于维利希对工人同盟，从而对开始阶段的《改革报》施加了影响。克耳纳认为，应当对维利希作出让步。维利希期望通过他的身居领导地位的拥护者P.C.布卢姆和卡尔·M.塞德勒（此人曾任执行委员会主席）来利用工人同盟。他以各种方式抵制克路斯和魏德迈作出的各种努力。在同盟的领导内部，围绕《改革报》的政治方向也爆发了一场激烈的斗争。

克路斯和魏德迈不断向马克思和恩格斯通报争论情况。1853年6月5日，克路斯写信给马克思说："魏德迈向我证实了维利希集团对《改革报》施展的诡计；在工人中央委员会中，人们已异常激烈地争论了3个星期，争论的内容是：是否应当继续承认《改革报》为机关报，是否应当不再推崇'家庭政策的倡导者安内克'为领袖。大多数人表明赞成我们的文章，而少数人则借口文章的'马克思味道太浓'而败坏其声誉。少数派在中央委员会里遭到了失败，便又在协会中继续策划阴谋诡计，结果使克耳纳被迫采取模棱两可的态度。"克耳纳的态度在《改革报》上也有所反映，这就是他给克路斯和魏德迈的文章加上自己的说明，这种说明例如软化了对维利希在分裂分子组织中以及后来在美国所进行的冒险活动的批判。

为此，魏德迈常常与克耳纳发生争论，有时还完全中断同他的联系。他甚至曾打算干脆放弃这份报纸。直到9月份，他还没有下决心担任《改革报》的固定撰稿人，而只是偶而为该报写些文章。

这种状况迫使克路斯和魏德迈要从原则上弄清对《改革报》及其主编所应采取的正确的和前后一贯的态度。只有这样他们才能对报纸施加足够的必要影响，以改变其政治方向。在这方面，马克思和恩格斯给了他们极大的帮助。他们在自己展开政论活动的过程中逐渐明白，对于无产阶级革命家为资产阶级民主派报纸撰稿这一活动应抱有明朗的态度。他们认为，利用这一类的出版工具是必要的，尤其是在没有可能创办一家无产阶级报纸的最黑暗的反动时期。这也是克路斯和魏德迈为美国一般的小资产阶级民主派报纸、特别为《改革报》撰稿的关键所在。

"这至少是一家正派的报纸，在美国很少有，况且还是工人的报纸。但是另一方面，主编装模作样地强调他不愿降格谈'个人问题'（同时也是党的问题),……不能说都很合我的口味。不过必须实事求是地看待这家报纸。"① 后来,他应克路斯和魏德迈的再次求教,补充说:"对于《改革报》,我劝你们,除了理智,还要特别克制。……但是你们帮助创办了报纸。报纸在纽约出版。半个德国到纽约看博览会。你们在纽约并没有别的报纸。因此,抛开克耳纳和他的报纸岂不是失策?这样做你们就反而给这些家伙帮了忙。你们要装成天真的样子,继续给他写东西。对他说来,不可能有比这更坏的了。"②

马克思的建议对他在纽约和华盛顿的朋友们来说是颇有份量的。8月初,克路斯和魏德迈在华盛顿会面,商谈在为《改革报》撰稿和在美国工人运动中继续合作的问题。尽管魏德迈同报纸的编辑不断发生争论,但他为报纸撰稿的工作到那时已经有了更大的规模。此外,从1853年7月起他开始在美国工人同盟中起领导作用。7月,同盟中同维利希集团的争论也告结束,后者被开除出执行委员会。

克耳纳显然适应了新的情况。9月,克耳纳和魏德迈之间的关系有所好转。《改革报》答应9月底聘用魏德迈并付给最低生活费。他应主要负责《改革报》的欧洲栏目和经济学栏目。自1853年10月15日起报纸每天出版,从此魏德迈便成为固定的编辑。当克耳纳于10月底完全担负起报纸的业务领导时,魏德迈被提升为《改革报》的首席编辑。此外,克路斯和魏德迈还有可能使报纸在有的场合听从他们的安排,因为克路斯还为报纸提供了资金。这样,他们在马克思和恩格斯的建议下,也在《改革报》上赢得了颇有影响的地位。

---

① 《马克思恩格斯全集》第1版第28卷第591页。
② 《马克思恩格斯全集》第1版第28卷第597页。

马克思和恩格斯对克路斯和魏德迈在《改革报》上的政论活动给予的帮助

尽管马克思和恩格斯对《改革报》持有积极的看法,他们还是决定不为报纸亲自撰写任何文章。对此,马克思只是说:"我不知道我们两人直接亲自动笔是否妥当。"① 但他们却建议克路斯和魏德迈将他们写给这两个人的书信直接用于文章的写作。一次,克路斯表示,他有时直接摘引马克思书信中的某些文字,并把这样写成的文章署上自己的名字,他对此深感不安,这时马克思对他解释说,他写的书信就是让克路斯和魏德迈来利用的。他说,他们不应把他看成一个小气鬼,况且这里涉及的是他们最切身的事业。通过这样的途径,马克思、恩格斯、克路斯和魏德迈之间便形成了广泛的合作。

根据马克思或恩格斯的书信写成的所有这些文章都由克路斯和魏德迈署名,或使用化名,有些甚至无署名,所以主要只能根据马克思、恩格斯、克路斯和魏德迈在1852年至1853年期间的通信来推断马克思和恩格斯当时参与这些文章写作的情况。魏德迈给克路斯的信一直没有找到,这些信本来会大大有助于追述他们围绕《改革报》展开的活动以及马克思和恩格斯同该报合作的情况。

到目前为止已经知道有两篇文章是根据马克思的资料写成的。② 另

---

① 《马克思恩格斯全集》第1版第28卷第308页。
② 《马克思恩格斯全集》原文版第1部分第12卷第618—626、632—633、580—582、592—598、627—628页。

有3篇在本卷"附录"中首次重新发表。①

  这些文章中有两篇是同小资产阶级民主派的代表人物进行论战的,这些人企图以美国本土或者欧洲为基地利用在美国出版的小资产阶级民主派德文报纸来宣扬他们的冒险的暴动策略。此外,文章还阐明了共产主义者同盟这一无产阶级革命政党在1848—1849年革命中的立场,以及革命后形成的各流亡者派别的不同的阶级立场和阶级目的。鉴于美国工人同盟内部出现分歧,上述情况便意味着一场直接的实际政治斗争。这同时也要求克路斯和魏德迈对美国当时的各种事件作出反映。马克思和恩格斯虽然不断地从克路斯和魏德迈那里得知最重要的事变,而且得到他们寄来的《改革报》,但是他们的回信总是在20多天以后才能到达美国。出于这个原因,克路斯或魏德迈把马克思和恩格斯在他们的书信中阐述的原则观点同当天的主题结合起来。这样,克路斯也能够把马克思在经济学问题的理论研究中获得的成果吸收到他的有关时事的文章中去。这类成果首先包括同美国庸俗经济学家凯里的论战,而此人对《纽约论坛报》原本有重要的影响。由于这一原因,《论坛报》一直阻挠马克思同凯里展开公开论战,所以他便通过克路斯来利用《改革报》。

  50年代初欧洲各国的经济和政治形势,大陆工人运动的发展状况,尤其是英国工人1853年春天和秋天的大罢工,以及有关不列颠保守派政治家和政论家乌尔卡尔特的作用的批判性评论,——这一切就是克路斯和魏德迈根据马克思或恩格斯的书信在《改革报》上的另外3篇文章中所讨论的另一些题目。

---

① 《马克思恩格斯全集》原文版第1部分第12卷第618—626、632—633、580—582、592—598、627—628页。

还有另外两篇《改革报》文章未收入本卷，有材料证明，马克思曾以类似方式参与了写作。

第一篇文章是针对卡尔·海因岑的。克路斯于1853年7月10日写信给马克思："今天早晨收到了你的来信连同皮佩尔的附件；我已经利用有关海因岑的部分为《改革报》剪裁了一篇事后的小型遭遇战，虽然有些剪痕。"这里，克路斯显然指的是他从1853年5月开始以C.华盛顿为标记不断为《改革报》撰写的文章中的一篇。文章分析了1853年7月9日在华盛顿出版的小资产阶级民主派报纸《国民——民主主义者报》以及卡尔·海因岑1853年初在纽约发表的著作《杀人和自由》。后者曾在《国民——民主主义者报》上摘要发表。克路斯早在1853年7月3日就写过一篇通讯，预告了该报的出版，描述了该报编辑的特点。可以认为，它与此后在7月13日《改革报》上发表的一篇通讯可能有直接的联系。克路斯向马克思通报了海因岑小册子的内容以及它所引起的反应。此外他还寄给马克思一份载有反对海因岑文章的晚报，同时还答应一旦他收到小册子就把它寄往伦敦。马克思于6月29日收到了小册子。不过，克路斯从马克思信中摘录的有关海因岑小册子的段落只是在文章的最后一段才用上，其中有几句在内容上同马克思和恩格斯在《流亡中的大人物》中的评论完全一致。由于这个原因，本卷未收入此文。

克路斯的另一篇文章以《革命的俄国和英国报刊》为标题发表在报纸上。它也同样可能是经马克思的同意和帮助写成的。这篇文章也可以认为同马克思1853年8月30日致《晨报》[①] 和1853年9月4日和7

[①] 《马克思恩格斯全集》第1版第9卷第321—323页。

日致《人民报》①的信有直接的联系。该文分析了乌尔卡尔特分子同赫尔岑·戈洛文之间在《晨报》上展开的论战，马克思也被卷入其中。阿尔诺德·卢格在《晨报》上指责马克思把巴枯宁说成俄国间谍。由于海因岑的媒介作用，这场论战进入了美国的德文报纸。对卢格的诽谤作出的第一个回敬是皮佩尔发表在《改革报》上的通讯。从1853年10月初（10月6日左右）皮佩尔给马克思的一封信可以看出，马克思和皮佩尔曾就此交换过看法。一个月后克路斯译出琼斯的文章《俄国——历史和政治》。为了直接与此相配合，克路斯撰写了《革命的俄国和英国报刊》一文。令人惊异的是，马克思1853年9月28日给恩格斯的信的附言同克路斯文章的结尾部分竟完全一致。克路斯写给《改革报》的文章在内容上没有超出马克思致《晨报》的信和他在《人民报》上发表的文章的内容。克路斯的文章仅仅是对整个事件的一种综述，因此本卷未予收入。

马克思和恩格斯不只是通过在书信中提供写文章的材料而对《改革报》上的文章内容施加影响。克路斯和魏德迈为《改革报》撰写的有些文章也是由马克思促成的。1853年6月10日克路斯告诉魏德迈："我于本周初给克耳纳寄去一篇通讯，之后（昨天）寄去一篇文章……马克思让我探讨一下'纸币对价格的影响'问题。"两天以后他写信给马克思："我已经为《改革报》完成了你交给的经济学的'任务'。"由于可供利用的报纸原件严重受损，这篇文章没有流传下来。魏德迈有关经济学问题的文章以及克路斯对美国历史和美国政治党派历史的考察受到特别注意。马克思对克路斯和魏德迈的文章多次作出积极的评价，其中他写道："我最喜欢的是魏德迈给他的《经济学概论》写的引言，这

---

① 《马克思恩格斯全集》第1版第9卷第315—316页。

很好。"①

  克路斯还为《改革报》翻译东西。马克思曾寄给他一份琼斯在伦敦出版的宪章派报纸《人民报》,克路斯翻译了该报中埃卡留斯的连载文章《法国状况》。另外他还翻译了马克思和恩格斯1853年为《纽约论坛报》撰写的文章,如恩格斯以马克思的名义撰写的《瑞士共和国的政治地位》和马克思的《选奉。财政困难。——萨特伦德公爵夫人和奴隶制》。由于克耳纳在此之前已经主动将这两篇文章收入报纸,《改革报》当然就没有刊用克路斯的译文。

  1853年期间,《改革报》大约发表了马克思在《论坛报》上的14篇通讯。只有7篇有马克思的署名。为此,克路斯于1853年7月20日写信给马克思:"你这样冷静地对待《改革报》我很高兴;克耳纳把你在《论坛报》上的通讯逐篇照抄,而且经常删节得面貌全非。我想,这不应当使你恼火。你的《论坛报》通讯很出名。每一个有兴趣的读者都首先从《论坛报》上读到它们,而克耳纳最多只被看作你的一名学生。"尽管如此,人们把克耳纳的这种做法看作他对马克思持积极态度的表现。克耳纳本人期望这样做可以给他自己的报纸带来更高的声誉,因为马克思的《论坛报》文章在美国已引起广泛注意。克路斯还承担了马克思的论争文章《帕麦斯顿勋爵》的一部分文字的翻译工作,这个部分发表在《改革报》上。

  《论坛报》把这篇连载文章不署作者姓名以各个单篇社论的形式发表出来。所以该文在《改革报》上发表时,在一则由魏德迈起草的编辑部说明中指出:"目前,围绕这个名字人们又表现出莫大兴趣,这促使我们依据《论坛报》编辑如下随笔。它使我们可比往常了解更多的

---

  ① 《马克思恩格斯全集》第1版第28卷第591页。

英国状况,文章虽无署名,却不难猜出谁是作者。"这样,魏德迈作为《改革报》的编辑,不仅帮助马克思维护了自己的权利,而且也清楚地表明,他和克路斯在该报的地位非常巩固。马克思决不赞成《论坛报》的"兼并政策",因此并不反对《改革报》在发表他有关帕麦斯顿的连载文章时所作的说明。由于《论坛报》不但对马克思的政论活动有重要意义,而且它主要还是他谋生的一个重要来源,所以马克思不得不始终注意避免同《论坛报》搞坏关系。他认为重要的是"不能把自己牵"扯到上述说明一事中去。所以他写信给克路斯说:"对于《论坛报》,也许最好的办法是假装你们似乎'认出了我的文风'。"① 克路斯从马克思的提示中得出结论:"就是说,如果每一篇被'兼吞'的文章的作者都要去查清,那倒是够滑稽可笑了,或者说是好心人去办蠢事。"克路斯除翻译有关帕麦斯顿的连载文章中的第一篇以外,还翻译过其他几篇。它们于1854年初刊登在《改革报》上。该年度的报纸没有流传下来。

报纸在恩格斯的名下发表了爱德华·波·米德写的诗《蒸汽王》的译文。这显然是根据魏德迈的建议发表的。这首诗摘自恩格斯的著作《英国工人阶级状况》。登载这首诗的同一号报纸上还发表了魏德迈的连载文章《贸易或生产大危机》的第一篇,文章对恩格斯的著作作了详细的讨论。

---

① 《马克思恩格斯全集》第1版第28卷第606页。

马克思和恩格斯的战友们作为
《改革报》撰稿人展开的活动

5月初，魏德迈就向马克思和恩格斯请求帮助，从此以后直到年底，马克思或恩格斯在给克路斯或魏德迈的书信中几乎没有一次不提到他们尽力寻找合适撰稿人的情况。因此，《改革报》才能在一年之中刊登若干篇由马克思推荐的通讯员撰写的文章。

在马克思的发动下，皮佩尔从1853年5月开始按时把通讯寄往纽约。由于皮佩尔在1853年秋天以前一直担任马克思的秘书，所以他能够把许多马克思用于《论坛报》的资料用于他自己的文章。皮佩尔的文章《不列颠政党的政纲》在《改革报》上发表在《议会政党和英国联合内阁》和《英国的工人团体》的大标题下，这篇文章可以认为就使用了上述资料来源。试比较以下文章：皮佩尔1853年5月31日的通讯和马克思的《论坛报》文章《中国革命和欧洲革命》；皮佩尔1853年8月9日的通讯和马克思的文章《英国的繁荣——罢工。——土耳其问题。——印度》；皮佩尔1853年9月21日发表在《改革报》上的伦敦通讯和马克思发表在1853年9月15日《论坛报》上的文章《粮价上涨。——霍乱。——罢工。——海员中的运动》。马克思的文章和皮佩尔的文章的这种相近情况，无疑要归因于他们在一起工作。因此，这些通讯在内容上往往同马克思发表在《论坛报》的文章完全一致，或者至少思路一致，皮佩尔有时在文章中只写进些许自己的东西。

马克思为《改革报》推荐的撰稿人还有约翰·格奥尔格·埃卡留斯。马克思像帮助他为《人民报》撰稿时一样，推动他为《改革报》写通讯。阿道夫·克路斯于1853年12月7日写信给约瑟夫·魏德迈：

"你从字里行间可以清楚地看到，埃卡留斯的定期通讯几乎同马克思写的一样出色。"这样，克路斯就暗示了，埃卡留斯的文章是经马克思修改过的。有关俄土战争和英国工人阶级状况的通讯就是其中的一篇。由于有克路斯的上述说法和内容特点为根据，这篇文章收入本卷"附录"中。埃卡留斯的另一篇署名文章是报纸上没有全文收入的系列文章《英国工人的境况》。它报道了1851—1852年英国机器制造业工人大罢工的经过。文章最初是为魏德迈出版的刊物《革命》撰稿的，但是由于该刊在1852年1月只出版了两期，所以未能发表。除了从《人民报》上翻译的一篇文章外，再也未见埃卡留斯的其他署名通讯。但是，这种情况可能是由于流传下来的报纸不全而造成的。

医生阿伯拉罕·雅科比博士，科隆共产党人案件的被告，曾为《改革报》的小品文栏目撰稿。他于1853年秋天携马克思给魏德迈的推荐信来到纽约。除从事政论活动外，他还通过捐款来帮助报纸，同时协助魏德迈在工人同盟中开展工作。雅科比在他的论文《论地球的灭亡》中捍卫了唯物主义和进化论。雅科比的另一篇文章《普鲁士监狱生活回忆》，在流传至今的《改革报》原件中散失不见了。11月15日的报纸上只刊有将开始发表这篇文章的预告。根据以后的片断来判断，雅科比的这篇连载文章一直刊登到1853年11月25日。1893年，纽约出版的《医生雅科比博士的文章、报告和讲话》一书再次发表了这篇连载文章，文中生动地描述了普鲁士警察和司法部门处置科隆共产党人案件被告者的经过。这应当看作是在《改革报》同奥古斯特·维利希进行争论的过程中对该报作出的贡献。这次争论随马克思的抨击性小册子《高尚意识的骑士》的发表而告终。克路斯、魏德迈和雅科比在他们发表在《文学报》上的联合声明中明确指出了这一点。《改革报》有时也帮忙为1852年在科隆被判刑的人出版呼吁书。

除了上面提到的几位通讯员以外，在通信中还经常出现这些人的名字：恩斯特·德朗克、威廉·施特芬和威廉·沃尔弗。马克思曾请求他们为《改革报》撰稿。报纸上有许多没有署名的通讯，它们的作者无从查考。但是，这里所提到的人显然没有一个人曾为报纸撰过稿。署名德朗克的仅有一篇文章《布朗基。摘自手稿〈巴黎革命回忆录〉》。此文在报纸上没有全部保存下来。不过，这里有一份来自1849年《新德意志报》的复印件，该报当时的编辑是魏德迈。

报纸在1853年期间在美国越来越有力地把马克思主义的观点传播开来，这要归功于马克思和恩格斯对《改革报》的影响和克路斯与魏德迈所作的广泛工作。但是，这一切努力都没能避免《改革报》大约13个月之后因资金困难而停止出版。

美国工人同盟缺乏主动精神。它在这一年中主要只是去制订一份可用纲领。许多工人都疏远了它。魏德迈于1854年5月16日告诉埃卡留斯："现在这里是太平静了，以致工人们感到已不需要什么专门的代表来代表他们的利益；当人们得到好报酬时，都只会思考应怎样去充分利用重新开始到来的好时光。"因此，克耳纳在1854年年初预告要改变《改革报》的路线，试图通过这一措施来赢得更多的旅居美国的小资产阶级读者。由此可见，报纸的发展状况反映了德美工人运动的发展趋势。

除了因报纸管理不善导致克路斯和魏德迈之间最初的意见分歧以外，美国工人运动的状况也是《改革报》不能再办下去的一个主要原因。该报的最后一号出版于1854年4月26日。

版本情况

根据威斯康星州历史学会（麦迪逊）提供的情况，在美国已不存有1853年《改革报》的任何一套完整原件。

德国统一社会党中央马克思列宁主义研究院现有的报纸复印件是根据威斯康星州历史学会保存的《改革报》原件复制的。1853年度的《改革报》共缺少10号，有30号报纸不全。也就是说，这一年的123号中仅83号保存完整。1854年的报纸一份也没有流传下来，既没有原件也没有复印件。该报星期日版、周刊版以及国外版也均无存件。

从复制件可以看到，报纸某些版的边缘部分严重破损。有些已辨认不清。此外，《改革报》经常出现大量的印刷错误。正文中凡需要修补的地方，《资料卷》均有说明。

（原载《马克思恩格斯全集》原文版第1部分第12卷第667—716页）

（佐海娴 译　王锡君 校）

关于马克思和恩格斯的政论活动
（1854年1—12月）*

马克思、恩格斯和他们的战友在1854年的政论活动

在1852年科隆共产党人案件之后的几年里，马克思和恩格斯展开科学理论工作，进一步制定他们所创立的工人阶级的理论和世界观，这成为他们这一时期为建立一个无产阶级革命政党而进行的斗争的主要内容和最重要的形式。同时，他们以自己的全部精力和注意力去致力于从政治上和思想上教育和培养那些业已经受过1848—1849年欧洲革命炮火考验的第一批无产阶级革命者的骨干力量。马克思和恩格斯从事的政论活动把科学理论工作、政治实践活动以及他们作为无产阶级革命者的导师和教育者的作用结合在一起。

由于为继续出版《新莱茵报。政治经济评论》所作出的一切努力遭到失败，打算在很短时间内使无产阶级革命者自己重新拥有一份政治性公开出版物的希望也随之破灭，马克思和恩格斯便开始为宪章运动中的左翼报纸撰稿。同时他们决定坚持利用有限的机会，来为进步的资产阶级报纸撰搞，以便宣传他们自己的观点。正是出于这样的动机，马克

---

* 本文选自《马克思恩格斯研究》1991年总第6期。

思于 1851 年 8 月就接受了为《纽约论坛报》撰写通讯的建议。1854年，定期为《纽约论坛报》撰稿成为科学共产主义创始人全部政论活动的重点。马克思以北美一家大报常驻伦敦通讯员的身份进行报道并得到恩格斯忘我的帮助。此外，俩人还为周报《人民报》撰稿，它是左翼宪章派的机关报，由厄内斯特·琼斯创办。除了自己撰写文章，他们还长期影响该报的内容。马克思和恩格斯还请他们最亲密的战友参与政论工作，鼓励他们写文章并给予支持和帮助。此外，他们从 1854 年初开始以自己撰写的通讯和其他材料支持阿道夫·克路斯和约瑟夫·魏德迈为纽约德文周报《改革报》撰稿的工作。

1854 年，为了对舆论施加影响，马克思曾给卡普施塔德的报纸《南非人报》寄过 3 篇文章，恩格斯谋求成为伦敦的自由派日报《每日新闻》的军事通讯员，俩人有时还考虑在《泰晤士报》上发表文章。

1854 年，马克思、恩格斯和他们的朋友们的政论活动产生了很大的影响。《纽约论坛报》发表的马克思和恩格斯的文章共有 89 篇。《人民报》发表了 3 篇。《改革报》在 4 月底被迫停刊以前发表了马克思和恩格斯为《纽约论坛报》撰写的两篇通讯的译文。由恩格斯和亨利希·海泽共同为该报撰写的一篇论亚历山大·席梅尔普芬尼希的小册子①的文章寄到纽约为时已晚。1854 年的《改革报》一份都没有流传下来，所以不能如实反映魏德迈和克路斯在那几个月里得到的马克思和恩格斯的帮助究竟有多大。

威廉·皮佩尔受马克思的委托并在他的指导下为《纽约论坛报》写过一篇文章。② 同克路斯、约翰·格奥尔格·埃卡留斯一样，1854 年

---

① 《马克思恩格斯全集》原文版第 1 部分第 13 卷第 1070 页。
② 《马克思恩格斯全集》原文版第 1 部分第 13 卷第 587—588 页。

皮佩尔也以亲自为《人民报》撰稿的方式支持该报。① 另外他还经克路斯介绍为《华盛顿同盟报》写通讯，为此，他一再使用马克思为《纽约论坛报》写的通讯中的一些材料并对一些最重要的问题作出同样的评价。因马克思没有参与这些文章的写作，本卷附录部分未予收录。

在《论坛报》所发表的有关欧洲政治、国际关系以及军事问题的文章中，马克思和恩格斯的文章不仅在数量上占了很大一部分，而且他们对这些问题发表的观点也在某种程度上影响了编辑部的态度。此外，他们在战友们的帮助下还对当时欧洲唯一一家无产阶级报纸《人民报》和北美合众国的具有同样性质的一家最重要的机关报《改革报》施加影响。这样，他们再一次证明，共产主义的先进战士即使在复杂条件下仍能自觉地作为一支政论活动力量坚守阵地，他们在大陆最黑暗的反动时期也没有销声匿迹。

马克思和恩格斯为《纽约论坛报》撰稿

在马克思和恩格斯为《纽约论坛报》撰稿的12年当中，1854年是撰稿最多的一年。无论就科学共产主义创始人在北美这家报纸上发表的文章的数量来说，还是就他们对这家报纸有关欧洲政治的论点施加影响之久来说，都是在此之前和由此往后所不能比拟的。1853年他们在《纽约论坛报》上发表了75篇文章，这个数目比上一年迅猛增大，而1854年又增加到总计89篇通讯（其中有一篇显然仅仅发表在《纽约半周论坛报》② 上）。发表在《纽约每日论坛报》上的88篇文章中，有

---

① 《马克思恩格斯全集》原文版第1部分第13卷第652—653页。
② 《马克思恩格斯全集》第1版第44卷第206—212页。

43篇被编辑部作为社论刊出，64篇在《纽约半周论坛报》上转载，52篇在《纽约每周论坛报》上转载。

《纽约论坛报》的性质和意义

马克思和恩格斯为《纽约论坛报》撰写通讯的活动从政治上来看非常重要，因为这家于1841年由霍拉斯·格里利创办的报纸在50年代不仅是合众国最有影响的报纸，而且也是世界上一家最大的资产阶级机关刊物。当时，以北部的工业资产阶级、正在形成的工人阶级和西部农场主为一方，以南部奴隶主寡头政治为另一方，发生了越来越尖锐的冲突。正是在这种社会和政治背景下，格里利在一项内容丰富的资产阶级民主主义改革纲领中以熟练的政论技巧满腔热情地维护了合众国进步阶级力量的基本利益和目标。这一改革纲领曾受到沙尔·傅立叶、亨利·查理·凯里、托马斯·卡莱尔、威廉·阿特金森和比埃尔·约瑟夫·蒲鲁东以及一些先验主义者的思想的影响。

格里利作为出版者和最大的股东，从事《纽约论坛报》编辑出版工作近15年，代表了北美辉格党左翼的政治利益。由于南方各州的奴隶主们开始进攻，在1854年1月29日通过堪萨斯—内布拉斯加法案废除了25年前达成的密苏里妥协案（该案规定北纬36度以北禁止奴隶制），这个在政治上和社会上多元的政党分裂了。在社会上和政治上发生这种分野的过程中形成了一支新的进步的政治力量，它号召奋起反对反动派、反对北纬36度另一边的奴隶主以及他们在北方各州的朋友。《纽约论坛报》据认为不仅以新闻活动促成了已然分裂的辉格党中的资产者多数同自由土地党人和南方各州奴隶制的其他反对者的联合，同时，该报的出版人还被看作是共和党的颇受欢迎的和有影响的领导人。

作为该报创办人之一，格里利在1854年期间很注重他的报纸的政治面貌，使之具有鲜明的特色，成为合众国进步资产阶级力量的理想在新闻界中的最坚定的维护者。1854年，《纽约论坛报》要求限制黑人奴隶制的存在区域并反对在政治上和法律上对南部各蓄奴州实行让步。它谴责南方各州棉花种植园的奴隶制，声援废除黑奴制的运动，但是不与运动中力求通过革命方式废除奴隶制的激进分子采取一致行动，它代表工业资产阶级的利益，要求实行保护关税，促进铁路建设。虽然傅立叶主义的传统早就同资本主义报刊企业的利润利益相抵触，格里利却仍然受这一传统的影响，"并且为工人的权利和组织进行辩护"。① 《纽约论坛报》把主要由自由土地党人提出的将土地无偿分给西部和西北部移民的要求当作主要宣传口号，从而使它名声大振。

《纽约论坛报》由于大力宣扬凯里式的贸易保护主义并在对外政策立场上逐渐转移该报的重点，便作为共和党的机关报，形成自己的特色。新的英法同盟在世界政局方面带来的结果，是促成合众国和俄国在克里木战争期间相互接近。根据当时俄国新任驻华盛顿代办爱德华·冯·斯托科尔向本国政府提出的建议，对合众国下调了一系列贸易税率。1854年7月22日，国务秘书马西和斯托科尔签署了中立国海洋权利协议。在对外政策方面的这种趋于接近的政治背景下，舆论也发生了明显的转化，此中《论坛报》起了决定性的作用。它围绕堪萨斯—内布拉斯加法案所引起的争论，猛烈抨击沙皇尼古拉一世，称他是最大的奴隶主、专制暴君，揭露俄国对合众国作出的领土让步。塞纳托尔·道格拉斯的俄国之行和他与尼古拉一世的会晤首先给北部各州的政治舆论

---

① 弗里德里希·阿道夫·左尔格：《1790—1850年在合众国爆发的工人运动》，载于《新时代》斯图加特1891年第9期。

造成了相互矛盾的印象，故此，《论坛报》讽刺地称赞双方在欧洲和美洲同时激起了专制主义和革命之间的斗争。① 但就在这样的时刻，报纸竟同令人憎恶的专制君主所主张的贸易保护主义调情。报纸在对外政策取向方面逐渐表现出的这种重点转移在很大程度上是受亚当·古罗夫斯基的影响，尤其在1854年以后，这种做法同马克思和恩格斯的报道直接发生冲突。当时有人揭露《论坛报》受俄国人影响，古罗夫斯基的波兰国籍使编辑部表面上有理由对此作出反驳："《每日时报》告知它的读者，说什么有'一位俄国绅士'经常为《论坛报》的社论专栏撰稿。由于《时报》对其同行的事务作了如此之多的报道，所以它肯定希望它的上述说法正确。为此，我们将用下述保证来酬答它，即'俄国绅士'从未为本报的社论专栏写过一行字，也就是说，无论过去或现在，他都决不是本报的一名撰稿人。"②

同过去几年一样，1854年《纽约论坛报》仍然发行5版。除发行《纽约每日论坛报》以外，格里利还出版《纽约每周论坛报》。《纽约半周论坛报》、《纽约论坛报》加利福尼亚、俄勒冈、夏威夷群岛版和《纽约论坛报》欧洲版。日报版在每个工作日的上午出版，14点后增辟第3版和第4版作为"下午版"登载最新消息，15点后再出一版"第2版下午版"。遇有像"波罗的海号"轮船创航行新记录这样的轰动事件时，编辑部还要再出一版"号外"。《纽约半周论坛报》每逢星期二和星期五出版，每星期六出版周报版。加利福尼亚版适应驶往阿斯平沃尔的邮船的启程日期每月出版两次，而"在欧洲发行的《半周论坛报》"则随开往利物浦和南安普顿的邮船每周发送两次。编辑部历来都是把已

---

① 《两次斗争》，载于1854年1月28日《纽约每日论坛报》第3988号。
② 1854年2月25日《纽约每周论坛报》第650号。

经在《每日论坛报》上发表过的文章和通讯选登在这各种版的报纸上。1853年,编辑部在不提高售价的情况下将各版报纸的版面扩大了四分之一,这就使该报的印数比过去几年有更加迅猛的增加。下面这个图表说明,在一年之内总印数增加了近一倍:

	1853年4月9日	1854年4月9日
《每日论坛报》	17640	26880
《半周论坛报》	3120	11400
《每周论坛报》	51000	103680
《论坛报》加利福尼亚版	2800	3500
共计:	74560	145460

总印数为145460份的《纽约论坛报》甚至超过了伦敦的《泰晤士报》。《泰晤士报》的日报版印数虽有44400份,但是它的《泰晤士周报》和《星期日时报》的印数却分别为62000和8100。1854年,《纽约论坛报》的政治影响急剧扩大,这主要是因为订阅周报版的人数成倍增加。格里利和麦克尔腊思出版社为了鼓励人们大批量订阅自己的出版物,实行大幅度减价并通过在报纸栏目中刊登公众赞词的办法来招揽新的订户。全年订阅《每周论坛报》每份为2美元,而订8份以上者优惠价为10美元,订阅20份以上者仅为20美元。用欧洲的尺度衡量《纽约论坛报》在赢得读者方面获得了令人惊异的成就,从而引起了大西洋彼岸,尤其是大不列颠的关注。1854年5月16日,约翰·布莱特在下院将北美的报纸同伦敦的《泰晤士报》作了这样的对比:"现在谈谈《纽约论坛报》。它是一份除副刊以外篇幅与《泰晤士报》一样大的报纸,每天上午在纽约向该市的劳动者出售,每份1便士。该报办得与《泰晤士报》一样好。我不敢说它的所有社论都写得同《泰晤士报》一

样有水平，但其中不乏好文章。它拥有私人船只，负责在离岸数英里的地方接运来自英国的每班邮船。该报在联合王国各地都设有电讯发送点，并在欧洲的所有大城市都聘请了通讯员。我有该报聘用的工作人员的名单。以每份1便士的价格向纽约手工业工人出售的这家报纸竟有雇员不少于300人，议会听到这一点可能会感到惊讶。"帕顿报道说，《纽约论坛报》编辑部拥有工作人员总数为220人，其中130人为固定人员，20人为本国通讯员，18人为外国通讯员。

马克思和恩格斯充任《纽约论坛报》撰稿人

格里利的报纸取得这样异乎寻常的成就，除已经提到的原因外，在很大程度上还由于报纸是在欧洲一些有影响的进步人士中招募它的国外通讯员。《纽约论坛报》在文学和评论方面曾享有北美极有影响的报纸的美名，这主要是靠乔治·里普利和玛修丽特·富勒所发挥的作用，而它的国外报道则显示出才气横溢和颇具政治影响，这却要归功于查理·安德森·德纳以及由他于1851年促成的马克思和恩格斯的通讯活动。德纳从1846年开始成为《纽约论坛报》的编辑之一，他在有关奴隶制的一些重大问题上持有比格里利还要激进得多的观点。他曾到欧洲革命事件爆发地点作过数月的采访旅行，在此期间在科隆同马克思相识。他回国后，于1849年3月，受格里利之聘负责对外政策栏目。虽然他实际上担负了发行代理人的工作，但格里利始终左右着报纸的政治方针，在编辑方面亲自确定所有重要的决策。德纳归根到底不过是一名拿薪水的职员。

表面看来，马克思只是自己一个人为《纽约论坛报》撰稿，而他那位曼彻斯特的朋友的名字从未以作者的署名出现在报纸上。关于许多文章的形成过程，两人在编辑部和所有局外人面前始终小心翼翼地保守着秘密。直到1892年恩格斯才透露了这件事。

1854年，为报纸写通讯的除马克思和恩格斯以外，主要还有侨居伦敦的匈牙利流亡者奥略里·费伦茨·普尔斯基。此人是拉约什·科苏特的挚友，与《纽约论坛报》发行人有私交。他的通讯均用大写字母A. P. C. 署名，报道欧洲政局。

马克思和恩格斯凭他们在新闻工作上的卓越才能、原则上的坚定性和策略上的灵活性在合众国的报刊界获得了影响。他们的文章因分析问题的深度，高度的理论概括水平和谙悉当代历史而不同于《纽约论坛报》其他通讯员的文章。它们不是那种仅仅把种种来源的消息拼凑在一起的普通的报纸通讯，而是"以透彻的研讨为基础，往往是以系列文章的形式论述欧洲某些国家的政治和经济形势"。与其他通讯员不同的是，马克思和恩格斯始终把新闻工作同理论研究紧密地结合起来。他们常常围绕自己在报纸上作出评论和分析的重要问题写下大量的笔记，其中除逐字逐句的摘录外，还包括有自己的概括、评论和文章的初步草案。马克思的连载文章《革命的西班牙》就绝妙地体现了他撰写通讯时施展的写作和研究方法。在这些文章中，他根据有关西班牙当时的革命事件的报道深刻地分析了伊比利亚半岛上资产阶级革命周期的过程、动力和性质。

在合众国，人们极为密切地注视着西班牙革命事件的发展。1854年2月28日北美汽轮"黑蜂鸟号"在哈瓦那港被扣押，美国有影响的人士便蓄意以此为适当的借口来利用比利牛斯半岛上革命事态的发展，以图从昔日的伊比利亚强国的殖民地中吞并古巴。这种吞并的意向使得合众国和西班牙之间越来越濒临爆发一场军事冲突的危险，正因为如此，大西洋彼岸一直十分关注这个欧洲国家的内部变化情况。

正是在这一背景下，例如马克思的论述埃斯帕特罗的文章曾引起极大的反响，普尔斯基的下面这段评述就反映了这一事实："我刚刚收到8月22日的《论坛报》，上面有一篇对埃斯帕特罗的出色评述，你在其中公开地说，西班牙革命将不可能取得任何有益的成果。"① 普尔斯基的这一席恭维话促使马克思写信给恩格斯，从中我们同时可以看到，《纽约论坛报》编辑部曾对马克思的文章作了哪些修改。马克思是这样说的："我的竞争者A. P. C.在最近的某一号《论坛报》上祝贺该报对埃斯帕特罗的"'出色评述'。他自然不怀疑他的'恭维话'是对我说的，但同时却本能地特别强调完全属于《论坛报》的最愚蠢的结束语。其实该报完全删掉了我对一般**宪法**英雄们所讲的那些俏皮话，因为它嗅出了，在'蒙克—拉斐德—埃斯帕特罗'三重唱后面隐藏着对高贵的'华盛顿'的某种影射。这家报纸简直**太缺乏**批判能力了。最初他们颂扬埃斯帕特罗，说他是**西班牙**唯一的国家活动家。然后他们又刊登了我的一些把他说成是一个喜剧人物的文章，而且还补充说，由此可见，对西班牙是没有任何指望的。"②

马克思在他为《纽约论坛报》撰写的文章中除了考察伊比利亚半岛上资产阶级革命的周期外，还从世界经济形势出发分析交战国内政方面的分歧，特别是英国议会围绕战争、预算和经济问题展开的辩论。他在好几篇通讯中揭露了欧洲强国的秘密的外交阴谋，阐明了博斯普鲁斯海峡发生世界性政治冲突的根源和历史背景。在此期间，恩格斯根据他们商定的分工替马克思撰写了一些文章，分析了克里木战争最重要战场上的战局和陆军的各个要素。

---

① 1854年9月22日《纽约每日论坛报》第4190号。
② 《马克思恩格斯全集》第1版第28卷第394页。

马克思和恩格斯通过对这些问题的讨论，得以在 1854 年对《纽约论坛报》的国外通讯施加持久的影响。这首先反映在这一事实上：北美这家报纸的编辑部竟从科学共产主义创始人撰写的 88 篇文章中选出 43 篇作为社论发表在《纽约每日论坛报》上。

浏览一下标题便可以看到，这些文章中有 31 篇涉及"军事问题"。恩格斯的军事文章在读者中引起巨大反响，这主要是因为它们不同于通常的有关克里木战局的报道。恩格斯曾在军事科学研究方面下过很大功夫，精通多种语言，这使他可以掌握可靠的信息来源和理论与方法工具，从而系统地考察最主要战场上的军事行动以及由此产生的种种问题，并作出引人入胜的阐述。恩格斯在谋求担任伦敦一家自由派日报《每日新闻》的军事通讯员时曾向赫·季·林肯简短介绍了自己的工作方法："我不仅不在战场，而且（至少目前如此）离贵报编辑部也很远，这一情况非常实际地规定了我向您提供的材料的性质。我的文章将限于描写现在正进行军事行动的那部分战场的情况；评述交战军队的军事组织和兵力，它们取胜的可能性及可能进行的战役；对正在进行的战斗发表批评意见；有时也综述（用法国术语来说）一下一个月或一个半月的作战情况，这要依情况而定。因为要正确判断实际上发生的事情必须有最充分的报道，所以我写作将很少只根据电讯，而一般要等较详细的材料。如果我的文章能写得好一些，就是迟一两天也没有什么要紧。因此，至少最近我不一定要去伦敦。"[①] 1854 年，恩格斯就是以这种方法向《纽约论坛报》读者分析了切塔特会战、俄军渡过多瑙河开进多布鲁甲的战略意义、对锡利斯特里亚要塞的围攻、对博马尔松德的占领和克里木远征，着重分析了阿尔马河和因克尔芒会战以及巴拉克拉

---

① 《马克思恩格斯全集》第 1 版第 28 卷第 608—609 页。

瓦会战。恩格斯计划在专门的文章中总结已结束的各场战争，据此对前面已提到的关于各次战役和会战的分析作了一些补充，对多瑙河和克里木战场上的军事行动进行了阶段性的或全部的总结，再一次细心地斟酌了所有战略性的问题，并且特别注重于战争艺术问题。他还在致《每日新闻》编辑部的谋职信中就曾作出保证，他的报道将"完全"取自"报刊上发表的（而不是某种秘密的）资料"。① 他不仅在精确地描绘多瑙河和克里木战场、相应的战线和防线、喀琅施塔得、塞瓦斯托波尔、锡利斯特里亚和博马尔松德等要塞的地势、建造原理和防御能力时是这样做的，而且在描述最重要的军事行动的实际进程，尤其是锡利斯特里亚、博马尔松德和塞瓦斯托波尔的围攻战时也是这样做的。恩格斯在描绘要塞工事和各处地形时主要是参照使用亲眼观察过有关地点的军事专家们所提供的相应报告，以及不列颠军事制图员詹姆斯·怀尔德绘制的最新的官方地图。只要各种客观条件没有发生什么变化，他在自己的分析和论证中便利用比如说1845年柏林出版的赫尔穆特·卡尔·伯恩哈特·莫尔特克的小册子《1828年和1829年发生在土耳其欧洲领土上的俄土战争》来进行历史的对比。② 为了掌握所描述的军事行动进程的准确事实，恩格斯总是细心研究俄国总司令部和联军总司令部的官方报告以及内行的目击者在报刊上发表的文章，例如少尉查理·奈斯密斯的文章，此人作为伦敦《泰晤士报》驻土耳其总司令部的特派通讯员有可能跟踪观察多瑙河畔战场上的各场战斗。流传下来的用于论述俄国对锡利斯特里亚实施的围攻战的准备材料以及一份文章草案表明，恩格斯在写作时是何等的细心，对资料的考证是多么认真。他在上述草案中把巴

---

① 《马克思恩格斯全集》第1版第28卷第610页。
② 《马克思恩格斯全集》第1版第10卷第289—302页。

拉克拉瓦战役中指挥作战的军官们的正式报告的各种重要资料进行对比，在一览表中标出参战部队，并在一幅草草绘出的地图上标出它们的作战行动。

阿道夫·冯·察斯特罗夫的《……永久性工事史》（1839年莱比锡版）是恩格斯研究筑城学的最重要的资料。他对沃邦、蒙塔郎贝克的经典性学说的认识以及对俄国博马尔松德、喀琅施塔得、塞瓦斯托尔诸要塞以这些学说为基础的设计原理的认识都要归功于察斯特罗夫的典范著作，而他在舰炮理论和实践方面拥有丰富的知识则得益于"最好的理论资料，如霍华德·道格拉斯爵士的书"①。跟大多数同时代评论员的评论不同，他运用这种方法就能科学地分析俄国海军中心的结构原理和防御能力。同时，他也因此加深了这样一种认识，即战争的结果在很大程度上取决于"海上攻击岸防炮台有多少成功的把握"②。他特别重视这个问题。由于恩格斯透彻地研究了1849年4月5日在埃克恩弗尔德发生的普鲁士海岸炮兵与一支占优势的丹麦舰队之间作战的过程，所以他对敖德萨的那场不利于炮兵的炮战结果并不感到意外。炮战的结果促使恩格斯通过对所概述的问题进行理论探讨来充实对这场战役的分析，《纽约论坛报》编辑部为这篇文章加了一个中肯的标题：《舰队与要塞》。③

为了对战局作出内行的评论，恩格斯要解决的一个最困难的问题就是去搜集有关直接或间接参战的各主力部队，特别是有关俄军主力部队的编制及其实际兵力的尽可能精确和详细的资料，准确掌握最重要的部

---

① 《马克思恩格斯全集》第1版第28卷第610页。
② 《马克思恩格斯全集》第1版第28卷第610页。
③ 《马克思恩格斯全集》原文版第1部分第13卷第259—263页。

队调动情况并作出精确的估量，从而对各个军事行动作出分析。为解决这一复杂问题，他采用了如下的工作方法：在评论巴尔干半岛和克里木的战争进程时，恩格斯依据奥古斯特·冯·哈克斯特豪森的著作《俄国兵力及其历史、统计、民族和政治情况》对俄国陆军的编制、兵额、调动和部署的有关详细资料进行了加工整理。这样，恩格斯便能通过自己的估算，核查报纸有关俄军调动情况的报道中的兵力数据并根据需要加以利用。他在妹妹玛丽亚的一封新年贺信的背面绘制的包含多方面内容的一览表以及《俄国的战争状况》一文的一份草稿（他标以《俄国军队第一次战斗的兵力布署》这一标题）①都表明恩格斯的工作态度是何等严谨。在1854年期间，他把报纸上发表的材料加工整理为详细的资料，这不仅成了他分析上述各战役和总结性军事文章的基本资料，也是同年开始的分析俄国陆军的材料基础。②

《纽约论坛报》编辑部越来越频繁地把马克思寄来的通讯作为社论发表，其中以"军事文章"居多，这表明编辑部对这些文章评价很高。

编辑部为了把这些"军事文章"作为社论发表，经常把马克思和恩格斯的通讯拆开用。这样一来，从伦敦寄来的文章，在有些情况下只有较为次要的部分才署以马克思的名字作为通讯发表。马克思坚决反对这样做。

德纳在一封给燕妮·马克思的信中对来自伦敦的第一次抗议作了答复，马克思把其中的内容告诉了恩格斯："星期一收到德纳的信。他说刊登那篇文章不能署我的名，因为那会有损该报的'威望'。你的军事

---

① 《马克思恩格斯全集》原文版第4部分第12卷。
② 《马克思恩格斯全集》第1版第44卷第213—218页、第10卷第566—571页。

文章引起了强烈反应。纽约传说是司各脱将军写的。"① 马克思并没有就此了结，他又多次对《纽约论坛报》编辑部的这种做法表示抗议。1854年3月底他就此事告诉恩格斯并请求他支持："《论坛报》太无礼了，我在前天的信里禁止把军事文章以外的其他东西抓去当社论，否则必须一概去掉我的署名，因为我不愿意仅仅为了一点无足轻重的东西出面。现在正是要以军事文章向它说明：它没有我就不行。"② 可是，《纽约论坛报》编辑部不仅把专门论述军事政治的文章，还把马克思的其他一些文章也作为不署名的社论发表，例如关于奥地利国家金融的分析文章③和关于希腊人暴动原因的分析文章④就是这样发表的。因此，马克思于4月再次提到这个问题："《论坛报》最近又把我的所有文章当作社论，而我的名字则只摆在一些废物下面。例如，它把对奥地利金融进行详细分析的文章以及论希腊人暴动的文章等等都据为己有。此外，用你的军事文章来自吹自擂已成为'合法化的'现象了。我已打定主意，一旦收到德纳对我上次警告的答复，就要求提高稿酬，并将提出为写军事文章所必要的花费。你看怎样？这些老爷们应当对每篇文章至少付出三英镑。"⑤ 编辑部没有按马克思所希望的那样提高稿酬，反而于1854年9月底将报酬减少一半，同时通知他，从此以后每周仅发表一篇通讯，而且不署名发表。他把此事告诉了恩格斯："从附上的德纳的信里，你会知道美国的危机对我发生了多大的影响。我要求发表文章都要署上我的名字，或者就什么也不要发表，他们却回答说，今后我的文章只用

---

① 《马克思恩格斯全集》第1版第28卷第318页。
② 《马克思恩格斯全集》第1版第28卷第333页。
③ 《马克思恩格斯全集》第1版第10卷第110—116页。
④ 《马克思恩格斯全集》第1版第10卷第140—142页。
⑤ 《马克思恩格斯全集》第1版第28卷第345—346页。

作社论发表，付给我的稿费将是过去的一半。我暂且给德纳写了一封信，说我还没有作出决定；同时我将继续照旧每周寄去两篇文章，这是因为，一方面有塞瓦斯托波尔的事件，另一方面，我论述十九世纪西班牙革命的文章在西班牙议会复会之前必须结束。在这段时间里，我们可以仔细考虑怎样最后回答这些先生。"① 正如马克思推测的那样，《纽约论坛报》编辑部暂时默认了这种做法。

马克思和恩格斯发表在报纸日报版上的文章有许多篇又转载在《纽约半周论坛报》和《纽约每周论坛报》上，这表明《纽约论坛报》在其国外报道中赋予马克思和恩格斯的通讯以何等地位。1854年，编辑部发表的出自科学共产主义创始人之手的文章共有88篇，其中64篇在《纽约半周论坛报》，52篇在《纽约每周论坛报》上转载，39篇通讯同时发表在这两种版的报纸上。在《纽约半周论坛报》上再版的文章中，除19篇"**军事文章**"和连载文章《革命的西班牙》中的若干篇以外，主要还以马克思的名字署名的分析欧洲列强在东方冲突中的政策的通讯。马克思和恩格斯的通讯有两篇甚至三篇同时在某版报纸上发表的情况也并不罕见。我们已经谈到过，《纽约半周论坛报》同《纽约论坛报》欧洲版的内容是相同的，所以，马克思和恩格斯在反动时期除了在伦敦出版的宪章派报纸《人民报》以外，在欧洲又多了一个发表文章的机会。

52篇在《纽约每周论坛报》上转载的文章共占了86栏的篇幅，这大大超过了格里利所特别器重的另一个伦敦通讯员普尔斯基，此人在周报版上仅发表过36篇文章，占45栏。同时发表马克思和恩格斯的两篇甚至三篇通讯的情况也比前者多。在《纽约每周论坛报》上转载的文

---

① 《马克思恩格斯全集》第1版第28卷第392页。

章有：马克思对英国议会辩论的分析，对欧洲列强在东方冲突中的秘密外交的揭露，对西班牙革命事件的研究以及关于英国宪章派斗争教训的传布。《纽约论坛报》编辑部在其周报版的广告栏中特别突出了这些文章。

虽然我们手头没有任何年度的《纽约论坛报》加利福尼亚、俄勒冈和散得维齿群岛版可资利用，但到目前为止的编辑实践知识和前面曾叙述过的报纸出版方式使我们可以推断：这一版报纸同样可能转载了大部分曾在《纽约每周论坛报》上发表过的马克思和恩格斯的通讯。

此外，他们的文章虽然曾用于编辑《1854年华盛顿年鉴》，但不能详加说明，因为到目前为止我们还没见过该年的《年鉴》。推测马克思和恩格斯的通讯曾收入该年鉴，其根据是一则广告中曾出现这样一段文字："……俄国和土耳其——关于两个大国现行战争的一篇社论。"① 编辑部在按语中一再提请读者们注意伦敦通讯员马克思博士的有关研究文章，② 这表明，科学共产主义创始人的通讯活动在1854年得到《纽约论坛报》编辑部何等高度的重视。1854年，曾有人对《纽约论坛报》发行人的生活作了详细的评论性的介绍，其中有一段话表明马克思当时就已经是北美报纸读者所熟知和尊重的一个人物了。③ 詹姆斯·帕顿用下面这段话十分典型地描述了编辑部一天的工作："德纳先生敏捷而坚定地走进那铺有绿色地毯的密室，直奔他的办公桌，随后立即沉湎于对卡·马克思的文章的推敲。"此外，下面这些事实也是耐人寻味的：马克思从克路斯那里得知，《纽约每日时报》将他5月23日发表在

---

① 1854年12月24日《纽约每周论坛报》第641号。
② 《马克思恩格斯全集》原文版第1部分第13卷706、742和862页。
③ 1854年12月23日《纽约每周论坛报》第693号。

《纽约每日论坛报》上的关于不列颠财政的分析文章①当作一篇社论发表了。② 还有，伦敦《泰晤士报》驻纽约的一位通讯员在自己的一篇报道中曾照抄恩格斯分析英法海军陆战队对俄国海上要塞博马尔松德发动的攻击战的文章③中的第一段。

版本情况

1853年以后，编辑部越来越频繁地把马克思和恩格斯的文章作为编辑部的社论发表，这就要求我们准确地确定本卷收录的文字的作者和可靠性。为考察马克思和恩格斯在1854年的政论活动，我们利用了他们两人之间的通信、他们同克路斯和魏德迈的通信以及流传下来的燕妮和卡尔·马克思的记事簿，那上面记载了大部分通讯的目录。除此之外，我们追溯了来往于利物浦或南安普顿与纽约、波士顿或哈里法克斯之间的横渡大西洋的邮船启程与到达的时间，它们对我们了解马克思和恩格斯通讯的寄发情况颇有启发。另外，研究马克思和恩格斯在他们的通讯活动中运用的工作方法是查找文章的重要线索。这样又成功地鉴定出马克思和恩格斯的其他3篇通讯④以及一篇受马克思委托由皮佩尔执笔的文章。⑤ 同时，我们用这种方法还能够推测《纽约论坛报》编辑部

---

① 《马克思恩格斯全集》第1版第10卷第236—243页。
② 《马克思恩格斯全集》原文版第3部分第7卷第377页。
③ 《马克思恩格斯全集》第1版第10卷第442页。
④ 《马克思恩格斯全集》原文版第1部分第10卷第259—263、455—465、482—489、587—588页。
⑤ 《马克思恩格斯全集》原文版第1部分第10卷第259—263、455—465、482—489、587—588页。

可能作删改的情况。编辑部为了把恩格斯的军事分析或马克思的阐述当作社论发表，他们往往把通讯分开来使用，这样他们就要突出现实问题，并常常给通讯本身加上提示。在欧洲的邮件迟到的场合就时常出现这样的删改情况。

在**记事簿**上，1854年4月11日记有一篇以"格雷的讲话。本生"为标题的文章，《纽约论坛报》可能根本没有发表这篇文章，因为运送这批邮件的汽船"纳什维尔号"因暴风于4月28日才抵达纽约，而《纽约每日论坛报》早在一周前就已经对乔治·格雷在上院的讲话作出详细的评论。①记事簿6月6日提到的有关法国元帅圣阿尔诺的素描的第一部分是否也因邮件到达纽约（6月23日）过迟而没有发表，已经无从查考；迄今，我们在我们的编辑工作中所使用的《纽约每日论坛报》、《纽约半周论坛报》和《纽约每周论坛报》的缩微胶卷中还没有辩认出这篇文章。②凡属这类情况均列入"没有流传下来的著作索引"中。③

从记事簿的记录可以看出，编辑部有时公然删去马克思和恩格斯通讯的原有标题，例如关于英国海军上将查理·纳皮尔的评论④或对华盛顿·威尔克斯的批判⑤就是如此。

很可能，编辑部把马克思从伦敦寄出的3篇文章中的部分内容用作编辑部的社论。这类材料都作为存疑文章收在本卷的附录部分。⑥

---

① 《马克思恩格斯全集》原文版第1部分第10卷第1069页。
② 《马克思恩格斯全集》原文版第1部分第10卷第1070—1071页。
③ 《马克思恩格斯全集》原文版第1部分第10卷第1069—1072页。
④ 《马克思恩格斯全集》第1版第10卷第117页。
⑤ 《马克思恩格斯全集》原文版第1部分第13卷第765页。
⑥ 《马克思恩格斯全集》第1版第13卷第577—584页。

由于《纽约论坛报》编辑部时常做出删改，本卷所发表的正文的可靠性便成为问题。要准确无误地恢复文稿的原样是不可能的，所以编者决定，在任何情况下文章均按它们在《纽约论坛报》上发表的原样刊出。各卷的科学资料部分将指明可能的删改情况。《纽约论坛报》发表马克思和恩格斯的通讯时所使用的标题，非常有可能都是编辑部加的。本卷编者保留了这些标题，并把它们当作编者加的标题。

此外，编辑部的删改还使我们不得不去复查一下某些通讯目前所标明的日期，并往往要加以变动。

马克思和恩格斯的通讯常常在《纽约半周论坛报》和《纽约每周论坛报》上重复刊出，在这种情况下同《纽约每日论坛报》上第一次刊出的文字相比通常不作任何改动。连印刷行数和印刷错误都相同。这表明，它们使用了同样的排版。在较多的场合编辑部作出订正、修辞上的改动，主要是删减，他们干脆整段删掉，以避免重排。这些改动在本卷有关的"版本说明"中均一一指明。

为考察马克思和恩格斯为《纽约论坛报》撰稿情况，整理编辑他们于1854年撰写的通讯，本卷编者利用了纽约市麦迪逊街3050号柯达公司伊斯门子公司所属声像公司制作的1854年《纽约每日论坛报》的缩微胶卷。照像复制的该年度报纸每一号只有一版。在第1季度卷（1—3月）中上午版占多数。在其他卷里均是下午版（"第1下午版或第2下午版"），偶尔还可见到一份"号外"。有些号的报纸不完整。例如，1854年7月4日的报纸缺少第2和第3版，而7月5日的报纸仅复制到第2和第3版。考贝的清晰度因印刷油墨透过纸张和各卷装订过紧而受到影响。另外，编者还利用了纽约公共图书馆制作的一份1854年度《纽约每周论坛报》缩微胶卷。复制的原件显然是该图书馆的藏件，均标有书目号"151866.阿斯特、伦诺克斯和提耳登基金会"。各号报纸的报头上方均标有手写字样"C. M. 查普曼"或"查理·M. 查普曼"。除此之外，编者还有一份来源不详的1854年下半年《纽约半周论坛报》（1854年7月7日第951号至1854年12月29日第1001号）的缩微胶卷和华盛顿国会照像复制品图书馆制作的一份缩微胶卷，其中包括有1854年《纽约每日论坛报》、《纽约半周论坛报》和《纽约每周论坛报》各版中刊有马克思和恩格斯通讯的各个版面。有一篇文章①因1854年4月21日《纽约半周论坛报》复制件出现上述缺陷的情况非常严重，不得不依据马克思使用过的资料对正文作编辑上的补充。

《纽约论坛报》上的马克思和恩格斯的通讯在他们生前没有再发表过。学术界直至马克思和恩格斯逝世数十年后才得知他们为北美报纸撰稿的实际规模。

马克思后来显然并不掌握他多年从事《纽约论坛报》通讯活动的任何资料，所以他于1876年向在美国的弗里德里希·阿道夫·左尔格提出以下请求："可否把早逝的朋友迈耶尔保存的我在《论坛报》上发表的文章（这些文章可能是从魏德迈的遗物中拿去的）寄给我？我手里没有这些文章。"② 于是，左尔格于1877年4月给马克思寄去了他所要的东西（恩格斯在1895年给路德维希·库格曼的信中对此作了正确的猜测），③ 但是寄来的文集决不是完整的，其中还夹杂有不是由马克思和恩格斯撰写的通讯。爱琳娜·马克思和爱德华·艾威林在出版马克思和恩格斯论东方问题的文集时就是以这些版本资料为依据的。在这个版本中还没有指明恩格斯共同参与《论坛报》通讯活动的事实。只有

---

① 《马克思恩格斯全集》第1版第44卷第206—212页。
② 《马克思恩格斯全集》第1版第34卷第169页。
③ 《马克思恩格斯全集》第1版第39卷第341页。

在1913年出版马克思和恩格斯的通信集时才有可能这样做。

1917年，大卫·梁赞诺夫出版了马克思和恩格斯为《纽约论坛报》所撰写的通讯的一部完整得多的文集，这是他精心分析大英博物馆中收藏的若干完整年度的北美报纸的成果。梁赞诺夫的这一版本原定出版4卷，但未能完成。它只收入了从开始到克里木战争结束这一时期的通讯。

《马克思恩格斯全集》俄文第1版的出版在编辑出版马克思和恩格斯发表在《纽约论坛报》上的政论文章方面向前迈进了一大步。

《马克思恩格斯全集》俄文第2版和以此为基础出版的《马克思恩格斯全集》（1960—1961年柏林版第8—15卷）在完整收集和科学注释马克思主义经典著作家的政论文章方面具有特殊的价值。

《马克思恩格斯全集》英文版是完整地出版马克思和恩格斯50年代的政论遗产的另一个重要步骤，它是由苏共中央马列主义研究院同伦敦劳伦斯和威沙特出版社以及纽约国际出版公司联合出版的，计划出50卷。该版本首次以原文形式刊出到目前为止经过鉴定的马克思和恩格斯为北美这家报纸撰写的全部通讯。本卷编者在考察马克思和恩格斯为《纽约论坛报》撰稿情况时把该版本当作可靠的依据。

马克思、恩格斯和他们的战友为左翼宪章派机关报《人民报》撰稿情况

1852年琼斯在伦敦创办《人民报。政法和普遍权利的斗士》，马克思和恩格斯从该报出版之日起就给予极大的关注，积极为宪章运动中无产阶级革命左翼的这家机关报撰稿并以多种方式赞助该报发行人。

《人民报》在1854年的发展

琼斯作为《人民报》的所有者、发行人和编辑不断努力从质量上改进左翼宪章派的这份机关报，使之更有吸引力和自己的见解，以赢得更多的读者。1853年夏天就首次获得成功。[①] 1853年，这家宪章派报纸共售出133946份。1854年琼斯加倍努力，改变了报纸的版面。1854年2月18日起，报纸按《泰晤士报》的规格出版。采取的其他措施是：提高印刷质量，新加插图，出版《〈人民报〉图片附刊版》，不过，后者仅在1854年5月和6月出版了两个月。

琼斯成功地改进了报纸的质量，赢得了更多的读者。1854年第2季度，报纸已售出43000份，平均每周的发行量约为3500份。这样，《人民报》成为大不列颠销售量最高的周报之一。1854年夏季，在使用新的较小的铅字之前，《人民报》每周的销售量就已经达到4125份。为了赢得更多的无产阶级读者，当时琼斯提出的目标是将每份5便士的价格降为3.5便士，争取将每周的印数提高到7200份。

那位经常借钱给琼斯的报纸印刷工的突然去世，严重威胁了上述计划。发行人费了很大的力气才找到一位新的印刷工，此人按可以接受的条件印制1854年9月30日第126号以后的《人民报》，同时加宽了报头，改进了印刷质量。后来通过预订和捐款的方式征集到200英镑，于是《人民报》才从1854年12月16日第137号起以新价格3.5便士出售。这样，琼斯编辑的报纸在出版后的第3年便在政治进步的不列颠工人中赢得稳固的地位。

[①] 《马克思恩格斯全集》原文版第1部分第12卷第688页。

宣传以左翼宪章派为主体的人民群众运动在该报1854年的发展中起到了决定性的作用。这场运动是琼斯于1853年发动的，当时，英国西北部工业区受到巨大的罢工浪潮的冲击，罢工的主要目的是要求提高工资，兑现工厂立法，保障并扩大工人组织的权利。琼斯和他的战友们从这种局势中得出结论：必须把孤立的、地方性的工人斗争行动协调起来，保证采取一致的有目的的行动。这样便产生了组织一场独立的群众运动的计划，这一运动应从支持普雷斯顿和郎卡郡入手，克服不列颠工人运动按地方联合会和行业联合会分散进行的状态并将经济斗争提高到政治水平上来。领导群众运动的应是一个由民主选出的代表组成的"工人议会"。

《人民报》在宣传群众运动方面起了重要作用。在1854年的前几个月里这种宣传是报纸的主要内容。它除了报道全国联合运动的状况外，还向政治上进步的工人说明他们所处阶级地位的原因，抨击资本主义的剥削，告诉工人：无产阶级只有作为阶级来行动才能改变自己的处境："在这种情况下，这是阶级对阶级、积累资本对现行工资的斗争……因此必须明白，除非工人阶级作为一个阶级，也就是说结成一个全世界的联盟以一场群众运动来进行这一战斗，否则他们就必然失败。所以只想重新集合在一个城市周围而放弃所有地方的任何企图都是自杀性的。这个阶级是同一的，利益是一致的。"宣传这一思想所以特别重要，是因为此时的不列颠工人运动不仅混乱、分为地方的和行业的利益集团，而且在意识形态上也受自由资产阶级的影响。资产阶级从一开始就千方百计抵毁种种争取联合行动的努力和这一运动的倡导者。1854年初，资产阶级便在工人阶级中，尤其是在工联委员会里散布谣言，说什么"……群众运动委员会除了怀有不可告人的政治目的外，别无其他打算"。

当人们着手直接筹备成立工人议会时，郎卡郡罢工斗争的失败已在预料之中。这样，原来的主要目标，即支援斗争工人这一目标基本上已经失去意义。因此，琼斯考虑到其他一些任务。为了把拒绝进行政治斗争甚至革命斗争的工联争取到工人议会方面来，琼斯又回到陈旧的、早已被实践驳倒的购买土地和组织工人移民的空想计划上来。虽然作了种种让步，工联的群众仍然没有参加1854年3月18日在曼彻斯特民众文化馆内召开的工人议会第一次会议。①普雷斯顿工人的失败和工联多数领导人拒绝参加群众运动和政治斗争，这使这种联合行动在工人运动中缺乏群众基础，以致工人议会的行动纲领未能实现。工人议会原订于1854年8月在诺丁汉召开第2次会议，但未成功。

在争取建立不列颠无产者的统一的群众性政治组织的这第一次尝试失败以后，《人民报》仍然鼓吹工人阶级必须实现政治上和组织上的统一，号召在争取劳动者的政治权利和社会权利的斗争中建立一个广泛的同盟。

马克思和恩格斯为《人民报》撰稿情况

马克思和恩格斯给予左翼宪章派的机关报很多帮助，这是他们为建立无产阶级革命组织而进行的斗争的一个重要组成部分。他们的支持不仅体现在无偿地提供文章上，而且他们还把重要的革命斗争经验、有关社会发展和阶级斗争的规律性的理论认识介绍给报纸的编辑部。马克思甚至经常帮助编辑报纸，而且还促使其他朋友和战友写文章支持报纸。

马克思和恩格斯亲自写文章，特别是经常提出各种意见和建议来帮

---

① 《马克思恩格斯全集》第1版第10卷第100页和第135—139页。

助以琼斯为首的左翼宪章派，坚定《人民报》的无产阶级革命的基本方向，努力帮助提高报纸的政治影响。

依据流传下来的少量文献和资料完整地追述马克思和恩格斯在1854年期间为《人民报》撰稿的实际情况是十分困难的。在流传下来的资料中，尤其是在书信中几乎没有提到过这方面的情况。其重要原因是，琼斯就住在伦敦，经常探访马克思，所以他们之间不大需要书信来往。

1854年度的《人民报》除发表了马克思的《给工人议会的信》以外，还有，恩格斯为《纽约论坛报》撰写的两篇通讯。从流传下来的琼斯给马克思的少数几封信中的一封信中摘引的下述一段话表明，在1854年，合作仍然是十分密切的："……我的时间已排得满满的。所以，请你给我写一篇准备下星期发的社论，希尔在星期三就应当拿到它。这是我的请求！"① 恩格斯3月13日为《纽约论坛报》撰写的《俄军从卡拉法特撤军》一文，可能也是应这样的请求而发表的，因为琼斯这时恰巧在曼彻斯特逗留，正全力以赴地商讨工人议会事宜，《战争》一文也是这样，它是恩格斯为《纽约论坛报》撰写的，由马克思提供给琼斯先刊登在《人民报》上。

琼斯在马克思的影响下利用马克思提供的资料写了一篇国际事件综述发表在1854年4月22日的报纸上。本卷"附录"收入了此文。② 出于同样的原因，"附录"中还刊出一篇曾发表在报纸"时评"栏中的文章，题为《太晚的发现》。③ 这篇文章证明，马克思除了向琼斯提供自

---

① 《马克思恩格斯全集》原文版第3部分第7卷第401页。
② 《马克思恩格斯全集》原文版第3部分第7卷第589—591页。
③ 《马克思恩格斯全集》原文版第3部分第7卷第592—595页。

己从事《纽约论坛报》通讯活动时形成的文章和资料，还向琼斯提供了自己的广泛的理论研究成果，供琼斯在政论活动和学术旅行中使用。

不过，马克思和恩格斯能够对《人民报》的卓有成效的发展施加最直接、最持久的影响，靠的则是他们同琼斯的经常的个人交往和友好关系。下面的例子可以说明，马克思常常使用什么方法对宪章派领袖在某些问题上的政治观点施加影响：1854年10月，伦敦的宪章派因拿破仑第三计划访问英国而成立了一个反波拿巴委员会。根据琼斯的提议，马克思被选为名誉委员并被邀请参加该委员会的工作。马克思向恩格斯通报了事情的进一步发展情况："寄给你一号《人民报》，使你了解一下琼斯对巴尔贝斯……的事情所耍的手腕，了解一下他就波拿巴计划访英一事所作的反波拿巴宣传。这件事使地方'当局'严重不安……原先他在自己那个领导反波拿巴运动的委员会中选进了一些名誉委员，把我也选了进去。我嘲笑了他并且专门指出，为了使这个运动在这里和在大陆发生作用，它应当具有纯粹英国的性质……他同意了这一点。"①

1854年，马克思和恩格斯还对《人民报》报道中关于经济问题和社会问题的讨论施加了执着的影响。报纸在一系列文章中分析和评论了经济的停滞现象。同马克思和恩格斯的观点一样，报纸认为，1849年开始的英国繁荣时期不可能不被打断，1853年以来英国经济显示出来的征兆预示了一场新的周期性危机。在这方面，琼斯一再反驳资产阶级新闻记者的说法，例如他们把世界贸易的衰退仅仅解释为俄土战争的结果。同马克思和恩格斯一样，琼斯也把无产阶级革命运动在全欧洲范围内的再度兴起寄望于下一次周斯性危机的爆发。为了在政治上和理论上为这些斗争作好准备，英国工人阶级必须从过去的失败中吸取历史教

---

① 《马克思恩格斯全集》第1版第28卷第413页。

训:"这种教训标志着人民精神历史和进步行动的另一个时代的结束。**这一类斗争将不再发生**。未来的斗争将是政治斗争的，这是必然的。贸易的迅速萎缩、失业现象的惊人蔓延以及贫穷的可怕的破坏作用将杜绝任何重大的争取提高工资的斗争。罢工在毫无希望的情况下（某些非常特殊和个别的情况除外），将成为过去的被粉碎了的妄想。政权是一切改革的真正源泉——这一伟大真理最终将被所有的人理解。"①

1854年，琼斯也坚决拥护马克思和恩格斯对社会改革问题的立场，反对那种认为工人可以通过建立消费合作社，通过"消费组织"而根本改善自身社会地位的广为散布的幻想。这种改良主义方案在工联中有许多拥护者。在驳斥这一方案时他指出："**生产**先于**消费**——除非你首先组织好一国的生产，否则要组织一国的消费便是一件毫无希望的事……但是谁肯费心告诉我们如何组织好生产，除非你首先掌握了政权？……只要生产资料受垄断组织控制，生产就不能按民主方式来'组织'。所有的人都会承认这一点。"②

琼斯无论在他出版的左翼宪章派的周报上，还是在他多次的宣传鼓动旅行中都坚持他在马克思和恩格斯的决定性影响下形成的政治观点。在这些旅行期间，他令人信服地宣传唯物主义世界观，公开谴责资本主义的剥削，揭露统治阶级的政策，号召英国工人自己掌握国家的命运。1854年7月，他向参加哈里法克斯集会的人们疾呼："结束秘密外交的唯一办法是结束这些阶级的权力。因为这些阶级关心的是不让人民知道

---

① 厄内斯特·琼斯：《最精贸易的失误和重大危机》，载于1854年6月24日《人民报》第112号。

② 厄内斯特·琼斯：《组织消费》，载于1854年9月9日《人民报》第123号。

真相。"① 1854年9月10日，他在黑石山脊的讲话中形象地指出，"剩余劳动"是资本主义现行剥削制度的经济基础，工人阶级只能自己把自己从这种制度下解放出来；"甚至不要指望上帝本身（因为上帝只帮助那些自己帮助自己的人）。'依靠努力和信念你才能得救'。信念在你的原则中，努力在其事业中。自力更生是成功的关键。"②

马克思认为琼斯于1854年8月6日在贝凯普的一次集会上的讲话特别有意义，所以他在写给《纽约论坛报》的一篇通讯中几乎复述了全部内容。③

1854年，马克思和恩格斯还对《人民报》对克里木战争的立场以及对欧洲大国，特别是英国联合政府的对外政策的评论施加了特别有力的影响。这一年，琼斯赞成并坚持马克思和恩格斯关于工人阶级在对外政策问题上要保持无产阶级自己的立场的观点。他也认为，无产阶级在对待国际政策问题上保持这种独立的立场，是以正确规定工人阶级的民族利益和国际利益的关系为基础，以揭露统治者的本质、其对外政策的阶级目的及其秘密外交为前提的。

1854年，在英国和法国舰队进入黑海后，琼斯在一篇编辑部的文章中讨论了俄土冲突演变为一场欧洲战争的前景问题，这篇文章在内容和结构上都与恩格斯为《纽约论坛报》撰写的一篇通讯相似。同马克思和恩格斯的看法一样，他把欧洲革命形势的成熟寄望于这一冲突的扩大："当时，沙皇正处于危险之中，自由的希望大放光芒。世界各地的

---

① 《伟大而重要的哈利法克斯会议》，载于1854年7月29日《人民报》第117号。
② 《黑石山脊》，载于1854年9月16日《人民报》第124号。
③ 《马克思恩格斯全集》第1版第10卷第417—419页。

流亡者正睁大眼睛注视着——他们已准备发出信号,并准备夺取武器。不论是在多瑙河的边境上,还是在巴黎的宫殿中,或是在英格兰北部的半废弃的纺织厂内,反应都在起决定作用。我们的希望从未这样强烈。这里的各党派在数不尽的劳动大军的前进步伐中即将土崩瓦解,不久欧洲大陆的起义就将光荣地上演一出蔑视宪法的戏剧。"①琼斯在社论《德国的势力》中非常确切而详细地陈述了曾受到马克思和恩格斯有力影响的左翼宪章派对克里木战争的立场。他在这篇文章中指出,把这场冲突说成是自由与专制主义之间、文明与野蛮之间的斗争是荒谬的。琼斯论证说:英国政府和法国皇帝并没有谴责沙皇的占领计划,无疑他们参与了分赃。同马克思和恩格斯给《纽约论坛报》撰写的文章的观点相似,琼斯也揭露说,西方大国,特别是阿伯丁联合政府对俄国的态度摇摆不定,主要原因是它们需要沙皇这个镇压欧洲每一革命运动的保证人。他宣传应对沙皇和欧洲所有其他反动政权进行不妥协的斗争,坚决维护被压迫人民和民族的权利,呼吁发动革命战争来反对欧洲封建反动势力的堡垒——沙皇俄国:"一场反对沙皇俄国的重大战争将是一场原则之战——一场革命战争——一场只有在推翻法国和英国政府、消灭奥地利和普鲁士之后才有可能发生的战争。就目前的状况来看,我们的统治者不希望德国当权者采取一种明确的态度,他们有一切理由希望后者保持中立。新的战斗人员加入斗争只能使事情复杂化,使问题的和平解决比现在更加困难。"②

---

① 厄内斯特·琼斯:《沙皇处于危险之中》,载于1854年1月14日《人民报》第89号。

② 厄内斯特·琼斯:《德国的当权者》,载于1854年5月27日《人民报》第108号。

琼斯的观点以及马克思和恩格斯的观点的一致还反映在对多瑙河和克里木各战场上的个别事件与军事行动的评价上。例如，琼斯在《**土耳其已经背叛！怎样才能打败俄国**》一文中对英国、法国和土耳其成立三国同盟以及对希腊人暴动所作的表述均类似于马克思为《纽约论坛报》写的一篇通讯。① 对俄军撤出多瑙河各公国以及奥地利入侵瓦拉几亚的评论也是如此。和马克思的观点②一样，琼斯认为，俄军的撤退使俄国在克里木战场上增强防御力量。他强调说，法国军队和英国军队"已驶向克里木。由于奥地利保护多瑙河上的俄国人，他们在那里没有遭土耳其人或其他人攻击的危险，因此，沙皇在多瑙河的军队可以撤出一半来支援他在塞瓦斯托波尔的军队……英国内阁的愚蠢或合作在服从这一无耻的背叛行为"。③

在另一篇文章中，琼斯评论了允许奥地利占领多瑙河各公国的一项协议，他这样写道："对背信弃义的盟友的秘密谅解日益明显……那场战争危及正统性和专制主义，它还可能扰乱欧洲，解放民主。因此，什么事都做不成，除非奥地利答应维护秩序。怎样才能使奥地利答应呢？只有下面这个办法：把战场从危险的和革命的国家——特别是匈牙利的邻国移往别处去。"④ 此外，琼斯在这篇文章中还评论了法国军队和英国军队在克里木的登陆并在《为人民欢呼三声》一文中评论了它们对塞瓦斯托波尔的进攻，这些都同恩格斯发表在《纽约论坛报》上的通讯观点相近。

---

① 《马克思恩格斯全集》第1版第10卷第104—109页。

② 《马克思恩格斯全集》第1版第10卷第412页。

③ 《博马尔松德、塞瓦斯托波尔、阿纳帕和多瑙河》，载于1854年8月12日《人民报》第119号。

④ 《英国及其军队》，载于1854年9月30日《人民报》第126号。

我们可以这样概括：1854 年，马克思和恩格斯对《人民报》的内容编排产生了巨大的影响。

另一方面，左翼宪章派的机关报是他们报道英国工人运动的形势与斗争情况的重要消息来源和资料来源。马克思在为《纽约论坛报》撰写通讯时非常仔细地利用了各号《人民报》。

直至 1854 年 3 月还有人对马克思的连载文章《帕麦斯顿勋爵》提出询问和意见，编辑部则对此作了详细的答复，这就反映出，马克思为报纸撰稿所产生的影响是多么持久。编辑部还经常提到马克思和恩格斯与左翼宪章派机关报之间的密切联系，这种联系大大有助于提高报纸在政治上进步的工人中的声誉。

马克思和恩格斯的战友们为《人民报》撰稿

早在 1852 年，除恩格斯以外，马克思还建议其他朋友和战友写文章支持宪章派的报纸。所以克路斯便成为"美国通讯员"，埃卡留斯则以"巴黎通讯员"的身份为《人民报》写报道。马克思的挚友皮佩尔于 1853 年底甚至一度提任"英国宪章派机关报的编委"。①

1854 年，报纸仅发表了一篇可以明确看出是由巴黎通讯员供稿的文章。② 另两篇来自法国的通讯可能只有一篇是埃卡留斯执笔的，因为马克思在 1854 年 9 月 12 日《纽约论坛报》的一篇通讯中加工整理过那些消息。埃卡留斯和克路斯不直接把他们的文章寄给报纸，而是寄给马克思，由他再转寄。

---

① 《马克思恩格斯全集》第 1 版第 9 卷第 562 页。
② 1854 年 5 月 13 日《人民报》第 106 号。

显然，克路斯是《人民报》1854年1月14日第89号和1854年1月28日第91号上两篇来自华盛顿的通讯的作者，因为，马克思每次都是恰好在此之前收到克路斯的邮件。

像克路斯一样，皮佩尔在1854年也写文章支持宪章派的报纸。报纸于8月发表过两篇以"W.P."署名的文章。① 第一篇文章一开头对1854年6月24日罗素勋爵在下院的讲话所作的评论同马克思在《纽约论坛报》上的一篇通讯②对同一事实的评论在内容上是一致的。第二篇文章分析了戴维·乌尔卡尔特和他的在1840年于巴黎出版的小册子《危机。面对四强的法国》。这篇文章是皮佩尔住在马克思家时写成的。③ 马克思想必为这篇文章提供过材料并提出过意见，能证明这一点的，除皮佩尔的某些评论同马克思《纽约论坛报》上的一篇通讯中的类似论述在内容上相一致这一点而外，还有下述事实：马克思有一本上面提到的乌尔卡尔特的小册子，而且已经用来作了摘录笔记。④

其次，皮佩尔也帮助琼斯，他把马克思为《纽约论坛报》写通讯时所收集、加工的资料加以编纂，用于《人民报》的国外通讯。例如，他把马克思已经在《纽约论坛报》一篇通讯中和发表在卡普施塔德（开普顿）报纸《南非人报》上的一篇文章中使用过的资料转用于报纸的"国外消息栏"。

据推测，在1854年共刊印过3次的《我们的大陆评论》栏中的一些文章也是由皮佩尔依类似的方法编纂而成的。这样说的理由是，这些

---

① 1854年8月12日和8月19日《人民报》第119号和120号。
② 《马克思恩格斯全集》第1版第10卷第386—387页。
③ 《马克思恩格斯全集》第1版第10卷第385页。
④ 《马克思恩格斯全集》原文版第4部分第12卷。

文章在内容上同马克思在《纽约论坛报》上的通讯中对同类问题的评论是完全一致的。例如，1854年3月4日发表在《人民报》上的《西班牙运动》一文中有一段话是这样说的："我认为，你在英国不会理解目前西班牙所发生的事情。这里拥有充分的民主，但这与目前的造反运动毫不相干。**它完全是俄国的军事阴谋**，其目的在于使法国和英国争吵不和。你们可能知道，什么时候法英结盟，什么时候西班牙就会出现造反运动。因放荡而憔悴的伊萨伯拉没有留下任何后代，蒙潘西埃公爵便成为西班牙王位的假定继承人。一个科堡家族成员是英国亲王的妻室并与奥尔良王族密切结盟，在这种情况下，如果西班牙发生暴动，那么，任何企图让一个拿破仑式的人继承西班牙王位的做法都会受到英国政府的抵制。"①

发表在《人民报》上的文章的版本情况

我们考察马克思和恩格斯于1854年为《人民报》撰稿的情况，分析该报在这一时期的发展，确定宪章派机关报中收入本卷的各篇文章的原文，都是依据该周报第3年度的缩微胶卷（第88号至139号），这份胶卷是由伦敦世界缩微胶卷销售部制作。从拷贝件可以看到，每一号报纸的第1版报头上均有手写的字样，表明由清样订成的合订本是为当时的印花税务局编制的。在1854年9月23日第125号以前，报纸通常都标有这样的字样："印花税务局，第1版（第2版）。厄内斯特·琼斯。干草市场大磨坊街116号。"好几次没有"印花税务局"字样，发行人写成"厄内斯特·查·琼斯"，出版地点仅注明"伦敦"。如果报纸未

---

① 《马克思恩格斯全集》第1版第10卷第122—123页。

出第2版，便标有"第一版，唯此版次"的字样。1854年9月被迫更换印刷工，手写的字样也发生变化。从1854年10月14日第128号起改成这样："第1版（第2版）。厄内斯特·（查理）·琼斯刊印并出版。印刷所新址：布赖德街新街广场。"后来。这些字样或多或少有所简化，但一直沿用下去。

在复制的合订本中，1854年度的各第1版和第2版，包括5月至6月出版的6期《人民报。图片副刊版》都完整地流传下来。缩微胶卷的清晰度有的地方因原件本身的缘故而受到影响，如报纸有裂痕、折痕、破损、页与页之间装订过紧、油墨较淡等等。凡油墨透过纸张的地方，拷贝件有时就不清楚。但正文并未因此而受损。

（原载《马克思恩格斯全集》原文版第1部分
第13卷第629—654页）

（佐海娴 译　王锡君 校）

关于马克思和恩格斯的政论活动
（1859年10月—1860年12月）*

马克思和恩格斯1859年10月至1860年12月期间的政论活动的中心仍然是为《纽约论坛报》撰稿。从1860年8月起，恩格斯开始为英国军事周刊《志愿兵杂志》撰稿，截至1860年12月，他共为该刊撰写了5篇（组）文章。1860年9月，达姆施塔特的《军事总汇报》发表了恩格斯的文章《英国志愿兵猎兵的检阅》，除此之外，恩格斯还在1860年11月为《美国新百科全书》撰写了"海军"条目，以此结束了马克思和恩格斯自1857年7月以来连续为这部资产阶级的进步的百科全书撰写条目的工作。

为《纽约论坛报》撰稿

马克思和恩格斯从1851年开始为《论坛报》撰稿，这个活动在1853年和1854年期间达到高峰，在1859年和1860年期间，马克思和恩格斯继续从事这一活动。他们在1859年10月至1860年12月期间发表在这家报纸上的文章有据可查的有42篇。

---

* 本文选自《马克思恩格斯研究》1991年总第7辑。

《纽约论坛报》是北方工业资产阶级最重要的喉舌,也是美国最有影响的报纸。

1860年4月10日该报在《前进的二十卷》一文中着重指出,该报已迈入创刊后的第20年。① 文章指出,该报总印数在一年之内的增长幅度甚至出乎编辑部的预料。印数超过了"本国和其他国家"的任何一家报纸。

上述情况(与1859年相比)可见下表:

	1860年4月	1859年4月
《每日论坛报》	40000份	35750份
《半周论坛报》	26250份	19000份
《每周论坛报》	217000份	153000份
《太平洋》	3500份	4000份
总计:	286750份	211750份

与1859年4月相比,总印数增加了75000份。《每周论坛报》增加了64000份,占增加的总印数的绝大部分。

《每日论坛报》不能在出版的当天送到每一个州,更不用说送到美国的任何地方了。而且人们往往也没有时间每天看报。从《每周论坛报》上,读者可以概括了解一周内发生的事情。

《每周论坛报》在读书俱乐部中发行十分广泛。例如,仅在1860年4月,就有273份《每周论坛报》发送到宾夕法尼亚州匹兹堡市的这种俱乐部。

从总体上来看,整个《论坛报》订户主要在北方各州。在纽约州

---

① 1860年4月10日《纽约每日论坛报》第5916号第3版第3—4栏。

销量从6186份上升到93647份，在宾夕法尼亚州销量从15292份上升到27104份，在俄亥俄州销量从19740份上升到25949份。相反，在南部各州销量则有所下降。例如，在德克萨斯从132份降为89份，在乔治亚从78份降为34份，在弗罗里达从41份降为7份。

还应该提到的是，同一时期（1859年4月至1860年4月）国外订户的数量从402份降为321份。

《论坛报》的总印数骤然上升有两个重要原因。从1859年秋开始，美国处于1860年11月举行的总统选举的气氛之中，共和党人亚伯拉罕·林肯在这次选举中获胜。在1860年4月10日总结回顾之际，报纸强调指出，该报愿意在竞选中为"共和党人的胜利"作出贡献。

在美国，关于解放奴隶问题的争执日趋尖锐。1859年11月和12月，《论坛报》以极大的关注报道了对约翰·布朗的审判。约翰·布朗在1859年10月准备从弗吉尼亚点燃解放奴隶的斗争。在社论《谁教育了约翰·布朗》中，称布朗为"奴隶的斗士"，并"以真理和正直的名义"对死刑判决表示抗议。①

在本文所涉及的时期，对内政策问题越来越多地受到该报的重视。《论坛报》在奴隶问题上代表了北方各州的立场，对林肯的当选起到了促进作用。1848—1849年革命后所唤起的对欧洲事务的兴趣减弱了。《论坛报》编辑部的工作主要针对的是美国日益尖锐的阶级冲突。

此外不容忽略的是，编辑部内出现的变化给马克思和恩格斯为该报撰稿造成困难。德纳作为报纸副总编辑的影响逐渐削弱。他在1851年8月向马克思提供了为该报撰稿的机会。德纳与报纸的创办人霍拉斯·格里利产生矛盾，因为他在反对奴隶主的斗争中采取了比格里利更为激进

---

① 1859年11月12日《纽约每日论坛报》第5790号第4版第3栏。

的立场。

波兰的亚当·古罗夫斯基伯爵仍然是编辑部的成员，恩格斯早在1855年就曾对他的泛斯拉夫主义宣传进行过抨击。他是1859—1860年仍用自己的名字在报纸上发表文章的少数作者之一。马克思1859年9月在《科苏特和路易-拿破仑》一文中曾经抨击过的拉约什·科苏特的追随者、匈牙利流亡者奥略里·费伦茨·普尔斯基也一直是该报在伦敦的"本报通讯员"，他们二人都与格里利有私交。

一方面，日益加剧的对内政策的争执和编辑部的状况导致了马克思和恩格斯在《论坛报》上发表文章数量比1858年相对减少。另一方面，不容忽略的是，马克思1860年的政治活动和科学活动转向了因福格特对马克思和恩格斯以及共产党的诽谤而引起的争论。撰写通讯的活动则退居次要地位。

1860年2月，马克思在给恩格斯的信中写道："……我整整一星期依然未能给《论坛报》写信。我不得不给各方面至少寄出五十封信。"① 这些信是为他撰写反对福格特的文章所作的准备。

1860年11月初，马克思忙于修改《福格特先生》一文，"不得不把关于诉讼案的那一章完全改写"。在此之后，他"最后"才能顾上"《论坛报》"。②

即使如此，马克思也没有低估为《论坛报》撰稿的活动。对他来说，就许多政治经济发展问题，特别是欧洲国家的这类问题阐明自己的立场，也是对付福格特的抵毁的武器。在与福格特的争论中马克思强调指出，他"从1851年起就是《纽约论坛报》——第一流的美国英文报

---

① 《马克思恩格斯全集》第1版第30卷第32页。
② 《马克思恩格斯全集》第1版第30卷第107页。

纸——的固定撰稿人"，他"不仅为该报写通讯，而且还写社论"。①

《福格特先生》一文中收入了德纳 1860 年 3 月 9 日致马克思的信。② 马克思曾经请求德纳"对我 10 年来给《论坛报》……撰稿一事提出书面证明"。③ 德纳在信中说明，马克思"不仅是我们报纸的最宝贵的撰稿人之一，而且也是报酬最优厚的撰稿人之一"。④ 和过去几年一样，马克思从 1853 年起，每发表一篇文章，得到 2 美元的稿酬。马克思在与福格特争论期间，能够承受为家庭的生存而进行的斗争，《论坛报》的稿酬是一个先决条件。

马克思和恩格斯在他们的政论活动中"被报纸及其读者捆住了手脚"⑤。《论坛报》的读者大部分是来自欧洲国家的人。1848—1849 年革命以后，移民浪潮把众多移民，其中包括不少政治流亡者带到了美国。对他们之中的许多人来说，《论坛报》是一个重要的消息来源。他们参加了反对奴隶主利益的斗争，并为共和党的建立作出贡献。他们中间有不少 1848 年革命的德国参加者。马克思也因"《论坛报》的订户中有许多德国人"而十分重视与这家报纸的合作。

马克思和恩格斯意识到，在这个时期，对内政策问题越来越多地引起读者的关注。在马克思看来，1860 年 1 月除了"俄国的奴隶运动"之外，"现在世界上所发生的最大的事件……是由于布朗的死而展开的美国的奴隶运动。"⑥

---

① 《马克思恩格斯全集》第 1 版第 30 卷第 465 页。
② 《马克思恩格斯全集》第 1 版第 14 卷第 748—749 页。
③ 《马克思恩格斯全集》第 1 版第 14 卷第 681 页。
④ 《马克思恩格斯全集》第 1 版第 14 卷第 748 页。
⑤ 《马克思恩格斯全集》第 1 版第 28 卷第 600 页。
⑥ 《马克思恩格斯全集》第 1 版第 30 卷第 6—7 页。

1860年9月，马克思催促恩格斯把关于加里波第的文章寄给他，并说明："我本来不想拿这篇东西来烦扰你，但是我知道美国佬在竞选期间除了意大利的戏剧性事件以外，在国外政治方面是什么也不看的。此外至多还有关于收成和贸易的文章。但是，为了体面，这些东西自然也只能一个星期写上一次。"①

《纽约每日论坛报》的对外政策报道通常放在最后几版，内容丰富多彩。重点放在欧洲。同时也报道世界其他地方，特别是太平洋地区的政治事件和经济发展。

关于欧洲事件的报道显然是由一些通讯员撰写的，在这一方面报纸上经常刊登来自伦敦和巴黎的文章。报上一再提醒人们注意拿破仑第三的政策。在一篇《拿破仑第三》的社论中警告说，1859年的意大利战争表明，拿破仑第三想彻底改变欧洲版图，使自己成为"欧洲的独裁者"。②

除其他时事政治问题之外，1860年夏初开始的朱泽培·加里波第领导的意大利南部民族解放斗争引起人们极大关注。这表现在对事件的详尽描述和对欧洲通讯社和报纸的最新消息的转载上。恩格斯关于加里波第的进军的通讯以社论的形式刊登出来。

马克思和恩格斯于1859年10月至1860年12月期间发表在《纽约每日论坛报》上的有据可查的42篇文章中有13篇被该报作为社论加以采用。9篇被《半周论坛报》所采用，2篇被《每周论坛报》所采用。

---

① 《马克思恩格斯全集》第1版第30卷第87页。
② 1860年6月27日《纽约每日论坛报》第598号第5版第1栏。

被《每周论坛报》采用的两篇文章《奥地利病夫》[①] 和《欧洲的收成》[②] 发表在该报的同一号上。另有3篇文章的作者估计可能是马克思或恩格斯。[③] 对于编辑部来说,作者始终是马克思一人。

马克思和恩格斯这个时期的政论所涉及的主要问题是在摩洛哥的西班牙殖民战争的进程、德国阶级冲突的发展、英国政治经济状况、法国波拿巴政府的对内政策和对外政策和意大利民族运动,尤其是加里波第进军。恩格斯除此之外还把目光转向诸如德国的军事改革、英国防御法国进攻的可能性等现实军事问题。他论述了英国军队的发展状况和装备情况。马克思和恩格斯曾经约定,主要由恩格斯撰写以摩洛哥战争、加里波第进军或军事问题为题材的文章。

在这一系列题目中,编辑部采用有关摩洛哥战争、德国军事改革、英国贸易、英国的防御问题的文章,尤其是意大利民族运动的发展以及与此相联系的加里波第进军的文章作为社论。

关于欧洲问题的通讯多半都是集中发表在《欧洲状况》或《欧洲》的标题之下。但是,也有一些关于欧洲问题的文章,没有发表在《欧洲状况》或《欧洲》的标题之下。例如,马克思的《巴登—巴登会议》一文就属于这种情况。[④]

报纸以《欧洲》为标题发表的通讯通常是由伦敦的一位未署名的"本报通讯员"所撰写的报道欧洲最新事件的文章。在这里可以断定作者是奥略里·弗伦茨·普尔斯基。

---

① 《马克思恩格斯全集》第1版第15卷第141—144页。
② 《马克思恩格斯全集》第1版第15卷第145—148页。
③ 《马克思恩格斯全集》原文版第1部分第18卷第619—629页。
④ 《马克思恩格斯全集》原文版第1部分第18卷第444—447页。

在发自欧洲的文章前面有可能加上编者按。1859年11月8日的报纸在一些欧洲通讯中发表了马克思的文章《欧洲和平的激进看法》,①编者概括说明,这些发自伦敦、巴黎和维也纳的通讯向人们展示了一幅"欧洲状况的真实画面"。

为了向读者提供消息,该报还在一些重要事件上转载其他报刊上的文章。在《纽约每日论坛报》以社论的形式发表恩格斯有关摩洛哥战争的文章的同时,在1860年2月10日的报纸上还发表了《伦敦星期六评论》上一篇论及同一题目的文章。

带有欧洲要闻(电讯)的轮船在到达加拿大东海岸的一个电报站法瑟波因特或纽芬兰的岛南边的一个地方开普雷斯时就可以把消息用电报发往纽约。轮船从法瑟波因特或开普雷斯到纽约一般还有两天的航程。编辑部在此之前已经得到了新闻部分。考虑到最重要的政治事件,编辑部可以对即将送达的文章作出初步选择。当"巴尔第摩城号"蒸汽船1860年9月26日离开利物浦,10月9日到达纽约时,报纸告知:"该船带来的新闻已提前发表"。② 在10月10日的报纸上发表了马克思的文章《俄国利用奥地利。——华沙会议》。

该报出于编辑上的考虑不予放弃的文章有可能在邮船到达纽约的第二天发表。如果邮船不是在纽约靠岸,而是在美国的其他港口靠岸,那么这些文章只能在轮船到岸三四天之后发表。

轮船通过新闻站传送的在英国得到的最新消息包括一些尚未写进文章中的报告,例如,编辑部曾经用所了解到的事件的最新情况对恩格斯撰写的以社论形式发表的通讯《加里彼第在西西里》进行过补充。

---

① 《马克思恩格斯全集》第1版第13卷第592—595页。
② 1860年10月10日《纽约每日论坛报》第6072号第6版第1栏。

编辑部确定文章采用什么标题，并对文章加以改动，这是合乎常规的。

以社论形式发表的通讯，开头部分可能作了改动，在一些情况下删去了较长的段落。从对恩格斯《英国的志愿兵部队》①一文的开头部分和《金融市场的紧张状况》②一文的删节可以作出这样的结论。

编辑部对马克思和恩格斯的任何文章都未加过有保留意见甚至相反意见的编者按。不过，马克思和恩格斯在这一时期为这家报纸所写文章的题目也是值得注意的。

编辑部标明发自伦敦或巴黎的马克思和恩格斯的通讯大多数被当作"临时通讯员"的稿件。马克思的据称发自柏林的通讯多半都标明"本报通讯员"所写。但是，也有一些文章只标明该报"通讯"。1860年2月14日报纸上发表的两篇文章不能排除马克思原来作为一篇完整的文章寄出的可能性。编辑部注明《法英之间的新条约》③的作者是"本报通讯员"，而在《英国的政治》④一文上则注明"通讯"。

马克思和恩格斯之间的通信是确定作者为马克思和恩格斯的最重要的依据。他们在信中交换对要撰写的文章的想法，马克思还在信中证实收到恩格斯寄给他的文章。在此值得注意的是，在通信中，尤其是在1860年1月以来的通信中写文章问题不占主要地位，这主要是受到与福格特争论的影响。2月15日至4月8日期间没有来往信件。马克思在3月25日之前一直在曼彻斯特恩格斯那里准备反对福格特的文章，接

---

① 《马克思恩格斯全集》第1版第15卷第80—82页。
② 《马克思恩格斯全集》第1版第15卷第242—243页。
③ 《马克思恩格斯全集》第1版第15卷第15—19页。
④ 《马克思恩格斯全集》第1版第15卷第9—14页。

着，恩格斯因父亲去世前往巴门。

从1855年4月起，马克思和恩格斯及其他人的通讯发表时不再署名。在这个时期马克思没有留下能够证明寄出文章的笔记本或其他文字材料。在现存的马克思1860年的笔记本中只有马克思为其论战文章《福格特先生》所搜集的资料。

为了证明作者是谁，就必须考察一下在马克思和恩格斯以前所写的通讯中是否能够找出相同或类似的思路和共同点，是否可以证明这些东西与马克思和恩格斯的文章和论文有联系。

马克思的《对华贸易》①一文同他以前所写的文章有联系。《巴登—巴登会议》在内容上与《普鲁士新闻》②有关。

《叙利亚事件。——英国议会会议。——不列颠的贸易状况》一文在论述多尔哥鲁科夫公爵的著作《伟大的真相》时直接以马克思写于同一时期的《福格特先生》中《达·福格特和他的研究》一章为基础。③

在马克思写于1860年5月28日的《加里波第在西西里。——普鲁士的状况》"文中，马克思几乎逐字逐句地抄录了1860年4月24日给恩格斯的信中评论《斯特拉斯堡记者》报和《波罗的海月刊》的话，由此证明了此文作者是马克思。④

分析利用英国报刊是马克思和恩格斯从事时事报道的重要前提。英国报纸上刊登的战场最新报道是以摩洛哥战争和加里波第进军为题材的

---

① 《马克思恩格斯全集》第1版第13卷第601—605页。
② 《马克思恩格斯全集》第1版第15卷第74—79页。
③ 《马克思恩格斯全集》第1版第15卷第110页，第14卷第536页。
④ 《马克思恩格斯全集》第1版第15卷第67页，第30卷第53页。

文章的重要消息来源。恩格斯的《关于加里波第1860年进军南意大利的记录》就是一个证明。①

在撰写《法英之间的新条约》和《英国的预算》两篇文章时马克思可能参考了《经济学家》上公布的经济发展和贸易发展的统计资料。

在关于"线膛炮"的一组文章中，恩格斯利用了英国报刊上公布的新式火炮方面的成果。

在注明文章的日期上，应该注意不同的着眼点，因为报纸上的通讯所标明的日期并不总是文章的写作日期。不是编辑部就是马克思把通讯的日期提前了。

马克思在1860年12月5日给恩格斯的信中写道："当我觉得不便写社论时，就注明文章是发自柏林、巴黎等地的通讯。这样的通讯比较好写一些。"这些被当作发自柏林或巴黎的通讯的文章通常都被马克思标上两天前的日期，以便强调报道的现实性。

为了确定文章的写作日期和寄出日期，查阅一下航行表并非无关紧要。从中可以看出带有邮件的轮船何时离开英国驶往美国，何时到达纽约或其他北美港口。

马克思说明发自伦敦并注明日期的文章通常都至迟写于邮船启航的前一天，这样，文章才能及时送到利物浦港。有些文章注明的日期与邮船启航是同一天，这是因为文章所利用的消息来源不允许注明其他日期。在这些情况下就需要考察一下周报（如《经济学家》）在它正式出版的前一天人们是否就能见到，或者消息是否发表在日报（如《泰晤士报》）的晚间版上。到第二天才能在报上对此发表评论。

如果文章可能是由好几只邮船寄送的，那么一般都确定文章可能是

---

① 《马克思恩格斯全集》原文版第1部分第18卷第526页。

离文章发表日期最近的邮船寄送的。这种情况适用于那些未注明通讯日期的文章和从那些所使用的材料来看不能排除有一个较长的写作过程的文章。

没有任何材料表明，恩格斯将他所写的文章直接从曼彻斯特寄往邮船。如果恩格斯的通讯首先寄往伦敦马克思那里，那么这些通讯必定至迟写于邮船启航的两天之前。同时也不能排除，为了保持字迹的一致，在伦敦再把这些通讯誊写一次的可能性。

马克思和恩格斯在1859年10月至1860年12月期间尽可能经常地但不是定期地为《论坛报》撰写通讯。通讯活动的一个重要的着眼点就在于尽快对当前事件作出反应，否则报纸就要采用别人的通讯。1859年11月，马克思催促恩格斯为他写一篇有关摩洛哥战争的文章时说："摩洛哥的事必须写，不然他们不得不从《泰晤士报》转载。"①

并不是任何时候都具备从事这种通讯活动的条件。为《论坛报》撰稿常常因其他任务和让马克思和恩格斯费心的问题而受到影响。

在马克思1859年11月请求恩格斯为他写一篇关于摩洛哥战争的文章的时候，他正在写《政治经济学批判》第1分册。他向恩格斯说明："在目前的情况下，我简直不可能继续写第2分册。我认为这个分册具有决定性的重要意义。"②

例如，马克思1860年2月的通讯活动因全副精力准备论战文章《福格特先生》而中断。在1860年8月马克思也没有时间撰写通讯，因为他正在撰写论文《福格特先生》的最重要的几个部分。燕妮·马克思因此求助于恩格斯："摩尔说，如有可能，请您在星期五或星期六以

---

① 《马克思恩格斯全集》第1版第29卷第485页。
② 《马克思恩格斯全集》第1版第29卷第483页。

前为他写一篇文章。可惜已经错过几篇文章了,今天的一篇我看也靠不住。"①

马克思或其家属害病妨碍了他经常为报纸撰稿。1860年6月,他因为"很痛苦"而求助于恩格斯:"如果你能在星期五或星期六以前为《论坛报》写一篇关于英国国防、关于加里波第或关于印度贸易的文章,我将很高兴。"② 1860年11月和12月,燕妮·马克思病得很重,1860年11月底马克思描述了由此而造成的他的家庭境况,并认为:"写文章现在对我来说几乎是不可能了。"③ 直到12月的下半月马克思才有可能又重新开始"给《论坛报》写通讯了,它在5个星期中只收到两篇文章"。④

恩格斯不是每次和经常能够在所希望的时间里拿出马克思所期待的通讯。恩格斯的通讯活动受到他的工作负担的限制。1859年12月,答应为马克思撰写的一篇文章未能完成。恩格斯解释了其中的原因:我"苦干了一整天,想腾出午后的时间来写文章,但是我一点上煤气灯,就发现灯光十分昏暗,整个办事处不得不停止工作"⑤。

恩格斯1860年1月26日在信中提醒马克思,明天是"《论坛报》日"。1月27日是星期五。马克思和恩格斯在前一时期都是在星期二和星期五通过轮船从英国向纽约寄送文章。即使恩格斯在信中提到星期五,这也并不意味着他们在这里所涉及的时期里定期在星期二和星期五向纽约寄送文章。登出的文章的数量就可以证明这一点。

---

① 《马克思恩格斯全集》第1版第30卷第673页。
② 《马克思恩格斯全集》第1版第30卷第70页。
③ 《马克思恩格斯全集》第1版第30卷第113页。
④ 《马克思恩格斯全集》第1版第30卷第128页。
⑤ 《马克思恩格斯全集》第1版第29卷第505页。

还应注意的是，不再只有星期二和星期五是他们的《论坛报》日。在此期间邮船也在其他日子驶往纽约。马克思1860年7月21日在信中建议恩格斯写一篇文章并指出，他只需"在星期三把这篇东西从这里寄出"。恩格斯为此写了《不列颠的国防》一文，于7月26日星期四通过"加拿大人"号邮船从利物浦寄往纽约。其他文章，如《加里波第的运动》也是在一个星期四通过邮船送走的。此外，马克思还在给恩格斯的一封信中暗示，如果可以利用经过爱尔兰科克港驶往纽约的轮船，也可在星期五或星期六将文章寄出。①

在注意到这里所提到的这些考虑的同时，也应该估计到，马克思和恩格斯为《纽约每日论坛报》撰写的通讯并非每一篇都被报纸采用。

遗憾的是，德纳1861年1月下半月寄到马克思那里的一封信没有保存下来。马克思在1861年1月29日将此信寄给恩格斯。从马克思在给恩格斯信中对此信的评论可以看出，信中有马克思1860年发表和未发表的文章的一览表。马克思写道："他把我的在去年没有登出的所有文章全都扣除。"德纳的信与马克思预先为其在《论坛报》上发表的文章开出的期票有关。

马克思在向恩格斯说明他的家庭境况时说，1860年9月14日，他"为了得到一点喘息时间"、"不得不""预先开了一张德纳名下的为期两个月的期票"。1860年11月28日马克思请求恩格斯"至少在最近两个星期内"替他"尽可能多写些文章"，马克思这样做是因为"在两个半月以前开出的一张德纳名下的五十英镑的期票，直到现在还没有用工作完全还清……"②

---

① 参看《马克思恩格斯全集》第1版第30卷第8页。
② 《马克思恩格斯全集》第1版第30卷第94、116页。

恩格斯在给马克思的信中写道，他从德纳的信中得知，"德纳认为你提出要账的文章数比登出的多了十九篇"。① 这笔账只可能与那张 50 英镑的期票有关。如果把为《美国新百科全书》撰写的《海军》一文包括在内，德纳在 1860 年 9 月中至 1861 年 1 月初共发表了 6 篇马克思和恩格斯的文章。经过查阅报纸，从这个算法来看，在这个时期不再有马克思和恩格斯的文章发表。

马克思和恩格斯在这个时期和在 1859 年 10 月至 1860 年 12 月期间究竟向《论坛报》寄去了多少篇文章已无从查证。马克思和恩格斯从 1858 年起就与为他们寄《纽约每日论坛报》的阿道夫·克路斯失去联系。在马克思和恩格斯的通信中以及给第三者的信中都没有提到马克思和恩格斯在这个时期有可能经常阅读该报。可见，他们本人是因为德纳的账单才去注意发表了他们的哪些篇文章。

在马克思和恩格斯的通信中至少提到了写于 1859 年 10 月至 1860 年 12 月期间的 6 篇文章未被《论坛报》采用。②

从其中的两篇通讯中可以设想所写的文章的主题是"步枪运动"和"波兰状况"。马克思在信中证实收到恩格斯寄给他的 4 篇通讯。在通信中找不到关于这些通讯的题目的旁证，无从证明是否在《论坛报》上发表了。

从 6 篇未发表的文章来看，并考虑到有 3 篇文章不能排除其作者是马克思和恩格斯的可能性，可以设想，马克思和恩格斯在 1859 年 10 月至 1860 年 12 月这个时期尽管有各种各样的负担，但是仍然为《论坛报》提供了 50 多篇文章。

---

① 《马克思恩格斯全集》第 1 版第 30 卷第 154 页。
② 《马克思恩格斯全集》原文版第 1 部分第 18 卷第 1042、1043 页。

恩格斯为《志愿兵杂志》撰稿

1860年9月7日至1862年3月14日期间,英国军事周刊《朗卡郡和柴郡志愿兵杂志》在曼彻斯特共出版了80期。杂志所有者为"志愿兵杂志有限公司"。最初于星期五出版,从第6期起于星期六出版。

在1860年9月7日第1期上,编辑部对杂志作了如下的介绍:"《志愿兵杂志》将办成一家一流的、主要满足朗卡郡和柴郡的志愿兵的兴趣的报纸。"总的内容是:"关于两郡各兵种的行动的报告,并附有诸如检阅和步兵会议等较为重要的中心事件的丰富的说明性文件;权威作者关于操练、膛线枪射击、滑膛枪训练及其他具有现实意义的问题的独创性文章,有关志愿兵部队的组织和管理的文章;编者评论;政府在议会中有关志愿兵的通告和讨论;任命和提升;通讯;直接或间接地与志愿兵运动的进步和发展有关的所有国内事件的报道。"同时编辑部还请求对此感兴趣的人为这个新杂志撰写有关文章,寄给编辑部。

恩格斯显然是通过赛姆·穆尔的介绍而为这家军事周刊撰稿的。从伊萨克·哈尔1860年8月初受编辑部委托寄给恩格斯的信中可以得出这一结论。根据《志愿兵杂志》责任编辑J.H.诺德尔的提议,恩格斯就他所亲身经历的1860年8月11日在牛顿举行的英国志愿志阅兵式写了一篇报道。恩格斯将这篇报道首先交给达姆施塔特的《军事总汇报》编辑部以供刊登。① 随后,他将此文译成英文发表在1860年9月14日《志愿兵杂志》第2期上。② 在以《一个德国人关于牛顿阅兵式的报道》

---

① 《马克思恩格斯全集》原文版第1部分第18卷第966—967页。
② 《马克思恩格斯全集》原文版第1部分第18卷第502—509页。

为题的编者引言中特别强调了《军事总汇报》的重要性，并且指出，作者是军事问题方面的权威。①

　　这篇文章在英国新闻界引起了广泛的反响。好几家报纸都从《志愿兵杂志》上全文或摘要转载了这篇文章。转载时都同样使用了《一个德国人关于牛顿阅兵式的报道》的标题。这无疑对恩格斯的军事问题作者的身份在《志愿兵杂志》周刊编辑部内迅速得到承认起到了促进作用。在此后一段时间里他成为杂志的固定撰稿人。

　　恩格斯在英国志愿部队的组成方面写了一系列文章，文章中探讨了各种武器的改进过程和军事技术的发展。1860年，《志愿兵杂志》发表了恩格斯的两组文章《法国轻步兵》和《步枪史》，标明"撰稿人为《一个德国人关于牛顿阅兵式的报道》的作者"。这两组文章共11篇，构成了他为该杂志所撰写的稿件的主要部分。此外，恩格斯1860年还写了两篇独立的文章《志愿炮兵》和《志愿工兵》。从恩格斯收到的伊萨克·哈尔、阿尔弗勒德·沃姆斯利、尤其是J. H.诺德尔以《志愿兵杂志》编辑部的名义写来的信中可以清楚地证明作者是恩格斯并且弄清了写作时间和交稿时间。此外，这些信中还有撰写某些文章的请求和至何时为止必须交稿，以便及时发表的指示，以及对某些拖延和校正的说明。然而很难发现有关文章注明日期的一般说明。但是可以肯定的是，根据该报作为周刊的性质，手稿必定至迟在见报前2—3天送到编辑部。另外，在好些信中还有一些段落表明，编辑部对恩格斯的撰稿极为重视。例如，在哈尔的信（写于1860年9月21日以后）中就《法国轻步兵》一文这样写道："我一直没有机会为您关于法国轻步兵的富于启发性的精彩文章向您表示感谢。它受到杂志所有者的高度评价，并得到许

---

① 《马克思恩格斯全集》原文版第1部分第18卷第969页。

多人的赞许。"

对这些文章的高度评价还促使编辑部于1861年春汇集恩格斯1860的文章，出版了以《志愿兵读物》为书名的单行本。恩格斯在为此所写的署名"弗·恩"的序言中对这些军事文章的意义发表了看法："想必无须附带说明，在论步枪和论法国轻步兵等篇文章中所谈的事实并不是新鲜的、独有的；相反，这些文章不可避免地在很大程度上是用别的史料（没有必要一一列举）编写而成的。这些文章中唯一可以算作独创的部分，是作者的结论和作者表述的见解。"

1861年恩格斯仍为《志愿兵杂志》写了12篇（组）文章。最后一篇《美国内战》附有"撰稿人为《志愿兵读物》的作者"的说明，发表在1862年3月14日出版的一期上。在出版了这第80期之后，杂志因经费困难停止出版。

（原载《马克思恩格斯全集》原文版第1部分
第18卷第693—704页）

（朱霞 译　孙魁 校）

关于马克思和恩格斯的政论活动
（1877年2月—1879年3月）*

为《人民报》撰稿

恩格斯与《人民报》之间的联系可以追溯到1872年。他作为国际工人协会总委员会负责意大利事务的书记，1871—1872年同恩利科·比尼亚米建立了联系。之后，他为《人民报》和《共和国年鉴》撰写政论文章，给这两家报纸以支持。但是时隔不久，恩格斯"在巴枯宁主义者在意大利实行最残酷的专政时期"停止了撰稿。①

1877年初，出现了新的形势，于是恩格斯又同《人民报》恢复了联系。由于意大利工人运动的重心已经转移到北部工业城市，加之巴枯宁主义者的革命尝试没有取得成功，无产阶级革命力量在1876年开始形成。1876年10月15日，在经济社会学俱乐部（1876年6月成立）的一次会议上，成立了上意大利联合会。1877年2月17—18日在米兰召开的第二次代表大会上，上意大利联合会同巴枯宁主义者断绝关系。

---

* 本文选自《马克思恩格斯研究》1990年总第4辑。
① 《马克思恩格斯全集》第1版第34卷第238页。

1877年2月23日，恩格斯写信给马克思说："这样一来，就在意大利的律师、文人和游民的堡垒上打开了一个缺口。"① 马克思赞同恩格斯的这一看法。

恩格斯注意到，《人民报》的责任编辑比尼亚米在自己的报纸上对上意大利联合会的目标明确表示赞同，并且"偶尔登载暗示必须进行政治斗争这种异端邪说"②。在同巴枯宁主义的小报《铁锤报》即同耶西的论争中，比尼亚米断然驳斥了巴枯宁主义者所遵循的"行动宣传"这一论调。1876年11月奥斯瓦多·尼约基·维亚尼从罗马来到米兰以后，比尼亚米和他一起，在《人民报》上倡议建立意大利工人党。

比尼亚米在上意大利联合会成立以后不久，就向恩格斯提起了他们之间在早些时候的合作，并且表示希望恩格斯对1875年从洛迪迁到米兰的《人民报》给予新的支持，③ 从此，恩格斯再次为这家报纸撰稿。这次是开始于1877年2月底，持续到1879年3月底为止。恩格斯的文章是作为通讯在那家报纸上发表的，文章没有具体标题，皆以"伦敦来信"为其标题。

为了使《人民报》及其支持者坚定自己的立场，恩格斯在其第一篇通讯里，利用德国社会民主党在1877年1月帝国国会选举中所取得的成就，宣传政治斗争对于工人阶级的重要性。他在1877年2月23日写给马克思的信中这样写道："上星期我给比尼亚米寄去一封信，订阅

---

① 《马克思恩格斯全集》第1版第34卷第34页；另见《马克思恩格斯全集》第1版第34卷第36—37页。
② 《马克思恩格斯全集》第1版第19卷第112页。
③ 参看恩利科·比尼亚米1876年11月10日给恩格斯的信。

了《人民报》,并给他写了选举情况……我的个人看来是非常适时的。"接着,他向马克思介绍了比尼亚米寄给他的那几号《人民报》的内容。然后谈道:"今天收到比尼亚米的一封热情洋溢的信,他在信中说要刊登我的一篇关于选举的文章,并证实说,包括从威尼斯到都灵这一地区的上意大利联合会,这几天正在召开自己的代表大会,'准备在普选权的基础上开展斗争'。《人民报》是它的正式机关报。"①

恩格斯提到的那篇通讯,1877年2月26日在报纸上署名发表。为此,比尼亚米向恩格斯表示感谢,并且写道:"但是只能发表您有关德国社会问题以及在那里取得的新成就的那部分论述。"② 从这段话我们可以得知,《人民报》并没有全文刊登恩格斯给比尼亚米的那封信。恩格斯的那封信,也在上面所提到过的上意大利联合会的第二次代表大会上宣读过,并且,在此次代表大会的会议简报中刊登了一篇关于此事的简短报道。③

比尼亚米和他的报纸为使上意大利联合会在政治思想上得到巩固而作的努力在1877年4月中断了。尽管《人民报》公开表明它与马泰塞地区的无政府主义起义尝试无关,政府当局仍然利用这起事件,解散了当时已经发展到3500名会员的上意大利联合会。④ 这样一来,比尼亚米和《人民报》也面临着一种新的局势。下面4篇来自伦敦的通讯发表

---

① 《马克思恩格斯全集》第1版第34卷第32、34页。
② 恩利科·比尼亚米1877年2月16日给恩格斯的信。
③ 参看《1877年2月17—18日在米兰召开的意大利联合会第二次代表大会》,1877年米兰版第11页。
④ 参看《马克思恩格斯全集》原文版第1部分第25卷第96—99页。

时所以没有署名，可能就是这个原因。

1877年6月8日和18日，《人民报》在"伦敦来信"这一栏里先后刊登了两篇有关英国农民联合会为改善其成员的社会状况和政治状况所采取的措施的文章。从文章的结构和内容来看，它们跟恩格斯在1872年为《人民报》撰写的文章并无根本的区别，甚至于这两篇文章中关于英国社会主义运动的发展状况的看法，同恩格斯后来对英国工人运动的评价原则也是一致的。① 因此，我们可以认为，这两篇通讯文章是出自恩格斯的手笔。

在1877年11月11日《人民报》的"伦敦来信"栏上发表的一篇通讯也没有署名。与其他文章不同的是，这篇通讯的栏目标题下面还附有"我们之间的通信"一句话。它从英国女工们的经济状况出发，详细探讨了伦敦地区的卖淫这一相对丑恶的现象。并且指出，为消除卖淫而建立的团体不可能有什么实际意义。

尽管这篇通讯发表在"伦敦来信"栏目里，而且恩格斯也不会回避这种问题，但是从文章的内容与形式来看，通讯的作者显然不是恩格斯。而且，如果说这篇通讯原来可能是以恩格斯的一篇东西为基础，可能只是由于翻译的结果而歪曲了原作，那也是无法想象的，出于这样的原因，这篇通讯未被收入第25卷。

从1877年起，《人民报》努力向它的读者介绍其他欧洲国家的革命工人运动的发展情况，从而把意大利工人运动同国际社会主义运动更紧密地结合起来。1878年1月22日《人民报》"伦敦来信"栏目里发表恩格斯的未署名的文章，就是为满足报纸的上述愿望而作的。报纸编辑

---

① 《马克思恩格斯全集》第1版第34卷第352页。

在这篇通讯的前头加了一个按语。① 对此，在比尼亚米 1878 年 1 月 18 日写给恩格斯的信中有下面一段话："亲爱的恩格斯。您 12 日的来信使我很高兴。我向您深表感谢，并相信每一个即将读到这封信的人都会像我这样。这封信向人们提供了如此丰富、又如此使人感兴趣的东西。我已经不揣冒昧地让人将它翻译出来，并在《人民报》上发表。"在这篇文章中，恩格斯简明扼要而又准确地叙述了德国、法国、美国和俄国的社会主义革命运动。

1879 年 3 月 30 日，在《人民报》的"伦敦来信"一栏里，发表了恩格斯为该报写的最后一篇通讯。文章署名为弗·恩格斯，并且开头附有一则编者按语，引导读者注意该文的特殊重要性。②这篇通讯研究了德国和俄国的反动势力压制革命运动的徒劳无功的尝试，因此，它有助于增强意大利工人的斗志。

尽管《人民报》于 1882 年 7 月 16 日还刊登过恩格斯要为该报继续撰稿的消息，实际上，1879 年 3 月 30 日以后，恩格斯就不在那家报纸上发表文章了。不过，他仍称订阅那份报纸，并且，继续与比尼亚米保持联系，直到 1883 年报纸停刊。

恩格斯写给比尼亚米的信就是发表在《人民报》上的那些通讯的原形，信上所标明的日期也就是通讯的写作时间。但是，恩格斯写给比尼亚米的信却未能流传下来，这些书信的原件很可能不是用意大利文，而是用法文写的。证明这一点的是，1877 年 2 月 26 日发表的那篇文章里有两个德国地名是照法文的拼法（Nuremberg，Mecklemberg）刊印

---

① 参看《马克思恩格斯全集》原文版第 1 部分第 25 卷第 679、749 页。
② 参看《马克思恩格斯全集》原文版第 1 部分第 25 卷第 679、749 页。

的,在1877年6月8日的《人民报》发表的通讯中,出现了一个在意大利语中不常用的表达法,即"giocare d'altalena",无疑这是法语中的"jouer á la bascule"一语的直译。此外,前面提到的比尼亚米那封1877年1月18日写给恩格斯的信是用法文写的,并且在信中告知恩格斯,他已经将恩格斯1877年1月12日写的信交给别人翻译并准备发表。在报纸编辑为1879年3月21日发表的那篇文章所写的编者按中,也说明了,这篇通讯是翻译过来的。

(原载《马克思恩格斯全集》原文版第1部分第25卷第622—624页)

(王竞 译 王宏道 校)

图书在版编目（CIP）数据

马克思恩格斯列宁生平与事业研究Ⅲ／李慕
主编．—北京：中央编译出版社，2015.12
（马克思主义研究资料／杨金海主编；33）

ISBN 978-7-5117-2849-4

Ⅰ．①马…　Ⅱ．①李…　Ⅲ．①马克思，K.（1818～1883）-生平事迹　②恩格斯，F.（1820～1895）-生平事迹　③列宁，V.I.（1870～1924）-生平事迹　④马克思列宁主义-研究　Ⅳ．①A7　②A8

中国版本图书馆 CIP 数据核字（2015）第 274524 号

马克思恩格斯列宁生平与事业研究Ⅲ

出 版 人：	刘明清
责任编辑：	李媛媛
责任印制：	尹　珺
装帧设计：	田晗工作室
排版制作：	北京吉浪世纪制版科技有限公司
出版发行：	中央编译出版社
地　　址：	北京西城区车公庄大街乙5号鸿儒大厦B座（100044）
电　　话：	（010）52612345（总编室）　（010）52612335（编辑室）
	（010）52612316（发行部）　（010）52612317（网络销售）
	（010）52612346（馆配部）　（010）55626985（读者服务部）
传　　真：	（010）66515838
经　　销：	全国新华书店
印　　刷：	山东鸿君杰文化发展有限公司
开　　本：	787毫米×1092毫米　1/16
字　　数：	316千字
印　　张：	25.5
版　　次：	2015年12月第1版第1次印刷
定　　价：	75.00元

网　　址：	www.cctphome.com	邮　　箱：	cctp@cctphome.com
新浪微博：	@中央编译出版社	微　　信：	中央编译出版社（ID：cctphome）
淘宝店铺：	中央编译出版社直销店（http://shop108367160.taobao.com）　（010）52612349

本社常年法律顾问：北京嘉润律师事务所律师　李敬伟　问小牛
凡有印装质量问题，本社负责调换。电话：（010）55626985